"十四五"时期国家重点出版物出版专项规划项目

城市地下空间出版工程·城市地下物流系统研究前沿

城市地铁-货运系统规划与运行模式设计

◎ 任睿 胡万杰 刘影 著

·上海·

图书在版编目（CIP）数据

城市地铁-货运系统规划与运行模式设计 / 任睿，胡万杰，刘影著. — 上海：同济大学出版社，2023.12
城市地下空间出版工程. 城市地下物流系统研究前沿
ISBN 978-7-5765-0752-2

Ⅰ.①城… Ⅱ.①任… ②胡… ③刘… Ⅲ.①城市交通运输—地下铁道运输—货物运输—研究 Ⅳ.①F570.8

中国国家版本馆 CIP 数据核字（2023）第 176576 号

城市地下空间出版工程·城市地下物流系统研究前沿
城市地铁-货运系统规划与运行模式设计
Planning and Operating Mode Design of Urban Metro-based Underground Logistics System

任　睿　胡万杰　刘　影　著

策划编辑：　吕　炜　　胡晗欣
责任编辑：　吕　炜　　胡晗欣
责任校对：　徐逢乔
封面设计：　潘向蓁

出版发行	同济大学出版社　www.tongjipress.com.cn
	（地址：上海市四平路1239号　邮编：200092　电话：021-65985622）
经　　销	全国各地新华书店、建筑书店、网络书店
排版制作	南京文脉图文设计制作有限公司
印　　刷	上海安枫印务有限公司
开　　本	787mm×1092mm　1/16
印　　张	16
字　　数	399 000
版　　次	2023年12月第1版
印　　次	2023年12月第1次印刷
书　　号	ISBN 978-7-5765-0752-2
定　　价	148.00元

版权所有　侵权必究　印装问题　负责调换

前 言

"地铁-货运系统(Metro-based Underground Logistics System，M-ULS)"已成为被广泛认可的一种新的城市地下物流系统(Underground Logistics System，ULS)发展模式。它具有与地下物流系统类似的优势，但是造价更低，是城市新型综合交通运输体系的重要补充，能有效提高城市物流服务水平和减少货运的负外部性。当前，在我国的大城市、特大城市中，货运发展矛盾激化，城市物流业态演变加剧。城市物流已成为城市可持续发展的一个关键性难题。改革现行的城市物流模式，向地下发展"公转铁"是必然趋势。党中央、国务院发布的国家战略《交通强国建设纲要》中明确提出发展地下物流系统，加速物流新业态、新模式的发展。这为地下物流系统以及地铁-货运系统的发展提供了良好的机遇和环境。本书针对地铁-货运系统这一新型城市物流基础设施，开展其实施过程中关键性的网络运行机制设计的研究，有助于促进地铁-货运系统知识体系的完善并推动其快速发展，也能为缓解城市货运发展矛盾提供有价值的思路。研究成果具有一定的前瞻性，也具有重要的理论和实际应用价值。

本书在充分借鉴国内外研究成果和案例的基础上，基于地下空间规划、物流工程、交通工程、隧道工程、管理科学与工程等多专业理论知识，综合运用数学方法、系统科学方法、实证研究法、模拟法等方法，基于地铁-货运系统具有的地下工程基础设施和物流供应方式的双重特征，对地铁-货运系统网络的特征与技术组成、实施的可行性及其与城市发展之间的互动关系进行了分析。从宏观层面的"多级分层网络规划—客货协同的运行模式"和微观层面的"地铁-货运节点内的作业流程"两方面设计了一整套地铁-货运系统运行机制，包含了货物从城外的综合配送中心送至客户的全过程。基于南京市和北京城市副中心的真实数据，对涉及的大量运筹规划问题进行建模和仿真，并开发了系统动态运行仿真实验平台。

基于以上思路，本书共分为8个章节：第1章主要对地下物流系统和地铁-货运系统的概念、特征、发展历程和研究趋势进行了概述；第2章定义了地铁-货运系统网络的概念、适用范围和运输制式，并对本书中的南京市和北京城市副中心案例的背景情况进行介绍；第3章从宏观层面设计了货物在地铁-货运系统网络内的运输流程，按"分离式"和"拖挂式"两种模式构建网络列车执行逻辑和运行组织调度模型；第4章从微观层面对地铁-货运系统网络站点内部物流作业机制及功能区布局进行了系统分析；第5章从静态层面研究了地铁-货运系统网络的多级设施的选址-分配问题；第6章从动态层面构建了地铁-货运系统网络动态运行仿真实验平台；第7章分析了地下物流服务供应链的运作机理和运作流程；第8章就地铁-货运系统和基于地铁的地下物流系统两方面进行了研究展望。

本书有幸被列为"十四五"时期国家重点出版物出版专项规划项目，特别感谢我的导师钱七虎院士和陈志龙教授在本书写作过程中提供的指导和帮助。非常感谢北京工业大学胡万杰博士和南京理工大学刘影副教授愿意和我一起完成这本书，并在此期间付出了大量的时间和精力。感谢南京理工大学董建军教授，陆军工程大学赵旭东、许元鲜、潘欣维、孙波、李姣姣博士为本书的出版付出的辛劳。感谢同济大学出版社对本书出版发行的大力支持。本书在编写过程中，参考了国内外同行的很多著作和文献，部分文献可能会有遗漏，特向这些作者一并表示衷心感谢！

7年前，钱七虎院士和陈志龙教授带领我走进了地下物流这个新兴的领域，让我参与了国家首个以地下物流为研究对象的国家自然科学重点基金项目的研究。短短几年间，国家层面多项鼓励和支持地下物流的政策相继出台，上海、青岛、北京城市副中心、雄安新区等多地进行了地下物流专项规划。目前，雄安新区对地下物流的架构规划正在紧锣密鼓地进行中。地下物流这种新兴的运输方式，将不再是天方夜谭，说不定，在不久的将来，"足不出户，躺收快递"将成为现实。这让我不经深深感叹世界变化之快，何其有幸，生于华夏，赶上了伟大祖国快速发展的时代。

受限于本人的知识水平，书中的观点也仅仅代表本人对地铁-货运系统的一些探索性的拙见，仅供大家参考。恳请相关领域的专家、学者指正并提出宝贵的意见。

任睿

2022年12月

目 录

前言

第 1 章	绪论	001
1.1	地下物流系统	001
1.2	地铁-货运系统	012
1.3	本章小结	023
	参考文献	023

第 2 章	地铁-货运系统网络设计	026
2.1	地铁-货运系统网络	026
2.2	地铁-货运系统网络关键技术识别	031
2.3	地铁-货运系统网络设置	032
2.4	货运量需求预测及地下货流量分析方法	037
2.5	地铁-货运系统网络规划与运行的关键问题和研究框架	040
2.6	案例设置	043
2.7	本章小结	053
	参考文献	054

第 3 章	客货协同下的地铁-货运系统网络运行模式设计	055
3.1	货物运输流程分析	055
3.2	几种运行组织模式分析	057
3.3	"分离式"系统运行组织调度模型构建	063
3.4	"拖挂式"系统运行组织调度模型构建	070
3.5	案例研究:北京城市副中心环线组织调度	071
3.6	本章小结	085

参考文献　085

第4章　…　基于作业流程设计的地铁-货运站点的布局和承载力研究　087
4.1　…………………………………　站点功能区规划与作业流程分析　087
4.2　…………………………………………　站点的布局规划模型构建　104
4.3　…………………………　案例研究：南京市地铁-货运站点布局　112
4.4　………………………………………………………………　本章小结　118

第5章　……………………………　轴辐式地铁-货运系统多级网络规划　121
5.1　…………………………………………………　最优化问题描述　121
5.2　…　基于轴辐式布局的多级地铁-货运节点选址-分配-路径模型　122
5.3　………………………………………………………………　模型求解　124
5.4　………………………　案例研究：南京市地铁网络规划研究　128
5.5　………………　案例研究：北京城市副中心地铁网络规划及仿真　143
5.6　………………………………………………………………　本章小结　158
　　　　　　　　　　　　　　　　　　　　　　　　　　参考文献　159

第6章　………………………………　地铁-货运系统网络动态运行仿真　160
6.1　………………………………………………　AnyLogic 仿真应用概述　160
6.2　………　案例研究：南京市地铁-货运系统网络动态运行建模过程
　　　　　　　　　　　　　　　　　　　　　　　　及结果分析　163
6.3　…………　案例研究：北京地铁-货运系统网络动态运行建模过程　179
　　　　　　　　　　　　　　　　　　　　　　　　及结果分析
6.4　…………　案例研究：基于系统动力学的南京市地铁-货运系统　197
　　　　　　　　　　　　　　　　　　　　　　　　效益分析
6.5　………………………………………………………………　本章小结　216
　　　　　　　　　　　　　　　　　　　　　　　　　　参考文献　217

第7章……………………………………………　地下物流服务供应链模式　218
7.1　…………………………………………　地下物流服务供应链运作机理　218
7.2　……………………………　城市地下物流服务供应链的运作流程分析　223
7.3　…………………………　基于着色 Petri 网的模型构建及适用性分析　229
7.4　…………………………………………　地下物流供应商合作机制　241

| 7.5 | 本章小结 | 244 |
| 参考文献 | 244 |

第8章 城市地下物流系统研究展望 245
8.1 地铁-货运系统研究展望 245
8.2 基于地铁的城市地下物流系统研究展望 246

第1章 绪 论

1.1 地下物流系统

1.1.1 地下物流系统的概念、分类及特征

1. 地下物流系统的概念

交通运输系统的革新将带来城市的新一轮发展和产业变革。城市货运,或称城市物流,对经济与环境的可持续性产生着显著影响。然而,面对物流需求的爆发式增长,单方面通过增加地面交通设施来应对,既不科学也不现实;且城市货运带来的大量负面问题与城市可持续发展之间的矛盾已然成为世界范围内各大城市共同面对的"困局",因此必须创新现有的城市物流模式。研究和发展第五类运输系统——地下物流系统(Underground Logistics System,ULS)被广泛认为是一种"破局"的方法[1]。

1976 年,Zandi[2]第一次正式将地下物流系统定义为一种"智能货运管道技术"。它是通过专用的地下设施、轨制隧道或地下道路等,实现固体商品的定向自动化运输和搬运。20 世纪 80 年代,由于采矿、建筑和集料运输的需要,一些工厂与矿山之间建立了专门的地下运输管道。现代城市地下物流系统的概念由日本学者尾岛俊雄于 1986 年在《东京大改造》一书中首次提出[3],他构想了一个集成居民生活物品运输和城市垃圾收集功能的大规模的地下物流网络。1999 年,Boerkamps[4]将城市地下物流系统定义为包括运输、仓储和其他活动在内的综合过程,而不仅仅指代从货物提取到交付的简单运输过程。2007 年,以钱七虎院士为代表的国内地下物流系统研究团队,将地下物流系统定义为城市内部及城市间通过地下管道或隧道运输货物的一种物流供应系统[1]。

地下物流系统不占用地面道路,能够缓解交通拥堵;采用清洁动力,能有效改善城市污染;不受外界条件干扰,运输更加可靠、高效。"向地下要空间发展城市地下物流系统"是未来可能,甚至是必然的趋势。《交通强国建设纲要》和《"十四五"现代流通体系建设规划》中都已明确提出要发展"地下物流/货运系统",加快交通基础设施智能化升级。

2. 地下物流系统的分类

按运输通道直径大小的不同,地下物流系统可分为管道形式和隧道形式两类。当涉及较小的物体(直径小于 1 m)时,货物在地下可以以管道形式运输;对于较大的物体,则可以以单个车辆或列车通过隧道形式进行运输。

1) 管道形式的地下物流系统

地下管道运输在我们的日常生活中并不少见,比如城市的市政供排水管道、供热管道、天然气输送管道等,这些都是以管道作为载体的运输形式。而以地下管道形式为载体进行货物运输的地下物流系统,按动力来源的不同又划分为气力管道(Pneumatic Pipeline, PP)、浆体管道(Slurry Pipeline, SP)和囊体管道(Capsule Pipeline, CP),受限于管道的直径,其可运输货物的范围和能力都有限。

(1) 气力管道。

世界上第一条地下固体运输管道系统是 1853 年在英国伦敦开始建设的一条长度约 201 m 的城市管道邮政系统[5]。该管道系统将伦敦证券交易所与电报公司的中央车站连接起来[6],借助气体高速流动产生的推力来运输信封和电报,以保证为交易者提供几乎"实时"的消息,系统从 1863 年正式投入使用。1864 年,英国利物浦的一家电报公司复刻了伦敦的地下固体运输管道系统,建立了一条长度约 274 m 的胶囊运输管道,为该公司两个不同地点的办公室运输电报。值得注意的是,这是世界上首次在同一条管道中向两个方向输送囊体。随后,柏林(1865 年)、巴黎(1866 年)、纽约(1876 年)和布拉格(1889 年)等城市均进行了类似系统的建设。

不同于英国的单线气动系统,巴黎气动邮政系统已形成运输网络[7]。该网络系统始建于 1866 年,在 Grand Hotel 和 Place de la Bourse 的电报局之间建造了一条实验性线路。1867 年,该网络系统被扩展成一个单向六边形,在接下来的 10 年时间里,单线多边形系统与这个六边形系统相连接,并在中央区和交易所之间铺设了一条双向运输管道。1879 年,该服务向公众开放。1881 年,巴黎政府批准了将管道网络扩展到整个巴黎的计划。贯穿整个巴黎的管道系统(通常位于下水道中)由直径约 65 mm 的管道组成。从 1888 年开始,巴黎安装了许多直径约 80 mm 的管道,其中很多双向管道替代了原来的单向管道。该系统一直使用到 1984 年,后因现代电信系统的发展而被弃用。

(2) 浆体管道。

浆体管道是将颗粒状的固体物质与液体输送介质混合,采用泵送的方法运输,并在目的地将其分离出来的运输方式。浆体管道的输送介质通常采用清水,但是同气力管道运输一样,运输的距离与颗粒物的粗细直接相关,运输的颗粒状固体物质的颗粒越粗,对管道的磨损程度相对越大,运输的距离越短。

(3) 囊体管道。

囊体管道根据动力来源的不同,分为液压胶囊管道(Hydraulic Capsule Pipeline, HCP)和气动胶囊管道(Pneumatic Capsule Pipeline, PCP)。其中,气动胶囊管道促进了轮式 PCP 的发展，如图 1-1 所示。美国于 1971 年在佐治亚州和 1973 年在休斯敦分别建造了两种原型机系统，第一条管道直径为 0.91 m，第二条管道直径为 0.45 m。这两种系统都被称为"Tubexpress"。1971—1983 年，苏联建造了几套"Transprogress"系统并投入商业使用，首套系统建在格鲁吉亚的第比利斯，用来运输碎石；其他的系统建在圣彼得堡，用于砾石、沙子、矿物甚至废弃物的运输。20 世纪 90 年代初，日本已经成功将直径为 1 m 的 PCP 运用于水泥厂的石灰石运输，以及在大型隧道和公路项目中运输土方和建筑材料。1994 年，日本川崎和长野工业株式会社（NKK）的研究人员测试了一种由线性同步电机（Linear Synchronous Motor，LSM）提供动力的胶囊运输系统原型，其直径为 30 cm，测试长度为 45 m。同期，美国佛罗里达州莱克兰市的一家磷矿公司 IMC-Agrico 也建造了一个使用 LSM 移动胶囊的示范项目。

(a) 圆形　　　　　　　　　　　　(b) 方形

图 1-1　轮式 PCP 的两种形式

2）隧道形式的地下物流系统

1970 年，国际经济合作与发展组织召开的隧道会议综合了各种因素，将隧道定义为："以某种用途，在地面下用任何方法按规定形状和尺寸修筑的断面积大于 2 m^2 的洞室。"隧道断面的大小决定了相较于管道形式，隧道形式的地下物流系统可以包容更加丰富的货物形式、运输形式和车辆制式。

根据运输车辆形式的不同，隧道形式的地下物流系统可再细分为无轨道形式和轨道形式两种类型。无轨道形式的代表项目为日本的 UFTS 项目，该项目使用两用货车（Dual Mode Truck，DMT）在隧道内实现了无人驾驶运输货物，出地面后则由人工驾驶将货物配送到终端，并规划了一条直径 5 m、长度 300 km 的地下隧道，设了 150 个地下物流节点，但是由于得不到政府的支持，最终项目没有得以实施。

轨道形式地下物流系统的研究和应用相对比较广泛，比如 1914 年开始运营的美国芝加哥地下包裹铁路运输系统，图 1-2 显示的是其在 1910 年的系统地图，其中隧道以黑色粗线显示，此时已建成近 60 miles（97 km）。标准隧道位于城市街道下，断面呈蛋形，如图 1-3 所示，高 7.5 ft（2.29 m），宽 6 ft（1.83 m），隧道壁厚 10 in（25.4 cm），地板厚 14 in（35.56 cm）。一些干线隧道路段建造得更高大，高 14 ft（4.27 m），宽 12.75 ft（3.89 m）。

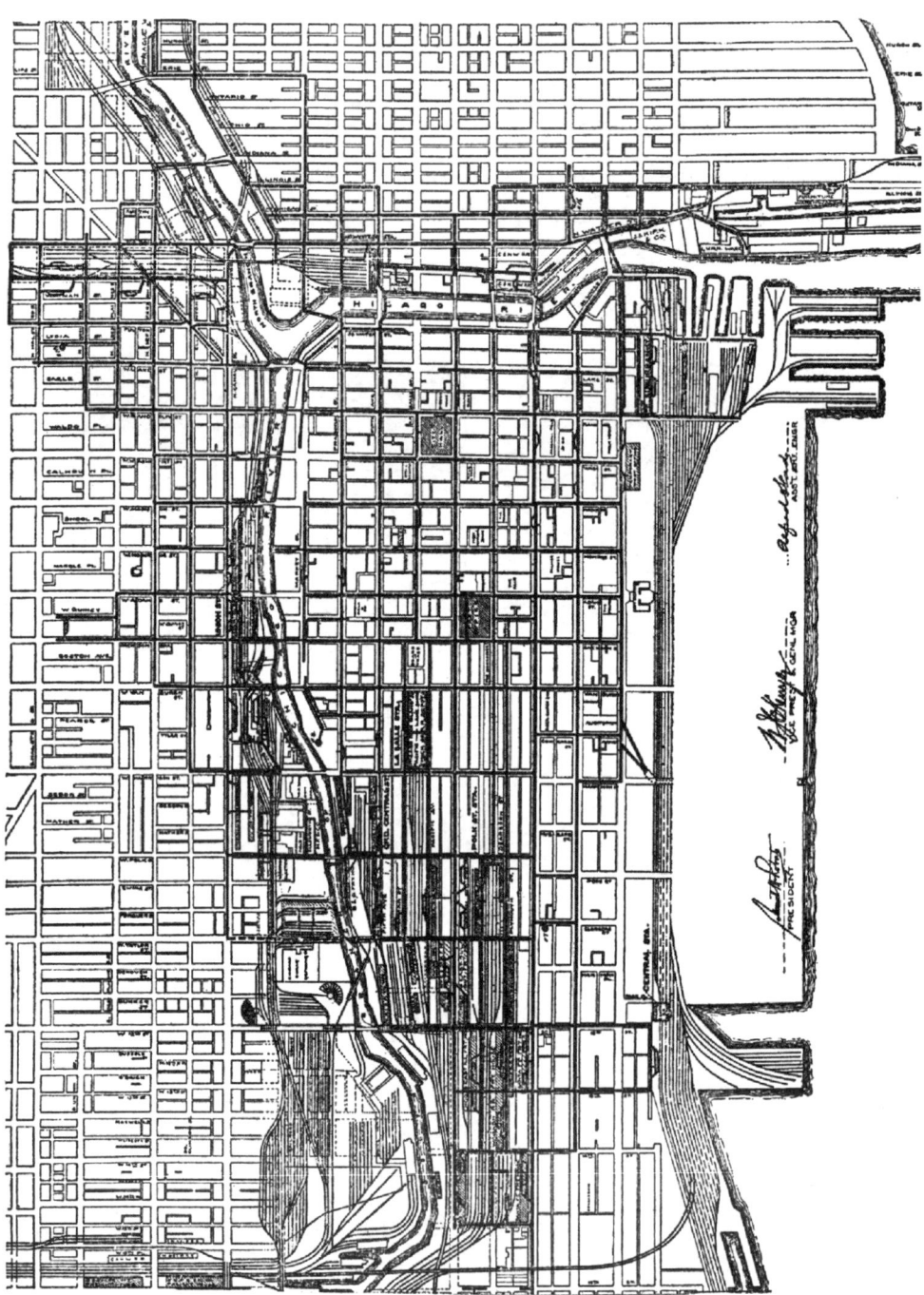

图 1-2 芝加哥地下包裹铁路运输系统 1910 年系统地图

隧道上的标准货车长 12.5 ft(3.81 m),宽 47 in(1.19 m),其他车辆是简单的金属平板车,宽 4 ft(1.22 m),长 10.5 ft(3.2 m),带有紧密间隔的桩袋以限制货物,如图 1-4 所示。第一年,芝加哥隧道公司运营了 132 台电力列车,运送了 552 766 t 的商品、邮件和煤炭。电梯将地下和地面站台连接起来,在地面站台可以卸货或取货。由于公司破产,货运服务于 1959 年停止。该隧道网络在 1991 年被洪水破坏,修复后被用作布设电力和通信的线路。

图 1-3 蛋形隧道交会口照片

图 1-4 芝加哥地下包裹铁路运输系统车辆驶入地下隧道

芝加哥地下包裹铁路运输系统的运营推动了英国伦敦地下邮件运输系统的建设,该系统又称邮件铁路,自 1927 年开始,运行了 80 年。2002 年,美国建造投运阿拉米达货运走廊项目,这是一条地下集装箱运输三线铁路(图 1-5),长度为 32 km,连接洛杉矶港、长滩港与内陆铁路场站。到达港口的集装箱从船上卸下后,无须经集卡中转,可直接装上货运列车,然后通过阿拉米达货运走廊运到市区的铁路货运中转站,再从那里连接到全美和北美大陆的铁路网中,实现海铁联运的无缝衔接。

图 1-5 阿拉米达货运走廊俯瞰图

2015 年,瑞士为改善国家交通基础设施,减轻公路和铁路网络的负担,计划在地下 20~40 m 深处,建造直径为 6 m、三车道运行的地下物流系统(Cargo Sous Terrain,CST)(图 1-6),以满足生产者、零售商和物流商的需求。目前该项目正在建设中,计划第一阶段项目于 2030 年投入运营。

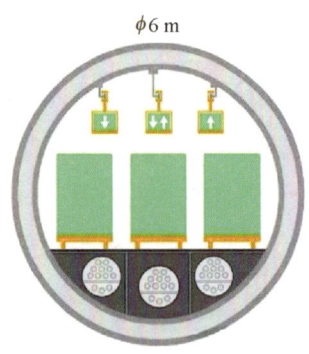 

图 1-6 瑞士 CST 项目

3. 地下物流系统的特征

尽管各国发展地下物流系统的运行环境、车辆制式、技术标准等不尽相同,但通过研究发现,地下物流系统具有以下特征。

(1) 从系统优势上看,地下物流系统在地下空间运行,通行环境单一、稳定,不占用地面交通资源,对交通干扰程度小;车辆采用清洁能源驱动,可以极大程度地减少对地面的噪声污染和环境污染;全自动化的运输系统使得货物配送的准点率和及时度都大大提升。

(2) 从系统属性上看,地下物流系统不仅是一个包含了所有活动(物料接收、运输、搬运、仓储、库存管理及配送)的一体化物流配送系统,而且是一个比城市地铁更复杂的地下基础设施系统。它的多重属性决定了其规划布局必须与城市的总体规划、物流规划和地下空间规划相结合,同时还要考虑城市货运需求分布和已有地下工程的兼容性及匹配性。

(3) 从系统定位上看,地下物流系统无法完全代替原有的地上配送系统,而是作为现有综合交通运输系统的补充,以及地下空间的重要构成。在进行系统决策时,应具有全寿命周期的理念,基于城市整体发展,综合考虑地上地下协同以及当前规划与远期运行的动态关系。

(4) 从技术系统上看,地下物流系统新兴技术集成度高。作为智能物流的一种形式,地下物流系统的构建涉及地下工程领域、车辆和交通工程领域、物流工程领域以及信息工程领域等,高效集成了各领域内的新兴技术和管理理念,如自动化无人运输车辆、智能控制、5G 传输、物联网、大数据等。

(5) 从建设过程上看,地下物流系统的建设与同属地下工程的地铁系统建设类似,工程本身的复杂缜密性决定了其具有建造成本高、建设周期长的特点。对外,其建设过程受地质条件和既有地下环境等因素制约;对内,工程的网络化布局与规划并不是一蹴而就的,而是需要根据城市实际情况分阶段实施部署。

(6) 从运营实践上看,地下物流系统具有网络化发展的特征。国内外已有的地下物流系统,均是针对单线点对点或单一货品的运输,这种方式简单、直接的一次性静态工程,能够在一段时间内缓解局部范围内因货运带来的城市负面问题,但是有限的运输能力和覆盖能力决定了系统的寿命不长久，不能适应城市的动态发展。只有形成网络，才能从根本上改善城市物流体系的整体能力。

（7）从运行方式上看，地下物流系统具有多式联运的特征。地下物流系统作为城市内部上游系统（物流园区、机场、高铁站等）和下游系统（终端客户）的中间配送系统，当它与上游系统直接对接时，由于上游系统自身的运输方式不尽相同，会存在多式联运的情况；考虑到地下物流系统本身的网络规划发展和建设周期，当地下物流系统不直接与上游或者下游系统对接时，必定还会存在城市地上与地下物流系统的多式联运问题。

地下物流系统特征鲜明，虽然和地铁系统同属于地下工程，但是它的设计、规划、建设、运营与地铁系统完全不同，自成体系。经过多年的理论和实践研究，向地下要空间发展地下物流系统已成为人们的广泛共识。但是地下物流系统对交通与物流运输行业而言仍是一个新事物，工程技术系统复杂，建设耗资巨大，工程建设与运营风险高，不成功则将造成巨大损失。只有认清地下物流系统的特征，将对这一系统的正确认知融入系统的规划、设计、建设和运营过程中，才能真正实现面向实施的地下物流系统，实现地下物流系统与城市综合交通运输体系及城市发展之间的正向反馈，提升综合效益。

1.1.2 地下物流/货运的发展历程

地下货运技术的使用实际上已超过了两个世纪，早期城市地下物流系统的应用形式大多是在地下管道内运输能源或小型物资。公认最早的地下运输系统是 1853 年建立于伦敦证券交易所的地下邮政管道，通过一根直径为 1 m 的真空管道，在 4 km 的距离内传递邮件。在接下来的一个世纪里，许多国家进行了大量的探索和实践，如苏联时期开发用于军备物资供应的 Transprogress 系统、联邦德国柏林邮政管道网、美国纽瓦克机场的 Subtrans 系统和 1906 年建成的芝加哥地下包裹铁路运输系统等。早期的地下物流系统容量小、用途单一、形式简单，只作为一种运输工具而没有上升至物流层面。

许多城市的地下空间都以半军事化的方式开发和管理[5]。例如，日本《深层地下空间法》规定，50 m 以下的私人土地和公共土地下的所有空间的使用权应归国家政府所有。我国地下空间也是作为一种公共土地资源受到政府的保护。公共设施的性质决定了地下物流在城市中成网运作的前提是获得政策的支持和民众的认可，而不仅仅是在经济和技术上可行。这解释了 1990—2005 年期间，虽然地下物流系统在各国相继得到了实质性的研发，并得到了立项资助，但是没有任何项目真正落地。对于地下物流系统这样代价高昂的新事物，政策与民众认知的完全转变不可避免地需要经历一定的过程。然而，那些因各种原因被终止或取消的项目仍然极大地促进了地下物流系统的发展。

1990—2005 年提出的地下物流系统大致分为两种：第一种旨在解决城市内部配送问题，通过地下自动化运输提升货流在城市地区流通的效率并缓解污染。代表性项目有：1993 年东京规划的城市地下物流网络，该网络由 300 km 长的隧道和 150 个节点组成，配备两用模式卡车（Dual Mode Truck，DMT）以及包装、分拣、仓储和末端配送设施，建成后预期辐射整个东京都市圈；德国的 CargoCap 系统通过大量可编组的地下胶囊小车实现城市内部"门到门"的高频包裹供应。第二种是在物流门户之间建立若干大直径隧道对货物实现集中转移。代表性项目有：荷兰 OLS 计划，旨在构建全国性的地下运输网络，将各大城市、海港和空港相连，其中 OLS-ASH 是规划最为成熟的子项目，通过在史基浦机场、阿斯米尔花卉市场和霍夫多普火车站之间修建直通隧道，提升花卉托盘的转运效率；美国得克萨斯州休斯敦港与达拉斯及其周边城市之间的地下集装箱线路，该项目于 2014 年被当地交通部重启，类似的集装箱地下物流系统还被规划于美国纽约港、中国外高桥港和洋山深水港以及荷兰安特卫普港中。

在最近 10 年提出的地下物流项目中，一批新型的系统开发模式相继被提出，包括真空管道运输系统、磁悬浮运输系统和地铁-货运系统等。相关制式从中小型胶囊管道向大型隧道和轨道列车转变，地下物流网络的服务范围也从局部区域扩展到整个城市甚至城际间。系统的运能和效率也有显著提升，部分项目所规划的服务能力达到百万件。可见，当代地下物流的规划者越来越将地下物流系统定位为一种能够引导未来工业运输体系发展的先进集成系统，而不仅仅是传统货运系统的替代品。

1.1.3　地下物流系统的研究趋势

基于 Web of Science 和中国知网（CNKI）数据库，笔者以"Underground Logistics System"和"地下物流系统"为关键词，以第一届国际地下物流会议（International Society for Underground Freight Transportation，ISUFT）召开时间 1999 年作为起始时间，共检索到 1999—2022 年间发表的 200 篇论文，其中英文论文 134 篇，核心及以上的中文期刊论文 66 篇。论文发表年份的分布如图 1-7 所示。

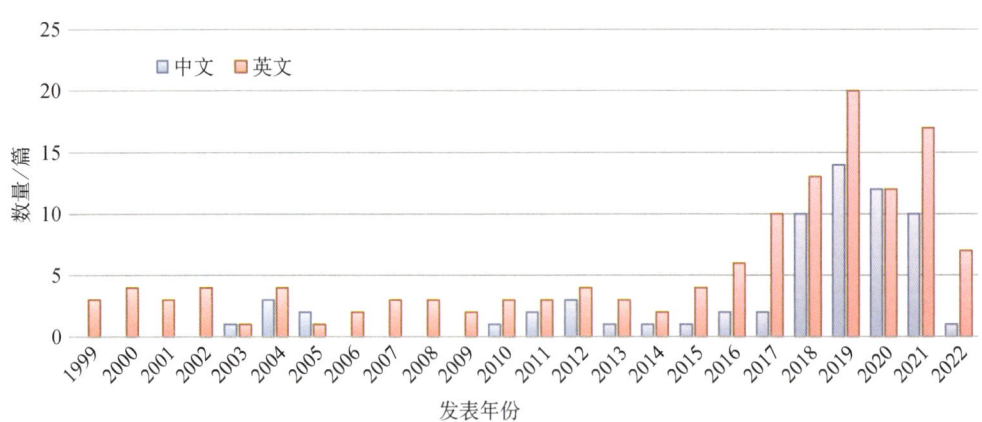

图 1-7　地下物流论文发表趋势（截至 2022 年 4 月）

通过对学术期刊上论文的发表年份分布情况进行分析发现，地下物流学术研究在 1999—2016 年期间一直处于不温不火的状态，多以案例分析和展望为主，关于方法论的研究较少，部分研究对未来地下货运的发展持保守态度。直到 2017 年，地下物流相关论文开始出现大幅增长，2019年论文发表的数量达到了一个小顶峰，各领域期刊共发表了14篇中文文献和20篇英文文献，这意味着地下物流系统在国内外均引起了较高的重视。随着高性能运输装备、物流人工智能、隧道建设技术和货运标准化的推行，地下物流系统的发展定位正在变得多元化，其研究已经不仅局限于运输技术和概念形式，而是拓展到面向未来物流市场和供应链运作对于地上地下一体化多式联运体系的要求。因此可以预见，与地下物流系统相关的科学话题将在未来几年内不断得到拓展并迎来研究热潮。

利用对关键词的共现功能，分析中、英文期刊文献的关键词词频，可以把握地下物流系统的研究重点和热点问题。中文期刊词频前十名分别为：地下物流系统、地下空间、节点选址、遗传算法、城市配送、双层规划模型、地下集装箱运输、城市轨道交通、路径优化、可持续发展；英文期刊词频前十名分别为：underground freight transportation（地下货物运输）、urban transport（城市交通）、pipelines（管道）、integer programming（整数规划）、decision support framework（决策框架）、freight and freightage（货运与运费）、distribution of goods（货物分布）、dynamic programming algorithm（动态规划算法）、heuristic algorithm（启发式算法）、numerical methods（数值方法）。对比图1-8（a）和（b）可知，国外研究关键词知识节点之间连线更紧密，热点分布更明显；国内研究则更多聚焦于地下空间与基础设施规划以及网络设计方法，但研究内容仍相对分散，尚不成体系。总体来看，当今学术界关于地下物流与地下货运的研究话题正在从定性层面转向建模量化、调研和仿真层面。随着最新项目的规划和实施，更多学者以解决特大城市中的物流需求为导向，关注复杂情景下的城市地下物流系统设施集成布局、运营调度、政策法规与商业模式，以及生命期成本-效益等"前瞻性"话题。

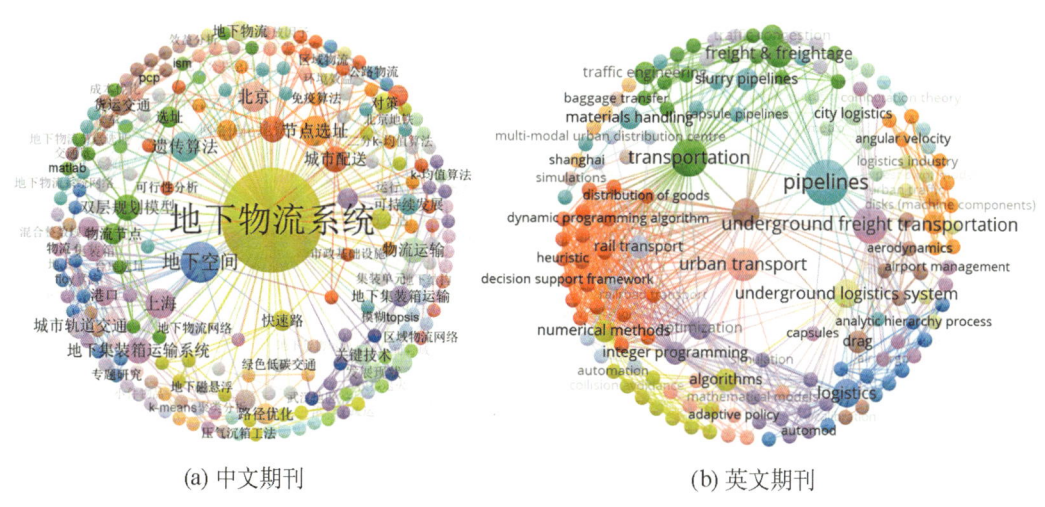

(a) 中文期刊　　　　　　　　　(b) 英文期刊

图1-8　地下物流研究主题分布

除此以外，ISUFT自第一届于1999年在美国密苏里大学召开，至2022年先后在美国、荷兰、德国和中国共举办了 8 届,共收录会议论文 162 篇。我国最早由钱七虎院士及其团队对地下物流系统在我国开发的可行性、网络规划和发展战略等问题进行了研究[1, 8, 9],并成功举办了两届 ISUFT 国际会议,会议论文贡献总量已跃居世界第二,仅次于美国,这体现了我国城市货运对地下物流系统的迫切需求程度正在不断加深。综合而言,现代城市地下物流系统探究已经是一个引起全球思考的话题,尤其在交通运输工程和地下工程领域已成为讨论的热点。

1.1.4 地下物流系统发展中的主要问题

与传统地面物流运输相比,地下物流系统具有多种优势,我国地下工程建设的地质适应能力和施工效率已具备开展地下物流系统建设必要的施工技术条件,但至今仍无真正成功的运营实践。本节结合国内外发展情况,从政治、经济、社会和技术四方面对地下物流系统发展中存在的问题进行分析。

1. 政治方面

近几年,"地下物流""地下货物配送"等关键词频繁出现在国家或地方的重大纲领性文件中,如《"十四五"现代流通体系建设规划》《"十四五"交通领域科技创新规划》《国家综合立体交通网规划纲要》《交通强国建设纲要》《深圳市地下空间资源利用规划(2020—2035 年)》《北京城市副中心控制性详细规划(2016—2035)》《雄安新区 4 个片区控制性详细规划》等。这些良好的政策条件促进了地下物流系统的发展,反映出地下物流系统的重要程度和受关注度。但是在宏观红利政策环境下,地下物流系统的实施依然存在障碍。一方面,缺乏与地下物流系统配套的立法和具体政策,传统的物流相关行业标准和法规并不一定适用于地下物流系统;另一方面,跨物流、交通和地下空间多重领域的特点使得其规划问题变得复杂,导致政府各规划主管部门之间沟通、协调难度较大。

当前,我国物流业的发展还比较粗放,物流市场竞争激烈,现行的物流管理政策更加注重高效率和低成本。地下物流系统虽然高效可靠,但直接成本太高,因此在现有的成本制约下,地下物流系统难以推进,特别是在起步阶段,技术推广和信息收集方面迫切需要国家和地方政策的支持。

2. 经济方面

地下物流系统的运营只能采用类似城市轨道交通的半军事化管理模式,投资主要由政府负责,这种做法会增加城市财政负担,不利于市场竞争。地下物流系统作为城市综合交通运输体系的重要补充,在形成一定规模的网络之前,与现有物流系统的多式联运是唯一的运营模式,而高效的多企业伙伴关系是高效运营的基础;另外,其直接经济效益可能无法完全补偿地下物流系统网络形成之前的投资和运营成本,所以必须依赖政府的财政补贴。

地下物流系统流量稳定、定位清晰,但在控制成本和应对突发事件方面不如地面物流运输灵活。地下物流系统的加入,必定会对现有物流行业造成很大的冲击。地上和地下配送系统注定要经历一个漫长的相互竞争、共同分担、共荣发展的过程。尤其在最初阶段,一定是以成熟的地上配送系统为主、新兴的地下配送系统为辅,竞争发展,这一时期地下物流系统会面临低价和缺乏客户的挑战,导致经济效益低下,这些问题给地下物流系统的发展施加了巨大压力。

3. 社会方面

地下物流系统作为地下工程,其投资建设的初始成本高且投资周期长,这往往使得关注经济效益的利益相关者易忽略其能够带来的长远的环境效益和社会效益,这是多数试点项目无法进行下去的原因之一。

另外,地下物流系统的发展缺少专业的复合型人才。在建设方面,由于其多学科属性,研究人员需要具备地下工程、智能物流、运输规划、互联网、工程管理等方面的专长。目前国内研究机构较少,研究领域不够广泛,这导致地下物流系统研究进展缓慢。在运营方面,自动化和信息化程度高的服务几乎覆盖了物流供应链的整个流程,地下工程具有较高的运营风险,这要求管理者不仅要了解物流业务,而且要精通地下工程的运营管理,从而能够提供更全面、更完善的物流服务。因此,高层次的复合型人才是推广地下物流系统最宝贵的资源。

4. 技术方面

在不断推进的研究过程中,从宏观到微观,从单线到网络,还存在许多空白和需要突破的关键技术。首先,要考虑现有地下空间规划问题,我国城市地下空间管理缺乏系统规划,盲目开发,导致地下空间布局混乱、碎片化,每个城市在独特的地质条件方面和地下空间特征上存在复杂性和高风险性。其次,车辆及地下工程施工技术的成熟,使得单线规划设计成为可能,然而,运输效率、可靠性和多模式问题尚未在实践中得到验证,无法对网络规划、运营、风险和应急管理进行深入研究。再次,无法快速建成独立运作的物流网络,作为城市系统中的长期补充,其整体运作不仅指物流供应链,还包括其与社会经济和政治管理活动的协作。最后,上述所有因素都会导致地下物流系统操作环境的复杂性,突发事件造成的中断与其他物流模式有明显的区别,相对于服务和技术系统,风险和应急管理对地下物流系统同样具有重要意义。

物流行业在中国的新型城镇化发展过程中发挥了重要作用,经济发展和技术进步导致各行各业对物流的需求增加。作为对新型综合交通运输体系的重要补充,地下物流系统的发展不仅有助于进一步改善城市运输系统,而且有助于减少大城市中的交通拥堵、环境损害和能源消耗等问题。此外,地下物流系统可以化解经济发展与交通污染之间的冲突,这将大大增强城市的全面竞争力和可持续发展能力。

中国有开发地下物流系统的环境条件和需求,尽管存在一些例如缺乏具体指导性政策、高投资以及发展规模有限等问题,但值得发展。尤其在开始阶段,地下物流系统的发展可能会受到地面物流、综合物流专业人员短缺以及缺乏相关关键技术的深入研究的影响。因此,在传播地下物流系统的思想和政策时,必须进行深入研究,为其发展提供坚实的理论和方法的指导。

1.2 地铁-货运系统

1.2.1 地铁-货运系统的概念和特征

1. 地铁-货运系统的概念

作为城市地下物流系统一种独特的形式,地铁-货运系统(Metro-based Underground Logistics System,M-ULS)是指在城市内部,通过借用全部或部分城市既有地铁系统来运输货物的一种全新的运输和供应方式[10,11]。它具有地下物流系统的所有优势,如缓解地面交通压力、减少交通运输污染和节约地面空间等,同时比一般的地下物流系统更节省建设投资费用。在当前的发展背景下,改造城市既有地铁客运系统并建立货运系统是城市新型交通运输系统未来发展的重要趋势[12]。

地铁-货运系统的物理结构包含几大要素:货运列车、地铁-货运站点(即具备货运功能的地铁车站)以及既有地铁网络。

图 1-9 货运列车基本形式

货运列车(基本形式如图 1-9 所示)类似于客运列车,通常以电力驱动,每节车厢均为动力车厢;载有标准化托盘,且固定容量;车厢两侧均有车门,便于货物装卸。

地铁-货运站点是集车辆停靠、货物装卸、分拣分装、仓储、自动搬运系统(或自动导引运输车,Automated Guided Vehicle,AGV)于一体的功能性车站。从目前的研究趋势来看,货运站点更倾向于在原有地铁车站基础上改造,而不是在线路上新建,但应当将客运功能区和货运功能区隔离开。站点依据城市货流分布情况以及地铁网络形态进行选择。由于对装卸时间有较高的要求,因此对货物的处理必须实现高度自动化。

2. 地铁-货运系统的特征

地铁-货运系统具有双重特性,既是一类新型的城市地下基础设施,又是一类新型的城市交通运输系统。从不同的角度来看,它的以下三个特征显得尤为重要,是研究地铁-货运系统的前提和边界条件。

(1)从运输系统的特征来看,地铁-货运系统是新型城市综合交通运输体系的重要补充。2019 年 9 月 19 日,中共中央、国务院发布的《交通强国建设纲要》中明确提出将城市地下物流配送作为一类交通的新业态和新模式加速发展。但是,地铁-货运系统依赖于既有城市地铁系统,无法自由地覆盖城市全区域。即使在未来,结合独立的地下物流系统可能实现将城市货物全部放入地下运输,但如此庞大复杂的地下工程的建设周期几乎都长达几十年,因此,地铁-货运系统在相当长一段时间内,将作为城市交通运输体系的重要补充。

(2) 从基础设施的特征来看,地铁-货运系统具有一定的准公共产品的特征。一般的物流系统运营是以盈利为目的的商业活动,而地铁-货运系统发展的初衷是从根本上解决城市地面交通问题,除了经济效益,更重要的是货物转移至地下运输所带来的交通、环境与社会效益。在不影响地铁客运的前提下,地铁-货运系统将充分利用地下空间,综合考虑城市可持续发展和总体规划,甚至承担城市人防功能,从而增强城市防灾能力。

(3) 从物流服务供应链的角度来看,采用多式联运是地铁-货运系统实现其功能的必然模式。地铁-货运系统的上游承接了城市的门户枢纽(如铁路终端、公路终端、海港和空港)中多种运输方式的干线运输,而其将货物送至客户手中的"最后一公里"配送,在二级地下物流系统网络尚未发展完善之前,仍不可避免地须采用地面运输。因此在地铁-货运系统网络的设置与布局中,始终要考虑其多式联运的重要特征。

1.2.2 地铁-货运系统的发展历程

地铁属于城市轨道交通,和轻轨、单轨、现代有轨电车一样,服务于城市客运交通,通常以电力为动力,采用轮轨方式运行[13]。利用城市轨道交通网络开展客、货协同运输具有悠久的历史。早期的典型项目是 1927 年投产运行的伦敦地下邮件运输系统,该系统通过在部分地铁隧道段上共线运行客运列车和货运列车,每年能够从外部的邮件中心向地铁沿线的 9 个车站运送 400 万份邮件[14],这一项目非常成功,一直持续运行了 70 年。

另一个早期的轨道交通货运原型出现在 20 世纪初的德国,它通过共享轨道式电车进行邮件包裹和乘客的运输[15]。第二次世界大战之后,世界各国交通基础设施特别是城市轨道交通快速发展。然而,与基于道路的城市配送模式相比,城市轨道交通货运(Freight-on-transit,FoT)受限于运输距离、盈利能力,缺乏一定的灵活性[16, 17]。因此,在 20 世纪中叶至 21 世纪初,绝大部分城市的 FoT 活动都消失了,客运与货运基本分离[18]。随着后工业时代的到来,各种铁路系统包括地铁、轻轨、有轨电车和捷运系统相继建成,尽管其中大多数是以促进城市区域经济发展和乘客流动性为目的而开发的,但考虑到城市轨道交通网络的容量和多样性,FoT 在当前仍有很大的开发潜力。

在过去的 20 年里,将城市配送重新融入已有客运轨道网络的倡议重新引起了各国的关注。表 1-1 列举了部分代表性项目,大致可归纳为两类。第一类,在一些轨道交通历史悠久的欧洲城市,如德累斯顿、阿姆斯特丹、苏黎世、不来梅、巴黎,出现了一批有轨电车货运和轻轨货运项目并实施落地。这些 FoT 系统以单线为主,在服务于居民通勤的基础上兼具了从工厂、仓库或配送中心向拥挤的市中心地区运送材料、零配件和同类型快消商品的功能。这些 FoT 项目的成功预示着以现代轨道交通线网为载体的运输技术和系统运营条件已逐步走向成熟并被逐渐接受。然而这类系统由于运能低、货源单一,还远不能真正解决城市物流问题。第二类,一些以地铁为载体的地下 FoT 项目也被提出,以 Metro Freight System 或地铁-货运系统命名[19]。从表 1-1 中可以看出,客、货在轨道上运行的模式主要有三种,分别是客货混载、共线-分离和共线-拖挂。

表 1-1　　　　依托城市轨道交通开展货运的实践项目

序号	项目名称	城市/国家	基础设施	规模	共享模式	状态	年份	货运类型
1	Mail rail	伦敦	地铁	SLL	共线-分离	废止	1927	邮件
2	Cargo Tram	德累斯顿	电车	SLL	共线-分离	运行	2000	B2B 包裹
3	Garbage Subways	纽约	地铁	NG	客货混载	运行	2000	城市垃圾
4	未知	阿姆斯特丹	地铁	NG	共线-拖挂	倡议	2000	B2B、B2C 包裹
5	Cargo Tram	苏黎世	电车	SLL	客货混载	运行	2003	城市垃圾
6	Güterbim	维也纳	轻轨	SLL	客货混载	破产	2004	工业零件、材料
7	CITIPOST	不来梅	电车	SLL	客货混载	运行	2004	邮件
8	City Cargo	阿姆斯特丹	电车	SLL	共线-拖挂	运行	2007	B2B 包裹
9	Monoprix	巴黎	城市铁路	TP	共线-拖挂	运行	2007	B2C 包裹
10	Amtrak	美国	城际捷运	NG	未知	运行	2010	C2C 包裹
11	未知	札幌	地铁	NG	客货混载	倡议	2013	快递箱
12	未知	纽卡斯尔	地铁	SLL	客货混载	倡议	2016	航空托盘
13	Tram Fret	巴黎	轻轨	TP	共线-拖挂	运行	2017	B2B 包裹
14	Grand Paris	巴黎	城际捷运	NG	共线-分离	研发	2018	B2B、B2C 包裹
15	设施服务环	北京—通州	地铁	NG	共线-拖挂 共线-分离	可行性研究	2018	B2B、B2C 包裹

注:SLL—局部城区单线,NG—全城范围的网络,TP—市郊单线,B2B—企业到企业,B2C—企业到客户,C2C—客户到客户。

"客货混载"模式主张在地铁客运列车内部设置货运舱,由人工将停靠于列车内的货运单元搬运出站,对地铁车站设施和运行班次没有实质性改变。目前,纽约的 Garbage Subways 项目就采用该模式,在夜间利用载客车厢运输城市垃圾舱体,如图 1-10 所示。对于日本札幌地铁的调研表明,乘客普遍接受在车厢内设置货运隔间,如图 1-11 所示。

图1-10 纽约 Garbage Subways 夜间运输垃圾舱体

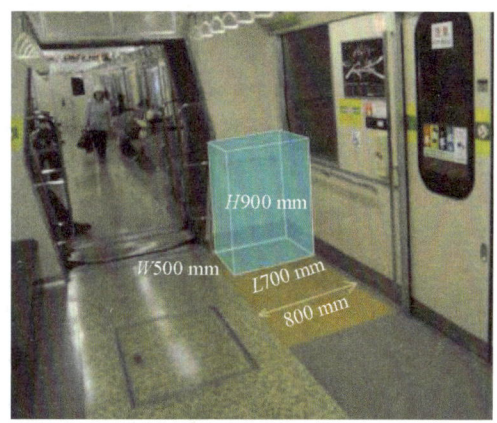
图1-11 日本札幌地铁客货混载区域划分

英国纽卡斯尔就连接机场和市中心的地铁客货混载线路进行了建设的可行性论证，这一线路用于在低峰期运输航空托盘。在进行具有货运能力的地铁车厢设计时，基于对城市中心现有货运的分配，开展了三种不同的方案设计。第一种设计方案利用现有地铁的内部空间，通过轮式箱子运输货物上下车厢，有效利用纵向座位之间的开放空间，放置隔板作为收纳平台摆放货物[图1-12(a)]，或者将座位收起，放置大件货物[图1-12(b)]；第二种设计方案是对已有车厢的座椅进行改造，将原本的纵向座位改为可折叠的横向座位[图1-13(a)]，或是将原来的纵向座位改为可折叠座位，无须架设隔板，可以直接通过座椅的变形进行小型货物的运输[图1-13(b)]；第三种设计方案是通过自动导向车（AGV）作为货物集装箱，直接将货物分配给客户，如图1-14所示。

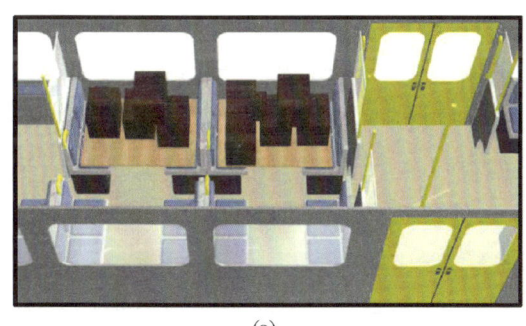
(a)

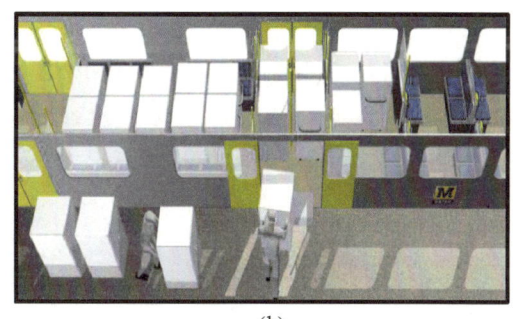
(b)

图1-12 英国纽卡斯尔地铁-货运项目车厢设计方案一

客货混载的运力通常较低，规模经济效应不明显，对客运服务的干扰较大且存在安全隐患，其优势在于易实现、造价低，目前仍受到广泛认可[12]。显然，由于不涉及设施改造，客货混载模式下的地铁货运容量和效率是相当有限的，难以产生规模经济效应[11]。此外，该模式下也存在诸如对物流人员要求高、对客运服务干扰大等不利影响。

"共线-拖挂"和"共线-分离"模式要求改变地铁车站和列车编成及运输组织，在站内

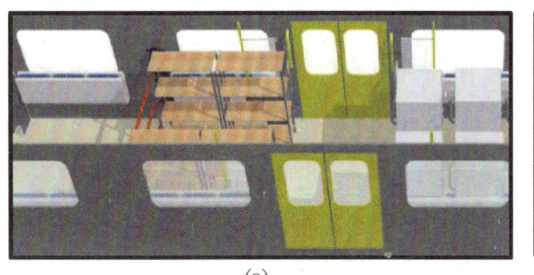 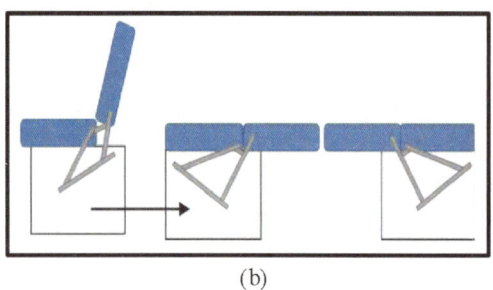

图 1-13　英国纽卡斯尔地铁-货运项目车厢设计方案二

图 1-14　英国纽卡斯尔地铁-货运项目车厢设计方案三

配备物流设备进行货舱单元装卸、自动分拣、仓储等集成作业。"共线-拖挂"模式采用在原列车末端添加额外的货运动力车厢的方式,使得客流上下车与货物装卸在停靠时间内同步完成。"共线-分离"模式则采用独立的货运列车与客运列车共线错班行驶,并通过在不同侧站台停靠的方式实现客货运输过程分离。2007 年,巴黎零售连锁店 Monoprix 利用法国国营铁路公司(Société Nationale des Chemins de fer Français,SNCF)的城市铁路将部分货物,如纺织品、美容用品、家居用品等运输到其在巴黎市外的仓库,该项目使进入巴黎市的卡车数量每年减少了近 10 000 辆,每年减少排放 280 t 的二氧化碳和 19 t 的氮氧化物[10]。2017 年运行的巴黎 Tram Fret 电车货运系统采用了"共线-拖挂"轻轨结合自装卸小型集装单元的设计,如图 1-15 所示。法国"大巴黎(Grand Paris)"项目规划了 52 km 的客货共线-分离地铁线路,独立的货运列车可在地铁换乘站停靠,从而实现地下转运。得益于设施共建,这些货运线路的总体投入与综合管廊或专用地下物流系统相比已降低了许多。

图 1-15　巴黎 Tram Fret 项目

近年来,我国的地铁-货运也正经历着从"无"到"有"的转变。深圳地铁率先开展"行李驿站"同城配送试点,如图 1-16 所示。该服务是全国首个航空-地铁创新联运项目,通过地铁路网的运量余力,为搭乘航空的乘客提供行李配送业务。首批"行李驿站"项目共有包括深圳北站、深圳东站、福田站、罗湖站、车公庙站、世界之窗站、华强路站及机场站等在内的 10 个站点投入服务。项目初期的业务主要面向通过宝安机场出行、

图 1-16 深圳地铁"行李驿站"同城配送试点

选择行李"门到门"服务的旅客。深圳地铁在每天 10 时至 17 时、20 时至 23 时这两个时段运输乘客行李。《北京城市副中心控制性详细规划》明确指出利用"设施服务环"地铁线路建立地下物流配送干线系统,形成地上地下互补的绿色智慧配送网络,该项目已在轨道交通车辆基地预留了两个地下物流终端。需要注意的是,我国地铁-货运的规划视野与国外项目之间存在明显区别。一方面,欧美地区大多是由供应链企业与地铁私人运营商合作,借用市郊线路运力进行货物运输,由于经营权属问题,难以推广至城市腹地。相比之下,我国地铁集中管理,运营模式统一,具有实现地铁-货运标准化、网络化和规模化的必要条件。另一方面,我国城市物流遵循"从区域物流园区到城市配送中心,再到末端场站/网点"的多级运作流程,需求量巨大,应当充分利用一线城市地铁的密度优势和低峰期的富余运力,与其他运输方式共同开展大宗配送,形成覆盖快递、冷链生鲜、零售商业的多式联运分层网络,分担道路交通压力。

从地下货物运输发展趋势来看,独立的地下货物运输以及与地铁共享隧道进行客、货地下协同运输在世界范围内已有百余年的发展历史,这预示着它不是一个全新的事物。然而,关于利用城市地下物流网络或城市轨道交通网络承担大规模城市配送的倡议在最近二三十年才被提出,由于概念超前,直至最近几年才陆续受到各国的重视,各国相继开展建设和试点。多元化的地下货运项目研发经验、现代工程技术的进步和轨道交通电网的普及为在城市地区利用地铁实现一体化综合地下运输提供了可行性。

1.2.3 地铁-货运系统的研究趋势

现代地铁-货运系统的理论研究始于 21 世纪初,早期的研究主要集中于系统的可行性研究,且都是定性研究,如:荷兰阿姆斯特丹地铁 BOUS 项目中讨论了交付货物的模式,提出了客货协同运输的三种模式,即独立夜间模式、独立日间模式和日间客货混运模式[20]。Marinov 团队针对英国纽卡斯尔地铁网络探讨了多种货物混运(如配送中小型包裹、高价值商品和可回收材料)的可行性[21],基于离散事件理论开发了客运列车和货运列

车在地铁隧道中排班问题的仿真模型[22]，并设计了一种客货混合装卸方案[23]。日本札幌地铁的一个试点项目调查表明，将地面配送转变为地铁货运得到了当地居民的广泛支持[24]。Hong 等[25]预测了韩国首尔地铁客货共线模式下 50 个站点的货运量，并计算了这种绿色货运方式对环境的效益。多伦多地铁也被用于评估运输模式由地上向地下转变而产生的效益[17]。Serafini 等[26]调查了罗马地铁通勤者对于共享载客车厢推行货物包配送的意愿。国内，南京大学、上海交通大学的学者基于所在城市的地铁开展了包裹配送的模式和可行性研究[27, 28]。

当前观点认为地铁-货运系统不仅是一个集成了客运、货运和物流操作（装卸、运输、物料搬运、仓储和库存管理、配送）的综合地下交通系统，而且也是一个比城市地铁更复杂的基础设施系统[10]。与独立的专用地下物流网络不同的是[29]，地铁-货运系统不需要大范围开挖隧道，只需对现有地铁车站和隧道进行改造或在新建地铁工程中加入针对物流设施的构造即可[11]。尽管地铁-货运系统的造价相较于地下物流系统更低，但货流与人流的方向并不完全一致，单条线路仅能满足地铁沿线客户的配送需求而无法普及全城[30]。因此，当前观点普遍认为只有对地铁货运进行网络化运作才能产生可观的效益[21]。

近五年，关于地铁-货运系统网络规划的研究逐渐增多，通过 Web of Science 核心数据库和 CNKI 数据库检索到英文论文 9 篇，中文论文 6 篇。其中，国内学者发表论文 14 篇，占比 93%，并且在这 14 篇论文中，有 9 均来自陆军工程大学钱七虎院士和陈志龙教授带领的地下物流系统研究团队。具体的研究主题及方法、期刊级别等信息如表 1-2 所示。

结合本章 1.2.2 节所述的地铁-货运系统的发展历程可以看出，项目实践为地铁-货运系统的发展提供了宝贵的经验和技术支撑，证明了采用地铁系统承担城市物流任务是可行的，但是地铁-货运系统的理论研究仍然是一个崭新的领域。

表 1-2　　　　　　　　地铁-货运系统近五年论文发表情况

序号	文献	期刊级别	研究方法	数据来源	规模
1	Zhang et al. (2022)[31]	SCIE/SSCI	文献综述	—	—
2	Xu et al. (2022)[32]	SSCI	探索研究/系统动力学分析疫情下地铁-货运系统的实施与城市物流绩效之间的定量关系	武汉地铁	—
3	Villa et al. (2021)[33]	SCIE/SSCI	探索研究/运输模式和方案设计	马德里地铁	环线
4	Zheng et al. (2021)[34]	SCIE	案例模拟/地铁-货运站点选址	南京地铁	单线
5	Sun et al. (2021)[35]	SCIE	案例模拟/网络的最佳设施配置和流程分配	南京地铁	网络

(续表)

序号	文献	期刊级别	研究方法	数据来源	规模
6	Hu et al. (2020)[36]	SCIE	案例模拟/站点技术系统及功能布局设计	南京地铁	网络
7	Hu et al. (2020)[30]	SCIE	探索研究/系统动力学分析地铁-货运系统发展可行性	北京地铁	—
8	Zheng et al. (2020)[37]	SCIE	案例模拟/地铁-货运系统站点选址	南京地铁	单线
9	Dong et al. (2018)[11]	SCIE	案例模拟/地铁-货运系统网络规划方法	南京地铁	网络
10	胡万杰等(2022)[38]	中文核心	探索研究/地铁-货运系统发展模式	—	—
11	胡万杰等(2021)[39]	中文核心	探索研究/"共线-分离"网络运行模式及站点设计	南京地铁	网络/站点
12	王强等(2021)[40]	中文核心	案例模拟/"客货共线"运输模式及方案设计	武汉地铁	单线/站点
13	任睿等(2021)[41]	中文核心	案例模拟/地铁-货运系统网络化运作方案	南京地铁	网络
14	陈一村等(2020)[42]	中文核心	探索研究/3种地铁-货运协同运输方式对地铁及地上物流配送的影响	南京地铁	网络
15	王小林等(2019)[43]	中文核心	探索研究/货流量预测及站点概念方案	西安地铁	—

从学术论文发表情况来看,在城市物流需求激增和交通拥堵恶化的推动下,各国研究人员对各类形式的地下物流实施方案的关注度逐年增加。近5年来,国内外开始广泛探讨基于地铁的地下物流系统,"面对未来城市物资供应的挑战,发展地下物流系统"的观点正逐渐被社会接受。近年来,随着人们认识的提高,国内外地下物流系统研究的重心从定性概念转向定量建模。作为地下物流在城市内部成网的一种潜在途径,利用改造的地铁站点和隧道实现自动化地下货运的模式备受关注,但当前的研究主要局限于单线模式下的试探性研究。单线或点对点的地铁-货运形式能够缓解局部范围内因货运带来的城市问题,但运输能力和网络覆盖度有限,只有形成网络,才能整体解决城市物流的负面性,改善城市物流体系的整体能力。然而,针对地铁-货运系统的设计与规划,仍有以下关键科学问题没有标准的解答范式,无法判断其科学性,甚至还没有被识别。

(1)当前针对地铁-货运系统网络、形成机理、规划方法和运行模式的理论研究极为匮乏,难以体现成网后地铁-货运系统的效益以及地上地下网络协同设计优化的特殊性。

（2）从效益分析、商业模式、物流供应链等角度而言，部分地下物流系统的研究成果同样适用于地铁-货运系统，但与地下物流系统不同，地铁-货运系统的发展是基于现有网络进行再选址和布局的过程，不能"照搬"地下物流系统或者地铁的网络规划方法，在网络设置的优化等方面需要进一步深化研究。

（3）网络情景下，考虑货物地下换乘的设施布局显然与单线存在明显的差别，而人流与货流的方向并不完全相同，且地铁-货运系统的运能受客运限制，完全采用地铁网络进行城市物流配送可能存在低效率和高成本的问题，需要有对现有网络改进的方法，这些问题尚属研究空白。

（4）地铁-货运系统集成了所有诸如运输、配送、仓储、装卸搬运、包装和流通加工等物流活动，是一种在地下环境中，依附于地铁网络展开的一体化物流配送系统。它的多重属性决定了地铁-货运系统的规划布局要考虑城市总体规划、物流规划、地下空间规划、城市货运需求分布与地铁网络的兼容性和匹配性等。在面临目标冲突时，必须始终以地铁-货运系统的设计与扩建不影响客运系统的正常运行和绝对的安全性为前提。当前的研究仅仅从物流组织的角度讨论"地铁-货运系统"，缺乏基础设施与运营管理集成的理念。

总之，面临城市可持续发展需要解决交通物流问题的紧迫性，我国部分城市和地区对实施地铁-货运系统抱有坚定的信心，但是，相较于传统物流方式，地铁-货运系统本身具有地下工程特有的复杂性、造价高、风险大等特点，不成功则损失巨大。当前涉及地铁、货运及地下空间方面的研究自成体系，急需前瞻性的系统理论研究，为地铁-货运系统的研究指明方向。

1.2.4 地铁-货运系统规划与运行模式设计的任务和主要内容

1. 地铁-货运系统规划与运行模式设计的任务

地铁-货运系统的规划与运行模式设计应当顺应中央关于"构建安全、便捷、高效、绿色、经济的现代化综合交通运输体系"的要求。作为城市总体规划和现代化综合交通运输体系规划的一部分，必须支持城市总体规划提出的发展战略，以城市总体规划为依据，其规划必须有前瞻性、战略性和综合性。

在地铁-货运系统规划的过程中，需要对各种历史、现状和未来信息进行综合采集、综合处理和综合分析，包括：地下空间、地铁网络和货运供需量三者之间的相互关系；各种运输方式（工具）的综合协调；技术、经济、社会、环境等多种因素的综合可行性研究和评价与决策。对于地铁-货运系统的运营管理，确切地说，是在三个系统集成的基础上展开的，包括原有的地铁系统、地上物流配送系统以及嵌入的地下物流系统，内涵丰富，要素繁多。在运营管理的过程中，始终要坚持以货运不影响客运安全、服务和秩序可靠为前提，综合考虑安全、效率、效益、质量等因素，确定合理的运营管理模式。

地铁-货运系统规划的任务包括对城市货运量进行预测分析，确定网络结构、运行模式、运输线路、货运站点等，串联城市内部和周边的货流集散点（物流园区、交通枢纽、行政中心、商业中心、居住区等),实现货流量的合理分流和疏导,高品质地提供货物运输方式的良性选择。由此带来的社会任务包括:缓解城市物流日益增加的货流量和现有配送能力之间的供需矛盾以及由此带来的诸多城市问题;提高现有土地资源和设施所能提供的运输配送能力;优化城市空间布局,完善城市功能,提升城市品质,增添城市活力。科学、合理的地铁-货运系统规划是开展地铁-货运项目的必要条件和主要依据,有利于地铁-货运项目的建设和运营进入良性循环并保持可持续发展的态势,能够对城市结构和城市形态与功能产生正向引导和促进作用,支持城市总体规划的实施和发展。

2. 地铁-货运系统规划与运行模式设计的主要内容

地铁-货运系统规划与运行模式设计的主要内容是根据城市总体规划、城市综合交通运输体系规划等上层规划的要求,充分研究地铁-货运系统的特征,制定系统的发展战略,预测系统的发展规模,确定系统的关键技术参数和运输能力,根据不同城市的地下空间开发规模和地铁发展现状,规划系统的运行模式、线网、建设时序,制订运输计划,分析并制定列车运行排班,分析运营指标,等等。地铁-货运系统规划与运行模式设计的主要内容包括以下几个方面:

(1) 收集整理基础资料,掌握城市地下空间开发利用的规模、地质勘探状况、地铁建设现状,分析地铁-货运系统发展的环境条件。

(2) 明确系统的服务对象,即城市中有哪些货流适合放入地下,并采用地铁进行运输,哪些不适合采用地铁进行运输。对放入地下的货运量进行综合评价是进行地铁-货运系统规划的数据基础和前提条件。

(3) 基于规划期内城市发展目标,研究确定地铁-货运系统发展战略,提出城市地铁-货运系统的发展规模和关键技术参数指标。

(4) 在既有地铁利用策略引导下,确定地铁-货运系统的功能定位,分析研究其在网络构架过程中的规划策略,即明晰网络分阶段的演化机理和过程,确定宏观的网络规划方案和不同发展模式下的网络扩展方案。

(5) 依据地铁-货运系统网络构架,进行系统运行模式分析(共线或者分线)、系统及设施规划(线路、车站、地上地下协同等)、系统网络分期实施的措施和步骤,并提出相应规划问题的对策及建议,为各分项工程设计和规划提供依据。

(6) 在不影响地铁安全、高效运输的前提下,进行地铁-货运系统的日常行车管理(运输能力计算、运输计划编制、列车排班与调度等)、运营服务与运营秩序维持(站点引导、运输单价确定、运营监管、应急救援与事故处理等)以及设施设备管理维护(车站服务设施系统、通信及信号系统、防灾系统、自动电扶梯等设施设备的日常运作和养护维修)。

鉴于各个城市的发展策略、总体规划、地质条件、地铁开发程度、地下空间利用情况等不尽相同,地铁-货运系统规划和运行模式设计的内容应随城市的具体情况不同而变化。对于地铁线网具备一定规模的城市,要充分利用既有地铁线网,地铁-货运系统的建设以改/扩建为主,新建为辅,系统的规划主要以解决城市问题为主;对于还没有形成一定规模的地铁线网,或者没有建设地铁的城市,地铁和地下物流系统同时进行建设,系统的规划主要以解决城市基础设施为主,地铁-货运系统的建设需与城市地下空间和城市总体发展相协调。

3. 本书的主要内容和框架

本书针对新型城镇化建设对城市交通可持续发展提出的迫切需求,基于地铁基础设施和城市物流运营的双重特征,分析兼具客、货运输功能的城市地铁多级地下运行机制、运输流程和技术形式,试图建立涵盖地铁-货运系统规划、创新设计、运行模式的集成解决方案。本书的基本框架如图1-17所示。

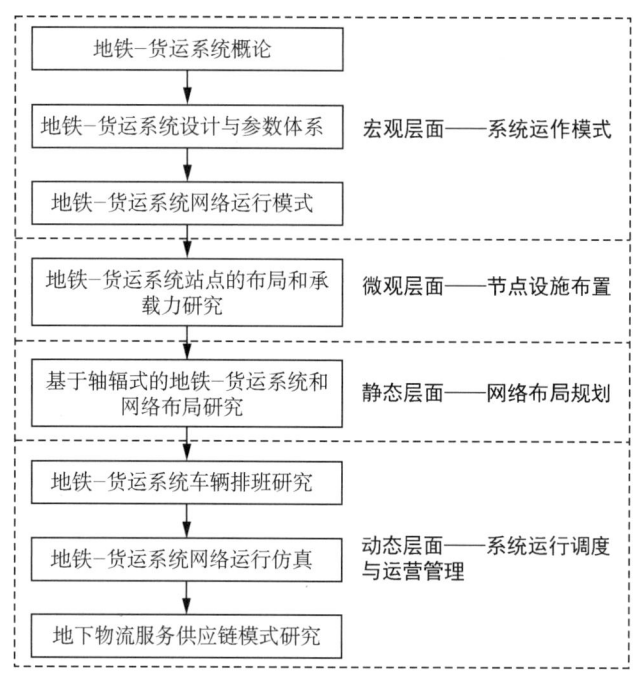

图 1-17 本书的基本结构框架

(1) 宏观层面的系统运作模式(第1部分)。

基于城市物流复杂性和地铁-货运系统关键规划问题,提出地铁-货运系统在城市中的潜在发展蓝图;剖析地铁-货运网络的分层拓扑结构;基于地铁客货协同运作机理和系统运作基本原则,提出"共线-分离""共线-拖挂"和"客货分线"三种地铁-货运系统网络运作模型和相应业务流程;基于专家调查结果对共线模式的可行性、适用性、各项运行指标及必要技术的成熟度进行评价分析。

(2) 微观层面的节点设施布置(第2部分)。

分析并提出地铁-货运系统的列车制式和标准化装箱模式;初步界定地铁-货运站点物流模块配置和功能关联度;设计地铁-货运站点的地下空间分层功能区布置方案和物流操作方案;建立地铁-货运站点的三维建筑模型。

(3) 静态层面的网络布局规划(第 3 部分)。

建立地铁货运需求预测与筛选模型;以网络建设运营成本为目标,考虑各类容量约束和模型参数的模糊随机特征,建立数学模型反映地铁-货运系统各层节点、通道和流量在网络中的最优布局;设计模型求解框架;讨论不同情境下的最优地铁-货运系统网络选址-分配-路径优化结果。

(4) 动态层面的系统运行调度和运营管理(第 4 部分)。

考虑"共线-分离"模式下的地铁-货运系统站点-列车联合调度机制、动态需求生成情景和实时列车时间窗,采用智能体建模和离散事件仿真技术开发集成"GIS+AnyLogic"的地铁-货运系统动态运行仿真模型。

1.3 本章小结

地下物流系统是一类不占用地面道路,采用清洁动力,不受外界条件干扰,在城市内部及城市间通过地下管道或隧道运输货物的一种物流供应系统。地下物流系统特征鲜明,虽然和地铁系统同属于地下工程,但是它们的设计、规划、建设、运营完全不同,自成体系。本章对地下物流系统的发展历程进行了介绍,分政治、经济、社会、技术四方面,剖析了地下物流系统在我国发展中存在的主要问题。

地铁-货运系统作为城市地下物流系统一种独特的形式,是在城市内部通过借用全部或部分城市既有地铁系统进行货物运输的一种全新的运输和供应方式。本书对其发展历程和研究趋势进行了梳理,并对其规划与管理的任务和主要内容进行了界定。

参考文献

[1] 钱七虎,郭东军. 城市地下物流系统导论[M]. 北京:人民交通出版社,2007.

[2] Zandi I, Allen W B, Morlok E K, et al. Transport of solid commodities via freight pipeline: Second year final report[R]. Sponsored by the US Department of Transportation, Project No: DOT-OS-50119, 1976.

[3] Chen Z, Dong J, Ren R. Urban underground logistics system in China: Opportunities or challenges?[J]. Underground Space, 2017, 2(3): 195-208.

[4] Boerkamps J, Van Binsbergen A. Good trip: A new approach for modelling and evaluation of urban goods distribution[C]//City Logistics I: The 1st International Conference on City Logistics. Kyoto: Institute of Systems Science Research, 1999.

[5] Egbunike O N, Potter A T. Are freight pipelines a pipe dream? A critical review of the UK and European perspective[J]. Journal of Transport Geography, 2011, 19(4): 499-508.

[6] Hayhurst J D. The Pneumatic Post of Paris[EB/OL]. [2022-6-23]. https://www.cix.co.uk/~mhayhurst/jdhayhurst/pneumatic/book1.html.

[7] Hodson N. Pneumatic transport-state of the art-desk research[EB/OL]. http://www.noelhodson.

com/index_files/StateoftheArt-foodtubes2FEB07.htm.

[8] 钱七虎. 建设特大城市地下快速路和地下物流系统: 解决中国特大城市交通问题的新思路[J]. 科技导报, 2004, 22(4): 3-6.

[9] 陈志龙, 郭东军. 第五类运输和供应系统: 北京建设地下物流系统的战略构想[J]. 北京规划建设, 2005(3): 77-80.

[10] Ozturk O, Patrick J. An optimization model for freight transport using urban rail transit[J]. European Journal of Operational Research, 2018, 267(3): 1110-1121.

[11] Dong J, Hu W, Yan S, et al. Network planning method for capacitated metro-based underground logistics system[J]. Advances in Civil Engineering, 2018, 2018: 1-14.

[12] Chen Y, Guo D, Chen Z, et al. Using a multi-objective programming model to validate feasibility of an underground freight transportation system for the Yangshan port in Shanghai[J]. Tunnelling and Underground Space Technology, 2018, 81: 463-471.

[13] 朱顺应, 郭志勇. 城市轨道交通规划与管理[M]. 南京: 东南大学出版社, 2008.

[14] Visser J G S N. The development of underground freight transport: An overview[J]. Tunnelling and Underground Space Technology, 2018, 80: 123-127.

[15] Cleophas C, Cottrill C, Ehmke J F, et al. Collaborative urban transportation: Recent advances in theory and practice[J]. European Journal of Operational Research, 2019, 273(3): 801-816.

[16] Macharis C, Melo S, Woxenius J, et al. The Cargo Tram: Current status and perspectives, the example of Brussels[M]//Strale Mathieu. Sustainable Logistics. Leeds: Emerald Group Publishing Limited, 2014: 245-263.

[17] Cochrane K, Saxe S, Roorda M J, et al. Moving freight on public transit: Best practices, challenges, and opportunities[J]. International Journal of Sustainable Transportation, 2016, 11(2): 120-132.

[18] Arvidsson N, Browne M. A review of the success and failure of tram systems to carry urban freight: The implications for a low emission intermodal solution using electric vehicles on trams[J]. European Transport\Trasporti Europei, 2013, 54: 1-18.

[19] Hörl B, Dörr H, Wanjek M, et al. METRO.FREIGHT.2020-strategies for strengthening rail infrastructure for freight transport in urban regions[J]. Transportation Research Procedia, 2016, 14: 2776-2784.

[20] Robinson M, Mortimer P. Rail in urban freight: What future, if any?[J]. Logistics and Transport Focus, 2004, 6(2): 33.

[21] Dampier A, Marinov M. A study of the feasibility and potential implementation of metro-based freight transportation in Newcastle upon Tyne[J]. Urban Rail Transit, 2015, 1(3): 164-182.

[22] Motraghi A, Marinov M V. Analysis of urban freight by rail using event based simulation[J]. Simulation Modelling Practice and Theory, 2012, 25: 73-89.

[23] Kelly J, Marinov M V. Innovative interior designs for urban freight distribution using light rail systems[J]. Urban Rail Transit, 2017, 3(4): 238-254.

[24] Kikuta J, Ito T, Tomiyama I, et al. New subway-integrated city logistics system[J]. Procedia-Social and Behavioral Sciences, 2012, 39: 476-489.

[25] Hong S J. A proposal of green logistic system design through the subway network: Focus on Seoul Metro Network[J]. Journal of Digital Design, 2014, 14(3): 327-336.

[26] Serafini S, Nigro M, Gatta V, et al. Sustainable crowdshipping using public transport: A case study evaluation in Rome[J]. Transportation Research Procedia, 2018, 30: 101-110.

[27] 陈梓毓. 南京地铁开展城市配送的可行性研究[D]. 南京: 南京大学, 2017.

[28] 孙延. 基于轨道交通的上海同城快递配送网络设计[D]. 上海: 上海交通大学, 2018.

[29] 许春丽, 黄云峰. 雄安新区邮政地下智慧物流网建设探析[J]. 邮政研究, 2018, 34(6): 13.

[30] Hu W, Dong J, Hwang B-G, et al. Using system dynamics to analyze the development of urban freight transportation system based on rail transit: A case study of Beijing[J]. Sustainable Cities and Society, 2020, 53: 101923.

[31] Zhang H, Lv Y, Guo J. New development direction of underground logistics from the perspective of public transport: A systematic review based on scientometrics [J]. Sustainability, 2022, 14(6): 3179.

[32] Xu Y, Dong J, R Ren, et al. The impact of metro-based underground logistics system on city logistics performance under COVID-19 epidemic: A case study of Wuhan, China[J]. Transport Policy, 2022, 116: 81-95.

[33] Villa R, Andrés Monzón. A metro-based system as sustainable alternative for urban logistics in the era of E-Commerce[J]. Sustainability, 2021, 13. DOI: 10.3390/su13084479.

[34] Zheng C, Gu Y, Shen J, et al. Urban logistics delivery route planning based on a single metro line [J]. IEEE Access, 2021(9): 50819-50830.

[35] Sun X, Hu W, Xue X, et al. Multi-objective optimization model for planning metro-based underground logistics system network: Nanjing case study [J]. Journal of Industrial and Management Optimization, 2023(19): 170-176.

[36] Hu W, Dong J, Hwang B, et al. A preliminary prototyping approach for emerging metro-based underground logistics systems: Operation mechanism and facility layout [J]. International Journal of Production Research, 2021, 59(24): 7516-7536.

[37] Zheng C, Zhao X, Shen J. Research on location optimization of metro-based underground logistics system with voronoi diagram[J]. IEEE Access, 2020, 8: 34407-34417.

[38] 胡万杰, 董建军, 陈志龙. 基于地铁货运系统的城市物流发展模式探讨[J]. 铁道运输与经济, 2022, 44(2): 8-15. DOI: 10.16668/j.cnki.issn.1003-1421.2022.02.02.

[39] 胡万杰, 董建军, 任睿, 等. 基于客货协同的地铁货运系统设施规划研究[J]. 地下空间与工程学报, 2021, 17(5): 1351-1361, 1375.

[40] 王强, 何艺鸣. 基于地铁物流的结合式客货共线运输模式探讨[J]. 地下空间与工程学报, 2021, 17(4): 998-1007.

[41] 任睿, 胡万杰, 董建军, 等. 轴辐式城市地铁-货运系统网络布局优化[J]. 系统仿真学报, 2021, 33(7): 1699-1712. DOI: 10.16182/j.issn1004731x.joss.20-0196.

[42] 陈一村, 董建军, 尚鹏程, 等. 城市地铁与地下物流系统协同运输方式研究[J]. 地下空间与工程学报, 2020, 16(3): 637-646.

[43] 王小林, 赵瀚. 基于地铁的城市地下物流系统探讨[J]. 地下空间与工程学报, 2019, 15(5): 1273-1282.

第2章
地铁-货运系统网络设计

2.1 地铁-货运系统网络

2.1.1 基本含义

地铁-货运系统网络(Metro-based Underground Logistics System Network)指在城市范围内,为满足一定的货运需求,依托城市已有地铁线网,在保证客运绝对安全稳定运行的前提下,建设(改扩建/新建)的相互连接的地铁-货运干线、支线以及车站和枢纽所构成的网状结构的地铁-货运系统。

地铁-货运系统网络的骨架,是以城市总体规划和城市综合交通运输规划为引导制定的,按计划分阶段逐步实施。根据城市的发展和货流量的需求,可由地铁-货运配送系统、公路车辆配送、地下物流系统、人力配送等不同等级和性质的线路组成。

根据各个城市地铁线网的规划和建设情况,地铁-货运系统网络绝大部分在地下隧道中运营,车站也大部分设立在地下。运输能力、发车间隔、运送速度根据地下客运和货运的运行模式(共线/分线)不尽相同。

地铁-货运系统网络的发展随着城市经济和人口的发展,以及产业结构和交通运输网的调整与分工逐渐发展起来。其形成和发展的过程一般是:首先,根据运输需要和已有地铁线路,以城市物流园区、高铁站、飞机场、重要的经济活动中心等为控制点,选择线路,设置必要的车站;其次,逐步扩展到其他地区,形成城市内部各个地区之间的客货运输主线通道;再次,新建站点和支线,逐渐扩大网络形态;最终,形成纵横交错、四通八达的地铁-货运系统网。

图 2-1 以北京市域为例,绘制了地铁-货运系统网络形成与优化思路,可见现阶段路网持续拥堵,对物流效率影响很大。随着地铁-货运系统的实施建设,一部分试点线路可以率先开启建设,用于满足城市物流运行过程中最紧迫的那部分需求。但是,项目前期的网络覆盖水平较低,且系统运输能力十分有限,因此该阶段的综合效益通常不能明显地体现出来。只有当网络发展到一定的规模之后,系统覆盖范围不断扩大,逐渐形成一个集成

多换乘高密度的地下物流与地面"最后一公里"配送的一体化网络,此时地铁-货运系统所提供的解决方案才能够分担相当大比率的城市大宗货物配送任务,如快递包裹、各类常规商品或其他生产资料。接下来,可以考虑对地铁-货运系统的效率和能力做进一步提升,例如通过增设二级地下管道的方式,使得部分线路连通,从而减少地下转运,缩短地下里程;也可以增设二级地下物流节点,提升网络可达性,并分担部分高负载地铁-货运站点的压力。如此开发完成的多层级城市地铁-货运系统将能够覆盖城市主要区域,为该区域的日常配送提供较为完整的解决方案,并显著缓解城市路网的交通瓶颈制约。

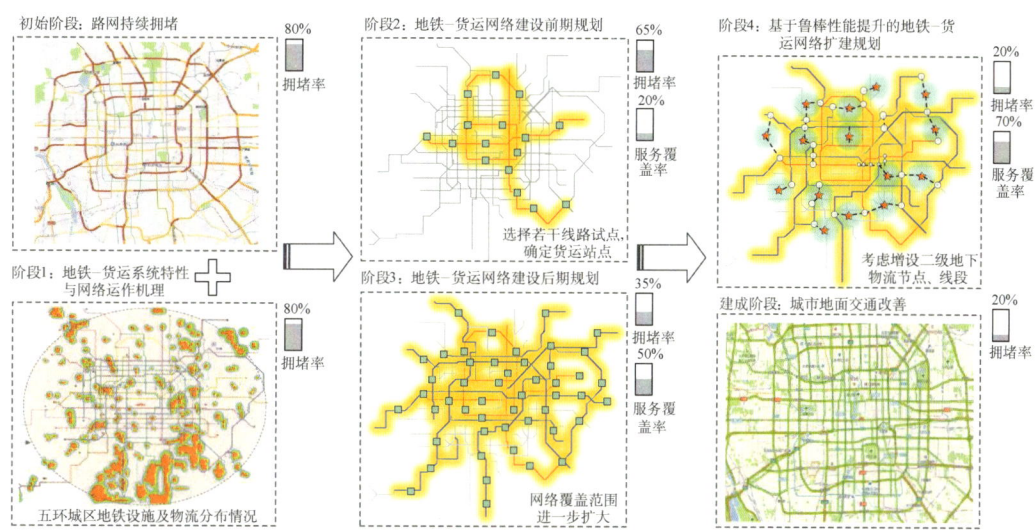

图 2-1　地铁-货运系统网络形成与优化思路(以北京市域为例)

2.1.2　适用范围与运输制式

1. 地铁-货运系统的适用范围

地铁-货运系统建立的目的是将分散在城市周边的货物以一种集中、高效、持续、自动化的方式输送至城市内部的各个位置,因此地铁-货运系统所服务的对象不能够超过城市物流的适用范畴。此外,作为对城市综合交通运输体系的重要补充,地铁-货运系统应当尽量与现有物流体系相融合,以解决传统物流难以解决的运输瓶颈问题。例如,在设施选址方面,将货流在城市中的目的地作为地铁-货运系统的目的地,使得传统的"地面运输模式"变为"地面+地下并行模式",从而成倍地扩充运输模块的供给能力。地铁-货运系统涉及以下三个层次的设施或主体。

(1) 城市综合配送中心及门户枢纽(Urban Distribution Center,UDC):城市物流园区(或称为综合配送中心)和门户枢纽(如铁路终端、公路终端、海港和空港)是城际运输甚至国际运输的终端,负责城市与外部地区之间的货物输入与输出。物流园区通常兼具仓储功能,是地铁-货运系统的最主要货源地。在本书中,地铁-货运系统与物流园区直接对接。

(2) 终端及末端网点(Ground Terminal，GT)：如中央商务区(CBD)、连锁超市、商场、购物中心、社区配送站等物流终端或直接面向客户的二级物流节点。在本书中，GT作为地铁-货运系统的终端节点。

(3) 客户(Clients)：地铁-货运系统所服务的个人用户或者企业。在城市内，货流与人流并不能完全保持一致，以人流设计的地铁网络往往难以完全靠近货运的终点，这可能会导致站点至客户的"最后一公里"配送问题无法通过地下运输的方式得到圆满解决。

地铁-货运系统适用于较有规律的起讫路径(Origin-Destination，OD)且对时间价值要求高的轻、中规模的商品运输。作为连接"城市周边物流大宗货物运输"与"城市内部最后一公里配送"之间的高效媒介，地铁-货运系统供应链的上游主要对接那些分布于城市周边的物流园区、大型门户、配送中心、制造工厂和企业仓库，而供应链的下游可以是城市内部的零售商、末端快递网点和散户。从运输的性质来看，适合纳入地铁-货运系统服务范围的货物可大致分为以下两类。

(1) B2B(Business to Business)点对点式大体量货物流通，诸如企业内部采购、仓库与门店的订送货等。此类需求通常具有周期性的配送计划，并且易于预测数量和运输时间，因此便于组织和调度。

(2) 以客户为导向的快递式物流，如快递邮政包裹、B2C(Business to Customer)、C2C(Customer to Customer)等。由于客户需求的不确定性，货运任务的随机性非常大，离散程度高，且交付频繁。

第二类货物运输规划更复杂，满足第二类货物运输的地铁-货运系统网络能够轻松满足第一类货物运输，因此，本书主要面向第二类货物运输对地铁-货运系统进行设计。

对于已经建成地铁网络的大型城市，地铁-货运系统的规划不得不在对原有客运网络改造的基础上进行，因此，现有网络的形式在很大程度上会影响地铁-货运系统的规划决策。总体而言，地铁-货运系统网络可以在以下三种客运网络的基础上进行改造实现。

(1) 轴辐式径向交叉地铁网络：该网络的特点为大部分线路能够贯穿中心城区，形成"井"字结构，且不存在环线，图2-2展示了一个径向交叉网络。

图2-2　轴辐式径向交叉地铁网络(全市)示例

（2）带环线的复杂地铁网络：由于地铁环线的存在，地下路径的规划变得更加复杂。如图 2-3 所示，这类复杂网络的一大特征是换乘站数量非常多，不利于货运计划的组织。

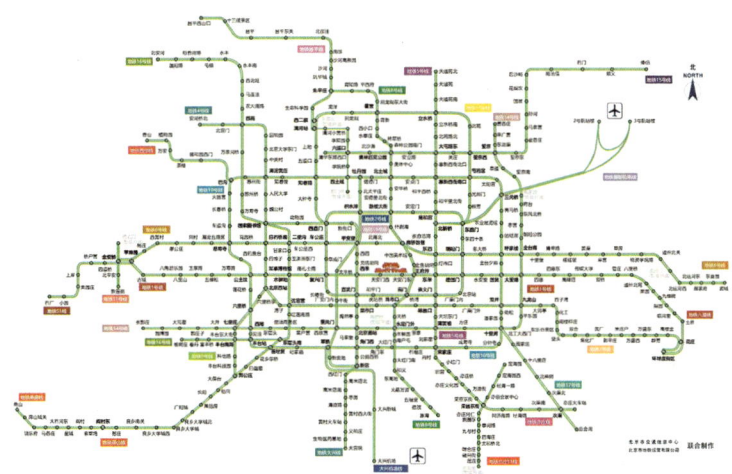

图 2-3　轴辐式径向＋环线混合地铁网络（全市）示例

（3）单条地铁货运线路：多数情况下，地铁-货运系统不一定要覆盖全市，只需针对最坏情况（例如可达性最差的路段）建立单独的地铁-货运系统线路，以提升局部运输效率。图 2-4 展示了单地铁环线作用于城市新城区域的示意性布局。可以看出，由于区域不大，一条地铁环线即可满足当地的物流运输需求。北京城市副中心的地铁-货运系统即采用这种形式。

2. 地铁-货运系统的运输制式

由于地铁-货运系统的货物来源广泛，包裹尺寸差异性大，处理起来繁杂，在实际运输中不可能以单独的包裹为单元进行运输，为此，要求在货物发出地（指代物流园区或地铁-货运站

图 2-4　单地铁环线（城市组团）示例

点）对分散的包裹进行整合，设计一组便携合理的标准化运输单元结构和装箱机制。首先，为适应各种异构物件运输和便于货物分拣，应推行包裹的整合，即以托盘的形式对同质包裹进行统一操作，以加快后续的处理速度。其次，为了便于在站点装卸，子托盘需要以标准化运输单元的形式承放在列车中，在货运车厢内部统一装载封闭的"城市盒子"标准化单元[图 2-5(a)]，单元内部设计为主托盘和子托盘联合搭载的形式。主托盘用于支撑单元，并利用不同规格的子托盘承载货物，每个子托盘中可以承放一个单独的包裹，或者承放若干整合在一起的包裹。子托盘承载的前提是封闭、稳定，且能够稳固地装入标准化单元中。标准化货运单元应便于自动传输带运输，也可以由 AGV 直接跨运。货运单

元的边界均可拆装,以便于根据实际情况随时替换。

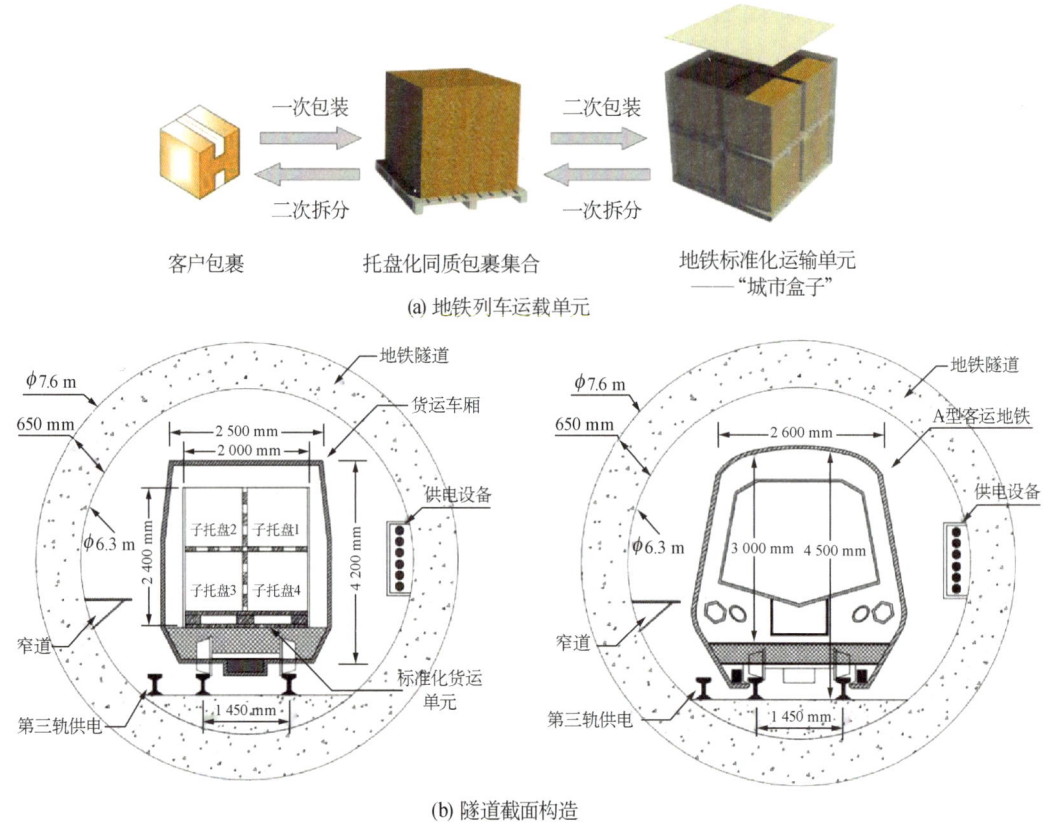

图 2-5　地铁列车运载单元及隧道截面构造

地铁-货运车厢应具有与客运车厢相近的制式规格、轮距、牵引技术和驱动形式,以确保能够在同一条轨道上运行。客货协同运输的隧道尺寸参考一般地铁隧道,给出的设计案例为内径 6.3 m,外径 7.6 m。货运车厢的横截面尺寸参考 A 型地铁列车,顶部宽度设计为 2.5 m;顶部至地面的垂直距离为 4.2 m;轮距为 1.45 m,A 型地铁列车顶部宽度为 2.6 m,顶部至地面垂直距离为 4.5 m,轮距同货运列车[图 2-5(b)]。驱动形式为第三轨供电,每节货运车厢在横截面空间最多装载一个"城市盒子"单元,车厢内部不适宜分层堆放独立的货运单元,单元的横截面尺寸设计为 2 200 mm×2 400 mm,每个单元内部可以根据需求分层安放若干子托盘,子托盘的尺寸可依据所承载的货物类别而调整。以 1 100 mm×1 100 mm 的子托盘为例,一个标准化货运单元可在横向和竖向上放置 4 个此类的子托盘。对于货运单元在沿列车方向上的长度,可根据所选取的货运车厢长度进行调整,货运车厢长度可根据需求在 15~20 m 间选取,但一般不超过标准地铁车厢(20 m)。"分离式"下可选择 4~6 节车厢组成一班货运列车,而"拖挂式"下适宜在原有 A 型地铁列车的基础上增加 2 节货运车厢。以总长度为 20 m 的货运车厢为例,若单元在纵向的长度为 2 m,则一节车厢共有 10 个能够装载标准化单元的位置。

2.2 地铁-货运系统网络关键技术识别

地铁-货运系统因自身规划和开发情景的双维度复杂特性,其技术系统的构建涉及众多领域,特别是地下工程领域、车辆和交通工程领域、物流工程领域和信息工程领域等。然而,尽管"地铁货运"是一个新事物,与之相关的大部分工程技术和管理理念却早已被广泛地应用于各个领域。

根据地铁-货运系统的相关文献和类似工程(如地铁、综合管廊)的特征,本书构建了包含37项关键技术的技术系统框架,其中硬件技术19项,软件技术18项,具体如表2-1所示。硬件技术主要指地铁-货运系统,包含地下工程技术(如隧道、轨道和站点改造,地下空间开发等)、装载运输技术(如列车牵引、单元装卸和换乘等)以及物流工程技术(如自动化搬运、立体仓储、托盘包装与回收等);软件技术主要指系统在规划阶段所需要的一系列决策支持工具(如节点功能区布局优化、设施选址规划技术、货运需求预测与滚动播报技术等)、网络运营层面的运筹调度(如多式联运协调、共同配送管理等)以及信息管理技术(如5G传输、物联网、信息大数据等)。

表 2-1　　　　地铁-货运系统技术系统分解

层次	集群	相关技术	技术成熟度
硬件技术 (19项)	地下工程技术	隧道站点施工技术	成熟
		轨道与自动化装置技术	成熟
		地质勘探技术	成熟
		地下空间集成开发与资源-环境整合技术	已有类似技术
		防灾减灾技术	成熟
		事故紧急疏散与恢复技术	已有类似技术
		建设管理技术	已有类似技术
	装载运输技术	列车牵引制动技术	已有类似技术
		信号控制技术	已有类似技术
		能源供应与调配技术	已有类似技术
		货运列车构造(如快速装卸、自动化搬运)	已有类似技术
		异构货运设计(如冷链)	已有类似技术
		自动化换乘转运技术	缺少
	物流工程技术	终端机器人技术	已有类似技术
		地下分拣集货技术	已有类似技术
		托盘化拆分包技术	已有类似技术
		物流操作人工智能技术	已有类似技术
		物流流通加工与识别技术	已有类似技术
		检验回收技术	已有类似技术

（续表）

层次	集群	相关技术	技术成熟度
软件技术（18项）	系统规划技术	选址与网络规划技术	缺少
		多维列车时间窗调度技术	缺少
		空间利用优化技术	缺少
		2D/3D 装箱技术	已有类似技术
	运营管理技术	准时制物流	缺少
		多式联运协调	缺少
		电子订单与支付系统	已有类似技术
		物流质量管理	缺少
		共同配送管理	缺少
		资源与库存管理	已有类似技术
		人员知识管理	缺少
	信息管理技术	5G 传输技术	已有类似技术
		智能检测与追踪系统	已有类似技术
		交通物流大数据技术	成熟
		物联网技术	已有类似技术
		全生命周期预警与维护	已有类似技术
		数字-物理系统开发技术	已有类似技术
		实时通信与预测技术	已有类似技术

当前还没有一套现成的、集成的地铁-货运系统硬件技术系统，其中一部分技术已发展成熟，可以与地铁系统共用，如隧道站点施工技术、地质勘探技术、轨道与自动化技术等；还有一部分技术或管理方法可以找到技术原型（如牵引制动技术、物联网、装箱等），它们在零星的研究或其他相关联的产业中已有技术应用，经过进一步的适用性改造和研究能够应用于地铁-货运系统。

在硬件技术可行的现状下，软件技术中地铁-货运系统所特有的决策技术，如系统规划和运营管理等是当前研究的"盲区"。考虑到地铁-货运系统的特征与传统物流差别较大，对技术系统的集成开发应当建立在科学合理的规划方法论基础上。因此，地铁-货运系统运行中关键的组织模式、站点内的货流设计和网络规划技术应是当前促进项目实施的紧要因素之一。

2.3 地铁-货运系统网络设置

地铁-货运系统是连接"城市周边大宗货物运输"与"城市内部末端配送"之间的高效

媒介,网络中的各层设施需要级联互动,将分散在城市周边的货物以一种集中、高效、可持续、自动化的方式输送至各个客户终端。图2-6描述了地铁货运设施在城市物流供应链中的定位及对应关系,根据地铁-货运系统网络的层次结构,对网络布局规划涉及的一系列设施的定义和特征进行统一界定。

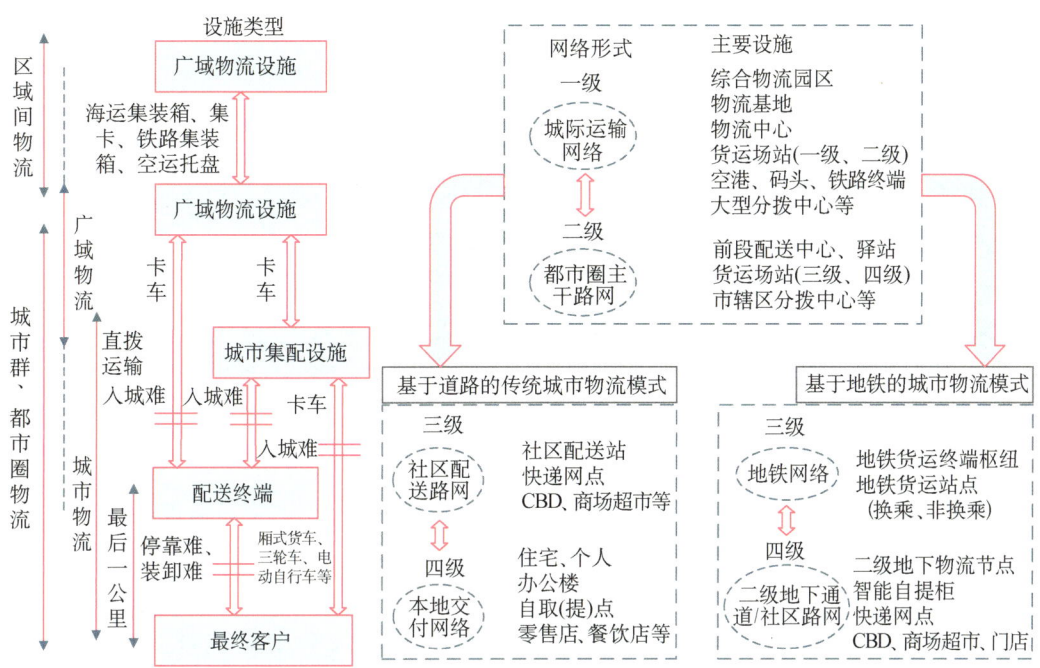

图2-6 区域-城市物流系统设施分类与比较

2.3.1 地铁-货运系统网络节点

本书所设计的地铁-货运系统网络在层次上可以分为"地铁运输层"和"终端配送层",共配备4级节点。每级节点分工明确,具备多项特征。

(1) 第一级节点——城市配送中心或物流园区(Urban Distribution Center,UDC)。

地铁-货运系统大部分的货源来自城市物流园区,泛指港口、空港、公路终端等物流活动密集区。在北京市,有超过70%的快递包裹是通过各大物流园区发往城内的。考虑到部分物流园区位于城市郊区,可能不易与城区地铁网络进行对接,这时可以对物流园区进行改造,让其作为地下物流的终端,通过建设额外的轨道式线路(地面或地下)连接物流园区与城区内部的地铁线网。独立的货运列车可以从物流园区派出,通过扩展段轨道进入地铁网络,也可以把物流园区的货物转移至与其对接的地铁终点站进行集中装卸。

(2) 第二级节点——地铁-货运站点(Metro Freight Station,MFS)。

地铁-货运站点是地下网络的核心组成部分,可根据其功能进一步分为如下两类。

普通地铁-货运站点:这类站点由原非换乘地铁站点改造得到,具备货运站台用以装卸地铁列车中货运单元,同时具备一系列水平/垂直搬运设施、集中的包裹处理(分拣、仓储、整合、装拼箱)和配送功能(向站点周围客户发货)。

换乘地铁-货运站点:这类站点由原换乘地铁站点改造得到,同样具备货物的线路转运功能,通过设置在站内的一系列水平/垂直搬运设施,使得一条线路上的列车能够在站内将一部分货物转移到另一条线路上的列车中。换乘地铁-货运站点也同样可以被赋予包裹处理和配送功能。

第二级节点还包含了一般的客运站点,但不具备货物处理能力。

(3) 第三级节点——二级地下物流节点/地面终端。

地铁-货运站点的覆盖范围有限,同时受限于地下空间,不适宜于处理更加繁杂精细的末端配送任务。因此,在本书中,地铁-货运站点的功能效仿了传统配送模式中区域分拨中心的功能,即在地铁-货运站点与最终客户之间还存在一个末端配送节点——地面终端(定义见本章 2.1.2 节),负责对订单作最后处理。当货物到达目标地铁-货运站点后,在站内需要经过必要的物流操作,如拆分包、分拣和理货,形成独立可交付的包裹,装载至进入站点的电动货车(Electric Vehicle,EV),通过"最后一公里"路网发往附近的地面终端。

若采用地面进行末端运输,难以避免地会加剧城区次级道路的交通负担。因此,在系统发展较为成熟之后,可以考虑在原有地铁网络的基础上扩建二级地下物流网络。具体做法为:在某一地铁-货运站点周围的地面终端处设置二级地下物流节点,并通过某些形式的地下管道将地铁-货运站点与附近二级地下物流节点相连。货流在地铁-货运站点经过必要的处理之后,不需要发往地面,而是直接进入二级管道到达相应的地面终端。

(4) 第四级节点——客户需求点。

大众客户是城市物流的实际需求者,但并不完全是地铁货运服务的主要购买者。零售商和第三方物流公司获取客户的消费行为和订单,也通过购买地铁货运服务,使用该系统,将客户的包裹运输至指定的地点。每个客户可以视为一个独立的个体,他们的购买行为是随机的,这里所指的购买行为包括每笔订单的量、订单的生成时刻、出发点和目的地,地面终端或者二级地下物流节点的选址可以通过对一定规模的客户集群进行聚类得到。

第一级节点和第二级节点共同构成了"地铁运输层",或称"一级地铁-货运网络(一级网络)",第三级节点和第四级节点共同构成了"终端配送层",或称"二级地铁-货运网络(二级网络)"。

2.3.2 网络布局结构分析

确定各级节点、通道的基本拓扑结构是地铁-货运网络规划的前提。地铁-货运系统物理网络的几何形状根据城市规划的不同可能千差万别。一级网络的布局完全受限于城市地铁规划。对于二级网络,因运输模式选择的不同,其布局会在很大程度上受到城市地下空间规划的影响。网络拓扑决定着地铁-货运系统的选址、运输路径和运营组织安排,因此有必要对典型的布局结构进行分析,选择合适的原型。

(1) 一级网络依附于地铁网络产生。地铁系统历经百年发展,网络类型错综复杂,可以总结为如下几种经典的布局示意,如图2-7所示。

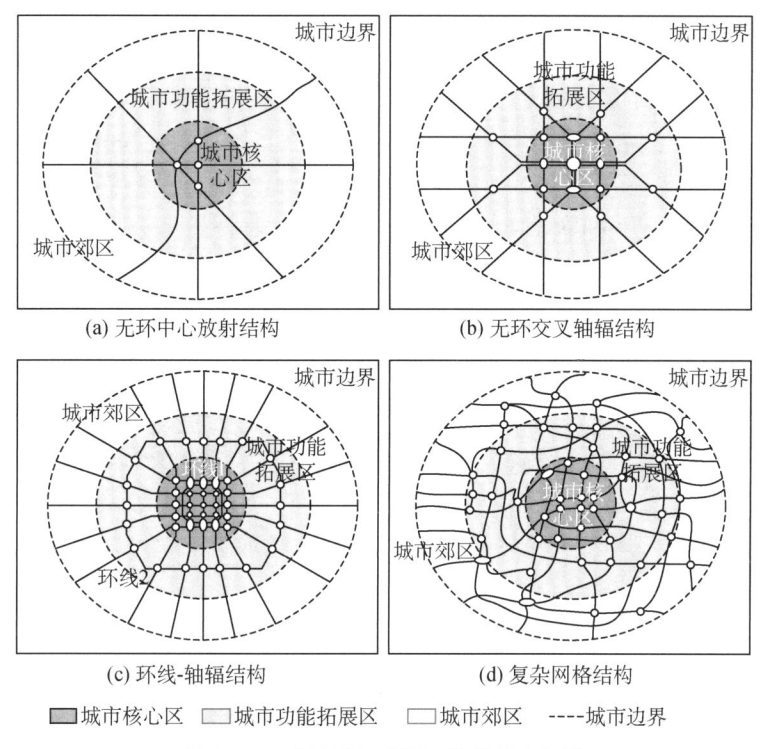

图 2-7　一级地铁-货运网络的基本拓扑

① 图2-7(a)所示为不带环线的中心放射结构,通常规划于中小型城市,地铁线路数量较少,且基本都从市郊贯穿城市核心区,在核心区内相交,形成若干换乘点。由于结构简单,货运在该网络结构下可以得到高效组织,不存在路线选择、资源分配和繁重的换乘任务,是最简单的一种地铁-货运网络拓扑,但其货运能力和效益较小。可参考日本京都地铁、中国台湾高雄捷运、乌克兰基辅地铁。

② 图2-7(b)所示为不带环线的交叉轴辐结构,特点为大部分线路纵横交错,贯穿核心城区,在城市各个区域均有换乘点,且不存在环线,整体类似"井"字布局。得益于城内外的快速通勤功能和高覆盖密度,目前世界上许多人口集中的大型城市中的地铁(如纽约地铁、伦敦地铁)都采用无环轴辐形式,该拓扑结构已成为应用最广泛的地铁结构之一。对于该结构,充当"主轴"作用的核心区地铁路段的客流负载压较大,容易出现高峰期客流积压的情况。由于该结构下的站点密度较高,货运过程的组织相对复杂,货流在网络中可能经过多次换乘才能到达目的地站点,因而存在路径选择问题。

③ 图2-7(c)所示为环线-轴辐结构,是在无环交叉轴辐结构的基础上添加若干环线构成的。设置地铁环线的目的在于疏导局部聚集的客流,提升线路间的换乘效率。采用

该结构的城市地铁有北京地铁、上海地铁和莫斯科地铁。对地铁-货运系统而言,环线的加入能够减少货流的旅行里程,但也使得货流在地下的路径规划变得更复杂,若过分依赖环线来疏导货流,则将使得系统的鲁棒性较差,即环线的中断将导致整个网络货运计划的失效。

④ 图2-7(d)所示为复杂网格结构。复杂网格结构中存在大量环线、射线、并线的交汇站点,它与轴辐结构的区别在于:若以站点和线路划分,可得到许多大小不一、形状不规则(如三角、半圆)的区域,而不仅是规则的"井"字区域。这些不规则的局部线路极大地增加了地铁货运规划的难度。另外,列车在复杂网格结构中的运行方式有别于一般方式,例如东京地铁若干线路采用的是"双复式"运行模式,即不同班次的列车的目的地可能不同。该结构一般设置于完全城市化的地区或都市群,可参考东京地铁、首尔地铁、巴黎轨道交通系统。

(2) 二级地铁-货运网络可考虑沿街道的地下轴线布置,与城市地下基础设施共建,也可以完全新建,重新规划。一个合理的二级网络拓扑要求地铁-货运站点的货物能够以高效率依次被送达附近的客户终端。若从纯拓扑的角度来看,所有二级网络都是轴辐式,即以地铁-货运站点为轴心,二级地下物流节点组成分支端点,二级通道组成辐条段。图2-8总结了图论中几种经典的轴辐式结构,可从中选取若干作为二级地铁-货运网络的基本形式。

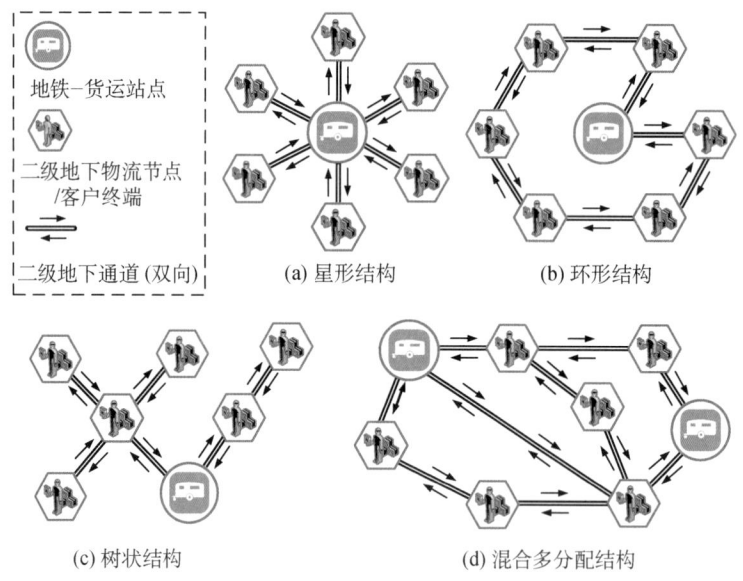

图2-8 二级地铁-货运网络的基本拓扑

① 星形结构(Star-type):这是最简单的拓扑类型,它将每个分支端点与轴心直接相连形成星形网络,对于地铁-货运系统,则是在若干二级地下物流节点和同一个地铁-货运站点之间分别建立地下通道,货流可直接点对点传输,不同二级节点之间的货流必须汇集至一级节点再分配,不可相互传递。该拓扑的优点是构造简单,易于组织;缺点是待建设

通道的总长度较大,特别是当终端距离轴心较远时,存在一定的浪费。与这种拓扑相关的网络规划问题称为 P-hub 或者 P-median 问题。

② 环形结构(Ring-type):环形结构通过双向通道将二级地下物流节点与地铁-货运站点头尾串接,货流沿通道以顺时针或逆时针方向依次访问二级节点。整个网络的效率受通道传输速度的影响很大,当环线上的某个通道段出现故障时,整个网络将陷入瘫痪,鲁棒性较差。但是与星形结构相比,环形结构组织过程更为简单,仅需控制站点货流的流入和流出频率。另外,当终端间的距离较近时,环形结构不仅可以实现终端之间的直接货流交换,也可以显著减少通道的建设长度。

③ 树状结构(Tree-type):树状结构以单个地铁-货运站点作为树根,二级通道作为树干和树枝使节点相连。该结构允许部分二级节点互连,并要求部分节点必须与轴心相连。若某一"树干"通道路段出现故障,则与"树干"连接的各个节点将无法接受服务,但其他"树干"依然可以正常工作。树状结构与星形结构相比更能节省网络建设成本,与环形结构相比鲁棒性更强,是一种较理想的二级网络布局形式。

④ 混合多分配结构(Hybrid and multi-allocation):很多情况下,由于地理分布的影响,并非每个二级节点归属于唯一地铁-货运站点的形式才是最好的,当两个以上地铁-货运站点对同一个二级节点收发货时,相关节点和通道形成的网络定义为多分配网络,若网络由星形、环形、树状等基本拓扑组合而成,则定义为混合多分配结构。在该结构下,货流抵达目的地的路径通常存在多条,需要进行预先规划。另外,混合多分配网络的连通性更强,货运组织效率更高且鲁棒性更低。

综上所述,一个双层地铁-货运系统网络的布局有许多形式,需要根据城市规划背景和实际需求进行选择和组合,对于一个复杂地铁网络,可以仅选择若干线路进行改造,构建货运系统,而将不合适的线路排除在规划议程之外。

2.4 货运量需求预测及地下货流量分析方法

2.4.1 城市货运量需求预测模型

针对城市货运量需求预测这一问题,建立了基于灰色关联理论 Grey-GA 理论的 BP(Back Propagation)神经网络预测方法,其计算步骤如下。

步骤1:标准化数据处理。将货运量第 i 个输入要素的历史数据表示为行向量 $\boldsymbol{X}_i = \{x_{i1}, x_{i2}, \cdots, x_{ik}, \cdots, x_{im}\}(k=1, 2, \cdots, m)$,输出要素人均需求件数的历史数据表示为行向量 $\boldsymbol{X}_0 = \{x_{01}, x_{02}, \cdots, x_{0k}, \cdots, x_{0m}\}$,由于各货运要素的最值未知,采用归一化方法将输入和输出要素的数据标准化,计算公式如式(2-1)所示(其中,n 表示输入要素的维度)。

$$y_{ik} = x_{ik} \bigg/ \sum_{k=1}^{m} x_{ik}, \ i=0, 1, 2, \cdots, n \tag{2-1}$$

步骤 2：计算关联度并排序。各输入要素之间的关联度计算公式如式(2-2)所示(其中，ρ 为分辨系数，通常取值为 0.5)。

$$r_i = \frac{1}{n}\sum_{k=1}^{m} \frac{\min\limits_{j}\min\limits_{k}|y_0(k)-y_j(k)|+\rho\max\limits_{j}\max\limits_{k}|y_0(k)-y_j(k)|}{|y_0(k)-y_i(k)|+\rho\max\limits_{j}\max\limits_{k}|y_0(k)-y_j(k)|} \quad \forall i,j \in [1,n] \tag{2-2}$$

步骤 3：选择关键影响因素并计算参数。设置关键影响因素的关联度阈值为 $\bar{r}$，各输入要素的关联度大于阈值 $\bar{r}$ 则为货运总量关键影响因素，个数为 r^*。根据 r^* 的大小，可设置神经网络结构的参数。其中，隐含层阈值 n_1 的计算如式(2-3)所示。

$$n_1 = 2 \cdot r^* + 1 \tag{2-3}$$

遗传算法的编码长度 n_2 计算如式(2-4)所示。

$$n_2 = r^* \cdot (2 \cdot r^* + 1) + 2 \cdot r^* + 2 \tag{2-4}$$

神经网络隐含层神经元采用非线性函数，最常见的为 S 形正切函数，表示为

$$R = \text{transig}(W_1 \cdot Y + a) \tag{2-5}$$

输出层神经元的传递函数采用 S 形对数函数，表示为

$$Z = \text{logsig}(W_2 \cdot R + b) \tag{2-6}$$

同时，初始化遗传算法的交叉概率 P_1、变异概率 P_2 和种群大小 N。

步骤 4：确定适应度函数，并进行算子的选择、交叉与变异。设置预测的货运值和实际值之间误差的范数 E 为目标函数的输出，并由小到大进行排序。随机遍历选择算子，分别以概率 P_1 和概率 P_2 进行交叉和变异操作。

步骤 5：终止条件判断。通过设置误差目标进行判断，满足则输出最有适应度个体，进入步骤 6；否则，转至步骤 4。

步骤 6：解码并开始训练和测试。解码得到 R、Z 和 E，利用 BP 神经网络算法对数据进行反复训练，直至 E 满足终止条件。

2.4.2 地铁-货运系统网络流量评价与筛选模型

在对地铁-货运系统网络进行规划之前，需要先明确系统的服务对象，即城市中有哪些货流适合通过地铁进行运输，哪些不适合采用地铁货运的方式进行运输。对放入地下的货量进行综合评价是地铁-货运系统网络运行机制研究的数据基础。

本节介绍的 Entropy-TOPSIS 评价模型，考虑网络最大承载能力，对需求点进行筛选，以确定系统的服务范围。熵值法(Entropy)是一种根据各项指标观测值提供的信息量大小来确定指标权重的方法。在指标矩阵中通过计算指标集的信息熵，判断需求点特征的离散程度[1]。TOPSIS 法则通过计算评价方案与最优、劣系统服务之间的差距，对多目

标决策进行排序[2]。因此，Entropy-TOPSIS 以计算熵值得到的指标权重大小，作为多目标评价的输入量，能够有效避免人的因素对权重结果的主观影响。

1. 货运量评价指标

城市交通能力的释放和整合运输带来的分散交付方式的减少是可持续城市物流业两个最显著的特征[3]。地铁-货运系统无法解决城市所有的货物运输问题，因此，从效益最大化的角度出发，本节从货流单一性、区域可达性和订单优先级三个维度评价并选择优先进入地铁-货运系统的货物，反映出城市物流园区对需求订单的偏好程度和实际状态。根据客户分布和货运量数据，提取关键需求点的信息，包括需求点的坐标、货流起点和目的地(OD)等进行建模。

(1) 货流单一性。

地下货物运输能够带来长期稳定的直接效益和间接效益，多式联运系统应当充分利用其地下部分的优势，尽可能地向需求大的区域提供集中货物供应。通过将距离货源(城市物流园区)较远且需求量较大区域的货物放入地下，使得整体物流效率得到提升。货流单一性指标采用文献[4]中构建的需求点的货运量和配送距离之间的权衡公式来表示[式(2-7)]。

$$F_x = \sum_{i \in \Gamma_C} \sum_{j \in R_D} \frac{\omega_x(i)^{a_i^x}}{v_j^x z_{ij}^r d_{ix}} \tag{2-7}$$

式中，$\omega_x(i)$ 表示需求点 i 对 x 方向的货运量占比；$v_j^x z_{ij}^r d_{ix}$ 表示需求点与货源之间的距离；a_i^x 为货运量修正系数，其值越小则对 x 方向集中运输的需求程度越高。

(2) 区域可达性。

城市物流效率在很大程度上受交通拥堵的影响[5]。将拥堵地段的货物放至地下运输，可有效提高交通流动性。区域可达性指标可通过时间-道路响应函数来刻画，根据文献[6]中所提供的累积配送时间除以平均配送路径长度公式来表示[式(2-8)]。

$$A_x = \max \sum_{i \in \Gamma_C} \left[1 - \left(\frac{t_{ij}^d \cdot v_j^x \cdot m_j}{t_{ix}^d} \cdot \left\| \frac{S_{ix}}{S_{ij}} \right\|^{\rho_d} \right) \right] \tag{2-8}$$

式中，t_{ix}^d，t_{ij}^d 和 S_{ix}，S_{ij} 分别代表传统配送模式下，货物从物流园区至客户、最近的地铁货运节点至客户所经历的时间和运输路程；ρ_d 为路径 $d \in S$ 的路况系数，取值为 [0, 1]。

(3) 订单优先级。

具备货运功能的地铁站点与直通型配送中心类似，不提供货物的长期储存。当订单较多时，位于地下的节点不能同时满足客户需求，订单优先级管理就显得十分重要。订单优先级指标由物流业务利润和平均响应时间来反映，表现为单品利润与响应时间满意度之间的函数，如式(2-9)所示。

$$P_x = \sum_{i \in V_C} Q_i^x \xi_{ix} \left(\frac{L_{\max} - \mu_{ix}^k}{L_{\max} - L_{\min}} \right)^{\gamma} \tag{2-9}$$

式中，Q_i^x 为从 x 方向发往需求点 i 的货运量；ξ_{ix} 为传统地面货运 OD 对的平均利润；$L_{\max}$ 和 $L_{\min}$ 分别为城市物流配送订单的最长处理时间和最短处理时间；μ_{ix}^k 为 OD 对 $k \in K$ 的时间窗口，满足 $L_{\min} < \mu_{ix}^k < L_{\max}$；$\gamma$ 为时间敏感因子；V_C 为需求点集合。

2. 地铁-货运系统 OD 评价模型

步骤 1：构建指标的无量纲判别矩阵 $\boldsymbol{R} = \{F_x, A_x, P_x\} = (w_{ijk})_{m \times n \times l}$ $\forall i \in \Gamma_C$，w_{ijk} 为第 j 个子系统(地面终端备选集合)在第 k 个物流园区开放决策集中关于评价指标的观测值，取第 i 项指标中最佳值为 w_i^{best}，最差值为 w_i^{worst}，引入功效系数 μ 进行变换，得到规范化后的数据矩阵 $\boldsymbol{H}$。

$$\boldsymbol{H} = [w_{ijk}] = \frac{w_{ijk} - w_i^{\text{worst}}}{w_i^{\text{best}} - w_i^{\text{worst}}} \cdot \mu + (1 - \mu), \mu \in (0, 1) \tag{2-10}$$

步骤 2：定义第 i 项指标下，第 j 个子系统的特征比重 $P_{ij} = \sum_{k=1}^{l} \left(\dfrac{w_{ijk}}{\sum_{j=1}^{n} w_{ijk}} \right)$，根据式 (2-11) 计算第 i 项指标的熵值；定义差异性系数 $\alpha_i = 1 - \eta_i$，反映指标对系统的比较作用，得到归一化指标权重系数 $Z = (z_1, z_2, \cdots, z_m)^{\text{T}}$，其中，$z_i = \dfrac{\alpha_i}{\sum_{i=1}^{m} \alpha_i z_i}$。

$$\eta_i = \left(-\frac{1}{\ln(n)} \right) \sum_{j=1}^{n} P_{ij} \ln(P_{ij}) \tag{2-11}$$

步骤 3：针对本阶段的地面终端选址方案，计算与权重系数 X 下正、负理想解的相对贴近度 $\lambda_j = \dfrac{v_j^-}{v_j^+ + v_j^-}$，其中 $v_j^{+(-)}$ 为当前方案与最优、劣系统服务之间的欧几里得距离。

$$v_j^{+(-)} = \left[\sum_{i=1}^{m} \eta_i \sum_{k=1}^{l} (w_{ijk} - w_i^{+(-)})^2 \right]^{\frac{1}{2}} \tag{2-12}$$

步骤 4：各服务范围界定方案的相对贴近度在 0～1 之间浮动。最后根据计算的临界贴近度值，将 λ_j 从大到小排序，依次选取相应地面终端内部的需求点接受地铁货运服务，直至地下运输网络中某一路段达到饱和。可统一将放入地下的货运 OD 写成模型 $P(1)$。

$$\overline{\Omega} = \Omega_i^x \cdot T_j; \ \forall T_j = \begin{cases} (1, 1, \cdots, 1)^{\text{T}}, 1 \geqslant \lambda_j \geqslant \overline{\lambda}_j \\ (0, 0, \cdots, 0)^{\text{T}}, 0 \leqslant \lambda_j \leqslant \overline{\lambda}_j \end{cases} \tag{2-13}$$

2.5 地铁-货运系统网络规划与运行的关键问题和研究框架

考虑货流的特征是一切物流网络设计的前提，而作为一种基础设施来考虑的物流网络，其设计的根本目的也是保证城市货物流动的通畅性、成本优化和综合效益的实现。基于地铁-货运系统的特征，其网络的运行机制，也即货物在网络中的流通机制可以分为两个层面进行研究，前提是不能影响既有客运计划。

1. 宏观层面

宏观层面主要研究网络层面的运行机制，考虑系统的服务范围、网络成本和客货混合运输调度。这一层面应考虑两个独立的问题。

(1) 地铁-货运系统网络规划——站点的选址布局。

原有地铁线路中的站点是地铁-货运系统最重要的组成部分，明确了站点，则确定了网络，也决定了货物在网络中的整体运输机制。这些站点也扮演着衔接地铁网络和地面终端配送路网的角色。

地铁-货运系统网络规划与运行的首要原则是通过合理的选址布局显著地优化系统建设成本和客货协同运输成本。一方面需要综合评价城市物流配送现状，选择合理的货流纳入网络服务范畴；另一方面，需要考虑节点的承载能力和运行效率，优化节点选址、节点-客户分配以及货物在地下的行进路径，特别是当遇到复杂地铁网络时，到达目的地的地下旅行路线不止一条，对换乘地铁-货运站点的选择就成为地铁-货运网络能否正常运行的关键。

(2) 地铁-货运系统网络客货混合运输计划——客货混运的时间窗排班与调度。

地铁-货运系统网络规划与运行的第二个重要问题是在保证客运服务水平的前提下，提升货物运输效率。为了实现这一目标，需要为地铁-货运系统的运营赋予时间窗约束。图2-9展示了"拖挂式"运行模式(见第3.4节)下的普通地铁-货运站点列车到达/出发/转运的调度排班问题。可见，针对客运与货运的时间窗规划几乎存在于运输的全过程中，包括从需求生成时刻到系统响应时刻，再到货运计划安排时间窗和列车停靠装卸时间窗，最后到站点处理时间窗和"最后一公里"配送时间窗等。

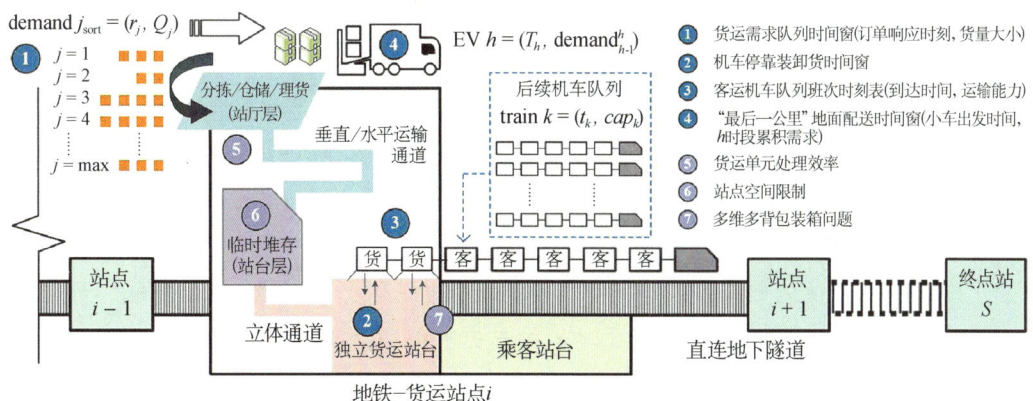

图2-9 地铁-货运系统运营调度问题(以"拖挂式"运行模式为例)

对于"分离式"运行模式(见第3.3节)，货运活动应安排在地铁非高峰或停运期间。例如，在相邻两个客运班次(时间相隔超过10 min)中间穿插一班货运列车，为此同样需要精心设计货运班次时间窗。"分离式"运行模式在列车进出站的动态调整方面对时间窗的要求更高。具体而言,与地铁相比,货运列车不需要在每个车站卸货,当两种系统启动和停止的速率不一致时,如果货运班次安排不当则会对客运班次造成巨大影响。一种谨慎的解决方案是让所有货运列车在每个地铁站的客运站台上等待一段与客运地铁相同的停靠时间(通常为 30 s)再启动,这样即可实现两种系统的同步。另一种方案是在站点处设置额外道岔,使得非本站停靠的货运列车能够在站点处实现超车。

地铁-货运系统可能有不同的装箱策略,例如每个班次只装载发往唯一节点的货物,或者每个班次装载发往多个节点的货物(平均化装箱)。相比之下,前者能够产生更好的规模经济效应并且易于管理。然而,在处理分散货流时,很难将所有的包裹都集中发往一个方向。由于地铁列车容量受限,装箱货物在三维空间维度和时间维度上面临优化,需要考虑货物的尺寸,同时需要为装箱过程设定一定的原则,如"先到先得"(Frist-in-first-out,FIFO)、"量大优先"等。因此,将装箱决策优化与到后续站点的装卸货次序相结合,对于提高地铁-货运系统的运行效率具有重要意义。

2. 微观层面

微观层面研究货物在车站内的运行机制,即研究如何在不影响车站内人流的情况下合理利用站点内部的地下空间布局功能区。

地铁-货运站点内部功能区布局的合理性决定了站点的服务能力,进而影响整个网络的服务能力和运行效率。地铁车站周围能用于设施扩建的地下空间十分有限,对各设施及功能区的划分,不仅要符合一般物流中心内部运行机制,还要考虑可用地下空间的限制。此外,在地铁-货运站点的各功能区使用面积与运行效率成正比的假设条件下,可以建立站点货运使用面积与网络整体运行绩效之间的数学模型。因此,对站点的量化设计和布局优化是提升系统整体效率的有效途径之一。

以上阐述了地铁-货运系统网络规划与运行的三个相互独立又有必然联系的问题。此外,为了实现一体化协同运输,地铁-货运系统与客运系统在运行过程中还需遵循如下原则:

(1) 在地铁运营时间窗排班方面,应尽可能降低因加入货运计划而对客运服务造成的影响,允许在特定情况下对客运列车班次安排作适当调整,如非高峰期间客运班次适当减少。但不可一味地为了提高货运能力而使客运供给能力受损,必须保证绝大部分客运计划都能按照未加入货运之前的标准进行。

(2) 在站点空间方面,应通过物理手段将客、货功能区分隔,杜绝相互之间的干扰,确保客、货供给效率。同时,在满足最小功能区占据的前提下,尽量节约站点处地下空间的使用,保证站点内部设施布局紧凑。

(3) 各个货运流程强调高度自动化和彼此协同,例如货运单元的装卸、水平/垂直转移和转运等,应消除局部运输瓶颈,以保证网络的流畅运营。

综上所述,依托数字化建模及运筹优化方法,本书从上述三个层面对地铁-货运系统网络的运行机制问题进行分解,制定如下分三步走的总体研究框架。

(1) 在网络运输流程与布局规划方面，综合考虑地铁货运与地面末端配送的要求和运输特征，提出地铁-货运系统网络分层结构（第 2.3 节）和客货协同运输机理，进一步提出基于"客货共线"模式的全过程货运组织流程和地铁隧道中的列车排班决策支持系统（第 3 章）。基于所提出的网络运行模式，对地铁线路中的货运站点选址、路径及客户聚类等进行最优化建模计算，搜索成本最低时的网络配置，分析网络化运行对整个系统在成本和效率等方面的绩效提升程度（第 5 章）。

(2) 在网络节点布局与设计方面，以网络中的基本组成单元"节点"为对象，主要剖析微观尺度下的地铁-货运站点内部功能区布局，对有限可用的地下空间进行划分和组合；提出合理的站内物流操作流程，并使其与网络整体的运行模式紧密衔接。基于地铁站点的真实尺度，利用复杂系统网络理论，分析站点微网络承载力，构建货运功能区拓展后的地铁站点的完整建筑信息模型，在建模过程中进一步对原型设计进行二次优化（第 4 章）。

(3) 在网络动态运行仿真方面，结合"微观节点设计"和"宏观网络运行"，基于优化得到的分层网络布局，对所构建的列车排班模型和网络运行模型等进行一体化动态仿真与可视化呈现，评价网络在一个标准日内的实际运行情况（第 6 章）。

书中所涉及的案例和数据均基于南京市和北京城市副中心展开，第 2.6 节对案例背景和物流需求量的分析进行简要介绍。

2.6 案例设置

2.6.1 南京市案例背景及物流需求量分析

1. 南京市物流及地铁发展总体概况

南京市位于北纬 31°14′—32°37′，东经 118°22′—119°14′，是江苏省的省会城市，同时也是华东地区重要的经济中心和交通枢纽。截至 2021 年底，南京市常住人口为 942.34 万人，全年包裹快递量达 91 687.4 万件，快递业务累计收入达 899 241.3 万元[7]。禄口机场、高铁南京南站、南京铁路站和南京港四大交通运输枢纽纵贯中心城区。目前，南京拥有 11 条在运营的地铁线路，共 191 座车站（换乘站重复计算），地铁线路总长为 427.1 km，2021 年全国地铁运营里程排名中，南京地铁以 428 km 的总里程排名全国第六。

南京地铁于 2005 年开通，是全国第六个开通地铁的城市，自地下轨道交通网络建立以来，一直保持着迅速扩张的趋势。根据《南京市城市总体规划（2018—2035）》中轨道交通规划篇，至 2035 年南京地铁线网规划共计 27 条线路，总长 1 030 km。届时地铁网络基础设施将几乎完全辐射城市地区各类物流设施和需求点。南京地铁处于"骨架网络基本搭接完毕，但线路密度和复杂度尚待提高"的现状。相比对已有线路和站点进行改造，若能在未来即将新建的地铁线路中增加对货运因素的考虑，将极大地便利于地铁-货运系统网络的规划设计和施工。因此，现阶段的南京地铁能够为地铁-货运系统网络化发展提供理想的发展环境。

2. 涉及符号及含义

设所有备选普通地铁-货运站点和备选换乘地铁-货运站点的集合分别为 R_D、R_H，地面终端和需求点的集合分别为 Γ_K、Γ_C，均包含于 M。来自城市物流园区 $x \in N$ 的同种类货流与地铁线路 X 对应。多式联运网络可用有向图 $G=(M, X, K)$ 表示，其中，K 为所有 OD 对的地下路段集 (x, j) 和地面路段集 (i, j)。

（1）相关参数。

μ_{ix}^k：OD 对 $x \in K$ 的时间窗，满足 $L_{\min} < \mu_{ix}^k < L_{\max}$；

C_j^D：地铁站 $j \in R_D$ 作为地铁-货运站点时的改造和维护成本（折旧到每天）；

C_u^H：开放换乘地铁-货运站点 $u \in R_H$ 的改造和维护成本（折旧到每天）；

c_d^{kij}：地铁-货运站点服务范围内的地面 OD 对在路径 $d \in S$ 上的运输成本；

c_u^{kij}：地下直达部分 OD 对的运输成本；

δ^{kxj}：转运至节点所在线路 $x \in N$ 的部分地下 OD 对的转运成本；

$[Q_{\max}^j]$：普通地铁-货运站点 $j \in R_D$ 的最大处理能力；

$[Q_{\max}^r]$：地面终端 $r \in \Gamma_K$ 的最大处理能力；

$[\omega_{\max}^x]$：地铁线路 $x \in N$ 的最大通行能力；

$[T_{\max}^u]$：换乘地铁-货运站点 $u \in R_H$ 开放时的最大转运能力；

Q_i^x：需求点 $i \in \Gamma_C$ 和城市物流园区 $x \in N$ 之间的 OD 对。

（2）决策变量。

m_j：1，若普通地铁-货运站点 $j \in R_D$ 被激活；0，否则；

f_{ii}^x：1，若需求点 $i \in \Gamma_C$ 在物流园区 $x \in N$ 的服务范围内；0，否则；

z_{ij}^r：1，若需求点 $i \in \Gamma_C$ 所属的地面终端 $r \in \Gamma_K$ 接受来自地铁-货运站点 $j \in R_D$ 的服务；0，否则；

v_j^x：1，若地铁-货运站点 $j \in R_D$ 在物流园区 $x \in N$ 所属的地铁线路上；0，否则；

ϑ_u^x：1，若换乘地铁-货运站点 $u \in R_H$ 将来自其他物流园区的货物转运至特定线路 $x \in N$；0，否则；

y_{jr}^x：1，若地下路段 (r, j) 被来自物流园区 $x \in N$ 的货流访问；0，否则。

3. 基本数据及物流量分析结果

案例选取南京市 5 个主要的物流集散地，即丁家庄物流园区（物流园区 1）、沧波门物流园区（物流园区 2）、永宁物流园区（物流园区 3）、王家湾物流园区（物流园区 4）和京东南京物流中心（物流园区 5），以及包括南京地铁 1 号线、3 号线全线以及 2 号线、4 号线部分路段在内的 80 个备选地铁-货运站点进行规划。

研究轴辐式地铁布局（多线换乘）下，地铁-货运共线模式对城市货运的供给能力和成本最低时的配置方案。城市基础设施的详细布局如图 2-10 所示，所构建系统将为主城区

388 km² 范围内的 582 万常住人口提供服务,服务范围的边界由城市周围的高速公路以及山脉江河划定。研究根据南京市大致路网划分情况,将整个地区划分为 312 个需求区域,即平均每 1.24 km² 设立一个需求点以接收城外物流园区对该需求区域范围内所有客户的货物供应。

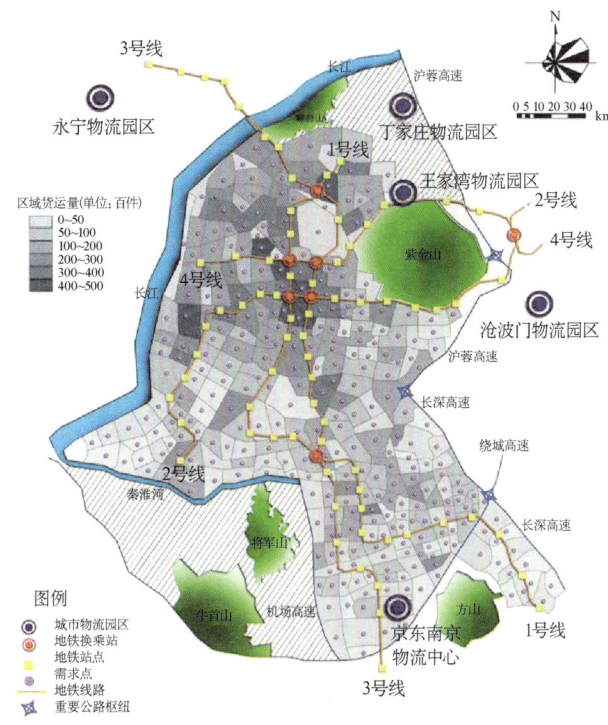

图 2-10 南京市需求分区及物流基础设施布局

根据对该地区企业和政府的调研获知,想要得到或者预测整个城市内每个分块区域的真实需求 OD 数据几乎是不切实际的。因此,对于城市居民的货运需求,假设每人每天的物品需求量为一个 40 cm×40 cm×40 cm 的包裹,即整个研究地区的总货运量为 582 万件,总体积达到 37.25 万 m³。在此基础上,考虑各需求区域的开发程度、人口数、高峰时期的交通情况以及物流业务交往密度等因素,生成各需求点相对于每个物流园区的日货运 OD 量(见附录 I)。整体呈现随市中心往周边扩散而减少,随靠近物流配送中心而增加的趋势,基本符合实际配送情况。图 2-10 反映了区域货运量的大致分布情况。其他相关数据和参数采用蒙特卡洛模拟方法获得(表 2-2)。地下路段运输成本统一设置为 0.4 元/(托盘·km),地面单价为 1 元/(托盘·km)。

附录 I:南京市物流需求 OD 数据

表 2-2   地铁-货运系统仿真参数

参数	值	单位	参数	值	单位
$\delta^{k_{xj}}$	$U(0.05, 0.1)$	元/件包裹	$[Q^r_{\max}]$	100 000	件包裹/d

(续表)

参数	值	单位	参数	值	单位
C_j^D	$U(10\,000, 50\,000)$	元/d	$[T_{\max}^x]$	1×10^6	件包裹/d
C_u^H	$50\,000$	元/d	ρ_d	$N(0.5, 0.2)$	
μ_{ix}^k	$U(20, 80)$	min	ξ_{ix}	$N(100, 50)$	元/千件包裹
$[Q_{\max}^j]$	$U(200\,000, 350\,000)$	件包裹/d	R	2	km
$[\omega_{\max}^x]$	$1\,500\,000$	件包裹/d	γ	$U(0.5, 1)$	

附录Ⅱ：南京市地铁-货运系统承担货量OD矩阵（地下网络情景）

根据第2.4.2节的方法，计算出南京市地铁-货运系统承担的地下货运OD数据（见附录Ⅱ）。

2.6.2 北京城市副中心案例背景及物流需求量分析

1. 北京城市副中心物流及地铁发展总体概况

北京市是我国重要的政治、经济、文化中心和交通枢纽，属于"超大/特大"级别城市，常住人口超过2 180万人，快递和邮政包裹的年交付量已逾30亿件，特别是在"双11"期间，城市平均每天处理2 000万件包裹。日益增长的货物配送需求给城市路网供给能力和城市生态带来了巨大的压力。北京市主要城区内部路网拥堵情况十分严重，根据当地交通发展年报统计，高峰期车速已小于15 km/h。在北京市严格的货运交通限行政策下，大部分物流车辆的进城准许被限制在夜间。然而，据了解，利用私家轿车或者面包车偷偷在日间运货进城，即"客转货"的现象仍普遍存在。同时，这样的交通限行制度严重损害了配送的准时制（Just-in-time），降低了商品—资金流通的效率。在此情景下，北京市提出建设城市副中心的设想，其目的之一在于分担主城人口和交通压力，将城市物流这一重要城市职能外迁。但是我们应当认识到，如果保持现有的配送模式和技术形式不变，即使在新城区配备高性能的物流设施设备，面对需求的爆发式增长，交通物流状况最终也难免会演化为与主城区相似的境遇。

北京城市副中心位于北京市东南部，京杭大运河北端，毗邻河北和天津，地理坐标介于北纬39°36′—40°02′、东经116°32′—116°56′，总面积为906 km²，同时与北京市及周边地区重要交通物流干线及枢纽接壤，超过50%的北京市配送需求由新城区物流中心发出，扮演着区域物流集疏运以及分担主城货运交通压力的角色。该副中心建设用地约为155 km²，至2035年完全建成后，预计常住总人口规模约130万人。目前，该区域尚未完全建成，因此无法获取交通路网布局和物流包裹收发量真实数据。本书模型中的各类地理信息、地铁设施和物流需求数据主要源于北京市统计年鉴、北京市交通发展年报和北京市邮政行业发展统计公报，难免与新城区规划的场景存在一定误差，但研究方法是普遍适用的。另外，需要指出的是，本书为纯理论研究，谨借用了该地区作为案例，并不具备现实对照意义。

根据检索信息，北京市规划整体采用"组团"结合"家园"的部署策略。如图2-11所示,整个新城区共划分为 12 个组团 36 个家园社区。其中,组团根据建设性质分为更新改造、城乡统筹和新建三类,承担交通出行、居住生活、国际商务、市政行政和文化旅游等不同功能。组团内部设置若干家园中心,就近满足居民的居住、就业、交通、教育、文化、医疗、休闲等需求。

图 2-11 北京城市副中心"组团-家园"详细规划

[来源:北京城市副中心控制性详细规划(街区层面)(2016—2035 年)规划图纸]

在轨道交通方面,如同我国许多大型城市追求的 TOD 发展模式[8],北京市规划了高密度的轨道交通站点和线路,其中有若干条横向线路连接新城区与主城区,用于客流疏导,另有一条环线规划于北京市新城区内部,贯穿各大组团,用于服务新城区内部客运交通并承担转运任务,总体形成"横轴+环线"的骨架格局,为地铁-货运系统的建设提供了现实基础。

根据互联网搜集到的北京市地铁布局图,选取 3 条地铁线路组成地铁-货运系统网络。地铁线路的拓扑和站点的位置经过调整和假设,绘制于图 2-12(a)中,其中 M102 为环线,地铁列车沿环线对向行驶(左下侧起终点沿顺时针,右上侧起终点沿逆时针),M6 与 M101 均为纵线,一侧的起终点站位于北京市新城区内,另一侧的起终点站位于中心城区,列车沿对向行驶。3 条线路组成的网络共配置 43 个非换乘地铁站和 4 个负责纵线与环线客流转运的换乘地铁站。

根据规划,北京城市副中心的东北侧和东南侧配置了两个前端城市配送中心(Front Distribution Center, DC),如图 2-12(b)所示。其中,东北侧的 DC-1 主要接受来自北部空港物流园区的货物,东南侧的 DC-2 主要接受南部公铁物流园区的货物,DC 对货物集中处理后,配送至各个客户需求点。对于北京市地下货运规划,本书假设前端配送中心与物流园区之间已经建立了两条地下货运隧道(定义为接驳隧道),园区的货物可通过接驳隧道发往 DC-1 和 DC-2。图 2-12(a)展示了需求点和地铁设施的大致分布,这些需求点

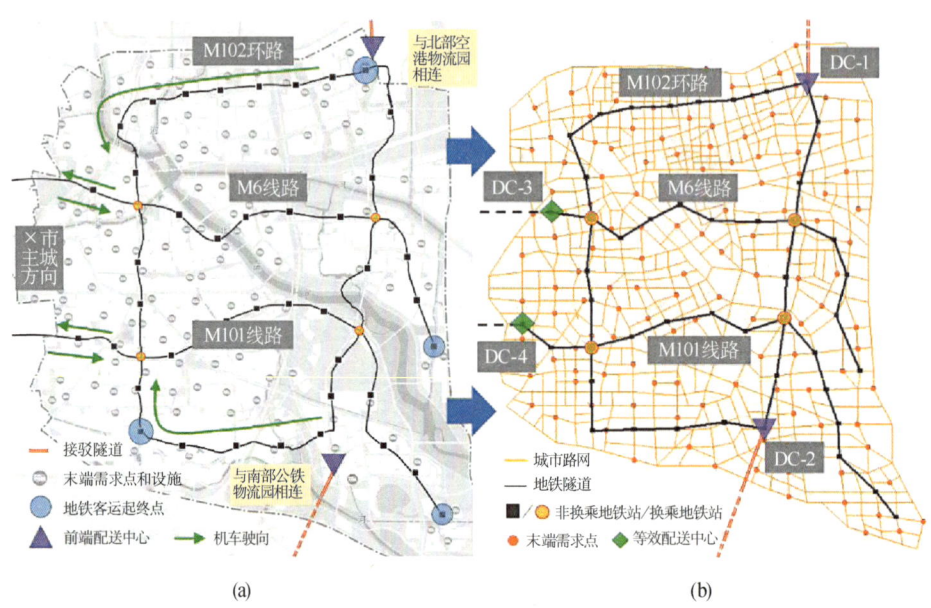

图 2-12　北京城市副中心物流与地铁设施分布

是商业大厦、政务中心、大型连锁超市商场、社区快递收发中心等，基本沿城市路网布置。同时，本书假设地铁-货运系统需要承担的货运需求 OD 有如下 4 类：

（1）第 1 类需求 OD：定义为货物需要从空港物流园（通过 DC-1）和公铁物流园（通过 DC-2）运送至新城区客户所在地。

（2）第 2 类需求 OD：客户需要通过 DC-1 和 DC-2 将他们手中的货物（包括跨城寄件需求或因退换货导致的逆向物流需求）运送出城，是第 1 类需求 OD 的逆向过程。

（3）第 3 类需求 OD：主要指代同城配送，即位于北京市中心城区的供应商或个人需要将货物运送至新城区客户所在地。

（4）第 4 类需求 OD：是第 3 类需求 OD 的逆向过程，即位于新城区的供应商或个人需要将货物寄送至主城区客户所在地。

地铁-货运系统的建立会在一定程度上改变物流配送模式。例如，传统模式下，第 3 类需求 OD 依托前端配送中心分配给北京市新城区需求点。在地铁-货运模式中，货物可以直接在兼具物流功能的地铁-货运站点处理完毕，随后由 M6 或 M101 带往新城区，而不用经过 DC-1 和 DC-2，反向同理。由于主城规划情况未知，本书假设由两个分别位于 M6 和 M101 线路最左端的等效配送中心，作为第 3 类需求 OD 的起始点和第 4 类需求 OD 的目的地。另外，本书规划的地铁-货运系统对以下两类需求 OD 流向不予考虑：①新城区 DC 货物发往主城区需求点；②新城区内部任意客户之间的货运过程。

考虑到地铁-货运站点不可能完全设置在客户附近，货物在地铁-货运站点处理完毕后，可以通过多种末端配送途径抵达客户所在地，关于网络各类节点和末端配送途径的定义详见本书 2.2 节和 2.3 节。本书所研究的北京城市副中心地铁-货运网络规划案例采取二级地下通道与城市地下综合管廊共同建设的方案(定义为"传输-共建"模式)。具体地,在廊道内部设置传输带,将综合管廊的若干廊道专门用于包裹配送,此时,在地铁-货运站点分拣拆分完成的包裹可以直接放入传输带进入廊道,最终抵达客户所在地。这种模式存在的理由是新城区规划配备丰富的综合管廊线路,基本沿城市街道布置,可拓展性强,且需求点与地铁站之间的距离较近,故包裹在传输带上的运输时间并不长,效率尚可。本书规定二级地下通道的布置需要完全贴合城市街道。

需要指出的是,末端地下配送并非只有"传输-共建"这种唯一模式。在需求点和站点间新建专门的直连地下管道,利用胶囊车进行末端配送也是一种可行的方案。本书针对"传输-共建"模式提出的网络规划方法对于新建胶囊管道方案同样适用。最终的配送方式选取应因地制宜。

采用 ArcGIS 导出各类节点路网的经纬度参数,形成地铁-货运网络规划的基本数据库[图 2-12(b)]。为了便于建模,对整体设施和线路进行调整,内容包括以下几方面:

(1) 适当添加和删除了一些需求点和路网节点,使得总体分布尽量平均并贴合地铁沿线。

(2) 删去了大、小河流等地理障碍。

(3) 将所有地铁站和需求点的坐标调至与邻近的路网节点重合。

(4) 将 4 个已有及等效的前端配送中心与邻近的地铁站重合,定义这些站点为地铁-货运终端枢纽(详见本书 2.3 节)。

最终有效的案例基准地图中共包含 43 个非换乘客运地铁站点、4 个换乘客运站点、4 个配送中心、135 个客户需求点和 759 个路网节点。M102、M6 和 M101 地铁线路的长度分别为 33.83 km、14.22 km 和 16.47 km。

2. 物流需求界定过程

北京城市副中心目前处于建设状态,暂无历史数据用于需求预测。为了推导出副中心货物配送需求量的增长趋势,形成网络建模的基础数据,本书借鉴北京市邮政快递产业历史数据(2010—2018 年),选取北京市地区生产总值(GDP)增加值、城市人口增量、居民人均可支配收入、居民人均消费支出、邮政快递业务量、社会消费品零售总额、邮政业务收入、城市公路货运周转量和城市货运车辆平均运距共 9 项指标,利用灰色关联度理论(Grey Relative Theory,GRT)计算指标的关联度值来确定关键影响因素之间的关系。这些因素可以根据案例背景的差异性得到修正,因而不影响模型的有效性。针对非线性关联,利用 BP(Back Propagation)神经网络算法对数据进行训练并预测结果,得到北京市中-远期(2020—2034 年)人均货运量需求变化曲线,并将此数据近似作为北京城市副中心的人均需求量。接下来根据行业泡重比和地铁-货运系统可运输比率,确定适用于地铁-货运系统运输的人均包裹需求量。BP 神经网络算法采用梯度下降法,以网络误差平方的最小值为目标函数进行计算,包含输入层、隐藏层和输出层。然而,该算法的收敛速度较慢,一种普遍采用的改进方法是通过遗传算子优化初始权值和阈值及其迭代过程。

在物流需求总量和分布确定之后,还应当根据需求点的地理信息和城市物流的属性(例如追求最大化配送效率和订单优先级),筛选出哪些需求点及哪些方向的货流被纳入地铁-货运系统。考虑到地下网络的容量有限,在既定的外部条件下,挑选最合适的需求点和流量放入地下将有助于提高系统的运行效率和效益。与南京市物流量分析一样,选择货流单一性、区域可达性和订单优先级三项指标作为地铁货运网络流量的评价对象,构建模型,用于确定系统服务范围。预测与评价的整体执行框架如图2-13所示。

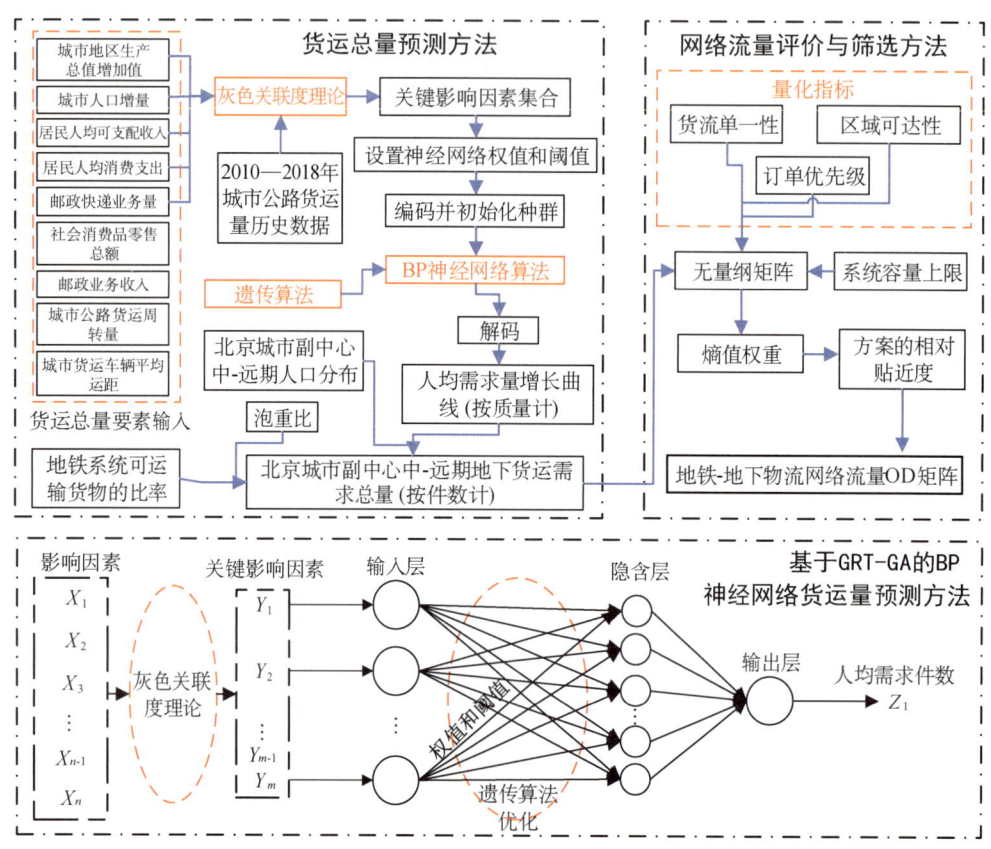

图2-13 北京城市副中心地铁-货运系统适用需求的界定框架

3. 北京城市副中心货运量需求分析结果

首先,基于《北京市统计年鉴》和《北京市邮政行业发展公报》,对9项需求预测指标的统计数据进行汇总(表2-3)。其次,将数据归一化后,对要素的关联度数值由大到小进行排序(表2-4)。本书选取关联度大于0.7的指标作为影响城市货运量需求的关键影响因素。

表2-3 北京市邮政-经济相关指标历年统计数据

年份	A_1	A_2	A_3	A_4	A_5	A_6	A_7	A_8	A_9	B_1
2010	2 023	101.9	29 073	19 934	9.90	6 340	101.25	101.59	50.3	20 184
2011	2 186	61.9	32 903	21 984	11.24	7 222	117.83	132.33	56.9	23 276

(续表)

年份	A_1	A_2	A_3	A_4	A_5	A_6	A_7	A_8	A_9	B_1
2012	1 722	53.7	36 469	24 046	12.75	8 124	148.49	139.77	56.1	24 925
2013	1 980	47.9	40 321	26 275	14.45	8 872	162.76	156.19	63.4	24 651
2014	1 614	45.7	43 910	28 009	16.38	9 638	214.67	165.19	65.0	25 416
2015	1 741	17.2	52 859	36 642	18.55	10 338	237.24	156.36	82.1	19 044
2016	1 984	7.1	57 275	38 256	21.01	11 005	304.42	161.32	80.8	19 972
2017	2 346	−1	62 406	40 346	23.77	11 575	351.02	159.24	82.2	19 374
2018	2 305	−2.7	67 990	42 926	26.89	11 748	383.55	167.41	82.6	20 278

注：A_1—城市地区生产总值增加值(亿元)；A_2—城市人口增量(万人)；A_3—居民人均可支配收入(元)；A_4—居民人均消费支出(元)；A_5—邮政快递业务量(亿件)；A_6—社会消费品零售总额(亿元)；A_7—邮政业务收入(亿元)；A_8—城市公路货运周转量(10^8 t·km)；A_9—城市货运车辆平均运距(km)；B_1—城市公路货运总量(10^4 t)

表 2-4　　　　　　　　　需求影响因素的关联度计算结果

关联度	A_5	A_8	A_2	A_3	A_4	A_1	A_7	A_6	A_9
r_i	0.92	0.84	0.82	0.74	0.71	0.70	0.66	0.64	0.60

以城市地区生产总值增加值、城市人口增量、居民人均可支配收入、居民人均消费支出、邮政快递业务量、城市公路货运周转量 6 个关键影响因素为输入变量，城市公路货运总量为输出变量；每年的输入、输出变量设为一组样本，由于在北京城市副中心案例中选取了 2010—2018 年间的数据，因此存在 9 组样本，选取其中 8 组样本进行训练，剩下 1 组样本用于验证。BP 神经网络构建的参数和遗传算法的参数如表 2-5 和表 2-6 所示。

表 2-5　　　　　　　　　BP 神经网络层次参数

输入层阈值	隐含层阈值	输出层阈值	输出与隐含层权值	待优化参数个数
6	15	1	90	102

表 2-6　　　　　　　　遗传算法和 BP 神经网络运行参数设定

种群大小	最大遗传代数	变量二进制位数	交叉概率	变异概率	学习速率	目标
50	100	10	0.80	0.05	0.1	0.001

利用基于 GRT-GA 的 BP 神经网络货运量预测方法来预测未来城市货运量，需要输入未来货运量的 6 个关键影响因素的数据值。因此，首先通过数值拟合对每个关键影响因素进行预测，得到至 2035 年的预测值，将指标的预测值作为输入变量，可以预测未来货运量需求。依据基础数据表 2-3，最终的数据预测结果如图 2-14 所示，日人均需求量峰值出现在 2030 年，达到 23 147.5 万 t，对应年人均货运量为 10.68 t，即城市人均每年所需的货物运输以及间接产生的货运量共为 10.68 t，对应人均每天货运量为 29.2 kg。

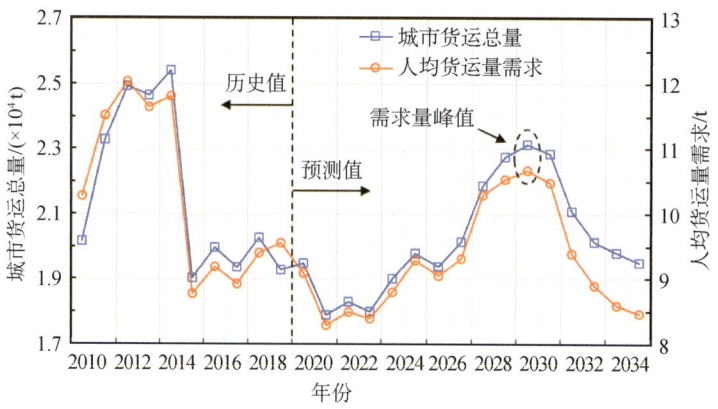

图 2-14　北京城市副中心人均货运量需求预测曲线

接下来对城市人均货物体积和质量进行换算。根据按重量 M 计的货运总量预测结果，引入物流行业的泡重比，按体积 V 计的城市人均货运量计算公式如式（2-14）所示。目前，我国大部分第三方快递企业（如顺丰、德邦）的泡重比均选用 1∶167，即根据临界均匀密度 167 kg/m³ 来区分货物按体积还是按质量收费。全球空运的泡重比也采用这一比值。将该比值应用于货运量预测值，得到北京城市副中心日人均的货运量需求所占的体积约为 0.175 m³。

$$V = \frac{M}{\text{泡重比}} \quad (2\text{-}14)$$

通过以上计算得到的人均货运量包含城市内部周转以及城市居民与外界之间的一切货运物资流通，其中包含大量不适合甚至不可被地铁-货运系统所运输的货物，例如能源、建筑、工业原材料和大型异构物件等。相反，地铁-货运系统的适用范围被严格限定在冷链生鲜、零售商品、快递包裹甚至外卖等小型快消品领域。由于货运物品类型的相关数据无法获取，本书以假设的方式，规定适用于地铁运输的需求占据城市货运总量的 30%，即北京市日人均地下货运的需求所占体积为 0.052 m³，将其换算成边长为 0.3 m 的立方体包裹，则北京市日人均地下货运包裹需求件数为 1.94 件，最终得到至 2035 年，适用于北京城市副中心地铁-货运系统规划的最大包裹需求总量为 253 万件/d。

附录Ⅲ：北京城市副中心地铁货运网络设置研究的 OD 需求基础数据

为了确定货运需求的详细分布，将副中心的总人口数和包裹需求量按照所规划的地块用途和路网节点，分配至每个路网区域，再以需求点为中心对周围客户个体进行聚类，得到各个需求点的地下货运量需求。另外，根据新城区货物流向分布，假设往返于主、新城区的同城配送包裹（即第 3 类 OD 和第 4 类 OD）和外部与新城区之间往返的包裹（即第 1 类 OD 和第 2 类 OD）分别占总包裹需求量的比率为 20%~45% 和 55%~80%；对于逆向物流包裹，假设其占据正向物流（即第 2 类 OD 与第 1 类 OD，以及第 4 类 OD 与第 3 类 OD）的比率在 10%~25% 的范围内随机选定；需求点对于不同配送中心的需求量符合随机分布；则用于地铁-货运系统规划的各类 OD 矩阵详细数据详见附录Ⅲ。

表 2-7 为 E-TOPSIS 模型对附录Ⅲ的 OD 矩阵流量的筛选结果。已证明该方法对于解决地铁-货运网络流量筛选评价问题是合理可行的。然而,由于所研究的北京城市副中心案例中存在过多无法获取的参数,E-TOPSIS 模型中的变量需要假定,进而难以避免地使得流量评价结果与实际情况相比产生较大的误差。本书后续关于北京城市副中心的案例研究和分析将沿用附录Ⅲ作为地铁-货运网络规划的基础需求数据。

表 2-7　北京城市副中心地铁-货运网络流量评价与选择结果

项目	第 1 类 OD		第 2 类 OD		第 3 类 OD		第 4 类 OD	
	DC-1	DC-2	DC-1	DC-2	DC-3	DC-4	DC-3	DC-4
$\bar{\lambda}_j$	0.220 9	0.091 4	0.117 3	0.240 9	0.109 1	0.157 8	0.128 6	0.150 4
$\max \lambda_j$	0.926 8	0.940 8	0.906 1	0.960 2	0.862 2	0.917	0.892 5	0.946 6
筛选前流量/(万件·个$^{-1}$)	76.5/135	62.6/135	15.8/135	15.5/135	28.1/135	24.3/135	14.4/135	14.9/135
筛选后流量/(万件·个$^{-1}$)	60.6/113	51.4/111	14.2/119	13.0/115	24.3/117	20.2/121	13.1/120	13.2/119

注:$\bar{\lambda}_j$ 为相对贴近度的临界值,$\max \lambda_j$ 为相对贴近度的最大值。

2.7　本章小结

本章的写作目的是梳理相关概念,划定问题的研究范围并介绍案例背景。主要包括:

(1) 阐述了地铁-货运网络的概念、适用范围和运输制式,提出了嵌入地铁-货运系统的"地面+地下并行"城市物流模式,以北京市轨道交通网络为例,提出了城市地铁-货运系统的四阶段成网过程构想。

(2) 对地铁-货运系统开发涉及的关键技术进行了识别与分解,分为硬件技术系统和软件技术系统两大类,共识别了 6 类 37 项地铁-货运系统成网建设所需的关键技术,证明了地铁-货运系统在技术上的可行性。基于地铁-货运系统在交通运输体系中的定位,将其划分为"地铁运输层"与"终端配送层"两级运输网络和城市配送中心或物流园区、地铁-货运站点、二级地下物流节点/地面终端以及客户需求点四级节点,并明确其在网络中的作用以及与传统城市物流设施的对应关系。提出了四种一级地铁货运网络的拓扑结构和四种二级地下物流网络的拓扑结构。

(3) 从网络选址布局、运行排班调度和站点地下空间布置三个方面讨论了城市地铁-货运网络规划的关键问题。确定了以灰色关联度理论和 BP 神经网络、E-TOPSIS 的物流量分析方法和过程。

(4) 以南京市和北京城市副中心为例,对城市物流需求量和地铁-货运网络的 OD 运输量进行了界定。

（5）设计并提出了地铁-货运系统的网络运行机制研究的总体框架，包括：宏观上，网络层面的运行机制，考虑系统的服务范围、网络成本和客货混合运输调度；微观上，货物在车站内的运行机制。

参考文献

[1] Chauhan R, Singh T, Tiwari A, et al. Hybrid entropy-TOPSIS approach for energy performance prioritization in a rectangular channel employing impinging air jets[J]. Energy, 2017, 134: 360-368.

[2] Sun L Y, Miao C L, Yang L. Ecological-economic efficiency evaluation of green technology innovation in strategic emerging industries based on entropy weighted TOPSIS method[J]. Ecological Indicators, 2017, 37: 554-558.

[3] Nathanail E, Adamos G, Gogas M. A novel approach for assessing sustainable city logistics[J]. Transportation Research Procedia, 2017, 25: 1036-1045.

[4] Masson R, Trentini A, Lehue'de F, et al. Optimization of a city logistics transportation system with mixed passengers and goods[J]. EURO Journal on Transportation and Logistics, 2017, 6: 81-109.

[5] Marchau V, Walker W, Van Duin R. An adaptive approach to implementing innovative urban transport solutions[J]. Transport Policy, 2008, 15(6): 405-412.

[6] Montoya-Torres J R, Montoya-Torres J R, Muñoz-Villamizar A, et al. On the impact of collaborative strategies for goods delivery in city logistics[J]. Production Planning and Control, 2016, 27(6): 443-455.

[7] 中华人民共和国国家邮政局. 国家邮政局公布 2021 年邮政行业运行情况[EB/OL]. (2022-01-14). http://www.spb.gov.cn/gjyzj/c100276/202201/74c80cf2fd7b44c3aa5d6facb464bcb8.shtml.

[8] Yang J, Quan J, Yan B, et al. Urban rail investment and transit-oriented development in Beijing: Can it reach a higher potential? [J]. Transportation Research Part A: Policy and Practice, 2016, 89: 140-150.

第3章
客货协同下的地铁-货运系统网络运行模式设计

3.1 货物运输流程分析

在地铁-货运系统的网络中,货流根据目的地的不同可以分为三类:①物流园区至客户(进城货物);②客户至物流园区(出城货物);③客户至客户(同城配送)。地铁-货运列车通过一定的组织模式(如"拖挂式"或"分离式")在线路站点之间往返,途经线路上的若干普通地铁-货运站点,将货物从城外物流园区输送至目的地地铁-货运站点(进城货物);同时,也将该地铁-货运站点要发往物流园区(出城货物)或其他地铁-货运站点的货物(同城配送)装载带走,途经换乘地铁-货运站点可以把货物转运至相应线路。

图3-1对地铁-货运网络运行"事件簿"进行了举例说明。每个物流园区在接受客户的订单之后,需要为此安排特定的货运计划,包括安排哪一个班次的货运车厢用于装载该客户的包裹、该班次对应的货运列车的出发时刻以及换乘至哪条线路。货运班次的安排需要考虑该货物是否处于出发准备状态(Ready-for-Departure,RFD),其原则是尽可能减少达到出发准备状态的货物在园区、换乘站点和目的地地铁-货运站点的等待时间。每天可考虑组织不同班次的电动货车进行末端配送,逐次清空地铁-货运站点的库存,使得站点处的负荷低于一定水平。

如图3-2所示,围绕地铁-货运系统运行的约束主要体现在以下三个方面:

(1) 每个货运列车车厢所能承载的货量(通常为定值)。

(2) 列车停靠时间约束:特别是对于"拖挂式"系统,列车需要在短暂的站内停靠时间内进行货物装卸,若该站点的货量过多则必然导致时间不够用,因此单次停靠的货物装卸总量需要被控制在一定范围之内。

(3) 地铁-货运站点的处理能力:除了物流设备,地铁-货运站点内部的空间主要为三部分货物所占据,即到达站点未处理的货物、正在处理中的货物以及处理完毕等待配送的货物。每个部分都有一个峰值(对应所分配的最大地下空间),站点内部即刻货流量不可超过该值。

图 3-1 地铁-地下物流网络运行"事件簿"示例

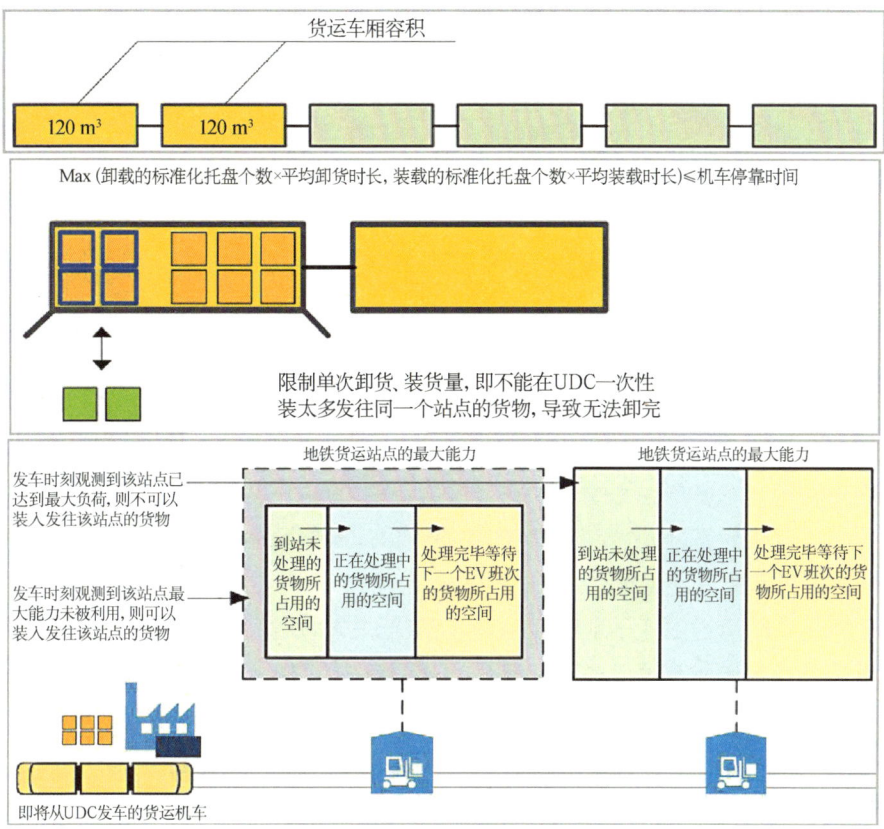

图 3-2 地铁-货运系统运营的主要约束条件

3.2 几种运行组织模式分析

基于前文讨论的网络的运行机理和网络内货运流程,地铁-货运系统运行的客货车辆调度组织具体实现有两种思路,即客货共线和客货分线。客货共线可以分为 3 种组织方式:"拖挂式"货运模式、客货列车"分离式"货运模式和客货严格的分时段运行模式[1]。其中,客货严格的分时段运行模式在美国纽约的地铁-货运垃圾收集系统[2]中被采用,这种运行模式组织简单,白天运送旅客,夜间运送垃圾,完全分开,但并不适合城市大规模货物运输。最为可行且讨论最为广泛的是"拖挂式"货运模式和客货列车"分离式"货运模式。运行模式的运能、安全性和客货混合排班的可行性是模式选择的最重要因素。

由于客运服务是公共交通体系的重要构成,地铁-货运系统的运行不能以牺牲客运服务质量和安全性为代价,在不影响正常客运服务的情况下,如何充分利用线路通行能力以实现最大效率的地下货物运输是地铁-货运系统运行的关键和主要目标。在客货协同条件下的地铁货运车辆运行可以从以下几方面分析。

(1) 货运列车运行时段。

在不考虑基础设施的检修维护所需时间情况下,货物运输不受白天夜晚的限制,在有足够线路通行能力时,货运列车可以持续运行。根据地铁乘客的需求,地铁客运系统一天内的运行时段主要是从早上 5 点到晚上 11 点,剩下的时段地铁客运停运,隧道空间释放。因此,根据客运列车运行情况,可将货运系统运行时段分为客货共运时段(白天)和货车独运时段(夜晚)。

在没有客运列车运行干扰的货车独运时段,地铁货运列车的组织和调度与正常地铁客运类似。当货运站点有货运需求发生时,货运列车可按需求均匀发车。

在客货共运时段,货运列车的发车会占用一部分的线路通行能力,对客运列车的发车有很大影响。根据白天乘客需求的时间分布,地铁客运时间分为客流高峰期和客流平峰期。在客流高峰期内,高密度的客车发车所提供的客运能力通常也在饱和边缘,货运列车是不允许对客运通车量产生影响的。在客流平峰期内,由于客流量相对少,乘客对列车等待时间的容忍度相对强,通过合理的列车排班可以同时满足客运、货运服务需求。

(2) 地铁货运的运行过程。

由于货运系统运行依托于地铁线路,为了降低成本,货运站点根据区域货运需求分布情况从客运站点中选取改建而成。货运站点兼具客运和货运两种功能,货运的操作平台和客运的候车平台互不干扰,列车到站后,通过各自的平台进行装卸货或上下客。在客货共运时段,由于客货车服务对象不同,停站时间需要根据操作需求确定,要在不影响客运的条件下进行货运操作,有必要设置合理的停站时间(满足装卸货要求且尽量减少对乘客候车和乘车的时间延误)。前后车的开行必须保持一定的间隔距离以保障地铁客运的安全和系统的可靠性。

在客货"分离式"运行条件下,不同类型列车停靠的站点不同,这使得列车在跟车运行过程中会导致一定程度的时间浪费。考虑越行是为了提高对线路通行能力的利用率,但行车组织相对复杂,货运列车在货运站点间快速通行,以越行客运列车方式避免等待浪费的时间。但由于发生越行时,客运列车需要通过延长停靠时间的方式保证安全行车间隔,会产生客车行程时间的增加,因此,行车组织过程中有必要控制货车运行中对客运的负反馈。

3.2.1 客货列车"共线-拖挂"式协同组织模式

基于货车列车"共线-拖挂"式的协同组织模式是将货运车厢附加在现有地铁列车客运车厢的后面一同运行(以下简称"拖挂式")。这种模式下,列车在地铁运行线路行经的每一站都要停靠,可在每站设置货物收发、装卸功能。

图 3-3 展示了"拖挂式"下从城内需求点寄往城外物流园区的货物所经历的分阶段操作流程,进城货物或者同城配送货物的操作流程可类比得出。"拖挂式"下客、货列车执行逻辑如图 3-4 所示。

第 3 章　客货协同下的地铁-货运系统网络运行模式设计

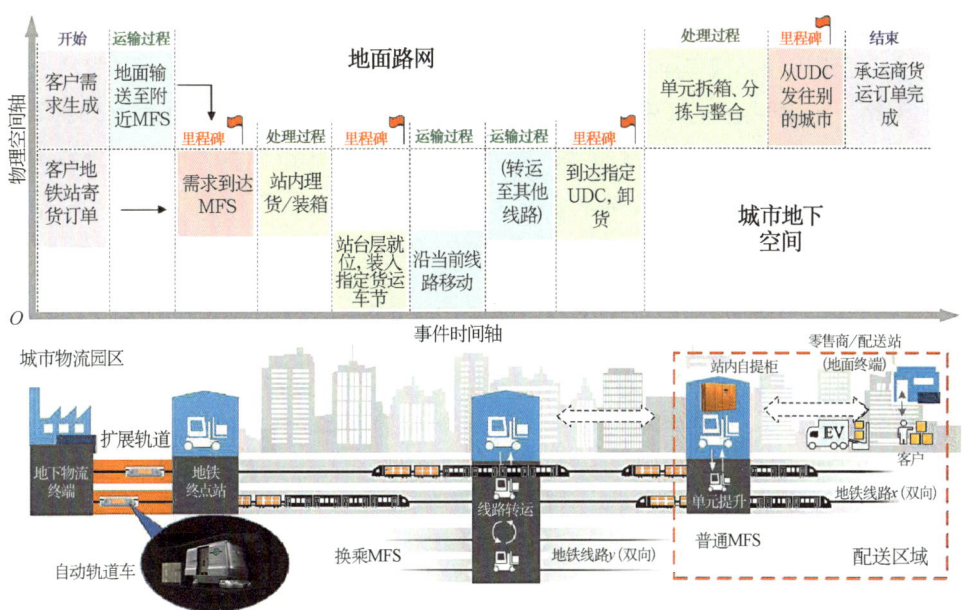

图 3-3　"拖挂式"地铁-货运系统运输流程（出城货物视角）

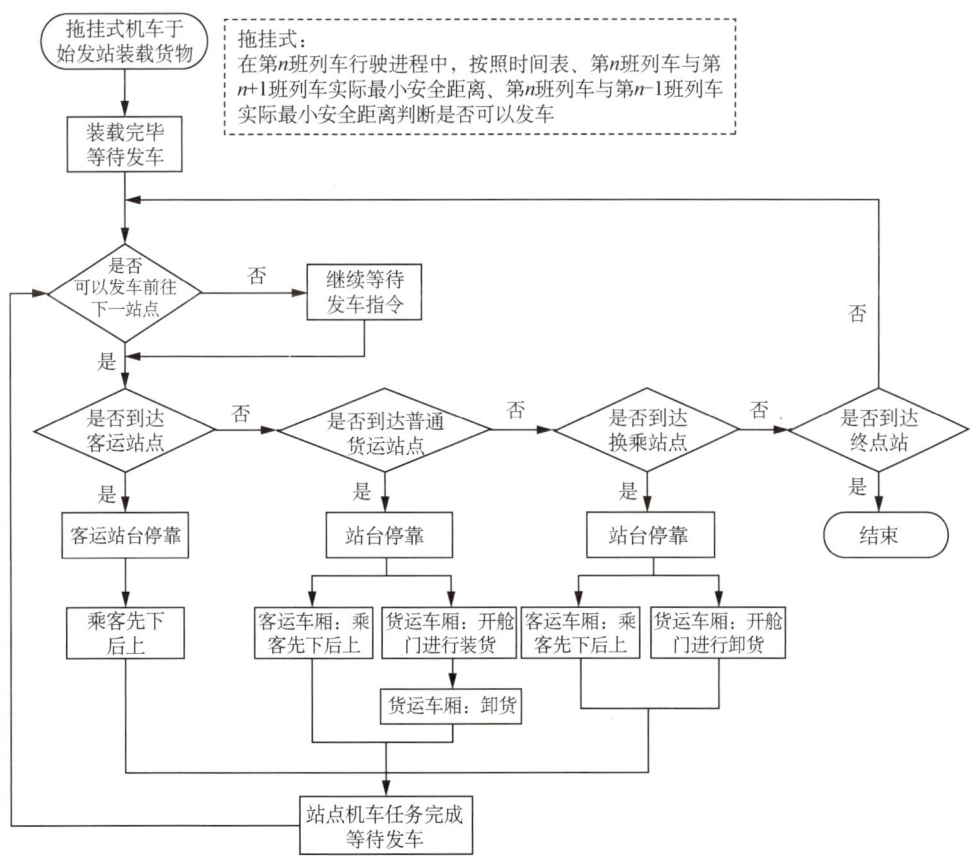

图 3-4　"拖挂式"客货列车执行逻辑

在地下运输方面,物流园区通过自动轨道小车,沿着扩展轨道将标记好的标准化单元输送至相应地铁终点站或其他与之对接的地铁站点。随后这些标准化单元被装入货运车厢进行运输。所有地铁列车(带或不带货运车厢)均采用现有的客运地铁列车时间表运行,依次到达沿线设有货运功能的地铁-货运站点,或者被转运至其他线路。地铁列车在设有货运功能的地铁-货运站点停靠时,客运车厢和货运车厢的舱门同时打开,并在分隔站台进行装卸操作。对于节点内部的物流操作流程,"共线-拖挂"与"共线-分离"基本相同。

"共线-拖挂"的优势:基础设施大部分可与地铁客运共用,对原本地铁客运系统影响小,改造成本较低。由于"拖挂式"列车在所经过的每一个客运站点都要停靠,货运列车能服务的范围较广,且在客运列车运行的同时可以持续进行地铁货运的运行。每列客车后都可以拖挂货运车厢,当每次停靠,货物的装卸操作不受时间限制,且满载状态下的货运列车不影响客运的正常运行及运行安全时,"拖挂式"运行模式的极限运能相当大。

"共线-拖挂"的劣势:对货运列车装卸货物的操作时间要求非常高,须在 $1\sim2$ min 之内完成,但目前市场上尚没有相关的硬件技术。停靠时间将成为货物装卸量的强约束条件。另外,货运车厢必须采用动力车厢以满足载重需求。

3.2.2　客货列车"共线-分离"式协同组织模式

客货列车"共线-分离"式协同组织模式是指采用独立的客运地铁列车和货运地铁列车在同一条地铁隧道里共线行驶,相互独立、错班运行(以下简称"分离式")的方式。

"分离式"与"拖挂式"的不同主要体现在以下几个方面:
(1) 在保证客运班次正常运行条件下,货运列车的运行班次设置更为灵活。
(2) 货运列车车厢数量更多。
(3) 停靠站点有选择性,可出现货运量密集的两点或多点间的区间车。
(4) 站台轨道设置为分轨式,与客运列车相分离,货车装卸货操作不影响客运列车运行。
(5) 站台停靠时间不依赖于客运列车运行模式。

图 3-5 详细地展示了"分离式"下从物流园区发往城内需求点的货物所经历的分阶段操作流程,可供出城货物或者同城配送货物的操作流程参照。"分离式"下的客、货列车执行逻辑如图 3-6 所示。

"分离式"的优势:由于与客运列车运行相独立,一般货运列车的载货容量更大;在站台的停靠时间可以依据货运分布情况和不同货物操作特征进行确定,全天的运行班次调整更为灵活;客运班次结束后,可继续运行。

"分离式"的劣势:对停靠站台的改造较大,建设成本相对较高;停靠站台有选择性,服务范围比"拖挂式"要小;客运高峰期可能无法进行货运列车排班。

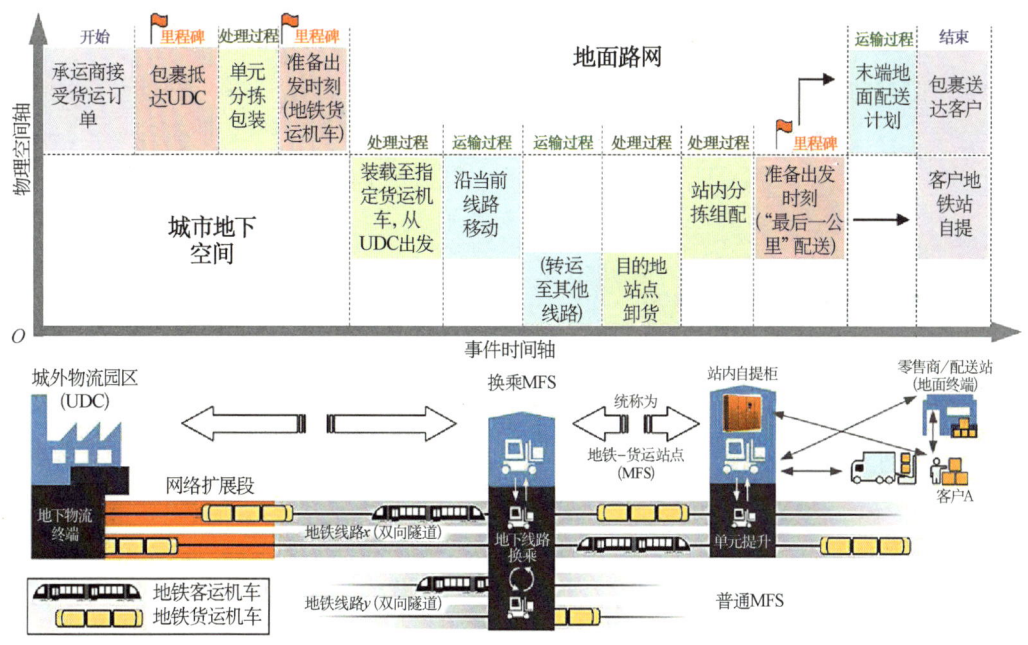

图 3-5 "分离式"地铁-货运系统运输流程(进城货物视角)

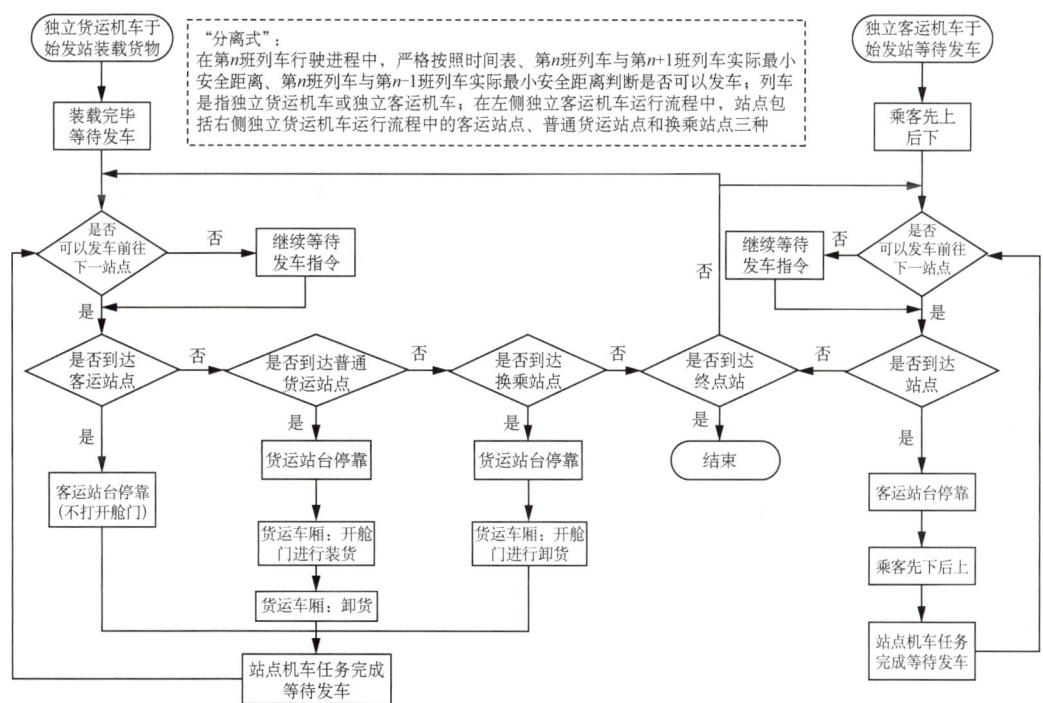

图 3-6 "分离式"客货列车执行逻辑

3.2.3 客货列车"客货分线"协同组织模式

客货列车"客货分线"协同组织模式是在地铁主隧道旁另建一条小直径地下物流隧道,用于行驶专门的地下物流列车(图3-7)。小直径隧道直接接入地铁-货运站点,与客运共享站点基础设施。这种模式下,客、货列车在行驶中彼此不产生干扰,但需要新建隧道段,从而使得地下网络具有更大的通行能力,相应的建设成本也更高。地铁-货运站点的处理流程与"分离式"类似,即采用"中岛双侧"式布局,区别在于出站时独立货运列车无须通过道岔并入客运隧道,而是沿货运隧道直接前往下一个货运站点。

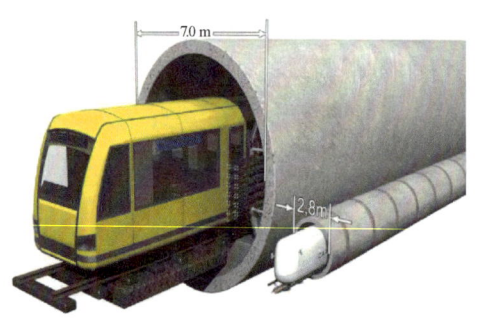

图3-7 "客货分线"协同组织模式示意图

图3-8展示了第3类、第4类需求OD(即同城配送)在分线模式下的运输过程。相比"客货共线"模式,"客货分线"模式完全不受地铁客运时间窗的限制,能够对系统运作效率带来可观的提升。然而,该模式需要大量投资专门用于货运隧道的建设,开发形式几乎无异于重新构建一个独立的地下物流网络,这不符合地铁-货运系统"成本节约"的开发初衷。尽管"客货分线"是一种潜在的且有竞争力的地下货物运输模式,但并不属于本书所定义的纯粹地铁-货运范式,即共享基础设施。对于该模式仅在此提及,而不展开研究。

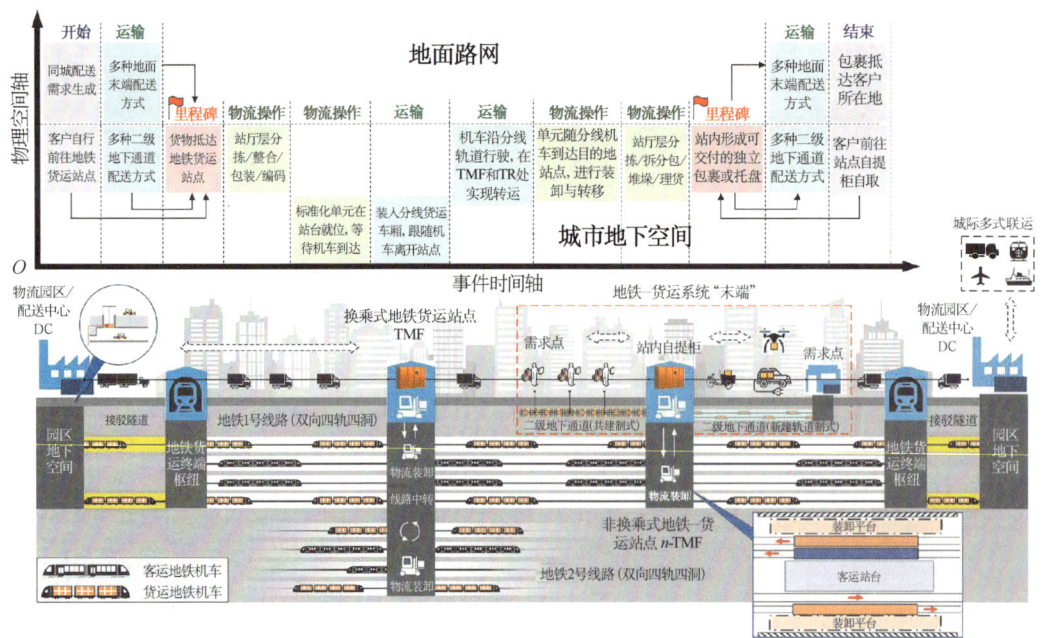

图3-8 "客货分线"模式地铁-货运系统运输流程

3.2.4 其他协同组织模式

除了"分离式""拖挂式"和"客货分线"三种模式外,还有一些其他协同组织模式,如"客货混载"运输模式,如图 1-11 所示。

"客货混载"运输模式是将完整的货运单元置于客运车厢的特定位置,到站后由工作人员推出车厢。该模式对地铁基础设施改动最小,同时服务能力也最小,仅适合一些特殊物品的运输。日本札幌地铁对"客货混载"运输模式启动了全面调研[3],结果表明大部分城市居民并不介意在客运车厢中划分货运区,但是客货共处一节车厢难免会带来安全隐患。

因此,可以看出"客货分线"和"客货混载"这两种运输模式都不是首选。相比而言,"客货共线"模式的可行性更强,且更加符合地铁系统的特征。

3.3 "分离式"系统运行组织调度模型构建

3.3.1 模型分析

1. 问题描述

"分离式"系统下,客、货两类列车运行的组织调度问题可以描述为:在同一条地铁线路上,客运与货运列车协同运行,分别提供地铁客运和货运服务;线路上客运站点和货运站点都已确定,部分客运站点兼有客运服务和货运服务功能;货运站点由于客户对象不同,数量比客运站点少。为了实现线路通行能力的最大化利用,考虑后行货运列车可以在越行站点越行前行客运列车,越行站点的站台形式设计如图 3-9 所示。所有列车的起始站和终点站都相同,在客运高峰期(不可开行货运列车)之外的时段内,客运列车和货运列车按一定开行比例发车运行。

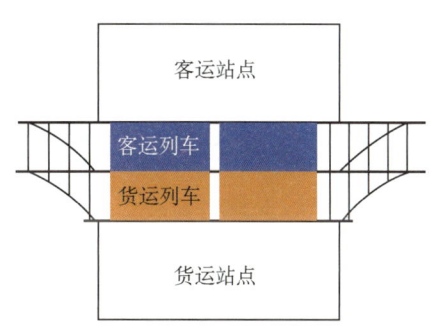

图 3-9 "分离式"系统越行站点的站台形式

组织调度要能同时满足客运和货运两个层次的运营要求。客运平峰期加运货运列车的目的是充分发挥地铁线路的通行能力,利用合理的排班计划实现地铁货运的白天运行服务。地铁客货协同运行的列车调度模型是以货运系统的运行要求为优先目标,同时以正常的客运服务要求作为货运列车排班的约束。因此,可以构建一个双层规划模型,以货运系统为上层建模对象,客运列车则以从属关系作为下层建模对象;以系统的运行效率为服务水平的评价指标。又因为货运站点临时货物仓储空间有限,故使站点的货物快速运输离开站点成为货运系统稳定运营的关键。此外,地铁客运作为城市公共交通的重要组成部分,满足城市居民的正常地铁出行需求是地铁-货运系统运行的前提。然而,货运列车的"加塞"必然导致原有线路通行能力的损失,因此科学地调度地铁客运列车和货运列车在同一条线路中运行,形成合理的列车调度计划是研究模型的目标。

2. 模型假设

由于地铁-货运系统客货运列车协同运行的复杂性,为了避免不确定因素对模型的影响,本书根据问题的特征做出以下几点假设:

(1) 以非客运高峰期为研究时段,避开客运高峰,即客运高峰期不发货车。

(2) 仅研究列车单向运行情况,所有列车从始发站发车,运行后回到始发站;因为返回过程可以视为正向运行的逆过程,与地铁排班类似。在接收货物的过程中,当各站点货物累积到一定程度(如一个标准托盘)时,装入车辆即可。

(3) 所有列车在隧道中的行驶速度恒定,且客运列车和货运列车的运行速度不存在差异,旅行时间的变化主要由货车不停靠客运站点引起。

(4) 客运列车以站站都停的模式运行,货运列车仅在货运站点停靠。

(5) 货运站点仓储能力不设上限。

(6) 所有客运或货运列车型号一致,容量恒定,不得超载。

(7) 乘客和货物都不滞留,会上最近的一班车,且待运货物遵从先到先运原则。

(8) 同一批货物必须一起运走,不可拆分运输。

(9) 所有乘客的上车速度一定,所有货物的装卸货速度恒定。

(10) 列车越行只发生在越行站点,线路上所有站点均具备越行线。

3.3.2 模型构建

1. 参数变量

S 表示货运站点集合,$S=\{s_1, s_2, \cdots, s_m\}$,$m$ 为货运站点数量;S_{s_j, t_γ^c} 表示货运列车 t_γ^c 到达站点 s_j 时,其之前经过的所有货运站点的集合,$S_{s_j}=\{s_1, s_2, \cdots, s_{j-1}\}$,$1<j\leqslant m$;$Q_{s_j}$ 表示在货运站点 s_j 待运输的货物集合,$s_j \in S$,$Q_{s_j}=\{q_{s_j}^1, q_{s_j}^2, q_{s_j}^3, \cdots, q_{s_j}^k\}$,$k$ 为货物数量;$Q_{s_j}^{t_\gamma^c}$ 表示货运列车 t_γ^c 在货运站点 s_j 接收的货物集合,$Q_{s_j}^{t_\gamma^c}=\{q_{s_j}^\tau | q_{s_j}^\tau \in Q_{s_j}$,当且仅当 $q_{s_j}^\tau$ 在货运站点 s_j 装载至货运列车 t_γ^c 时$\}$;T^c 表示货运班列集合,$T^c=\{t_1^c, t_2^c, t_3^c, \cdots, t_u^c\}$,$u$ 为计划安排的货运班列数量;$\varepsilon_{t_\gamma^c}$ 表示货运列车 t_γ^c 是否投入运营,当其投入运营时,取值为 1,否则为 0,$t_\gamma^c \in T^c$;T^{-c} 表示已经发车的货运班列集合,$T^{-c}=\{t_\gamma^c | t_\gamma^c \in T^c$,当且仅当 t_γ^c 已发车时$\}$;$P_{q_{s_j}^\tau, t_\gamma^c}$ 表示货运需求 $q_{s_j}^\tau$ 在货运站点 s_j 装载至货运列车 t_γ^c 的时刻,$q_{s_j}^\tau \in Q_{s_j}$;$r_{q_{s_j}^\tau}$ 表示货运需求 $q_{s_j}^\tau$ 在运货站点 s_j 计划离开的时刻;$cap_{t_\gamma^c}$ 为货运列车 t_γ^c 的载货上限,$t_\gamma^c \in T^c$;$cap_{t_\gamma^c, s_j}^{sur}$ 为货运列车 t_γ^c 到达 s_j 站时,卸货完成后剩余的货运能力;C_{s_j} 为货运站点 s_j 的仓储空间上限,$s_j \in S$;h 为单位重量货物的装

卸时间；$wait_{t_\gamma^c}^{s_j}$ 为货运列车 t_γ^c 在站点 s_j 的停靠时间；$wait_{\max}$，$wait_{\min}$ 分别为货运列车在站点的最大、最小停靠时间。

2. 上层模型

(1) 上层目标函数。

上层模型以地铁-货运为视角，以地下货运总等待时间最小为优化目标，考虑货物在装载上货运列车前的货物处理时间以及货物到站后的货物装卸时间。目标函数 Z_1 如式(3-1)所示。

$$Z_1 = \min \sum_{t_\gamma^c \in T^c} \sum_{s_j \in S} \sum_{q_{s_j}^\tau \in Q_{s_j}} \left(P_{q_{s_j}^\tau, t_\gamma^c} - r_{q_{s_j}^\tau} \right) \alpha_{q_{s_j}^\tau}^{t_\gamma^c} \tag{3-1}$$

其中，$P_{q_{s_j}^\tau, t_\gamma^c}$ 的计算方法如式(3-2)所示。

$$P_{q_{s_j}^\tau, t_\gamma^c} = A_{s_j}^{t_\gamma^c} + q_{s_j}^\tau, t_\gamma^c h + \frac{D_{s_j}^{t_\gamma^c} h}{\sum_{q_{s_j}^\tau \in Q_{s_j}^{t_\gamma^c}} \alpha_{q_{s_j}^\tau}^{t_\gamma^c}} \tag{3-2}$$

以上式中，$\alpha_{q_{s_j}^\tau}^{t_\gamma^c}$ 为 0-1 二元变量，若货运需求 $q_{s_j}^\tau$ 被装入货运列车 t_γ^c，取值为 1，否则为 0；$A_{s_j}^{t_\gamma^c}$ 表示列车 t_γ^c 到达货运站点 s_j 的时刻；$D_{s_j}^{t_\gamma^c}$ 表示列车 t_γ^c 在货运站点 s_j 的货物卸载量。

此处需要说明的是，为了方便计算，列车 t_γ^c 在站点 s_j 由于卸货所导致的货物等待时间被平均分配至每一批次货物中。

(2) 上层约束条件。

为保证城市地铁运营的安全性，列车停靠在站内的时间一方面需要满足不干扰后续列车正常进站的要求，即其站内停留时长 $wait_{t_\gamma^c}^{s_j}$ 不能大于最大停靠时长 $wait_{\max}$；另一方面也必须满足其在站内等候足够长的时间，从而与前方列车保持充分的安全距离，避免发生冲突的需求，即其站内停留时长 $wait_{t_\gamma^c}^{s_j}$ 不能小于最小停留时长 $wait_{\min}$。基于此，列车在站内的停靠时长 $wait_{t_\gamma^c}^{s_j}$ 必须满足式(3-3)。

$$wait_{\min} \leqslant wait_{t_\gamma^c}^{s_j} \leqslant wait_{\max} \tag{3-3}$$

其中，$wait_{t_\gamma^c}^{s_j}$ 依据列车的实际进、出站时间进行计算，如式(3-4)所示。

$$wait_{t_\gamma^c}^{s_j} = L_{s_j}^{t_\gamma^c} - A_{s_j}^{t_\gamma^c} \tag{3-4}$$

$L_{s_j}^{t_\gamma^c}$ 表示列车 t_γ^c 离开货运站点 s_j 的时刻；$A_{s_j}^{t_\gamma^c}$ 表示列车 t_γ^c 到达货运站点 s_j 的时刻，可按式(3-5)计算得到。

$$A_{s_j}^{t_\gamma^c} = l_{t_\gamma^c} + \sum_{s_{i-1}, s_i \in \left(S_{s_j} \cup s_j\right), \text{且} i>1} ll_{s_{i-1}, s_i}^{t_\gamma^c} + \sum_{s_i \in S_{s_j}} wait_{t_\gamma^c}^{s_i} \tag{3-5}$$

式中，$l_{t_\gamma^c}$ 表示货运列车 t_γ^c 由始发站发车的时刻；$ll_{s_{i-1}, s_i}^{t_\gamma^c}$ 表示两相邻货运站点之间的旅行时间。货运列车 t_γ^c 由始发站发车的时刻 $l_{t_\gamma^c}$ 需要考虑其与前车的最小发车间隔（包括客运和货运列车），并考虑客运与货运实际需求对轨道交通运力安排的需求。为此，需要充分结合线路实际的运营需求，合理地安排货运班列及其发车时刻。

基于此，发车时刻 $l_{t_\gamma^c}$ 按式（3-6）计算得到。式中，t_γ^p 表示客运列车，T^p 为客运列车集合。此处假设列车采用均匀发车的模式，且客货列车均采用相同的发车时间间隔 δ。一方面，为了提高线路的运输效率，发车间隔越小，轨道交通所能提供的运力就越大，从而提升运输能力。另一方面，发车间隔 δ 的选取也必须充分考虑轨道交通安全运营的需求。为了保证相邻两辆列车不发生"追尾"等安全事故，就必须设置一个最小行车时间间隔，且相邻两列车之间的行车间隔不能小于最小安全行车间隔 φ，从而保证轨道交通的最大安全度。因此，发车间隔 δ 必须满足式（3-7）所示的约束关系。本书给出列车行车间隔的定义为：当前在货运站点 s_i 货运列车 t_γ^c 离站时刻 $A_{s_i}^{t_\gamma^c}$ 与其紧邻的下一站点（包括货运及客运站点）的最近一趟列车的进站时刻之间的差值。需要说明的是，在一般轨道交通运营安排计划中，发车间隔 δ 是动态变化的，即根据不同运输阶段所面临的运输需求合理地安排运输班次。为了简化问题，本书在构建模型时，假设所研究的时段为一个完整的运输周期，即在此阶段内发车间隔是一个定值。同时，式（3-8）保证了列车必须在运营时段内发车这一要求。

$$l_{t_\gamma^c} = O_{\text{start}} + \left(\sum_{t_\gamma^c \in T^c} \varepsilon_{t_\gamma^c} + \sum_{t_\gamma^p \in T^p} \varepsilon_{t_\gamma^p} - 1\right)\delta \tag{3-6}$$

$$\delta > \varphi \tag{3-7}$$

$$O_{\text{start}} \leqslant l_{t_\gamma^c} \leqslant O_{\text{end}} \tag{3-8}$$

以上式中，O_{start} 和 O_{end} 分别为货运列车与紧前列车和紧后列车的最小车头时距。

另外，针对式（3-5）中的两相邻货运站点之间的旅行时间 $ll_{s_{i-1}, s_i}^{t_\gamma^c}$，需要阐明的是：由于本书采用客货混合运输的方式，两种运输类型共用同一套轨道设施，因此在计算货运列车某两个相邻站点之间的旅行时间时，除了其在区间的行驶时间外，还需要考虑其在某些客运站点由于需要避让客运列车所产生的站内停留时间。基于此，货运列车 t_γ^c 在站点 s_{i-1}, s_i 之间的旅行时间可拆分成两部分：站内停留时间和站间行驶时间，具体按式（3-9）进行计算。

$$ll_{s_{i-1}, s_i}^{t_\gamma^c} = \left(\sum_{s_j^p \in I_{s_{i-1}, s_i}^c} wait_{t_\gamma^c}^{s_j^p}\right) + \left(\sum_{s_j^p \in I_{s_{i-1}, s_i}^c \text{ and } s_j^p < s_{j_{\max}}^p} ll_{s_j^p, s_{j+1}^p}^{t_\gamma^c} + ll_{s_{j_{\max}}^p, s_i}^{t_\gamma^c} + ll_{s_{i-1}, s_{j_{\min}}^p}^{t_\gamma^c}\right)$$

$$\tag{3-9}$$

其中，$wait_{t_\gamma^c}^{s_j^p}$ 仅表示货运列车为避让客运列车时在客运站点的等待时间，且其也必须满足式(3-3)的约束条件。$s_{j_{\max}}^p$ 表示的是与货运站点 s_i 紧邻的上一个客运站点，$s_{j_{\min}}^p$ 表示的是与货运站点 s_{i-1} 紧邻的下一个客运站点。进一步，为了计算方便，可将式(3-9)改写成式(3-10)。

$$ll_{s_{i-1},s_i}^{t_\gamma^c} = A_{s_i}^{t_\gamma^c} - L_{s_{i-1}}^{t_\gamma^c} \tag{3-10}$$

与此同时，考虑到站点货物装卸时长与列车停靠时长之间的关系，为了满足整个轨道系统的正常运营需求，二者需要满足式(3-11)所示的约束条件，即货运站点的装卸货总时长不得超出列车 t_γ^c 在站点 s_j 的停靠时间。

$$\sum_{q_{s_j,t_\gamma^c}^x \in Q_{s_j}^{t_\gamma^c}} q_{s_j,t_\gamma^c}^x h + D_{s_j}^{t_\gamma^c} h \leqslant wait_{t_\gamma^c}^{s_j} \tag{3-11}$$

式(3-3)—式(3-11)共同保证了列车基本的行车安全，以及客货混运的轨道交通系统的有序运行条件。另外，在保证安全的同时，为了提高运输效益，需要尽可能地在不干扰客运的情况下，合理地安排货运列车以满足货物高效的运输需求。基于此，式(3-12)—式(3-15)给出了保证货运系统高效运行的相关约束条件。其中，式(3-14)给出了货运列车在某一站点剩余运载能力的计算公式，并且剩余运载能力 $cap_{t_\gamma^c,s_j}^{sur}$ 需要满足式(3-15)的约束条件。

$$\sum_{t_\gamma^c \in T^c} t_\gamma^c \cdot cap_{t_\gamma^c} \geqslant \sum_{s_j \in S} \sum_{q_{s_j}^\tau \in Q_{s_j}} q_{s_j}^\tau \tag{3-12}$$

$$\sum_{q_{s_j,t_\gamma^c}^x \in Q_{s_j}^{t_\gamma^c}} q_{s_j,t_\gamma^c}^x \leqslant cap_{t_\gamma^c,s_j}^{sur} \tag{3-13}$$

$$cap_{t_\gamma^c,s_j}^{sur} = cap_{t_\gamma^c} - \sum_{s_i \in S-s_j} \left(\sum_{q_{s_i,t_\gamma^c}^x \in Q_{s_i}^{t_\gamma^c}} q_{s_i,t_\gamma^c}^x - D_{s_i}^{t_\gamma^c} \right) + D_{s_j}^{t_\gamma^c} \tag{3-14}$$

$$0 \leqslant cap_{t_\gamma^c,s_j}^{sur} \leqslant cap_{t_\gamma^c} \tag{3-15}$$

3. 下层模型

(1) 下层模型目标函数。

由于货运列车对线路通行能力的占用以及货车越行慢车造成客运系统列车运行时间增加，为了对地铁乘客总体影响程度最小，以研究时间段内地铁乘客延误时间最小为优化目标，目标函数 Z_2 如下：

$$Z_2 = \min T_{\text{delay}} \tag{3-16}$$

地铁客运乘客延误时间分为两个部分进行计算：乘客在客运站点候车增加的时间 T_w

和乘客乘车旅行增加的时间 T_p。

$$T_{\text{delay}} = T_w + T_p \tag{3-17}$$

假设乘客均匀进站,在无货运列车运行时,乘客的站点平均等待时间为 $\delta/2$。当客运列车和货运列车按 $\lambda:1$ 的开行比例发车时,每 λ 列客运列车经过后就有一列货运列车经过,则乘客站点平均等待时间为 $\delta(\lambda+1)/(2\lambda)$。因此,由于货运列车的运行造成的乘客站点候车平均时间增加量为 $\delta/(2\lambda)$。乘客在站点候车所增加时间的计算公式如下:

$$T_w = \sum_{j=1}^{n-1} \sum_{jj=j+1}^{n} q_{s_j^p, s_{jj}^p} \cdot \delta/(2\lambda) \tag{3-18}$$

每次发生货运列车越行前行客运列车时,客运列车在越行站会产生一个发车间隔的延误时间。本书假设乘客在列车上均匀分布,即乘客遇上货车越行的概率为 $1/\lambda$。乘客乘车旅行时间增加的计算公式如下:

$$T_p = \sum_{j=1}^{n-1} \sum_{jj=j+1}^{n} \delta \cdot y_{s_j^p}^{t_\gamma^c} \cdot q_{s_j^p, s_{jj}^p} / \lambda \tag{3-19}$$

式中,$y_{s_j^p}^{t_\gamma^c}$ 为 0-1 二元变量,若因货运列车 t_γ^c 越行客运车站 s_j^p 使得前一班客运列车产生延误,取值为 1,否则为 0。

(2) 下层约束条件。

同样,为了保障轨道交通安全、有序及高效地运营,客运列车的发车间隔及进出站时间都必须严格控制。式(3-20)—式(3-25)给出了客运列车必须满足的能够保证安全运行的相关约束条件。其具体意义与上层规划模型相同,在此不再赘述。

$$wait_{\min} \leqslant wait_{t_\gamma^p}^{s_j^p} \leqslant wait_{\max} \tag{3-20}$$

$$wait_{t_\gamma^p}^{s_j^p} = L_{s_j^p}^{t_\gamma^p} - A_{s_j^p}^{t_\gamma^p} \tag{3-21}$$

$$A_{s_j^p}^{t_\gamma^p} = l_{t_\gamma^p} + \sum_{s_{i-1}^p, s_i^p \in \left(S_{-s_j^p, t_\gamma^p}^p \cup s_j\right), \text{ and } i>1} ll_{s_{i-1}^p, s_i^p}^{t_\gamma^p} + \sum_{s_i^p \in S_{s_j^p, t_\gamma^p}^p} wait_{t_\gamma^p}^{s_i^p} \tag{3-22}$$

$$l_{t_\gamma^p} = O_{\text{start}} + \left(\sum_{t_\gamma^c \in T^c} \varepsilon_{t_\gamma^c} + \sum_{t_\gamma^p \in T^p} \varepsilon_{t_\gamma^p} - 1\right)\delta \tag{3-23}$$

$$O_{\text{start}} \leqslant l_{t_\gamma^p} \leqslant O_{\text{end}} \tag{3-24}$$

$$\delta \geqslant \varphi \tag{3-25}$$

此外,客运列车的安排同样需要满足实际的客运需求,其相应约束条件如式(3-26)—

式(3-30)所示。

$$\sum_{t_\gamma^p \in T^p} t_\gamma^p \cdot cap_{t_\gamma^p} \geqslant \sum_{s_j^p \in S^p} Q_{s_j^p} \tag{3-26}$$

$$q_{s_j^p}^{t_\gamma^c} \leqslant cap_{t_\gamma^p, s_j^p}^{sur} \tag{3-27}$$

$$\sum_{t_\gamma^c \in T^p} q_{s_j^p}^{t_\gamma^c} = Q_{s_j^p} \tag{3-28}$$

$$cap_{t_\gamma^p, s_j^p}^{sur} = cap_{t_\gamma^p} - \sum_{s_i^p \in S^p_{-s_j^p, t_\gamma^p}} q_{s_i^p}^{t_\gamma^c} - D_{s_i^p}^{t_\gamma^p} + D_{s_j^p}^{t_\gamma^p} \tag{3-29}$$

$$0 \leqslant cap_{t_\gamma^p, s_j^p}^{sur} \leqslant cap_{t_\gamma^p} \tag{3-30}$$

3.3.3 模型求解

双层规划问题通常很难用一般方法计算,本书针对"分离式"系统构建的上、下层模型皆为线性规划问题,这类问题可以运用多种双层规划常用方法求解。遗传算法(Genetic Algorithms,GA)是启发式算法的一种,20世纪60年代由Holland提出[4],后经Goldberg进一步发展[5]。遗传算法是一种随机全局搜索方法,通过模拟自然进化过程解决问题,无需任何预先假设,基于适应性的基因生存和复制,在编码、译码以及复制、交叉和变异的连续操作过程中不断寻找更优解。其优势在于可以用于求解双层规划问题的全局最优解,与其他启发式算法(如禁忌搜索法、模拟退火算法、蚁群算法等)相比具有更好的近似最优求解能力。

上、下层问题都用遗传算法形成一种嵌套式遗传算法,其求解思想为:以上层规划的目标函数作为适应度函数,形成上层规划的可行初始种群,将每一个可行个体 x 代入下层问题,下层问题利用遗传算法求解后反馈一个最优解 y 至上层并验证其适应度,接着上层对这个群体进行复制、交叉、变异操作,依此步骤经过一定次数的迭代后得到双层规划问题的最优解,即上层的最优 x^* 和下层的最优 y^*。

本书的地铁客货运协同运行双层规划模型求解的具体步骤为:

(1) 初始化和编码。上层规划的决策变量为 $\alpha_{q_{s_j^p}^{t_\gamma^c}}$,$\varepsilon_{t_\gamma^c}$,$\varepsilon_{t_\gamma^p}$,$\delta$,$\lambda$,下层规划的决策变量为 δ,λ,$y_{s_j^p}^{t_\gamma^c}$,对上、下层决策变量都使用二进制0,1编码。依据上层目标函数以及约束条件生产包含 N 个可行的初始种群 S_0。确定交叉率 P_c 和变异率 P_m。设置最大进化代数 K,并令进化代数计数器 $k=0$。

(2) 适应度函数的确定。将双层规划模型中的上层目标函数转化为遗传算法的适应度函数,本问题的适应度函数为 $fitness(Z_1) = -Z_1$。

(3) 计算下层模型。

① 设置下层最大迭代次数,产生个体数量,并对下层决策变量依照上层相同方法进

行编码。

② 在确定的 $\alpha_{q_{s_j}^\tau}^{t_\gamma^c}$，$\varepsilon_{t_\gamma^c}$，$\varepsilon_{t_\gamma^p}$，$l_{t_\gamma^c}$，$\lambda$ 下，计算对应的下层规划模型的解，并根据下层目标函数进行个体评价。

③ 对个体进行交叉、变异、复制、选择操作。

④ 依据上层约束对个体进行筛选，最终获得对应的下层模型的最优解，并反馈至上层模型。

（4）将所有满足上层约束的解代入适应度函数，根据计算得到的适应度值对所有可行个体进行排序。选择最优个体代入上层目标函数得到 $Z_{\min}$，与上一代 $Z_{\min}$ 比较，保留较小者。若当前进化代数为 K，则当前最优个体为计算所得双层规划问题的最优解，停止迭代；否则，进入第（5）步。

（5）遗传操作。

① 选择操作。采用基于最有保存策略的适应度比例法生成下一种群。计算每条染色体的选择概率，$p_i = fitness(i)/\sum(fitness(i)/N)$，个体适应度值越大，其被选择的概率越高。以选择操作中适应度值最高的染色体取缔当前种群中适应度值最低的染色体，若当前种群中适应度最高的染色体比选择操作中适应度最高的染色体优，则当前种群中该最优染色体依旧是下一个种群中的最优者。

② 交叉操作。N 个染色体可随机分配为 $N/2$ 对，一对染色体中每条染色体上都有相对应的相同数量的决策变量编码，针对每条染色体取一个随机数 $\tau \in [0,1]$，若 $\tau < P_c$，则将该成对的两条染色体交叉，否则不进行交叉操作。

③ 变异操作。采用均匀变异法，对每个染色体随机产生随机数 $\tau \in [0,1]$，若 $\tau < P_m$，对该染色体进行变异操作，变异后个体若是可行解则保留，否则重新进行变异操作。

（6）返回第（3）步。

3.4 "拖挂式"系统运行组织调度模型构建

3.4.1 模型分析

与客货"分离式"货运系统相比，"拖挂式"货运系统的组织较为简单。以客货"分离式"货运系统为对照，在同一数据背景下比较"拖挂式"货运系统运行情况。由于"拖挂式"列车兼具客运和货运功能，列车调度问题可描述为：在一条地铁线路上，每列车皆拖挂货运车厢，列车在所有站点停靠，但由于在客运站点无需考虑装卸货，停靠时间可依照客运列车要求，而在货运站点的停靠时间应当兼顾满足乘客上下车和货物装卸所需。要求在研究时段内的发车班次满足沿线客货运需求。

3.4.2 模型构建

为了便于计算和与客货"分离式"货运系统进行比较,本书进行以下假设:
(1) 假设所有列车均为"拖挂式"列车;
(2) 假设研究时段为客运平峰期;
(3) 假设仅考虑列车单向运行,从始发站发车,运行后回到始发站;
(4) 假设"拖挂式"列车在线路上站站都停;
(5) 假设每列"拖挂式"列车在客运站点和货运站点的停靠时间不同。

3.4.3 模型求解

"拖挂式"列车常见的列车组是由确定的几节客运车厢和货运车厢组成,当前普遍认为拖挂 1~2 节货运车厢较为合适,本书以 6 节编组列车为例,按 4 节客运 2 节货运车厢计算。其排班需同时满足研究时段内发生的客运及货运需求,货运和客运无需分别建立模型。依旧以地下货运站点货物总等待时间最小为目标函数,与客货"分离式"上层模型一致,将客运需求补充为同时需满足的约束条件,与式(3-26)—式(3-30)相同。

3.5 案例研究:北京城市副中心环线组织调度

本章选择北京城市副中心地铁 M102 线为实证分析的对象,该线路为环线,如图 2-11(b)中"设施服务环"和图 2-12 所示。南京地铁网络中几乎都是直线,而北京城市副中心环线的情况更为复杂且原地铁排班更密集,若此案例有解和可行,则最后仿真系统中的南京市线路一样适用与可行。

3.5.1 案例背景

北京城市副中心环线项目规划概况:线路全长 38.9 km,共 26 个客运站点,站点间距离(区间距离)见表 3-1。设计高峰小时断面客流量为 0.72 万人次,成环后远期小时断面客流量在 2 万人次左右。列车最高运行速度为 80 km/h,列车编组形式是 6 节 A 型车,额定载客量为 6×310=1 860 人。

表 3-1 北京城市副中心环线线路区间距离及运行时间

区间	区间距离/km	运行时间/s	区间	区间距离/km	运行时间/s
U1—U2	1.32	59.40	U5—U6	1.42	63.90
U2—U3	1.39	62.55	U6—U7	1.47	66.15
U3—U4	1.46	65.70	U7—U8	1.24	55.80
U4—U5	1.51	67.95	U8—U9	1.43	64.35

（续表）

区间	区间距离/km	运行时间/s	区间	区间距离/km	运行时间/s
U9—U10	1.52	68.40	U18—U19	1.39	62.55
U10—U11	1.64	73.80	U19—U20	1.32	59.70
U11—U12	1.57	70.65	U20—U21	1.36	61.20
U12—U13	1.59	71.55	U21—U22	1.48	66.60
U13—U14	1.66	74.70	U22—U23	1.53	68.85
U14—U15	1.67	75.15	U23—U24	1.62	72.90
U15—U16	1.54	69.30	U24—U25	1.61	72.45
U16—U17	1.61	72.45	U25—U26	1.59	71.55
U17—U18	1.42	63.90	U26—U1	1.55	69.75

1. 线路客流特征分析

由于环线地铁具有首站和终点站为同一站的特点，本书假设研究时段内，列车自起始站点发车，运行一周后回到起讫点，所有乘客全部下车，等待重新发车。平峰期单向站点间断面客流量见表3-2，平峰期单向(U1—U26—U1)客运OD见表3-3。

表3-2　　　　　　　　平峰期环线单向车站客流量　　　　　　　　单位：人次/h

站点	上车	下车	断面流量	站点	上车	下车	断面流量
U1	688	0	688	U15	363	456	4 242
U2	754	21	1 421	U16	347	473	4 116
U3	543	47	1 917	U17	392	507	4 001
U4	498	71	2 344	U18	314	512	3 803
U5	459	101	2 702	U19	289	549	3 543
U6	559	128	3 133	U20	276	581	3 238
U7	557	184	3 506	U21	228	606	2 860
U8	460	248	3 718	U22	218	618	2 460
U9	490	301	3 907	U23	142	575	2 027
U10	473	326	4 054	U24	136	607	1 556
U11	592	364	4 282	U25	91	605	1 042
U12	475	398	4 359	U26	31	629	444
U13	436	428	4 367	U1	0	444	
U14	398	430	4 335				

表 3-3　客运平峰期客运 OD　　　　　　　　　　　　　　　　　　　　单位：人次/h

OD	U1	U2	U3	U4	U5	U6	U7	U8	U9	U10	U11	U12	U13	U14	U15	U16	U17	U18	U19	U20	U21	U22	U23	U24	U25	U26
U1	0	11	14	23	28	37	43	51	63	50	49	41	36	32	27	25	22	19	16	12	9	7	6	4	3	2
U2	1	0	15	22	27	35	48	54	57	62	58	61	50	46	45	37	30	28	23	22	15	8	4	3	2	1
U3	1	0	0	12	14	15	25	36	49	54	51	45	37	32	25	24	21	20	18	15	14	11	8	6	6	4
U4	1	0	0	0	16	17	22	28	32	36	43	46	47	39	38	27	24	18	14	12	12	10	6	4	3	3
U5	2	0	0	0	0	24	27	32	34	34	36	33	30	27	22	21	19	19	16	15	15	13	12	11	10	7
U6	1	0	0	0	0	0	19	24	29	30	36	46	52	46	41	38	34	27	25	21	20	17	15	15	13	10
U7	2	0	0	0	0	0	0	23	26	31	32	35	46	47	53	48	37	30	31	27	20	18	14	14	12	11
U8	2	0	0	0	0	0	0	0	11	14	14	16	22	25	27	33	45	43	36	33	32	27	26	23	17	14
U9	2	0	0	0	0	0	0	0	0	15	26	27	32	34	36	38	40	37	36	34	29	27	22	20	19	16
U10	3	0	0	0	0	0	0	0	0	0	19	21	24	26	32	42	46	45	37	36	28	27	25	23	21	18
U11	4	0	0	0	0	0	0	0	0	0	0	27	31	35	39	44	52	65	56	51	47	34	31	30	27	19
U12	7	0	0	0	0	0	0	0	0	0	0	0	21	25	28	28	32	33	45	48	52	54	37	23	22	20
U13	9	0	0	0	0	0	0	0	0	0	0	0	0	16	23	25	32	34	43	46	49	41	32	31	29	26
U14	12	0	0	0	0	0	0	0	0	0	0	0	0	0	20	20	22	25	32	37	54	46	36	33	32	29
U15	19	0	0	0	0	0	0	0	0	0	0	0	0	0	0	23	25	21	35	43	48	37	39	27	24	22
U16	22	0	0	0	0	0	0	0	0	0	0	0	0	0	0	0	26	32	33	34	41	45	32	30	27	25
U17	27	0	0	0	0	0	0	0	0	0	0	0	0	0	0	0	0	16	32	54	52	55	43	42	37	34

(续表)

OD	U1	U2	U3	U4	U5	U6	U7	U8	U9	U10	U11	U12	U13	U14	U15	U16	U17	U18	U19	U20	U21	U22	U23	U24	U25	U26
U18	21	0	0	0	0	0	0	0	0	0	0	0	0	0	0	0	0	0	21	23	26	36	43	56	52	36
U19	22	0	0	0	0	0	0	0	0	0	0	0	0	0	0	0	0	0	0	18	32	44	40	53	42	38
U20	32	0	0	0	0	0	0	0	0	0	0	0	0	0	0	0	0	0	0	0	11	35	47	55	50	46
U21	39	0	0	0	0	0	0	0	0	0	0	0	0	0	0	0	0	0	0	0	0	26	36	39	43	45
U22	47	0	0	0	0	0	0	0	0	0	0	0	0	0	0	0	0	0	0	0	0	0	21	46	51	53
U23	44	0	0	0	0	0	0	0	0	0	0	0	0	0	0	0	0	0	0	0	0	0	0	19	31	48
U24	48	0	0	0	0	0	0	0	0	0	0	0	0	0	0	0	0	0	0	0	0	0	0	0	32	56
U25	45	0	0	0	0	0	0	0	0	0	0	0	0	0	0	0	0	0	0	0	0	0	0	0	0	46
U26	31	0	0	0	0	0	0	0	0	0	0	0	0	0	0	0	0	0	0	0	0	0	0	0	0	0

2. 线路货流特征分析

根据《北京市统计年鉴》,对 1980—2017 年的公路货运量,采用 BP 神经网络对该区域未来 20 年进行公路货运量预测,如图 3-10 所示。可以发现,未来 20 年内,货运量趋于平稳,这可能是由于:未来城市人口规模达到稳定水平,货运需求趋于饱和;城市功能空间布局进一步优化,道路资源受到限制;预测时间跨度较长,许多影响因素未考虑等。以预测的货运量峰值 2020 年的 21 273.89 万吨为例,按 1/3 货运量作为市内消费。

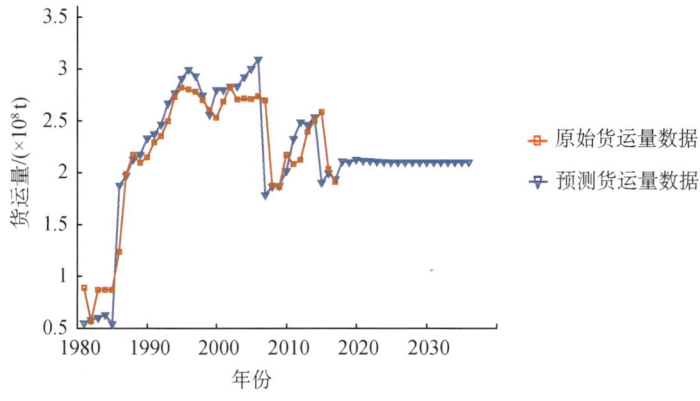

图 3-10 区域公路货运量预测

城市人口决定了城市货运量需求,该区域的近中期规划人口为 130 万人。不同区域的人口分布密度决定了该区域的货运量需求。根据北京市的货运量水平规划该区域的货运量需求,该区域一天的货运量需求的计算依据式(3-31),其中,人均货运量由式(3-32)计算得出。

$$一天的货运量需求 = 每天人均货运量 \times 区域总人口数 \quad (3-31)$$

$$人均货运量 = 市区货运量 / 区域总人口数 \quad (3-32)$$

经计算,人均货运量 $= 21\,273.89 \div 3 \div 2\,200 = 3.22$ 吨/(人·a) $= 8.83$ kg/(人·d),依据包裹平均质量 3.5 kg/件,人均货物件数为 $8.83 \div 3.5 = 2.49$ 件/(人·a)。采用快递惯用泡重比 1∶167(表 3-4)换算物流包裹平均体积为 0.02 m³/件,人均货物体积为 0.053 m³/(人·d)。可以认为,地上 75% 以上的货物可通过地下货运系统进行运输,因此,各个区域每天的地下货运量需求可通过式(3-33)计算。

$$区域地下货运量需求 = 人均货运量 \times 区域人口数 \times 75\% \quad (3-33)$$

表 3-4 各物流公司泡货与重货统计

运输方式	物流公司分类	重泡比	泡重比
空运	全球通用	1∶6 000	1∶167
	顺丰特惠	1∶12 000	1∶83.3

(续表)

运输方式	物流公司分类	重泡比	泡重比
陆运	顺丰(其他)	1∶6 000	1∶167
	德邦零担	1∶4 762	1∶210
	德邦快递	1∶6 000	1∶167

利用模糊C聚类方法得出的10个地铁-货运站点,经计算每个地铁-货运站点每天的地下货运量需求见表3-5。

表3-5　　　　　　　　　　地铁-货运站点货运量

货运站点	覆盖人口/万人	地下货运量需求/($m^3 \cdot d^{-1}$)	客运平峰期/($m^3 \cdot h^{-1}$)
M1	15.19	6 038.76	1 006.46
M2	15.87	6 309.16	1 051.53
M3	15.27	6 068.81	1 011.47
M4	15.80	6 279.11	1 046.52
M5	12.09	4 806.98	801.16
M6	15.42	6 128.90	1 021.48
M7	8.01	3 184.62	530.77
M8	10.13	4 025.84	670.97
M9	13.23	5 257.63	876.27
M10	8.99	3 575.19	595.86

由于在客运高峰期不进行货运列车运行,依据规划时刻表中的平峰期时段为10:00—16:00,假设一天的地下货运量需求在客运平峰期均匀发生,可计算出每个货运站点每小时的地下货运量需求。考虑到地铁线路双向运行以及环线地铁的特殊性,本书仅研究单向运行情况,单向货运量取总量的1/2,货运站点间的OD数据取一组随机生成的数字,见表3-6。

表3-6　　　　　　客运平峰期预估单向地下货运OD矩阵表　　　　　　单位:m^3/h

OD	M1	M2	M3	M4	M5	M6	M7	M8	M9	M10
M1	0	11	39.5	23.5	45.5	132.5	67	113	38	33
M2	1	0	207	177	25	162	54	121	125	25
M3	4	0	0	79	87	63	86	162	148	156
M4	10	0	0	0	104	39	153	132	141	46
M5	32	0	0	0	0	82	84	20	21	154
M6	73.5	0	0	0	0	0	11	109	190	117

（续表）

OD	M1	M2	M3	M4	M5	M6	M7	M8	M9	M10
M7	20	0	0	0	0	0	0	57	44	99
M8	62	0	0	0	0	0	0	0	116	221
M9	76	0	0	0	0	0	0	0	0	105
M10	90	0	0	0	0	0	0	0	0	0

3.5.2 列车运行调度方案生成

本节内容均基于表 3-7 中的参数设置进行计算。

表 3-7　参数设置

参数	取值	参数	取值
线路总长度	38.9 km	货运列车最大停靠时间	5 min
研究时间段	60 min	站点装卸货物速度	1 m^3/s
最小追踪间隔时间	90 s	货运列车载货量上限	1 128.6 m^3
乘客平均上车时间	1.51 s/人	列车平均运行速度	60 km/h
客运列车载客上限	1 860 人	"拖挂式"列车载客量上限	1 240 人
客运列车最小停靠时间	30 s	"拖挂式"列车载货量上限	376.2 m^3
客运列车最大停靠时间	60 s	"拖挂式"列车货运站点停靠时间	1 min
货运列车最小停靠时间	1 min		

1. "分离式"货运系统

本书的地铁客货运列车协同调度模型是线性双层规划模型，利用双层遗传算法进行求解。遗传算法的主要参数设置如下：初始种群大小为 50，最大迭代（进化）次数为 1 000，交叉概率为 0.8，变异概率为 0.01。将目标函数定义为遗传算法求解过程中的适应度函数。同时，为了方便计算，不失一般性地假设地铁客流随机进站，且乘客有序均匀上下车。另外，在求解过程中假设列车进出站时不存在速度损失，并且列车在行驶过程中均保持匀速（60 km/h）。考虑实际货运的特征，针对每一对 OD 点对之间的货运量，将其定义为同一批货物，即同一起终点之间的货运量必须统一安排运输，并且不可对其进行拆分运输。采用 Python 编写相关代码实现对上述模型的求解。

图 3-11 展示了遗传算法求解过程中迭代

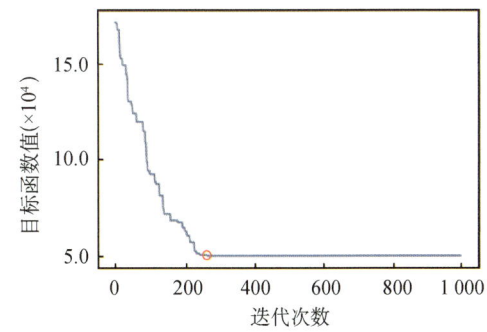

图 3-11　迭代次数与目标函数值变化关系

次数(横坐标)与其对应适应度函数所求得的值(纵坐标)间的变化关系。显然，在迭代次数达到250之后，适应度函数值的波动基本平稳，即迭代次数为250时模型已经求解出最优解。在此情况下所得到的列车排班计划，既不影响正常的客运需求，也可以进行高效的地下货物运输。

研究时段取客运平峰期10:00整开始的一个小时之内，以起始站U1开行的第一列车驶入U1时刻0(10:00:00)为基准，所有时刻以s为单位，基于所求得的发车时间间隔和客、货开行比例最优解(发车间隔为6 min，开行比例为1:1)，客、货列车的排班时刻表如表3-8所示。表格中，"M1"表示货运站点1，"U1"表示客运站点1。"M1A"表示列车驶入M1货运站点的时刻，"M1L"表示列车驶离M1货运站点的时刻。"U1A"表示列车驶入U1站的时刻，"U1L"表示列车驶离U1站的时刻。"TP"表示客运列车，"TC"表示货运列车。一个列车开行周期内共有11列车发出，即6列客车、5列货车，客运列车每个站点的停靠时间为45 s，货运列车的站点停靠时间为120 s。客运列车行驶一周需3 518 s，货运列车行驶一周需3 548 s。最后一列车回到起始站点为7 943 s后，即12:12:23。

表3-8　　　　　　　　　　　客货"分离式"列车排班计划表　　　　　　　　　　单位：s

站点		TP	TC	TP	TC	TP	TC	TP	TC	TP	TC	TP
M1A	U1A	0	405	885	1 290	1 770	2 175	2 655	3 060	3 540	3 945	4 425
M1L	U1L	45	525	930	1 410	1 815	2 295	2 700	3 180	3 585	4 065	4 470
	U2A	125		1 010		1 895		2 780		3 665		4 550
	U2L	170		1 055		1 940		2 825		3 710		4 595
	U3A	254		1 139		2 024		2 909		3 794		4 679
	U3L	299		1 184		2 069		2 954		3 839		4 724
	U4A	387		1 272		2 157		3 042		3 927		4 812
	U4L	432		1 317		2 202		3 087		3 972		4 857
M2A	U5A	523	868	1 408	1 753	2 293	2 638	3 178	3 523	4 063	4 408	4 948
M2L	U5L	568	988	1 453	1 873	2 338	2 758	3 223	3 643	4 108	4 528	4 993
	U6A	654		1 539		2 424		3 309		4 194		5 079
	U6L	699		1 584		2 469		3 354		4 239		5 124
M3A	U7A	788	1 163	1 673	2 048	2 558	2 933	3 443	3 818	4 328	4 703	5 213
M3L	U7L	833	1 283	1 718	2 168	2 603	3 053	3 488	3 938	4 373	4 823	5 258
	U8A	908		1 793		2 678		3 563		4 448		5 333
	U8L	953		1 838		2 723		3 608		4 493		5 378
M4A	U9A	1 039	1 444	1 924	2 329	2 809	3 214	3 694	4 099	4 579	4 984	5 464
M4L	U9L	1 084	1 564	1 969	2 449	2 854	3 334	3 739	4 219	4 624	5 104	5 509

(续表)

站点		TP	TC	TP	TC	TP	TC	TP	TC	TP	TC	TP
	U10A	1 176		2 061		2 946		3 831		4 716		5 601
	U10L	1 221		2 106		2 991		3 876		4 761		5 646
M5A	U11A	1 320	1 755	2 205	2 640	3 090	3 525	3 975	4 410	4 860	5 295	5 745
M5L	U11L	1 365	1 875	2 250	2 760	3 135	3 645	4 020	4 530	4 905	5 415	5 790
M6A	U12A	1 460	1 970	2 345	2 855	3 230	3 740	4 115	4 625	5 000	5 510	5 885
M6L	U12L	1 505	2 090	2 390	2 975	3 275	3 860	4 160	4 745	5 045	5 630	5 930
	U13A	1 601		2 486		3 371		4 256		5 141		6 026
	U13L	1 646		2 531		3 416		4 301		5 186		6 071
	U14A	1 746		2 631		3 516		4 401		5 286		6 171
	U14L	1 791		2 676		3 561		4 446		5 331		6 216
M7A	U15A	1 892	2 387	2 777	3 272	3 662	4 157	4 547	5 042	5 432	5 927	6 317
M7L	U15L	1 937	2 507	2 822	3 392	3 707	4 277	4 592	5 162	5 477	6 047	6 362
	U16A	2 030		2 915		3 800		4 685		5 570		6 455
	U16L	2 075		2 960		3 845		4 730		5 615		6 500
	U17A	2 172		3 057		3 942		4 827		5 712		6 597
	U17L	2 217		3 102		3 987		4 872		5 757		6 642
M8A	U18A	2 303	2 783	3 188	3 668	4 073	4 553	4 958	5 438	5 843	6 323	6 728
M8L	U18L	2 348	2 903	3 233	3 788	4 118	4 673	5 003	5 558	5 888	6 443	6 773
	U19A	2 432		3 317		4 202		5 087		5 972		6 857
	U19L	2 477		3 362		4 247		5 132		6 017		6 902
M9A	U20A	2 556	3 066	3 441	3 951	4 326	4 836	5 211	5 721	6 096	6 606	6 981
M9L	U20L	2 601	3 186	3 486	4 071	4 371	4 956	5 256	5 841	6 141	6 726	7 026
	U21A	2 683		3 568		4 453		5 338		6 223		7 108
	U21L	2 728		3 613		4 498		5 383		6 268		7 153
	U22A	2 817		3 702		4 587		5 472		6 357		7 242
	U22L	2 862		3 747		4 632		5 517		6 402		7 287
	U23A	2 954		3 839		4 724		5 609		6 494		7 379
	U23L	2 999		3 884		4 769		5 654		6 539		7 424
M10A	U24A	3 097	3 547	3 982	4 432	4 867	5 317	5 752	6 202	6 637	7 087	7 522
M10L	U24L	3 142	3 667	4 027	4 552	4 912	5 437	5 797	6 322	6 682	7 207	7 567
	U25A	3 239		4 124		5 009		5 894		6 779		7 664

（续表）

站点		TP	TC	TP	TC	TP	TC	TP	TC	TP	TC	TP
	U25L	3 284		4 169		5 054		5 939		6 824		7 709
	U26A	3 380		4 265		5 150		6 035		6 920		7 805
	U26L	3 425		4 310		5 195		6 080		6 965		7 850
M1A	U1A	3 518	3 953	4 403	4 838	5 288	5 723	6 173	6 608	7 058	7 493	7 943

2. "拖挂式"货运系统

与研究时段的客货"分离式"系统形成对照，以10:00为计算零点，取"拖挂式"列车在客运站点停靠时间45 s，在货运站点停靠时间1 min。排班计算结果见表3-9，可知对照客货"分离式"排班计算出的"拖挂式"列车的排班情况。以紧前列车离开时刻减去紧后列车进站时刻之差作为发车间隔时间（取6 min），计算周期内共发车"拖挂式"列车11列，每列车运行一趟用时3 668 s，最后一列车运行结束时刻为12:11:08。

表3-9　　　　　　　　　　"拖挂式"列车排班计划表　　　　　　　　　　单位：s

站点		TP	TC	TP	TC	TP	TC	TP	TC	TP	TC	TP
M1A	U1A	0	420	840	1 260	1 680	2 100	2 520	2 940	3 360	3 780	4 200
M1L	U1L	60	480	900	1 320	1 740	2 160	2 580	3 000	3 420	3 840	4 260
	U2A	140	560	980	1 400	1 820	2 240	2 660	3 080	3 500	3 920	4 340
	U2L	185	605	1 025	1 445	1 865	2 285	2 705	3 125	3 545	3 965	4 385
	U3A	269	689	1 109	1 529	1 949	2 369	2 789	3 209	3 629	4 049	4 469
	U3L	314	734	1 154	1 574	1 994	2 414	2 834	3 254	3 674	4 094	4 514
	U4A	402	822	1 242	1 662	2 082	2 502	2 922	3 342	3 762	4 182	4 602
	U4L	447	867	1 287	1 707	2 127	2 547	2 967	3 387	3 807	4 227	4 647
M2A	U5A	538	958	1 378	1 798	2 218	2 638	3 058	3 478	3 898	4 318	4 738
M2L	U5L	598	1 018	1 438	1 858	2 278	2 698	3 118	3 538	3 958	4 378	4 798
	U6A	684	1 104	1 524	1 944	2 364	2 784	3 204	3 624	4 044	4 464	4 884
	U6L	729	1 149	1 569	1 989	2 409	2 829	3 249	3 669	4 089	4 509	4 929
M3A	U7A	818	1 238	1 658	2 078	2 498	2 918	3 338	3 758	4 178	4 598	5 018
M3L	U7L	878	1 298	1 718	2 138	2 558	2 978	3 398	3 818	4 238	4 658	5 078
	U8A	953	1 373	1 793	2 213	2 633	3 053	3 473	3 893	4 313	4 733	5 153
	U8L	998	1 418	1 838	2 258	2 678	3 098	3 518	3 938	4 358	4 778	5 198
M4A	U9A	1 084	1 504	1 924	2 344	2 764	3 184	3 604	4 024	4 444	4 864	5 284
M4L	U9L	1 144	1 564	1 984	2 404	2 824	3 244	3 664	4 084	4 504	4 924	5 344
	U10A	1 236	1 656	2 076	2 496	2 916	3 336	3 756	4 176	4 596	5 016	5 436

(续表)

站点		TP	TC	TP	TC	TP	TC	TP	TC	TP	TC	TP
	U10L	1 281	1 701	2 121	2 541	2 961	3 381	3 801	4 221	4 641	5 061	5 481
M5A	U11A	1 380	1 800	2 220	2 640	3 060	3 480	3 900	4 320	4 740	5 160	5 580
M5L	U11L	1 440	1 860	2 280	2 700	3 120	3 540	3 960	4 380	4 800	5 220	5 640
M6A	U12A	1 535	1 955	2 375	2 795	3 215	3 635	4 055	4 475	4 895	5 315	5 735
M6L	U12L	1 595	2 015	2 435	2 855	3 275	3 695	4 115	4 535	4 955	5 375	5 795
	U13A	1 691	2 111	2 531	2 951	3 371	3 791	4 211	4 631	5 051	5 471	5 891
	U13L	1 736	2 156	2 576	2 996	3 416	3 836	4 256	4 676	5 096	5 516	5 936
	U14A	1 836	2 256	2 676	3 096	3 516	3 936	4 356	4 776	5 196	5 616	6 036
	U14L	1 881	2 301	2 721	3 141	3 561	3 981	4 401	4 821	5 241	5 661	6 081
M7A	U15A	1 982	2 402	2 822	3 242	3 662	4 082	4 502	4 922	5 342	5 762	6 182
M7L	U15L	2 042	2 462	2 882	3 302	3 722	4 142	4 562	4 982	5 402	5 822	6 242
	U16A	2 135	2 555	2 975	3 395	3 815	4 235	4 655	5 075	5 495	5 915	6 335
	U16L	2 180	2 600	3 020	3 440	3 860	4 280	4 700	5 120	5 540	5 960	6 380
	U17A	2 277	2 697	3 117	3 537	3 957	4 377	4 797	5 217	5 637	6 057	6 477
	U17L	2 322	2 742	3 162	3 582	4 002	4 422	4 842	5 262	5 682	6 102	6 522
M8A	U18A	2 408	2 828	3 248	3 668	4 088	4 508	4 928	5 348	5 768	6 188	6 608
M8L	U18L	2 468	2 888	3 308	3 728	4 148	4 568	4 988	5 408	5 828	6 248	6 668
	U19A	2 552	2 972	3 392	3 812	4 232	4 652	5 072	5 492	5 912	6 332	6 752
	U19L	2 597	3 017	3 437	3 857	4 277	4 697	5 117	5 537	5 957	6 377	6 797
M9A	U20A	2 676	3 096	3 516	3 936	4 356	4 776	5 196	5 616	6 036	6 456	6 876
M9L	U20L	2 736	3 156	3 576	3 996	4 416	4 836	5 256	5 676	6 096	6 516	6 936
	U21A	2 818	3 238	3 658	4 078	4 498	4 918	5 338	5 758	6 178	6 598	7 018
	U21L	2 863	3 283	3 703	4 123	4 543	4 963	5 383	5 803	6 223	6 643	7 063
	U22A	2 952	3 372	3 792	4 212	4 632	5 052	5 472	5 892	6 312	6 732	7 152
	U22L	2 997	3 417	3 837	4 257	4 677	5 097	5 517	5 937	6 357	6 777	7 197
	U23A	3 089	3 509	3 929	4 349	4 769	5 189	5 609	6 029	6 449	6 869	7 289
	U23L	3 134	3 554	3 974	4 394	4 814	5 234	5 654	6 074	6 494	6 914	7 334
M10A	U24A	3 232	3 652	4 072	4 492	4 912	5 332	5 752	6 172	6 592	7 012	7 432
M10L	U24L	3 292	3 712	4 132	4 552	4 972	5 392	5 812	6 232	6 652	7 072	7 492
	U25A	3 389	3 809	4 229	4 649	5 069	5 489	5 909	6 329	6 749	7 169	7 589
	U25L	3 434	3 854	4 274	4 694	5 114	5 534	5 954	6 374	6 794	7 214	7 634

(续表)

站点		TP	TC	TP	TC	TP	TC	TP	TC	TP	TC	TP
	U26A	3 530	3 950	4 370	4 790	5 210	5 630	6 050	6 470	6 890	7 310	7 730
	U26L	3 575	3 995	4 415	4 835	5 255	5 675	6 095	6 515	6 935	7 355	7 775
M1A	U1A	3 668	4 088	4 508	4 928	5 348	5 768	6 188	6 608	7 028	7 448	7 868

3.5.3 结果分析与讨论

基于最优条件下的"分离式"及"拖挂式"列车排班时刻表,表 3-10 给出了二者货物相应的预计发货时间和实际发货时间。由表中数据可知,在研究时段内,客货"分离式"的货物平均等待时间为 977.3 s,"拖挂式"的货物平均等待时间为 455 s。通过预计发货时间和实际发货时间的对比,可以发现有些货物延迟发出,有些则提前发出,总体处于一个相对平衡的状态。根据行车组织时间可以发现,最优发车调度下未出现列车越行,因此,乘客的总乘车延误时间中由于等待越行车辆导致的乘车时间增加 $T_p=0$,而乘客车站平均等待时间增量 $\delta/(2\lambda)=180$ s。由于"拖挂式"列车不存在客运站点过站不停的情况,理论上乘客的候车时间不存在增加。根据线路上的断面货物流可以计算出列车的空载率,取平均即得客货"分离式"的空载率为 70.59%,"拖挂式"的空载率为 59.90%。

表 3-10　站点货物预计发货时间及实际发货时间

班车序号	始发站	终点站	车辆体积/m³	预计发货时间/s	分离式		拖挂式	
					实际发货时间/s	等待时间/s	实际发货时间/s	等待时间/s
1	U1	U5	11	1 024	416	−608	162	−862
2	U1	U7	39.5	1 723	2 215	492	226	−1 497
3	U1	U9	23.5	2 816	3 084	268	2 130	−686
4	U1	U11	45.5	1 637	2 261	624	186	−1 451
5	U1	U12	132.5	1 383	1 423	40	1 676	293
6	U1	U15	67	3 263	3 092	−171	3 145	−118
7	U1	U18	113	3 118	4 058	940	372	−2 746
8	U1	U20	38	2 346	3 122	776	1 701	−645
9	U1	U24	33	1 652	2 294	642	2 833	1 181
10	U5	U21	1	1 950	3 274	1 324	4 269	2 319
11	U5	U7	207	2 181	2 080	−101	553	−1 628
12	U5	U9	177	398	795	397	1 145	747
13	U5	U11	25	3 592	972	−2 620	3 208	−384

（续表）

班车序号	始发站	终点站	车辆体积/m³	预计发货时间/s	分离式		拖挂式	
					实际发货时间/s	等待时间/s	实际发货时间/s	等待时间/s
14	U5	U12	162	3 077	1 503	−1 574	2 536	−541
15	U5	U15	54	1 469	1 557	88	2 327	858
16	U5	U18	121	2 076	4 279	2 203	293	−1 783
17	U5	U20	125	1 526	2 513	987	1 199	−327
18	U5	U24	25	988	1 582	594	2 746	1 758
19	U7	U21	4	473	835	362	2 497	2 024
20	U7	U9	79	3 382	840	−2 542	3 564	182
21	U7	U11	87	2 315	2 601	286	1 546	−769
22	U7	U12	63	685	2 664	1 979	151	−534
23	U7	U15	86	895	3 572	2 677	1 499	604
24	U7	U18	162	479	1 878	1 399	2 660	2 181
25	U7	U20	148	1 533	4 519	2 986	3 736	2 203
26	U7	U24	156	2 495	2 040	−455	2 660	165
27	U9	U21	10	1 277	2 909	1 632	3 324	2 047
28	U9	U11	104	38	2 033	1 995	2 513	2 475
29	U9	U12	39	513	2 853	2 340	38	−475
30	U9	U15	153	1 654	4 737	3 083	1 923	269
31	U9	U18	132	3 040	4 890	1 850	3 066	26
32	U9	U20	141	1 653	3 840	2 187	4 165	2 512
33	U9	U24	46	149	2 899	2 750	1 479	1 330
34	U11	U21	32	2 138	2 174	36	5 085	2 947
35	U11	U12	82	1 482	1 339	−143	2 577	1 095
36	U11	U15	84	2 583	3 111	528	3 063	480
37	U11	U18	20	2 831	3 932	1 101	326	−2 505
38	U11	U20	21	103	1 360	1 257	983	880
39	U11	U24	154	3 568	4 951	1 383	3 494	−74
40	U12	U21	73.5	2 698	5 010	2 312	1 154	−1 544
41	U12	U15	11	2 412	5 021	2 609	2 481	69
42	U12	U18	109	1 609	3 349	1 740	4 592	2 983

(续表)

班车序号	始发站	终点站	车辆体积/m³	预计发货时间/s	分离式		拖挂式	
					实际发货时间/s	等待时间/s	实际发货时间/s	等待时间/s
43	U12	U20	190	1 732	4 315	2 583	2 676	944
44	U12	U24	117	1 194	1 587	393	4 729	3 535
45	U15	U27	20	1 169	1 760	591	2 840	1 671
46	U15	U18	57	228	1 740	1 512	550	322
47	U15	U20	44	2 842	2 612	−230	862	−1 980
48	U15	U24	99	3 531	3 552	21	1 164	−2 367
49	U18	U27	62	99	1 958	1 859	1 458	1 359
50	U18	U20	116	2 299	4 667	2 368	2 908	609
51	U18	U24	221	503	3 887	3 384	2 533	2 030
52	U20	U27	76	956	2 185	1 229	2 947	1 991
53	U20	U24	105	2 653	3 099	446	2 916	263
54	U24	U27	90	1 448	2 412	964	4 582	3 134

由表 3-11 中的结果参数对比可以发现,两种类型的地铁货运模型各有优劣。由于两种货车的技术形式不同,"分离式"列车为 6 节车厢编组,在客运列车中穿插运行,而"拖挂式"列车为每列客运列车后面拖挂 2 节货运车厢,在同一计算周期内,"分离式"列车发车频次比"拖挂式"列车少。两种货运列车在相同的发车间隔下,由于站点停靠规则不同以及货运站点停靠时间的差异,其运行一周的时间有所差异。在本案例背景下,"拖挂式"列车运行一周的时间比"分离式"要长 110 s,二者差异不大。对以上两个数据进行比较分析,发现"拖挂式"列车的货物疏散速率更高;但"分离式"列车在计算周期内的所有发车列车的总运载空间为 5 643 m³,比"拖挂式"总运载空间多 1 504.8 m³,这说明"分离式"列车的货运承载能力比"拖挂式"更大。然而又可以发现,"分离式"列车的平均空载率要明显高于"拖挂式",这是因为本案例数据中的货运量较小,在货运需求不大的情况下使用"分离式"列车会造成更大的浪费。反之,在货运量很大的条件下,"分离式"列车能够运输更多的货物。

表 3-11　　　　研究时段内两类列车运行参数对比

货运列车类型	货车运行一周时间/s	平均空载率/%	总运载空间/m³	站点货物平均等待时间/s	乘客平均延误时间/s
分离式	3 548	70.59	5 643.0	977.3	180
拖挂式	3 668	59.90	4 138.2	455.0	0

站点货物平均等待时间最小是本案例模型的重要目标,直观表现两种货运列车的货运效率。由计算可知,"分离式"列车的货物平均等待时间比"拖挂式"列车长一倍都不止,可以得出"拖挂式"列车在货物疏散的速率上比"分离式"列车表现出更好的优势,这有利于减轻货运站点的仓储压力,提高地铁-货运网络的总体效率。另外,由于"拖挂式"列车不影响客运列车的发车频率,货运和客运服务同时提供,因此对乘客出行的负面影响较小,在客运量不超过"拖挂式"列车承载能力的条件下,不延误乘客乘车时间,而"分离式"列车对地铁线路通行能力的占用对客运服务能力的影响更大。

3.6 本章小结

本章设计了货物在地铁-货运网络内的运输流程,分析了运行组织的多种模式,针对"分离式"和"拖挂式"两种典型运输模式,构建了网络列车执行逻辑和运行组织调度模型。针对南京地铁线路进行了实证分析,并讨论了两种模式的优劣。

(1) 针对"分离式"运输模式,需要合理利用排班计划使地铁货运调度符合货物运输的特征,以货运系统的运行要求为优先目标,同时以正常的客运服务要求为货运列车排班的约束,构建了双层规划模型。其中,上层模型以货运系统为建模对象,以地下货运总等待时间最小为优化目标;下层模型以客运列车从属关系为建模对象,以研究时间段内地铁乘客延误时间最小为优化目标。通过设计嵌套式的遗传算法获得最优结果。

(2) 针对"拖挂式"运输模式,以地下货运站点货物总等待时间最小为目标构建数学模型,解决其在研究时段内既需要满足沿线客货运需求,又要满足列车在货运站点的停靠时间兼顾乘客上下车和货物装卸需要的运营调度问题,并设计了遗传算法以计算运营结果。

(3) 基于北京城市副中心环线进行案例分析,通过建模计算结果发现两种模式均有可行解,说明两种模式在不影响客运的前提下均能合理调度。根据两种模式的结果对比可得,两种模式各有优劣。相较于"拖挂式"列车,"分离式"列车的平均空载率更大,具有较高的运载能力,适用于运输量较多的情况。从站点货物平均等待时间的角度考虑,"拖挂式"列车有明显的优势,不仅有利于减轻货运站点的仓储压力,提高地铁-货运网络的总体效率,还能够减轻对客运列车运营的影响,对乘客出行的负面影响较小。

参考文献

[1] 彭玫贞,董建军,任睿,等. 城市地下物流系统与地铁的协同运行探析[J/OL]. 解放军理工大学学报(自然科学版)[2017-09-26]. http://kns.cnki.net/kcms/detail/32.1430.N.20170926.1428.008.html. DOI:10.12018/j.issn.1009-3443.20170606006/2017.09.26.

[2] MTA. Metropolitan transportation authority, NYCT trash can free stations pilot update[R]. Metropolitan Transportation Authority,2008.

[3] Kikuta J, Ito T, Tomiyama I, et al. New subway-integrated city logistics system[J]. Procedia-Social and Behavioral Sciences, 2012, 39: 476-489.

[4] Holland J H. Adaptation in natural and artificial system[M]. Cambridge: MIT Press, 1992.

[5] Goldberg D E. Genetic algorithm in search, optimization and machine learning[M]. Boston: Addison-Wesley Professional, 1989.

第 4 章
基于作业流程设计的地铁-货运站点的布局和承载力研究

地铁-货运站点的合理布局是其物流作业的保障,不仅影响站点内部各功能区之间的相对位置关系,还决定了各功能区的布置面积。通过优化地铁-货运站点的布局,可以有效提高站点的物流作业水平,降低物流运输成本。本章引入"承载力"概念,并对地铁-货运站点内部各功能区以及它们之间的连接线路微网络化,以站点微网络流量最大化以及站点内部运输成本最小化为目标,建立了多目标数学规划模型,并设计了微进化算法对其求解,得到地铁-货运站点的最优布局方案和最大化的物流作业能力。

4.1 站点功能区规划与作业流程分析

4.1.1 地铁-货运站点地下空间布局方案设计

地铁-货运系统的效率和运能在很大程度上受到站点空间布置和物流操作的影响,良好的站点功能区域划分对提升地下运输网络整体的服务水平有着积极意义。然而由于地铁站构造具有多样性(例如多线换乘式、放射式、块状式、立体式等)和开发基础不同(例如与地下商业街连接、与交通枢纽连接等),从物理空间的角度来看,所有类型的地铁站都适合作为货运站点的观点是不现实的。另外,从工程技术和地铁建设初期的规划理念来看,相当一部分车站不具备物流改造的先决条件(包括地质因素、异形地铁站和地下空间使用情况)。因此,本章提出的规划方案不完全立足于实际工程,而是提取某种普遍存在的地铁车站作为原型,在理想化环境下设计一种适用于站点客流和物流协同运作的空间布局方案。站点设施布置规划遵循如下 4 条原则:

(1) 站点物流功能的规划以完全不干扰原地铁客运班次的运行计划为前提。

(2) 要求站内的物流操作区与乘客区域完全分隔,保证"人看不到货"。

(3) 站点物流操作区的布局应紧凑合理,以最大限度节约地下空间为目标。

(4) 强调货物处理过程的高度自动化和高衔接效率，以最大限度减少人工操作为目标。

以南京地铁大行宫站为例，如图 4-1 所示，这是一类换乘式地铁-货运站点各层平面空间的大致布局。大行宫站是南京地铁 2 号线（后文中称为线路 1）与 3 号线（后文中称为线路 2）的换乘点。其中，客运站厅位于地下一层（B1），整体构造大致呈倒 T 形。站厅层空间完全贯通，配备若干出入口。站厅层在横向和纵向上分别配有连接位于地下二层（B2）客运站台和地下三层（B3）客运站台的自动扶梯及垂直电梯。B2 层与 B3 层之间无直通方式，客流需经过站厅层平台进行换乘。站台层均采用"中岛式"布局，即客运站台在中间，客运地铁列车从两侧错向驶入站台并停靠，每个站台的两端各留有一段区域用于线路设备的管理和存放。

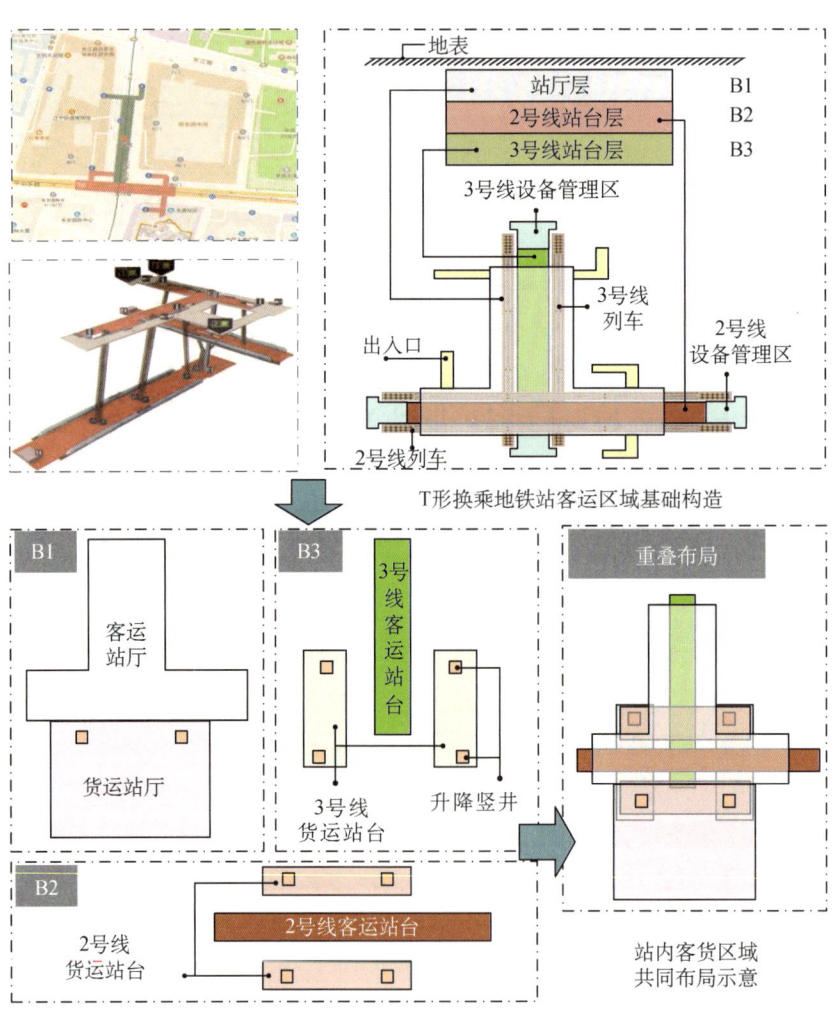

图 4-1 "中岛-T 形换乘式"地铁-货运站点平面布局

大行宫站的布局形式在地铁设计中极为常见,综合来看,可概括为"中岛式站台"和"线路上下交错换乘"两类典型特征。前者是一种普遍的站台形式,与之区别的还有"两侧式站台"(可参考南京地铁 10 号线奥体中心站)。后者可以细分为"T 形交错""L 形交错""十字交错"等形式,彼此之间区别不大。与"上下交错换乘"有明显区别的形式还有"平行换乘式"(可参考南京地铁 1 号线南京南站)。总之,大行宫站的空间构造能够代表一大批常规的换乘地铁站,普及度较高。

地铁站点的货运功能区规划以上述"中岛-T 形换乘式"布局为基础开展。图 4-1 描绘了各功能区的大致位置,其中,货运站厅紧靠客运站厅,位于 B1 层;B2 层和 B3 层的货运站台位于相应客运站台的两侧;沿站厅层中轴对称的两个升降竖井垂直贯穿 B1 层、B2 层和 B3 层。另外,在 3 号线左侧和右侧货运站台内分别配有一个竖井,贯穿 B2 层与 B3 层,但不通往 B1 层。对于物流操作,货运站厅主要负责标准运载单元的拆分、包裹的分拣、临时仓储、理货和分配;货运站台主要负责列车入站后的单元装卸、搬运及线路间单元的转运。

根据本书第 2 章 2.6.2 节,地铁-货运网络中存在 4 类需求 OD。对于换乘式地铁-货运站点,这 4 类 OD 与 3 种不同的站点内部 OD 流量相对应,即进站货流、离站货流和转运货流。考虑线路到达情况差异,为了处理这 3 种内部流量,要求换乘式地铁-货运站点提供 6 种具体搬运业务。表 4-1 说明了业务 A~F 的详细定义和对应关系。

表 4-1　　　　　　　　换乘式地铁-货运站点内部流量与业务

业务	业务定义	类别	承担 OD 范围
业务 A	货物随线路 1 列车到达并卸载→站内处理→末端配送方式→客户收到包裹	离站货流	第 1,3 类
业务 B	客户寄件→末端取货方式→站内处理→货物装载至线路 1 列车并驶离	进站货流	第 2,4 类
业务 C	货物随线路 2 列车到达并卸载→站内处理→末端配送方式→客户收到包裹	离站货流	第 1,3 类
业务 D	客户寄件→末端取货方式→站内处理→货物装载至线路 2 列车并驶离	进站货流	第 2,4 类
业务 E	货物随线路 1 列车到达并卸载→站内转运→货物装载至线路 2 列车并驶离	转运货流	全部 4 类
业务 F	货物随线路 2 列车到达并卸载→站内转运→货物装载至线路 1 列车并驶离	转运货流	全部 4 类

4.1.2　站点功能定位及关联度分析

地铁-货运系统的效率和运能受到站点内部布局的影响,良好的物流功能区划分能够极大地提升网络整体服务水平。站点作为地铁-货运网络的基本单元,衔接地面客户终端和地铁-货运网络,承担城市区域内货物的集散和分拨任务,兼具地铁-货运系统不同线路之间货运的转运等功能。本书第2章2.3节中将地铁-货运网络中的四级节点进行了定义，其中，换乘站点在整个地铁-货运系统中的设计难度是最高的，功能配备是最齐全的。其他节点设施（如非换乘站、二级地下物流节点和地铁-货运终端枢纽等）通常只具备换乘站点的部分功能。所以，本节选择换乘站点进行站内功能定位并定性地评价各设施设备区域的关联度，为空间布局提供依据。

1. 站点功能

（1）整箱的自动化水平/垂直搬运功能。

在货运站台停靠的"分离式"列车内部承载了标准化单元。出于对实现高度自动化操作的考虑，这些单元在站内各功能区之间的流通搬运过程应当全部自动化，货物的搬运一般认为需要配合多种制式，例如不同规格的自动传输带、自动导向车（AGV）和垂直升降竖井等，原则是尽量减少站内搬运过程的时间消耗，并使得各搬运线路之间排布紧凑合理，节约地下空间。在站点的实际运作过程中，搬运制式将直接与货运列车对接，沿搬运线路执行高频的、跨层的单元交换。

（2）装卸功能和转运功能。

装卸功能定义为站内搬运制式与停靠列车之间的对接方式。其中，卸载过程要求列车根据站点到达关系，开启相应车节舱门，将应运输至该站点的单元，以一种自动化的方式交接给搬运制式。例如，车节内部可以配合辊轴和物理推动装置，将待卸载的货物"推出"列车至邻接的装卸货平台；亦或采用AGV紧靠车节舱门搬运车内单元。装载过程则同理。另外，站台层须设置必要的搬运线路用于不同层、不同侧货运站台之间的单元转运。

（3）单元拆分与组装功能。

根据第2章图2-5中的三层包装模式，站点需要配备一定的操作功能区对标准化单元进行拆分，取出内部承载的托盘化单元，并进一步拆分托盘，得到全部独立包裹以用于下一步的分拣、理货和配送。与之相应地，也需要对外部到达的散件包裹进行托盘化和单元化组装，用于列车装载。由于单元拆分的工作进程较为集中且灵活多变，要求根据实际情况进行配载和拆分次序优化，提高拆装效率，因此适合以自动化设备（如机械手臂和起重设备）配合人工完成，与站内堆垛、分拣和搬运识别等功能同步衔接。

（4）分拣功能。

拆分完毕的散件包裹放置于站点内部的分拣系统进行下一阶段末端配送的目的地拣选与排序。与一般配送中心类似，分拣系统集成了传输带、机械手臂和自动射频识别（Radio Frequency Identification，RFID）设备等。

（5）临时堆存功能。

地铁-货运站点的临时堆存功能体现在两个方面。一方面，由于设备效率不匹配及少量人工干预，单元在站点内部各功能区之间的流通不可能连续进行，需要设置堆垛平台用于临时堆存。例如，在拆分功能区设置临时堆垛平台，用于承放未及时得到拆分的整箱单元以及拆分完毕但未被下一步回收利用的空置单元；又如，在站台层的装卸载平台设置一定的临时堆垛区,以便需要被装载的单元能够在列车停靠之前预先就位。另一方面,每个单元的配送时间窗有所差异,部分单元可能不需要立即拆分出站,此时应设置一定比率的自动化立体货架(AS/RS),待单元时间窗达到之后,从货架中调取承放单元进行拆分包和配送。

(6) 编码识别功能。

实现地铁-货运站点的自动化操作需要对各个单元、托盘和散件包裹中预录入的信息进行识别(对于发货过程则需要编入物件信息)。编码识别过程存在于站点操作的各个阶段,以从列车上被卸载下来的货物单元为例,这些单元的条形码中记录了应当在何时被转移至站内的什么位置,以及内部承载的具体物件的信息。搬运制式首先需要将单元送往识别节点进行扫码,让系统获知后续操作。此外,还有分拣阶段的扫码识别过程等。待单元经历一个标准运输流程,其录入信息将被重新编码,用于新的配送过程。

(7) 逆向物流功能。

地铁-货运系统的逆向物流功能服务于协调三种货物在站内的流通。第一种是面向外部客户送往站点的退还货物,由客户交由地铁-货运系统返还给商家;第二种是面向理货区检验不合格的货物,须沿地铁线路逆向退还至货源地(即物流园区)。这两种货物在站内与寄件货物经历同一个过程。第三种逆向物流是指回收站点处的空置单元和托盘,通过列车运载的方式返还给物流园区实现循环使用。逆向物流是地铁-货运站点的必要功能,负责实现地铁-货运系统的固有资源和辅助道具在网络中的调配。

(8) 理货与二级地面/地下分拨功能。

站点内部设置进货理货区和出货理货区。前者首先对分拣系统输出的散件包裹进行整理、检验和配送信息识别,并按照出货的优先顺序、客户需求终端特征(如小区自提柜、商业建筑、快递网点等)、末端配送方式的运作情况、先进先出(First-in-first-out, FIFO)等方法和原则,安排同批次、同目的地配货包裹入篮。经确认无误后,放置于末端配送端口。端口形式由末端配送方式决定,例如延伸至站内二级地下管道和传输带,或接通站点与地面路网的物流车辆出入口等。以二级地下管道为例,篮内散件由机械手臂放置于相应的传输带上,随管道到达二级地下物流节点。

(9) 自提与寄件服务功能。

地铁-货运站点支持自提服务,通过将站内分拣完毕的包裹转移至客运站厅中的快递自提柜的方式来实现。另外,若客户有包裹要寄出,他可以选择前往客运站厅层的货物服务区填写订单,该包裹将被转移至货运功能区进行下一步加工。

(10) 设备及辅助作业功能。

除与物流相关的功能区之外,还应在站内配备与物流无关的管理和辅助性区域,如办公室、控制中心、设备存放区和维护区等。这些区域是地铁-货运站点正常运作的基础。

(11) 地铁基本客运功能。

地铁-货运站点的客运功能与货运功能二者保持独立,客流与货流互不干扰。

(12) 列车进站停泊与离站调度功能。

对于"共线-分离"模式，货运列车依靠额外道岔进入站点，停靠于货运站台。地铁-货运站点还需要具有货运列车进站停泊和离站调度的功能。列车从接近站点到减速再到进站停泊的整个过程受到中央控制系统的调度。然而由于货流的不确定性，控制系统无法提前预测出列车的离站时刻。此时，系统将根据一定的离站判别条件，对站内装载完毕且达到出发就绪状态的列车下达指令，决定其是否可以离站，随即并入地铁隧道。这里的判别条件主要包括与前、后班次列车的时间差，假如此时刚好也有一班客运列车停靠在客运站台，则系统必须等待客运列车离站并且保持一定的安全距离后，才允许货运列车离站。对于后续班次的调度控制也是如此。

将以上 12 种功能进行整合，得到 10 项主要的站点物流功能模块，如表 4-2 所示。接下来从物流关系和非物流关系两方面考虑功能区之间的关联性，并分别从物流强度等级、关系重要程度对关联性进行定量刻画，对二者加权求得综合物流关联性系数，最终得到换乘式地铁-货运站点功能区关联系数矩阵，为布局方案起草提供依据。

表 4-2　　　　　　　　　换乘式站点主要功能模块说明

编号	站点模块名称定义	承担功能
模块 1	装卸货平台	单元进出列车，装卸
模块 2	装卸临时堆垛区	单元就位等待
模块 3	单元识别-调度平台	调整单元优先级，识别单元的录入信息
模块 4	传输带与竖井	单元在站内的水平、垂直运输，线路转运
模块 5	立体仓储区	货物存储
模块 6	拆分及回收作业区	将单元及托盘拆分成散件包裹，空置回收
模块 7	自动化分拣区	识别包裹录入信息，进行分拣
模块 8	进出货理货区	离站包裹编组，进站包裹组装，检验
模块 9	二级地下分配区	末端地下配送
模块 10	寄取件服务区	包裹自提，寄送订单交付

2. 功能区关联性

(1) 物流关联性分析。

物流关系指社会物质资料从生产到消费前的全部流通过程，可根据各流通阶段的流量强度关系编制成表。对于地铁-货运站点，其内部的装卸、搬运、储存和运输等要素促成了物流关系的形成。物流关系分析旨在流程分析的基础上，反映站点内部各功能模块间的物流量强弱，确定各模块的物流相关程度。根据系统布置规划方法论(System Layout Planning，SLP)，物流功能关联度由物流对象和流量大小共同决定，一般用 A，E，I，O，U 这 5 种强度等级来表示。本书对强度等级分别赋值为 4，3，2，1，0，数字越大代表关联性越强。连接作业模块的通道物流强度大小可按照通道承担总物流量的比率来确定，形成评价量表，如表 4-3 所示。

表 4-3　　　　　　　　物流功能强度等级划分评价量表

物流关系描述	物流功能强度等级	物流量比率	线路比率	等级划分	赋值
大批量多批次	超强	40%	10%	A	4
大批量少批次	特强	30%	20%	E	3
小批量多批次	较强	20%	30%	I	2
小批量小批次	一般	10%	40%	O	1
无活动	可忽略	0	50%	U	0

根据换乘式地铁-货运站点的标准运作流程、功能模块的特征，以及通过对各类进站、出站、转运的物流量和频率的定性分析，构建站点的物流功能关联度矩阵，如图 4-2(a) 所示。

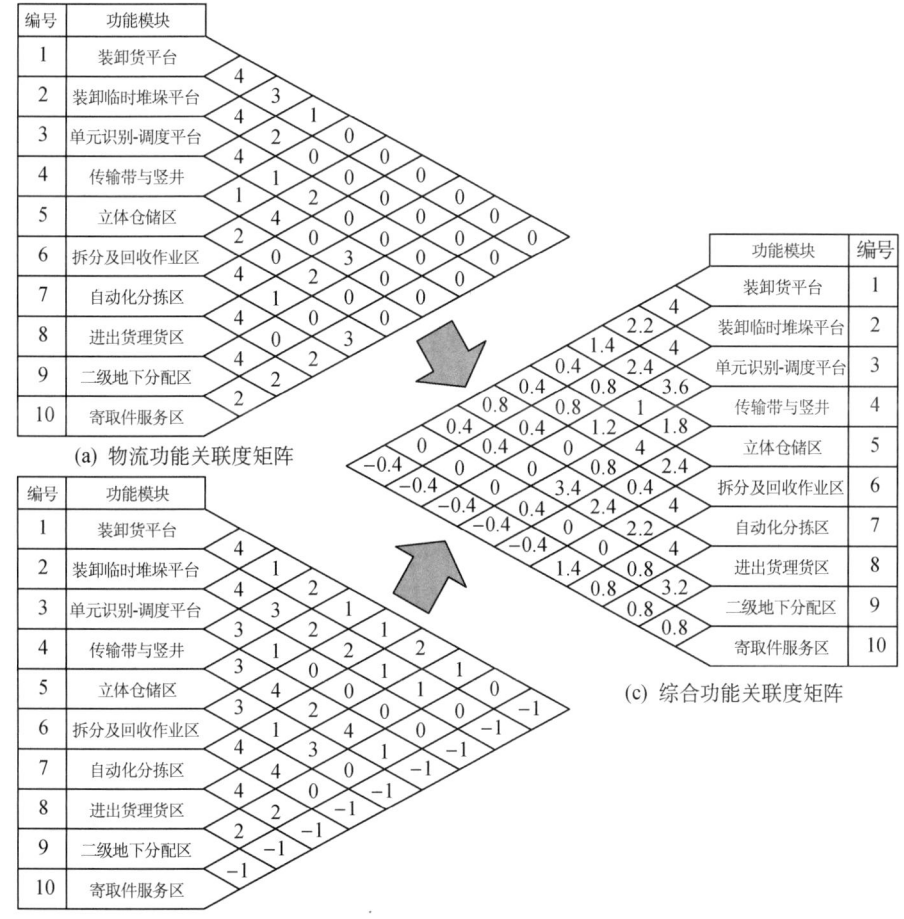

图 4-2　换乘式地铁-货运站功能关联度矩阵

(2) 非物流关联性分析。

非物流关系主要考虑功能区之间的信息流传递。地铁-货运站点内部配备大量的自动化机械设备,各功能模块之间的即时信息传递变得尤为重要。此外,部分功能模块的设备和空间存在共用现象,相应的业务流程也会可能重叠或冲突,难以避免地导致各功能模块之间的界限划分不清。这种非物流关系往往难以用数据来衡量,常规的处理方式是从一些定性的角度,诸如组织管理方便程度、功能的近似性、操作规范和安全因素等,对模块的非物流功能强度作出评分,并将相关程度高的模块尽量贴近,相关程度低的模块尽量疏远,避免相互干扰。按照表 4-4,将非物流功能强度划分为 6 个等级(A, E, I, O, U, X)并赋予相应数值 4, 3, 2, 1, 0, -1,数字越大表示关联性越强,作业邻近比率表示不同模块对于类似功能的重叠程度。图 4-2(b)展示了站点模块的非物流功能关联度矩阵。

表 4-4 非物流功能强度等级划分评价量表

重要程度	作业邻近比率	等级划分	赋值
绝对重要	45%～80%	A	4
特别重要	10%～25%	E	3
重要	5%～15%	I	2
一般	3%～10%	O	1
不重要	2%～5%	U	0
禁止靠近	无	X	-1

(3) 综合关联性分析。

地铁-货运站点的最优物流关系和最优非物流关系并非完全一致。为综合确定功能模块的关联性,需要将两个量表进行合并,本书采用赋权求平均值的方法得到功能区综合关联系数 T_{ij},计算方法如式(4-1)所示。

$$T_{ij} = \alpha \cdot X_{ij} + \beta \cdot Y_{ij} \tag{4-1}$$

式中,α,β 分别为物流关系与非物流关系的相对权重,满足 $\alpha + \beta = 1$;X_{ij},Y_{ij} 分别为地铁-货运站点功能区物流关系、非物流关系的关联度系数。

根据式(4-1)和功能强度等级定性评价结果计算综合关联性。考虑到所设计的地铁-货运站点普遍采用高度自动化流水作业,不同模块的运行连续性较高,交互频繁,故本书选择 3∶2 作为物流关联度与非物流关联度的比值,即取 $\alpha = 0.6$,$\beta = 0.4$。经过计算得到的站点功能区综合关联度矩阵如图 4-2(c)所示。

结果显示综合得分大于 3 的功能关系共有 8 项,分别为模块 1-模块 2、模块 2-模块 3、模块 3-模块 4、模块 6-模块 7、模块 7-模块 8、模块 8-模块 9、模块 4-模块 6 和模块 4-模块 8。在站点布局时,应当使得上述功能相关的模块两两充分贴近,尽可能缩短二者之间的通道长度,并为关联度高的模块配备合理的物流设备,使得二者的效率和能力尽量匹配。此外,有 25 项综合关系的得分小于 1,站点设计过程中应当刻意疏远这些非相关模块之间的距离,将空间让给关联度高的模块。

4.1.3 站点功能区设置与作业流程设计

本节针对第3章中讨论的"分离式"和"拖挂式"两种运输模式,构建基于已有地铁站基础设施改造的货运功能区扩展方案,以解决地铁-货运网络与地面路网的衔接问题。考虑到地下空间的限制,所有操作流程不适宜在同一层中进行。因此,依据货物的加工顺序对站点进行分层布局是有必要的。据此,普通地铁-货运站点应设计为两层;换乘地铁-货运站点应设计为三层,地下一层(B1)的站厅主要负责货物的分拣、仓储、包装和配送,地下二层(B2)和地下三层(B3)的站台主要负责列车到达后的装卸和中转。

根据货运形式和站点类型的不同,其作业流程也有一定差别。"拖挂式"列车相比于"分离式"列车,其货运车厢较少,其站台层扩展面积相对较小。因此,"拖挂式"模式的功能区规划相对紧凑,作业流程需要适当合并以满足空间布局的需求。换乘站点因为具有不同线路之间货物转运功能,相比于普通站点作业流程更为复杂。对于站厅层的作业流程而言,其主要功能在于货物的分拣、拆装包、暂存和同客户需求点的集疏运。因此,不同货运形式和站点类型对其影响较小,作业流程可统一设计。具体功能区和作业流程设计阐述如下。

1. 普通地铁-货运站点站台层

基于功能区划分,首先针对"分离式"和"拖挂式"模式下普通地铁-货运站点的站台层进行了功能区规划和布局。"分离式"模式下的普通站点货运站台的功能区布局如图4-3所示。位于B2层的站台层设计为双向"双侧岛式"(四线)布局,"中岛"为客运站台,"两侧"为货运站台。新拓展的货运站台需要承担列车到站后的卸载工作(出货任务),并填装那些在站厅层处理完毕、需要装入列车的单元(进货任务)。"分离式"模式下的普通站点货运站台大致可分成装卸货及临时堆垛平台、装载等待区、卸载等待区、出货调度平台、进货调度平台、进货升降竖井、出货升降竖井和自动传输区8个模块。

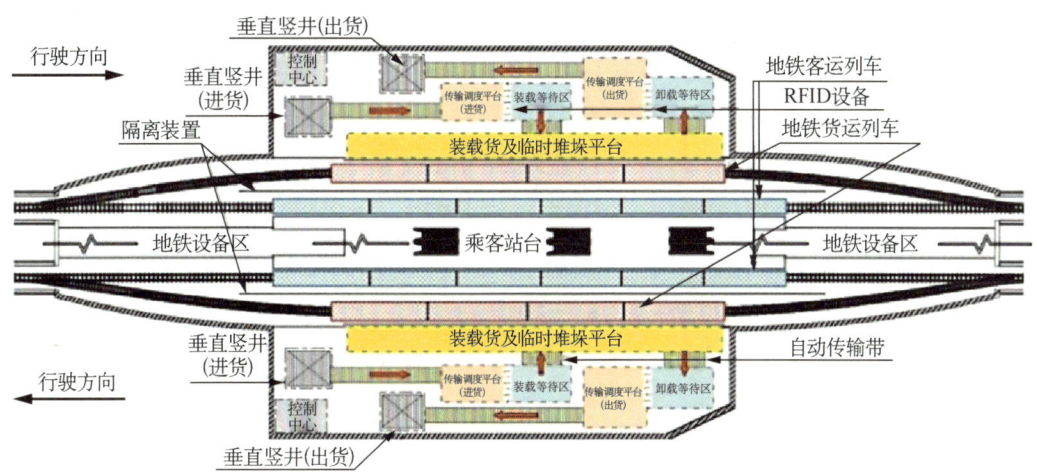

图4-3 "分离式"模式下的普通地铁-货运站点站台层布局

列车到站停靠后需要下车的货运单元被自动"推出"列车,需要上车的单元被传输带"送"上车,列车车厢内部可设置传输带,便于单元在车厢内部调整位置。装卸货完毕后,单元的转移过程基本由自动传输带完成。

对于出货任务,传输带根据控制中心的指令,将从列车中卸载下来的标准单元以队列的形式传输至堆垛平台的右侧,进入卸载等待区。随后单元"鱼贯"通过若干RFID电子门识别单元上的预留信息(如预定配送时间、是否进入仓储区、内部子托盘规格等),为后续的物流操作提供指令。接下来,单元在传输调度平台等待垂直竖井准备就绪,根据RFID识别的信息,调整队列优先级,并依次经过传输带。最后通过竖井进入上方站厅层。

对于进货任务,站厅层包装完毕的单元通过进货竖井下降至货运站台,经过传输带到达进货调度平台,随后通过RFID电子门识别单元信息,确定单元需要被装载进入的货运列车班次和节次。货运列车到达后,位于装载等待区的单元通过传输带进入堆垛平台,并根据调度指令进入相应的车厢位号。两侧货运站台的装卸货流程完全一致。

图4-4展示了"拖挂式"模式下的普通站点货运站台的功能区布局。为了实现单元的装卸工作能够在短短30 s时间内全部完成,需要对装卸规则进行另外设计。关于此,我们提出的解决方案如下:每辆列车拖挂一节只负责进货的车厢和一节只负责出货的车厢,列车到达前,要求被装载的单元在堆垛平台待命(具体位置对应于进货车厢的位号)。当列车舱门打开后,装载单元立刻被装入,卸载单元也同时被"推出"车厢。进、出竖井分别位于传输调度平台的两侧,每个通过货运站台的单元都要通过设置于调度平台下部的RFID电子门。相比于"分离式"站台,"拖挂式"站台所占用的面积要小很多,单批次到达的货量也较少,但对装卸时长的要求更高。

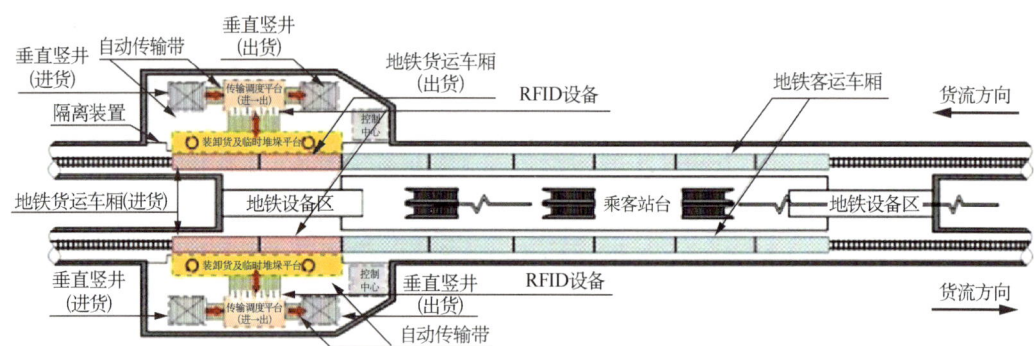

图4-4 "拖挂式"模式下的普通地铁-货运站点站台层布局

"分离式"和"拖挂式"模式下的普通站点站台层物流操作流程如图4-5所示。

2. 换乘地铁-货运站点站台层

换乘地铁-货运站点在网络中扮演枢纽的角色。当面对较分散的货运需求情景时,换乘站点将承担繁重的线路转运任务。因此,对转运通道的设计显得尤为重要。换乘站点将沿用普通站点的"中岛双侧"式布局,整体上分为三层:客货站厅层(B1层)、线路1客货

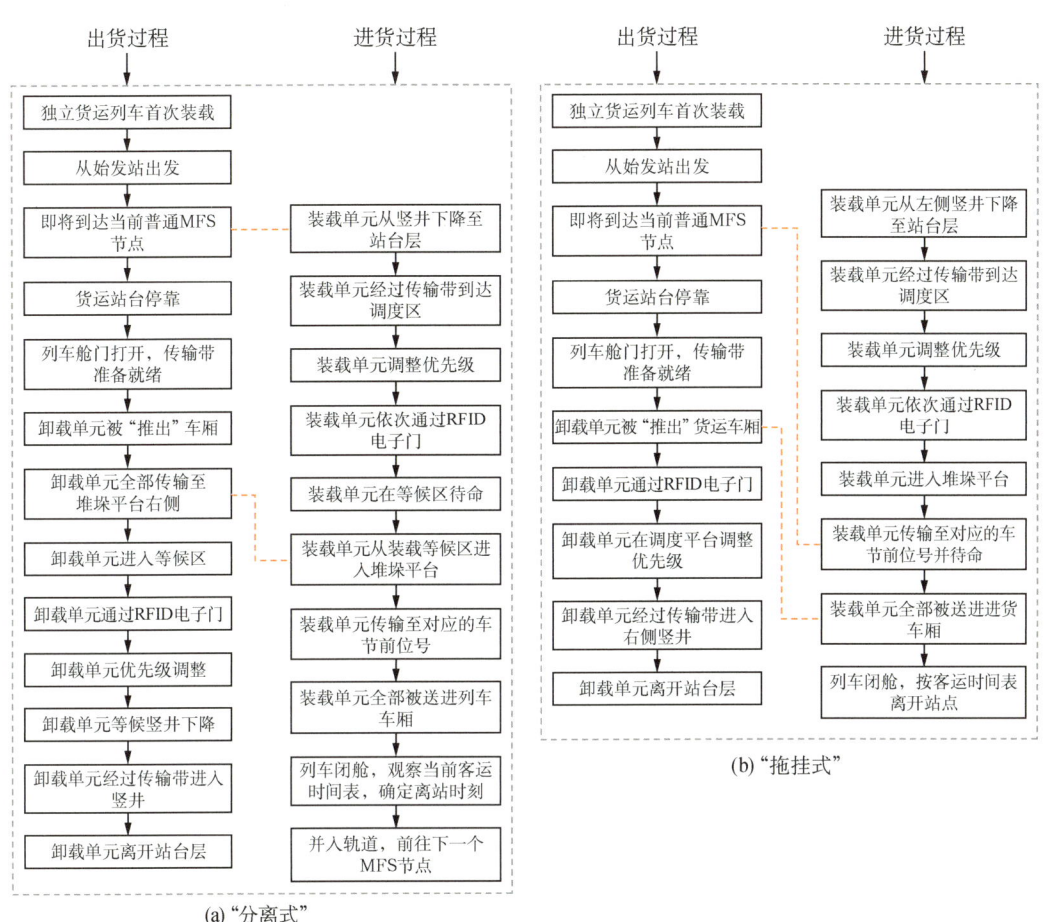

图 4-5　普通地铁-货运站点站台层物流操作流程示意(图中橙色虚线指同一时刻)

站台层（B2层）和线路 2 客货站台层（B3层）。本章所设计的换乘站点主要针对上下十字交错的两条地铁线路，对于非严格十字交叉线路或同一平面线路上的换乘站点，站台层的布局可能需要作相应调整。

图 4-6 展示了"分离式"模式下的换乘地铁-货运站点站台层布局。其中位于 B2 层的线路 1 站台和位于 B3 层的线路 2 站台的进出货流程以及其对应的设施（竖井、传输带和平台区域）与"分离式"普通站点基本一致。

基于上述对于换乘式地铁-货运站点物流功能模块关联度的分析结果，形成了站点地下空间布局的初步方案。图 4-6 展示了位于 B2 层、B3 层的换乘站点客、货台功能区配置情况。总体来看，两层地下空间均呈现中岛双侧四轨布局。B2 层、B3 层两侧货运站台在列车到站停靠后须承担不同的进站、离站单元搬运工作和转运单元的搬运工作，即表 4-1 中的业务 A～E。"分离式"的换乘货运站台空间配备模块 1～4，具体由自动化装卸平台、待装载单元临时堆垛平台、已卸载单元临时堆垛平台、离站及转运单元识别-调度区、进站单元识别-调度区、B2-B3 竖井和 B1-B2-B3 竖井这 7 个功能区域和它们之间的

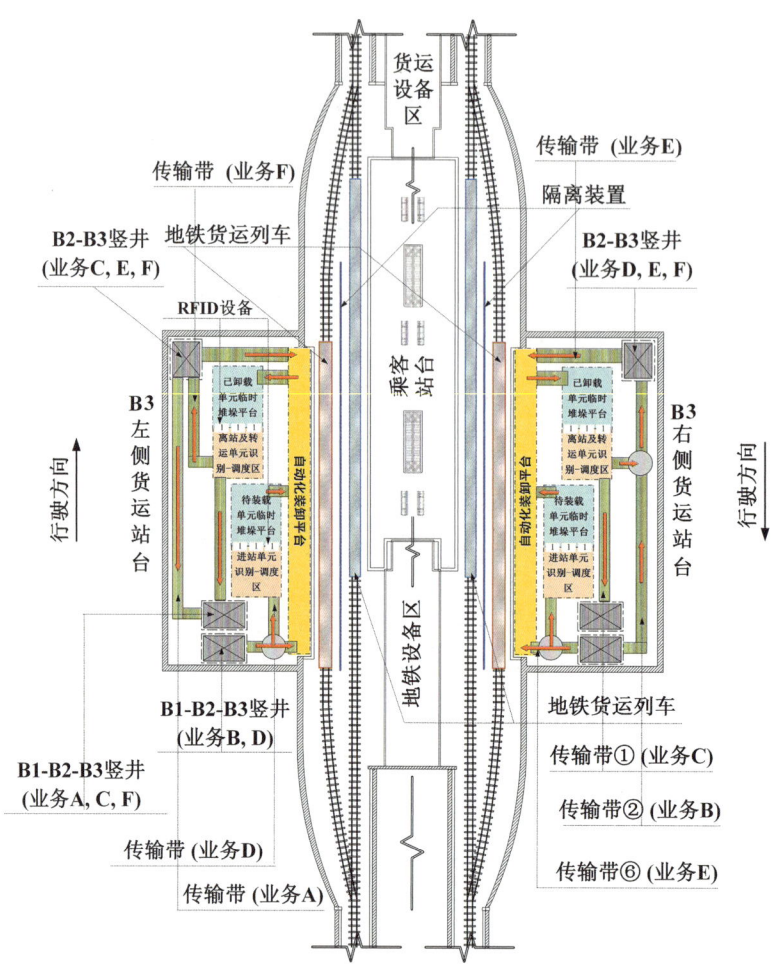

(a) 线路2站台层布局(B3层)

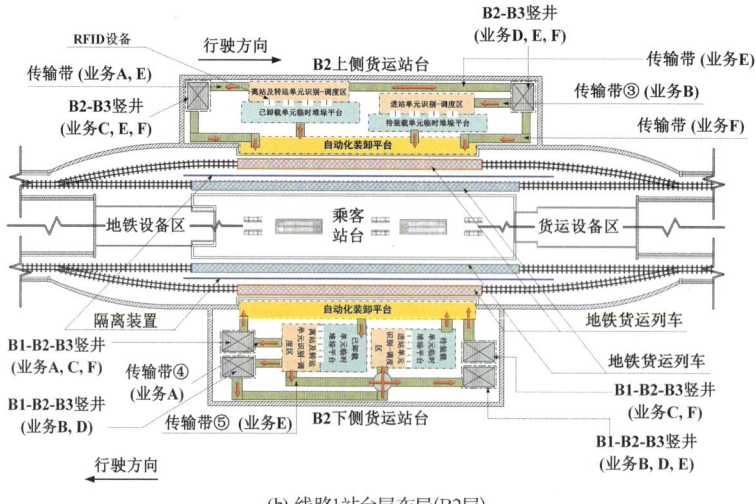

(b) 线路1站台层布局(B2层)

图4-6 "分离式"模式下的换乘地铁-货运站点站台层布局

传输带构成。接下来分别以 B3 层右侧站台对于业务 C 的处理过程（案例1）、B2 层上侧站台对于业务 B 的处理过程（案例2），以及 B2 层下侧站台与 B3 层右侧站台对于业务 E 的处理过程（案例3）为例，详细介绍货运站台层的运作流程。其余 15 种货流对应的业务流程均可以根据给出的布局图推断获得。

案例 1 的流程演示如下：线路 2 货运列车入站停靠后舱门开启，离站单元被自动"推出"至装卸货平台上。控制中心下达指示给传输带——将单元"鱼贯"引导至已卸载单元临时堆垛平台，进一步引导这些单元逐次通过设置于离站及转运单元识别-调度区内的 RFID 通道门，读取单元信息。扫描完毕的离站单元在调度区调整次序和优先级，然后由传输带①送往货运站台下方的升降竖井，升至 B1 层货运站厅。

案例 2 的流程演示如下：业务 B 进站单元在货运站厅层组装完毕，通过竖井下降至 B3 层右侧的货运站台，然后由传输带②直接引导至该货运站台上方的 B2-B3 竖井，该竖井连接 B2 层上侧站台与 B3 层右侧站台。抵达 B2 层的单元随传输带③经过位于进站单元识别-调度区的 RFID 通道门，识别单元信息（如目的地），便于控制中心安排单元至列车的装载过程。在线路 1 货运列车到达之前，进站单元一直在待装载单元临时堆垛平台等候。待列车完成卸载任务并且被卸载的单元已全部抵达已卸载单元临时堆垛平台后，进站单元才允许进入装卸货平台，由自动传输设备填装至车厢的相应位号，最后随列车离站。

案例 3 的流程演示如下：业务 E 单元在线路 1 列车停靠后被卸载，与业务 A 单元同批前往堆垛平台，并经过识别调度区。业务 A 和业务 E 单元在调度区内被分流，前者经由传输带④和左方竖井直接前往 B1 层，后者则经由传输带⑤前往右方竖井并下降至 B3 层右侧站台。此后，业务 E 单元将直接经由传输带⑥到达装卸平台，并在装卸平台等待列车到达，最终被装入线路 2 列车实现转运。

以上换乘式货运站台层的功能区布置在充分尊重关联度的前提下，将进站货流、离站货流与转运货流相互分离，保证了单元的流通效率。注意到两侧的货运站台并不是完全对称的，这是因为需要将 B2 层与 B3 层的垂直竖井口位置重合，而有必要对传输带的布局和方向进行调整。另外，注意到上述的业务 C 单元无法直接从 B1 层货运站厅通过竖井到达 B2 层上侧货运站台，而需要先下降至 B3 层，在 B3 层经过转移后再上升至 B2 层。此矛盾是由于"T 形"这种特殊的换乘结构导致的。对于本书研究的大行宫站点案例，除与 B2 层上侧货运站台有关的进站货流和离站货流需要一次额外转移之外，其余各层、各侧货运站台的各项业务中的货流均能实现一次性抵达。

"拖挂式"模式下的换乘地铁-货运站点站台层布局如图 4-7 所示。根据表 4-1 中的业务模块，由于换乘站点货流比普通站点复杂许多，因此在传输带的布局上，换乘站点的进出货过程可作适当简化。对于业务 A 和业务 B，货物通过进、出竖井后将直接通过左、右两侧的传输带进入或离开堆垛平台。对于业务 D，以 B2 层上侧站台为例，装载单元通过进货竖井到达 B2 层，接下来通过一个较短的传输通道抵达传输调度平台，然后经过

B2 层上部的传输带抵达连接 B2 层与 B3 层的垂直竖井,随后下降至 B3 层,经过传输带抵达线路 B2 右侧货运站台,最后通过调度平台和传输带装入 B3 层列车。业务 C 与业务 D 共用一个双向传输通道,操作过程基本呈镜像。业务 E 与业务 F 的转运单元在传输调度平台并入业务 C 与业务 D 的单元队列中,并随之一起在转运通道中流通。

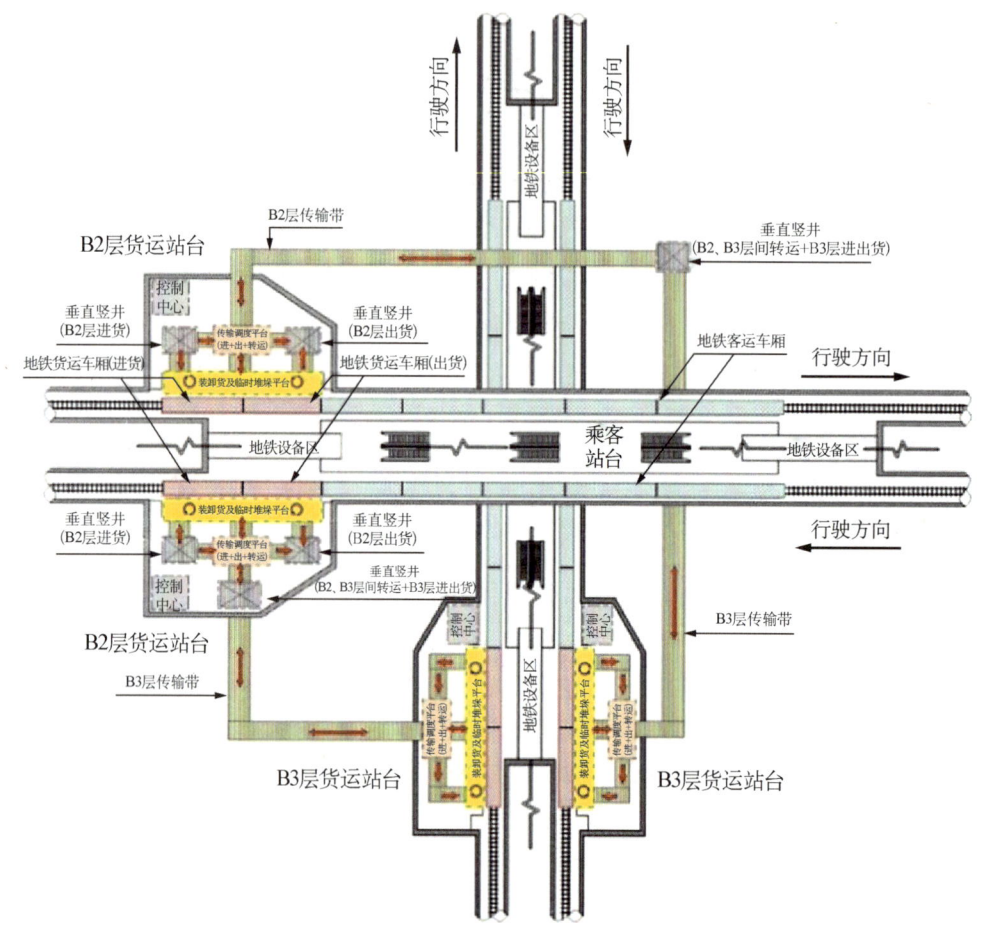

图 4-7 "拖挂式"模式下的换乘地铁-货运站点站台层布局

图 4-8 描述了"分离式"和"拖挂式"模式下的换乘地铁-货运站点站台层物流操作流程。

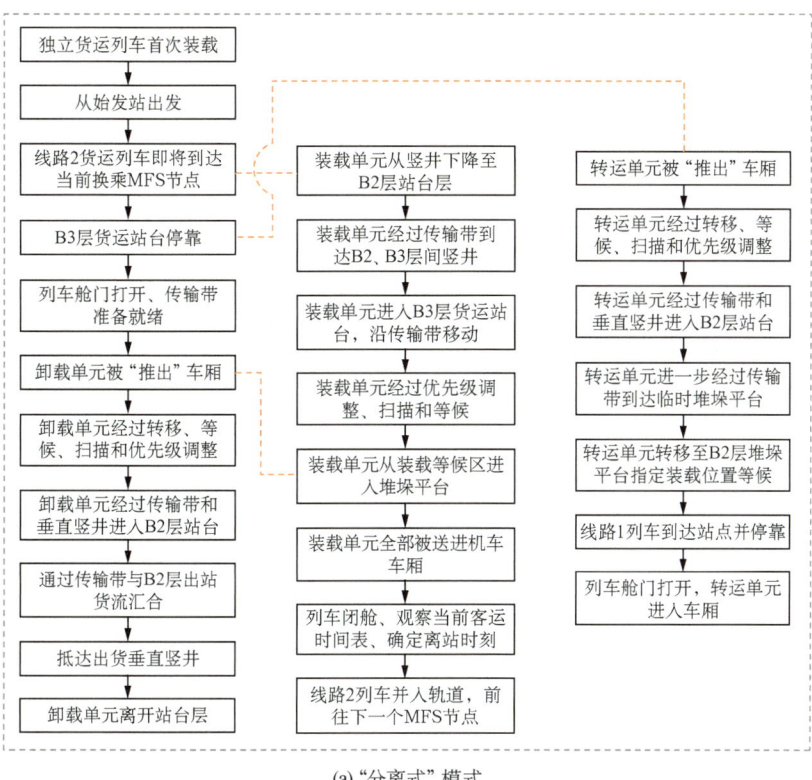

图 4-8 换乘地铁-货运站点站台层物流操作流程示意（图中橙色虚线指同一时刻）

3. 地铁-货运站点站厅层

位于 B1 层的地铁-货运站点站厅层对外部进入的货物和站台层输送上来的货物进行分拣、编码、装箱、仓储、配送等一系列操作。

位于 B1 层的换乘站点客、货站厅功能区配置情况如图 4-9 所示。客、货站厅在空间上利用墙体分隔，设有连通闸门。进站货流和离站货流共享上侧的两个升降竖井，竖井口的位置与 B2 层、B3 层相应竖井口的位置在垂直方向上保持一致。两个竖井中间的区域为"拆分及回收作业区"，以机械辅助人工的方式对离站单元进行两次拆分。拆分后所收集的空置单元和托盘有两种去向：一部分由 AGV 从"拆分区"带往"进货理货区"用于进站货物的包装，另一部分则在整合后直接通过竖井前往站台层，然后返回物流园区。

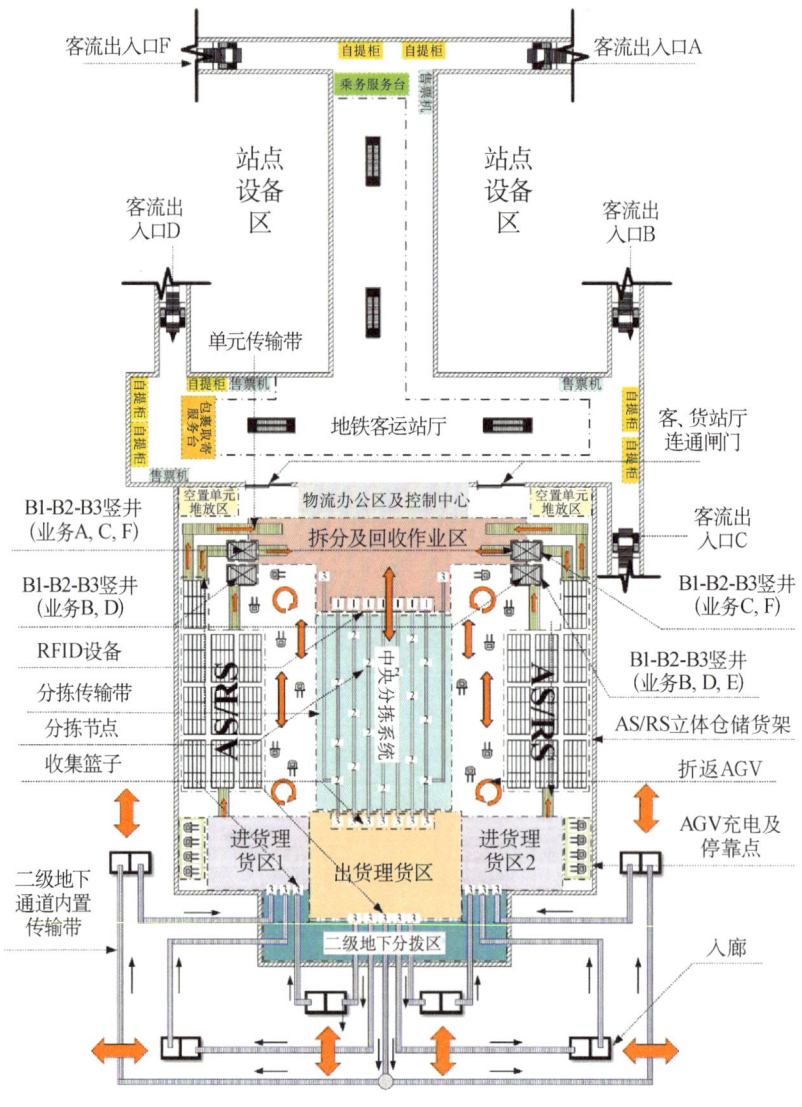

图 4-9 "共线-分离"的换乘式地铁-货运站点站厅层空间布局及运作流程示意

货运站厅中部为"中央分拣系统",拆分作业得到的散件包裹被置放于分拣传输带上,中部的若干分拣带呈垂直布置,配备机械手臂和 RFID 设备,需要进行末端配送的包裹经由若干次分拣节点,调整至相应的分拣通道,最后落入位于"出货理货区"的收集篮子中。这些篮子与分拣传输带的端口对接,篮子中的包裹具有相同的末端配送目的地。应在分拣系统的两侧配置 U 形传输带,目的是将需要最终存放于站内自提的客户包裹传导回"拆分区"。这些被传导回来的包裹,落入收集篮子中,由"拆分区"工作人员进行检验,后分批次地由人工携带,经过客、货站厅连通闸门,放置客运站厅的自提柜中,完成整个配送过程。

货运站厅的左右两侧为"AS/RS 立体仓储区",AS/RS 货架与升降竖井之间由传输带连接,来不及拆分或未到拆分时刻的离站单元被直接导入至此进行临时堆存。另外,部分"进货理货区"组装完毕的进站单元,也可以由 AGV 带往仓储区进行临时堆存。

"出货理货区"的工作人员对分拣后的包裹进行检验和扫码,根据系统整体运作情况调整置放于二级地下管道中离站包裹的时刻和数量。由人工对所有检验不合格的包裹进行汇总,交至两侧的"进货理货区",联合其他同目的地的进站包裹形成单元,后按照进站单元的物流过程进行处理,直至返回货源地。与之相逆的,进站包裹随二级地下通道流通至"进货理货区",由人工收集检验,将目的相同的包裹根据"三重拆分包原则"组装为进站单元,后由 AGV 直接运往升降竖井或仓储区,直至装入列车并抵达目的地,完成整个配送过程。

二级地下通道要求延伸至货运站厅内部,根据二级网络规划可能呈现多个方向。满足末端配送要求的包裹按照一定的规则被逐步放置于二级通道的传输带端口流通出站,最终沿货运管廊抵达二级地下物流节点,完成整个配送过程。每个二级通道(即货运廊道)内部只设置单向的传输带,因此,综合管廊内部可能配置多个去程廊道(负责离站货流)和返程廊道(负责进站货流),且二者数量可能不等。然而在实际设计中,这些廊道并不需要全部延伸至站厅内。可以在靠近站点的地方将同向的多个去程与返程廊道合并为单条去程廊道和单条返程廊道,包裹入廊后再进行细分。

如前文分析,地铁-货运系统的末端配送形式是多样的,不局限于设置二级地下通道,还有其他的设计方式,例如在货运站厅下侧设计一种连通地面街道与货运站厅的斜坡出入口(可参考地库),供轻型电动货车进出站点完成包裹拾取与收集。总之,以上介绍的换乘式地铁-货运站台、站厅功能区布局可在紧凑的空间下实现客流与货流相分离,以及货流的流入和流出过程相分离,通过设备在不同地下层级之间的合理分配与空间共享,使得配送与发货之间不产生相互干扰,基本可以保证协同配送效率,但仍存在较大的优化空间。

地铁-货运站点站厅层的物流操作流程如图 4-10 所示。

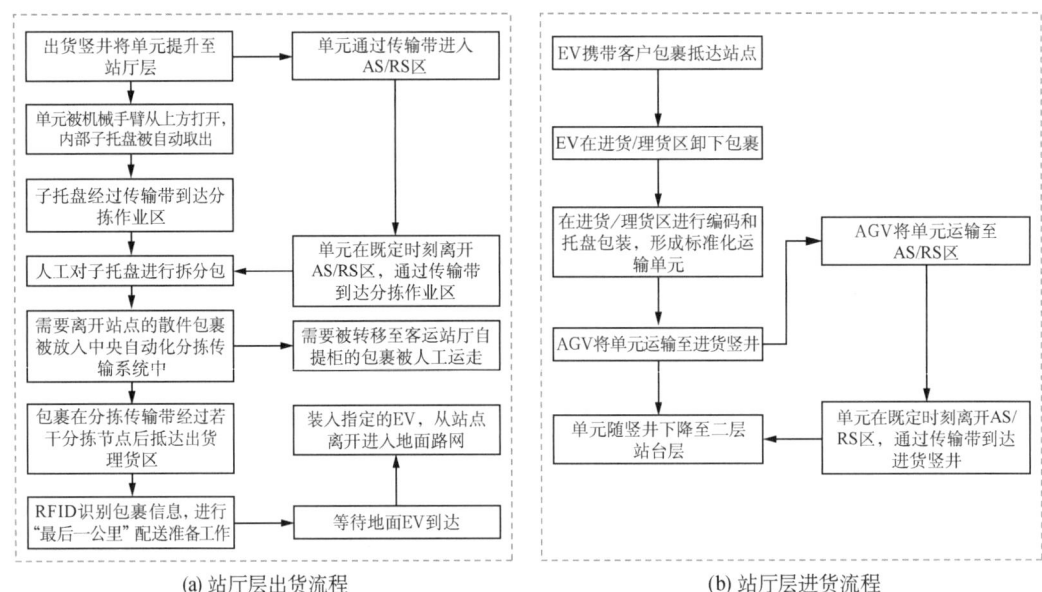

图 4-10 地铁-货运站点站厅层物流操作流程示意

4.2 站点的布局规划模型构建

站点的布局规划基于既有物流作业流程,既需要考虑在有限的地下空间资源下最大化站点的物流作业能力,还需要将各个功能区进行合理布置,以减少站点内部物流运输成本。因此,本节引入承载力概念,对站点各个功能区之间的 AGV 通路、传输带和货运竖井的货物处理能力同其面积的关系进行定量分析。之后,在站点层级的二维空间,将站点区域和功能区等近似矩形化,构建站点布局规划模型。

4.2.1 站点承载力分析

承载力(Carrying Capacity)是衡量社会经济活动与资源环境之间相互关系的科学指标,是有效度量和管理决策的重要依据,其在资源、环境和物流枢纽等多个领域得到了广泛的应用。本书中"承载力"用于表示地铁-货运站点各功能区以及它们之间的连接线路在资源等外部环境约束下,满足一定物流服务水平和效率的物流作业量。承载能力反映了站点作业流程之间的互动耦合关系,受到站点各功能区内部物流设施自身属性和功能区布局的协同影响。地铁-货运站点的承载力具有以下特性:

(1) 承载力测算值的相对性。由于承载弹性和鲁棒性的存在,其测算结果不是一个绝对值,而应该与实际的分载、满载和超载等货运状态相关,是一个相对值或范围值。

(2) 承载力的系统综合性。承载力是多功能区物流作业能力的综合体现,具有系统综合性特征,不仅取决于各功能区物流设施作业能力的大小,还取决于各功能区之间的相互协调和匹配程度。

(3) 承载力的负荷有限性。承载力受到物流设施的作业容量限制,不可能无限制提高。承载力具有极限值,一旦超过极限阈值,就会造成物流作业瓶颈。

基于承载力的概念,各个功能区基于物流设备的承载力模型如下所述。

货物在站点内的仓储或竖井运输需要一定的时间和空间资源,站点的仓储功能区和竖井的承载力是总时空消耗的体现。单位时间内仓储功能区和竖井处理货物量即仓储功能区和竖井的承载力模型如式(4-2)所示。

$$Q_a = \frac{S_a O_a \theta_a}{T_a} \quad (4-2)$$

式中,Q_a 为站点仓储功能区和竖井的承载力,即作业量阈值(件/h);O_a 为单位面积单元可以堆放的货物量(件/m²);θ_a 为面积利用系数;T_a 为货物平均存储时间或单次竖井运输作业的时间(h);S_a 为仓储功能区和竖井的面积(m²)。

传输调度平台、分拣托盘化作业区、中央自动化分拣运输区和进出货理货区承载力受区域内部工人或物流机械工作效率的影响,模型如式(4-3)所示。

$$Q_b = \frac{S_b \eta_b}{\mu_b} \quad (4-3)$$

式中,Q_b 为各功能区承载力,即各功能区作业量阈值(件/h);S_b 为各功能区面积(m²);η_b 为工人或物流机械的运作效率(件/h);μ_b 为单位工人或物流机械所负责的物流区域面积(m²)。

装卸载及堆垛区和装卸载等待区的承载力主要受区域内可放置托盘数量、托盘平均载重和托盘放置时间的影响,其承载力模型如式(4-4)所示。

$$Q_c = \frac{S_c H_c}{T_c} \quad (4-4)$$

式中,Q_c 为装卸载及临时堆垛区或装卸载等待区承载力(件/h);S_c 为功能区面积(m²);T_c 为货物平均堆放时间(h);H_c 为单位面积堆放的货物量(m²)。

传输带主要连接各个功能区,其承载能力受传输带线路数量和自身物流特征属性的影响,其功能区承载力如式(4-5)所示。

$$Q_c = \frac{3\,600 S_d \beta_d \delta_d}{s_d} \quad (4-5)$$

式中,Q_d 为传输带承载力(件/h);S_d 为传输带面积(m²);β_d 为传输带的运输速度(m/s);δ_d 为单位面积传输带可以放置的货物量(件/m²);s_d 为托盘长度(m)。

AGV 的承载力受车道数量和车辆自身运输功能属性的影响。在设置往返车道的情况下,其承载力模型公式如式(4-6)所示。

$$Q_e = \frac{3\,600 S_e v_e C_e}{(I_z + I_o) z_e} \tag{4-6}$$

式中,Q_e 为 AGV 的通道承载力(件/h);v_e 为 AGV 的行驶速度(m/s);C_e 为 AGV 载重(件);I_z 为车间安全间距(m);I_o 为车辆长度(m);z_e 为单条通道的面积(m²)。

4.2.2 站点布局规划模型构建

1. 建模思路

由于站点的本质功能是通过连接线路实现货物在不同功能区的有效中转,所以站点承载力最大化的研究可以基于复杂系统理论,将各个功能区微网络化,研究其 OD 运输网络,将站点的单位时间物流作业量的研究转化为网络的最大流问题。其中,各个主要功能区可以视为真实节点。因为在站点布局问题中,功能区之间的连接线路也占据一定空间资源,所以针对以上问题,将 AGV 通道、竖井和传输带视为虚拟节点。各个节点间由虚拟的连接线路连接。需要注意的是,因为竖井、传输带及 AGV 通道承担真实节点间货物运输的功能,但是在本书中其作为虚拟节点,因此站点实际货物作业量需要扣除虚拟节点至真实节点的运输货量。

站点空间维度的功能区布局问题则转为研究各节点的面积和定位问题。因为站点功能区布局研究的问题是要将各个功能区合理地布置在给定的站点区域内,该问题也可以视为在给定的区域内对各功能区进行组合,如图 4-11 所示。

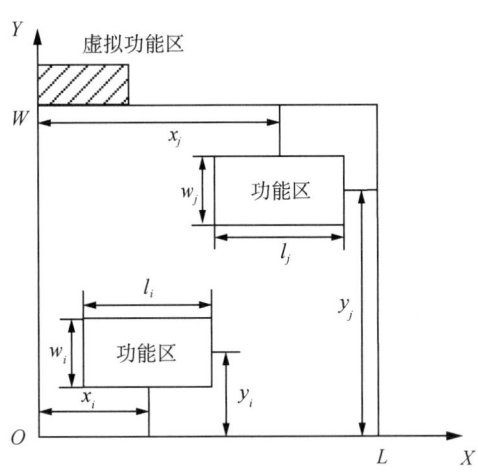

图 4-11 站点功能区布局坐标示意图

2. 模型假设

因为各个功能区、竖井、传输带、AGV 通道的面积和形状都不相同,因此结合 OD 相关假设,模型假设条件如下:

(1) 各个功能区及其之间连接的传输带和竖井均视为矩形物流模块,不考虑各物流模块内部物流设施的布局;

(2) 站点长 L 和宽 W 已知,左下角顶点为坐标原点;

(3) 站台层中的轨道、站厅层中的出口设为虚拟功能区物流模块,长、宽为已知固定值,坐标位置确定,作为固定约束,面积为 0;

(4) 各物流模块矩形的边分别与站点二维平面的坐标轴平行;

(5) 各物流模块紧密布置,不考虑彼此之间的间隙;

(6) 各物流模块的中心均在其矩形的几何中心上;

(7) 微网络 OD 结构已知,且稳定不变。

3. 模型构建

站点微网络可以视为以交通流为研究对象的 OD 结构。由于站点内部各功能区之间的货物传输相对稳定,因此可以假设站点微网络表现为稳定的 OD 结构。站点微网络运输流量用固定的 OD 结构矩阵表示,如式(4-7)所示。

$$\boldsymbol{P} = \begin{bmatrix} p_{11} & \cdots & p_{1m} \\ \vdots & & \vdots \\ p_{n1} & \cdots & p_{nm} \end{bmatrix} \quad (4\text{-}7)$$

其中,矩阵元素 p_{ij} 为从节点 i 流入节点 j 的货运量同站点微网络运输流总量的比率,并且 $\sum_{i=1}^{n}\sum_{j=1}^{m}p_{ij}=1$。矩阵 $\boldsymbol{Q}=\{q^{ij}\}$ 为站点微网络总运输量 T 与单位 OD 矩阵 $\boldsymbol{P}$ 的乘积,如式(4-8)所示。

$$Q = T\boldsymbol{P} \text{ 或 } q^{ij} = Tp_{ij} \quad (4\text{-}8)$$

地铁-货运站点布局规划模型以站点微网络流量最大化和运输成本最小化为优化目标,同时考虑不同功能区的特性,增加一些限制性的约束条件。

目标函数:

$$\max F_1 = \sum_{i=1}^{n}\sum_{j=1}^{m} q^{ij} \quad (4\text{-}9)$$

$$\min F_2 = \sum_{i=1}^{n}\sum_{j=1}^{m} g_{ij} d_{ij} q^{ij} \quad (4\text{-}10)$$

式(4-9)是以站点微网络流量最大化为目标的函数,式(4-10)是以运输成本最小化为目标的函数。式中,g_{ij} 为节点之间的单位运输费用;d_{ij} 为节点对应矩形模块几何中心点的曼哈顿距离。对于多目标优化模型,在约束条件相同的情况下分别求最大值和最小值,求解目标时会发生冲突和矛盾,所以需要对目标函数进行处理,转换为可求解的单目标函数。此外,多目标规划中各个目标的量纲一般都不相同,为统一量纲,应加入归一化因子 η_1 和 η_2。同时,考虑到两个目标函数的优先等级,还应分别赋予目标不同的权系数 ε_1 和 ε_2。因此,将多目标函数转换为如下单目标函数,如式(4-11)所示。

$$\min F = \varepsilon_1 \cdot F_2 - \varepsilon_2 \cdot F_1 \quad (4\text{-}11)$$

约束条件:

$$d_{ij} = |x_i - x_j| + |y_i - y_j|, \ \forall i,j \in U^m, \ \forall m \in \{0,1,2\} \quad (4\text{-}12)$$

式(4-12)为曼哈顿距离约束。集合 U^m 用于区分不同站点层内的各物流模块,i 值对应不同的物流模块,根据物流作业流程顺序预先设定。

$$|x_i - x_j| \geqslant \frac{l_i + l_j}{2}, \ \forall i, j \in U^m, \ \forall m \in \{0, 1, 2\} \qquad (4\text{-}13)$$

$$|y_i - y_j| \geqslant \frac{w_i + w_j}{2}, \ \forall i, j \in U^m, \ \forall m \in \{0, 1, 2\} \qquad (4\text{-}14)$$

式(4-13)和式(4-14)限制各功能区、AGV 通道、传输带和竖井在站点内布置不出现重叠的情况。

$$\frac{l_i}{2} \leqslant x_i \leqslant L_m - \frac{l_i}{2}, \ \forall i \in U^m, \ \forall m \in \{0, 1, 2\} \qquad (4\text{-}15)$$

$$\frac{w_i}{2} \leqslant y_i \leqslant W_m - \frac{w_i}{2}, \ \forall i \in U^m, \ \forall m \in \{0, 1, 2\} \qquad (4\text{-}16)$$

式(4-15)和式(4-16)为空间边界约束,限制各模块矩阵不能超过可用地下空间用地范围。L_m 和 W_m 分别代表各站点层所对应矩形的长和宽。

$$\frac{1}{\xi} \leqslant \frac{a_i}{b_i} \leqslant \xi, \ \forall i \in U \qquad (4\text{-}17)$$

式(4-17)为各模块长宽比的约束条件,避免出现布局狭长的情况。ξ 为比例系数。集合 U 包含各功能区、AGV 通道、竖井、传输带、轨道和进出站口。

$$\begin{cases} x_i - \dfrac{l_i}{2}, \ x_i + \dfrac{l_i}{2} \\ y_i - \dfrac{w_i}{2}, \ y_i + \dfrac{w_i}{2} \end{cases} \notin D^m, \ \forall i \in U^m, \ \forall m \in \{1, 2\} \qquad (4\text{-}18)$$

式(4-18)为地铁轨道线路约束。轨道作为固定设施,其位置不变,设为虚拟功能区。D^m 为轨道规划区域。

$$x_u \in \{0\}, \ y_u \in \{0, W_1\}, \ u \in U^0 \qquad (4\text{-}19)$$

式(4-19)为出入站口约束。在进行站点内部布局规划时,将其纳入考虑范围。出入口设计为站台层的左上角和左下角。站点出入口为虚拟功能区。

$$S_i = l_i w_i, \ \forall i \in U \qquad (4\text{-}20)$$

式(4-20)为各物流模块矩形面积计算式。

$$p_{ij} = \frac{q^{ij}}{T} = \lambda, \ \forall i, j \in U^m, \ \forall m \in \{0, 1, 2\} \qquad (4\text{-}21)$$

式(4-21)为固定 OD 结构特性约束。λ 为常数。

$$\sum_{k \in K} f_k^{ij} = q^{ij}, \ \forall i, j \in U^m, \ \forall m \in \{0, 1, 2\} \qquad (4\text{-}22)$$

式(4-22)为 OD 运输量守恒约束。K 为由节点 i 到节点 j 的所有路径集合；f_k^{ij} 为 $k \in K$ 的物流作业量。

$$f_r = \sum_{i \in U^m} \sum_{j \in U^m} \sum_{k \in K} f_k^{ij} \varphi_{rk}^{ij}, \ \forall r \in R, \ \forall m \in \{0, 1, 2\} \quad (4-23)$$

$$0 \leqslant f_i \leqslant \frac{S_i O_i \theta_i}{T_i}, \ \forall i \in U_1 \quad (4-24)$$

$$0 \leqslant f_i \leqslant \frac{3\,600 S_i \beta_i \delta_i}{s}, \ \forall i \in U_2 \quad (4-25)$$

$$0 \leqslant f_r \leqslant \frac{3\,600 S_i v_i C_i}{(I_z + I_o) z_i}, \ \forall i \in U_3 \quad (4-26)$$

式(4-23)为虚拟节点物流作业量守恒约束；R 为虚拟节点集合；φ_{rk}^{ij} 为虚拟节点 r 在不同路径中从真实节点 i 流入真实节点 j 的流量所占的比率。式(4-24)为竖井承载力约束；U_1 为各站点层竖井集合。式(4-25)为传输带的承载力约束；U_2 为各站点层传输带集合。式(4-26)为 AGV 通道的承载力约束；U_3 为 AGV 通道集合。

$$0 \leqslant f_i \leqslant \frac{S_i O_i \theta_i}{T_i}, \ \forall i \in U_4 \quad (4-27)$$

$$0 \leqslant f_i \leqslant \frac{S_i \eta_i}{\mu_i}, \ \forall i \in U_5 \quad (4-28)$$

$$0 \leqslant f_i \leqslant \frac{S_i H_i}{T_t}, \ \forall i \in U_6 \quad (4-29)$$

式(4-27)为仓储区承载力约束，该公式同竖井约束类似；U_4 为仓储区集合。式(4-28)为传输调度平台、分拣托盘化作业区、中央自动化分拣运输区和进出货理货区的承载力约束；U_5 为以上功能区集合。式(4-29)为装卸载及堆垛区和装卸载等待区的承载力约束；U_6 为以上两种功能区的集合。

4.2.3 仿真计算流程设计

简单的平面布局问题可以通过穷举法得到全部可行解，并找出最优解。但是，因为地铁-货运站点功能区数量较多，穷举法难以得到所有可行解。目前求解此类 NP-Hard 问题的有效方法是采用启发式算法。目前主流的启发式算法主要包括遗传算法、粒子群算法、模拟退化算法和蚁群算法等。本书拟采用微进化算法，即基于传统的遗传算法和微进化机理进行改进后的算法。与传统的遗传算法相比，微进化算法计算时保留的是最优的基因结构，而遗传算法保留的是最优染色体。微进化算法通过将优势基因进行保留，可缩小保留的范围，可以更快地找到最终方案。

微进化算法的具体步骤如图 4-12 所示，详细步骤如下所述。

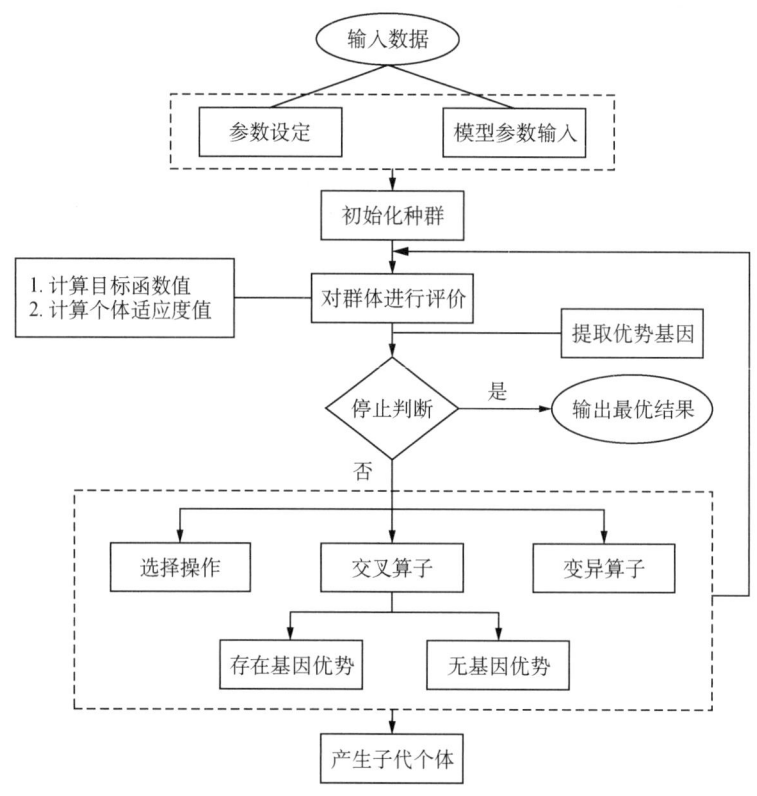

图 4-12 微进化算法流程

1. 编码方案

采用实数编码的方式作为染色体的编码机制。一个染色体对应求解问题的一个有效解,而染色体的具体形式由基因串组成,因此染色体的基因形式设计为(x_i, y_i, l_i, w_i)。若站点中共有 n 个矩形模块,则编码的染色体共有 n 个基因,如式(4-30)所示。

$$Z_k = \{(x_1, y_1, l_1, w_1), (\bar{x}_2, \bar{y}_2, \bar{l}_2, \bar{w}_2), \cdots, \\ (\bar{x}_{n-k}, \bar{y}_{n-k}, \bar{l}_{n-k}, \bar{w}_{n-k}), \cdots, (x_n, y_n, l_n, w_n)\} \tag{4-30}$$

基因上的 4 个点位分别代表第 i 个功能区或是连接通路对应的矩形模块的 X 轴坐标、Y 轴坐标以及矩形模块的长和宽。$(\bar{x}_{n-k}, \bar{y}_{n-k}, \bar{l}_{n-k}, \bar{w}_{n-k})$ 代表 Z_k 个体上的优势基因。种群中所有优势基因组成的集合成为优势集 N^*。确定种群优势时,通常选择每一代前 5%~10% 的较优个体,并将其基因进行对比,选取相同基因作为优势基因。

通过比较个体适应度值,可以找到较优个体及优势基因。适应度函数如式(4-31)所示。

$$g(k) = \frac{M}{\min F + u\varphi(k)} \tag{4-31}$$

式中,M 为较大常数;u 为惩罚函数 $\varphi(k)$ 的系数。惩罚函数 $\varphi(k)$ 计算如下:

$$\varphi(k) = \sum_{i=1}^{n-1}\sum_{j=i+1}^{n}\left[\left(|x_i - x_j| - \frac{l_i + l_j}{2}\right)^2 + \left(|y_i - y_j| - \frac{w_i + w_j}{2}\right)^2\right] \tag{4-32}$$

2. 优势基因结构

对于个体 Z,$(\bar{x}_{n-k}, \bar{y}_{n-k}, \bar{l}_{n-k}, \bar{w}_{n-k})$ 为第 $n-k$ 个矩形模块在站点平面中的几何中心的点坐标,并且 $(\bar{x}_{n-k}, \bar{y}_{n-k}, \bar{l}_{n-k}, \bar{w}_{n-k}) \in N^*$,$N^*$ 为优势集。Z 为个体 Z^* 上所有优势基因的集合,成为个体 Z 的优势基因结构,并且 $Z \in Z^*$,如式(4-33)所示。

$$Z_k = \left\{(\bar{x}_2, \bar{y}_2, \bar{l}_2, \bar{w}_2), \cdots, (\bar{x}_{n-k}, \bar{y}_{n-k}, \bar{l}_{n-k}, \bar{w}_{n-k})\right\} \tag{4-33}$$

对于优势基因,不参与交叉操作,直接进入下一代个体。

3. 微进化算子

(1) 选择策略。在微进化算法中,对于表现较好的染色体,它们将有更大的概率被选中繁殖并传递给下一代。换句话说,如果染色体在当前群体中表现优异,它们就会有更多的机会将优秀基因传递给后代。

(2) 基于基因结构的交叉算子。父代用来进行交叉操作的个体随机选取它们的一段基因进行交叉举例,父代个体的基因如式(4-34)和式(4-35)所示。

$$Z_1 = \left\{(x_1, y_1, l_1, w_1), (\bar{x}_2, \bar{y}_2, \bar{l}_2, \bar{w}_2), (x_3, y_3, l_3, w_3), (\bar{x}_4, \bar{y}_4, \bar{l}_4, \bar{w}_4)\right\} \tag{4-34}$$

$$Z_1 = \left\{(x_1, y_1, l_1, w_1), (x_2, y_2, l_2, w_2), (\bar{x}_3, \bar{y}_3, \bar{l}_3, \bar{w}_3), (\bar{x}_4, \bar{y}_4, \bar{l}_4, \bar{w}_4)\right\} \tag{4-35}$$

对两个父代个体的基因段进行对比,若父代上某位置存在优势基因,则子代个体上该基因位直接遗传父代的基因;若两个父代的该位置均不存在优势基因,则子代个体该基因位随机遗传两个父代中的一个该基因位的基因。假设优势基因结构 $(\bar{x}_2, \bar{y}_2, \bar{l}_2, \bar{w}_2)$ 在父代 1 中存在,则子代个体该基因位均为 $(\bar{x}_2, \bar{y}_2, \bar{l}_2, \bar{w}_2)$;若 $(\bar{x}_4, \bar{y}_4, \bar{l}_4, \bar{w}_4)$ 在两个父代中均存在,则直接遗传给子代。

4. 变异算子

在变异过程中,采用实值变异的方法。父代个体的优质基因直接保留,非优质基因随机挑选两个基因点位,使该基因点位的数值 a 在 $[0.95a, 1.05a]$ 范围内变动,从而产生新的变异个体。

4.3 案例研究：南京市地铁-货运站点布局

4.3.1 案例背景

1. 站点空间特征分析

为了探讨在有限的地下空间资源条件下，地铁-货运站点在可扩展区域内所能达到的最大物流作业能力，以及针对功能区和连接物流线路，如何进行 AGV 通道、竖井和传输带的空间布局规划，本节结合实际的南京地铁案例，设计一个中转站点，在"分离式"运输模式下进行定量分析。

在该案例中，换乘站点整体上分为三层，分别是客货站厅层（B1 层）、线路 1 客货站台层（B2 层）和线路 2 客货站台层（B3 层）。由图 4-6 站台层的概念图可知，站台层将沿用普通站点的"中岛双侧"式布局，两条地铁线路共有 4 个货运区域，其中线路 1 的两个货运区域分别仅同线路 2 中的一个货运区域有物流中转和作业任务。因此，本节将分别取两条线路中对应的两个区域进行建模计算，其物流作业量为原有站点站台层作业量的一半。由图 4-9 站厅层的概念图可知，站厅层呈镜像对称，因此为了便于计算和布局，将站厅层沿镜像对称线进行划分，本节仅对站厅层的一半区域进行建模和计算，其物流作业量计算结果也仅为原有站厅层作业量的一半，同站台层简化处理有效衔接。基于以上简化处理和站点可拓展空间的真实数据，对于 B1 层的站台层，其地铁站点可扩展区域面积为 $2\,736\,\text{m}^2$，可扩展区域近似为矩形，其二维空间坐标为{(0, 0)，(76, 0)，(76, 36)，(0, 36)}。对于 B2 层和 B3 层的站台层，其站点可扩展面积分别为 $2\,100\,\text{m}^2$ 和 $1\,474\,\text{m}^2$，其二维空间坐标分别为{(0, 0)，(70, 0)，(70, 30)，(0, 30)}和{(0, 0)，(67, 0)，(67, 22)，(0, 22)}，其轨道坐标设置为(60, 0)。

2. 站点货流特征分析

根据本章 4.2 节建模思路，站点内部各功能区和其连接线路可以近似简化为矩形模块，因此站点布局及作业流程可简化为如图 4-13 所示。其中，线路 2 客货站台层（B3 层）的货车轨道、装卸货及堆垛平台、调度区、传输带、竖井 i 值设置为 1~5；线路 1 客货站台层（B2 层）的货车轨道、装卸货及堆垛平台、调度区、传输带、竖井 i 值设置为 6~9；客货站厅层（B1 层）的竖井、分拣托盘化作业区、仓储区、中央自动化分拣作业区、AGV 通道、理货区和出入口 i 值设置为 10~16。

因为站点内部功能区之间的 OD 结构相对稳定，根据矩形模块布局和物流作业流程，站点的 OD 结构如表 4-5 所示。

第4章 基于作业流程设计的地铁-货运站点的布局和承载力研究

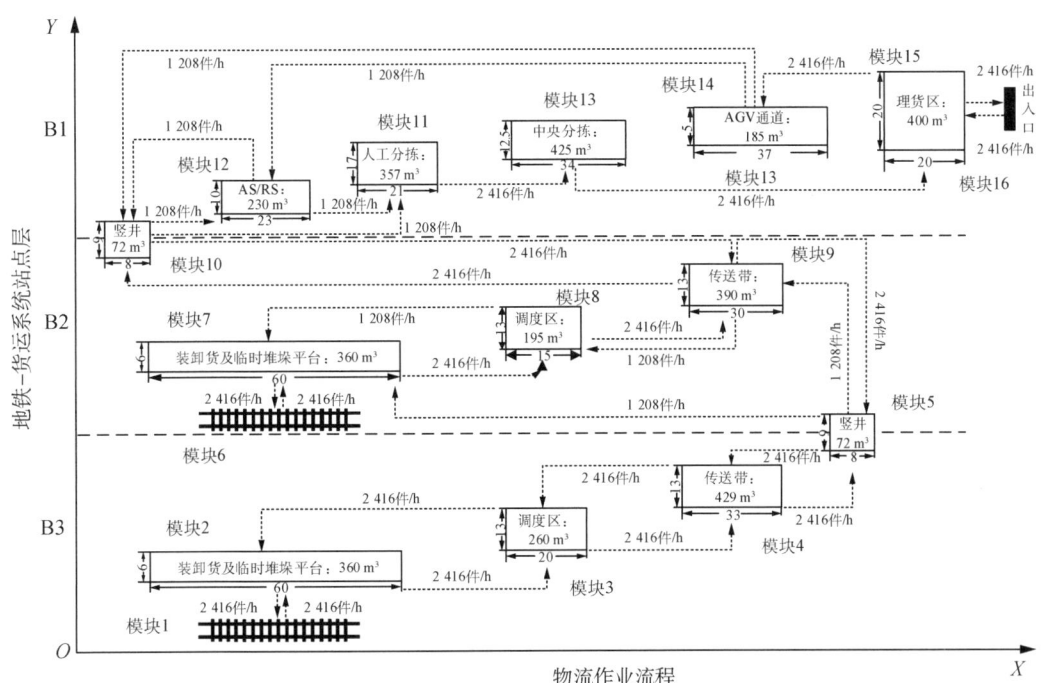

图 4-13 站点物流作业量(尺寸单位:m)

表 4-5 站点 OD 结构

i 值	1	2	3	4	5	6	7	8	9	10	11	12	13	14	15	16
1	0	1/25	0	0	0	0	0	0	0	0	0	0	0	0	0	0
2	1/25	0	1/25	0	0	0	0	0	0	0	0	0	0	0	0	0
3	0	1/25	0	1/25	0	0	0	0	0	0	0	0	0	0	0	0
4	0	0	1/25	0	1/25	0	0	0	0	0	0	0	0	0	0	0
5	0	0	0	1/25	0	0	1/50	0	1/50	0	0	0	0	0	0	0
6	0	0	0	0	0	0	1/25	0	0	0	0	0	0	0	0	0
7	0	0	0	0	0	1/25	0	1/25	0	0	0	0	0	0	0	0
8	0	0	0	0	0	0	1/50	0	1/25	0	0	0	0	0	0	0
9	0	0	0	0	1/25	0	0	1/50	0	1/25	0	0	0	0	0	0
10	0	0	0	0	0	0	0	0	1/25	0	1/50	1/50	0	0	0	0
11	0	0	0	0	0	0	0	0	0	0	0	0	1/25	0	0	0
12	0	0	0	0	0	0	0	0	0	1/50	1/50	0	0	0	0	0
13	0	0	0	0	0	0	0	0	0	0	0	0	0	1/25	0

(续表)

i 值	1	2	3	4	5	6	7	8	9	10	11	12	13	14	15	16
14	0	0	0	0	0	0	0	0	0	1/50	0	1/50	0	0	0	0
15	0	0	0	0	0	0	0	0	0	0	0	0	0	1/25	0	1/25
16	0	0	0	0	0	0	0	0	0	0	0	0	0	0	1/25	0

3. 站点物流作业参数设置

站点内部布局以及物流作业能力受到各功能区及它们之间的竖井、传输带和AGV通道的物流作业参数的影响,通过调研相关文献,得到其参数取值如表4-6所示。

表4-6　　站点物流设施特征参数

参　数	取值	单位
竖井单位面积装载货物量	10	件/m^2
竖井面积利用系数	0.8	—
仓储区单位面积装载货物量	20	件/m^2
仓储区面积利用系数	0.8	—
工人理货效率	90	件/h
调度平台机械手臂工作效率	180	件/h
装卸载区货物平均堆放时间	0.06	h
传输带平均运输速度	4	m/s
单位面积传输带可以放置的货物重量	2	件/m^2
托盘长度	1.2	m
中央自动化分拣设备工作效率	180	件/h
AGV 平均速度	6	m/s
AGV 载重量	20	件
AGV 车间安全间距	5	m
AGV 车辆长度	0.5	m
单位运费	0.02	元/(件·km)

4.3.2　结果分析与讨论

根据本章4.2节对功能区布局模型的构建和微进化算法的设计,设交叉概率为0.3,变异概率为0.08,种群规模为60,终止迭代次数为300次,将OD结构矩阵数据和站点物流设施特征参数代入模型,利用MATLAB编写程序计算。

通过计算,功能区之间、功能区同其连接通路之间的物流作业量以及功能区的面积优化结果如图4-13所示。在稳定的OD结构和优化的空间布局下,站点单位时间(1 h)内集疏运货量最高为 1.45 万件,各功能区及其连接线路在最优布局下占站点可用地下空间资源的 59.4%。

由各站点层数据可得,站厅层(B1 层)、线路 1 客货站台层(B2 层)和线路 2 客货站台层(B3 层)的功能区的站点层面积占比分别为 76.1%,48.4%,58.8%。对站厅层数据进行分析表明,由于理货区和分拣托盘化作业区为人工作业,效率较低,未能达到物流自动化机械设备的作业水平,因此,为了满足物流作业需求,理货区和分拣托盘化作业区所占面积较大,站厅层单位空间面积物流作业能力较低。对站台层数据进行分析可知,其空间利用率相对较小,还有很大的提升空间。因为站点的物流作业能力是站点各层协同运作的结果,因此站厅层的低效会减少站台层的物流作业量,并进一步影响站台层的空间布局。

在后续布局规划中,站厅层须引入自动化设备和系统,逐渐替代现有人工作业流程,优化理货和分拣区域,提高物流作业能力。对于线路 1 和线路 2 的站台层,在站厅层物流作业量提升的基础上,须进一步利用现有富余的站台空间,对各功能区进行扩展,从而提高站点的整体物流作业能力,并实现地下空间资源的高效利用。

站点各功能区及其连接通路对应站点层内坐标值如表 4-7 所示。基于站点内部物流作业流程,货物运输距离如表 4-8 所示。货物自线路 2 站台层经过仓储环节后理货发出的运输距离最大,为 250 m。货物在线路 2 站台层转运至线路 1 站台层后发出的运输距离最短,为 108 m。结合各功能区之间的货物运输量,站点内部单位时间内(1 h)货运总周转量为 0.24 万件·km。货物经由站厅层至线路 2 站台层直接出货的货运周转量占货运总周转量的比率最高,达到 20%。站点内部物流运输费用为 0.72 万元。结合站点内部布局优化方案,在站厅层自动化程度提高的基础上,货物的站内运输距离可以得到极大减少。同时,随着站点货物作业能力的提高,站点内部单位货物运输成本也会得到进一步降低。

表 4-7 站点功能区布局坐标

站点层	功能区	几何中心坐标
站厅层	仓储区	(45,25)
	中央自动化分拣作业区	(41,6)
	理货区	(66,10)
	AGV 通道	(39,17)
站厅层	竖井	(20,10)
	分拣托盘化作业区	(68,10)
线路 1 站台层	调度区	(61,17)
	装卸货及堆垛平台	(32,30)
	竖井	(25,17)
	传输带	(48,17)

(续表)

站点层	功能区	几何中心坐标
线路2站台层	调度区	(52,13)
	装卸货及堆垛平台	(31,30)
	竖井	(4,13)
	传输带	(25,13)

表 4-8　　　　　　　　　　站点货物运输距离

运输起点	运输终点	作业流程	运输距离/m
线路2站台层	站厅层	直接出货	220
线路2站台层	站厅层	仓储暂存后出货	250
线路1站台层	站厅层	直接出货	152
线路1站台层	站厅层	仓储暂存后出货	182
站厅层	线路1站台层	直接出货	134
站厅层	线路2站台层	直接出货	202
线路2站台层	线路1站台层	转运出货	108
线路1站台层	线路2站台层	转运出货	120

4.3.3 "拖挂式"和"分离式"运行模式的比较

"拖挂式"和"分离式"两种运行模式在各个方面各有其优劣和可行性,总结为表 4-9 所示。

表 4-9　　　　　　　　　地铁-货运系统运行模式对照

不同方面	"分离式"	"拖挂式"
节点改造难度与改造面积	高	中
网络化后的货运效率和能力	低-高	中-高
货运组织复杂度及时间窗要求	高	高
视觉及空间干扰	中	几乎无
装箱要求	中	极高
节点货物到达及处理情况	间断型	连续型
是否支持夜间运行	是	否
受地铁网络布局影响的程度	高	中

在节点改造方面,"分离式"模式下的节点显然需要更大的货运站台,并配备更大规模

的仓储空间和物流作业区,以应付"间断"到达的大批次运输单元;而"拖挂式"模式下的运输呈现"小批次、高频、连续型"的特点,能够较好地控制节点峰值符合网络中的货流密度。在网络货运效率和能力方面,"拖挂式"模式每天可以组织大批次的"货运拖挂计划",使得地铁运行期内的货运弹性很大,当需求突然增多时,可通过增加货运计划加以应对;"分离式"模式在地铁运行期内的运量受到客运计划时间表的直接限制(即货运班次的安排不可超过最小列车安全间隔),但"分离式"模式下的独立货运列车可以在地铁停运期间(夜间)进行超时配送,货运效率将极大地得到弥补。

从货运组织的复杂程度及时间窗要求来看,两种模式都处于高水平。"分离式"模式对列车离开换乘站点再次进入隧道的时间窗要求较高;而"拖挂式"模式对站点停靠装卸货的时间窗要求较高,二者都涉及复杂的网络运营调度问题。同时,"拖挂式"模式对装箱的要求极高,由于"拖挂式"模式下的列车货运计划是具有弹性的,因此装箱的效率将直接决定网络的运输量。另外,由于"分离式"模式下的货运列车在行进过程中需要在每个非货运站点的地铁站都停靠,以保持其和前、后班次客运列车的时间间隔,此时的货运列车需要停靠在乘客站台位置,必然会对视觉和空间造成一定的影响,而"拖挂式"模式不存在这样的问题。

综合来看,在足够成熟的技术支持下,"拖挂式"地铁-货运系统运行模式的服务水平和质量将高于"分离式"模式。

另外,"拖挂式"模式因为改造难度较低以及受现有网络布局的影响程度相对较小,更适合在对已有地铁网络进行改造的基础上推行;而"分离式"模式因为对列车进出站的时间窗要求较高,不适合应用于复杂网络,更适用于城市新区开发进程中的单条地铁-货运线路规划。以北京市为例,"拖挂式"模式适合应用于五环内的高密度地铁网络,而"分离式"模式更适合应用于类似北京城市副中心这样的新建城区。在未来的大都市中,甚至会由两种运行模式同时存在的情况,整体上形成一个以"拖挂式"模式为中心的高密度网络外加以"分离式"模式为辅的若干地铁-货运专线,以满足城市的不同货运需求。

本节重点讨论了两种典型的地铁-货运系统("拖挂式"和"分离式")的运行模式和节点设计,但不代表地铁-货运系统网络的运行仅限于这两种模式。随着技术和设计理念的不断进步,一些之前认为难以实现的方案原型或将具备可行性。城市地下空间丰富的资源为地铁-货运系统的多样化运行带来了不断的可能。例如,在"拖挂式"模式下实现货运车节与客运车节的脱钩与自由组合;在"分离式"模式下,在原有地铁站点附近新建一个地下货运站点和连通隧道,而不是对地铁站进行货运功能区拓展,或者对"分离式"模式下的客运时间表进行调整,从而安排更多的货运班次等。

4.3.4 站点的 BIM 模型构建

建筑信息模型(Building Information Modeling,BIM)能够轻松集成建筑生命周期内各个阶段的工程信息,包括物理信息、几何信息、工程信息、造价信息和制造装配信息等,并支持多方利益相关者对项目信息进行调用、修改、存储等,实现建筑设计与外部环境信息协同。当前,BIM 技术在城市基础设施工程项目,特别是地下交通工程、地铁站点工程中的应用十分活跃。BIM 建模具有可视化(直观信息反馈)、可协调性(碰撞检验)、可模拟性(模拟建筑模型所面临的各种施工工况和运行环境)和可参数化(方案优化与特殊功能设计)等优势,能够为规划人员提供多维决策支持。

本节针对"分离式"地铁-货运换乘站点空间布局进行可视化呈现,依托 AutoDesk Revit 平台建立整个站点的建筑信息模型。根据真实地铁站的空间比例对站内各客、货运区域和设备的大致尺寸进行界定和缩放。具体过程如下:

(1) 建立初步标高轴网,根据标高定位形成站台层、站厅层建筑平面;
(2) 将在 CAD 中绘制的地铁-货运站点空间布局图以 dwg 格式导入 Revit;
(3) 按照单元尺寸建立系统族(柱、梁、墙、板),赋予材质;
(4) 根据站内物流设施配置(货运车节、轨道、AGV、升降竖井、货架、传输带等),建立构件族,并赋予材质信息;
(5) 自下而上搭接建筑样板框架(包括客货衔接部分和地面"最后一公里"配送部分);
(6) 参照布局草案将构件定位于相应功能区内;
(7) 地铁-货运站点内饰布置及图层排查;
(8) 标注功能区协同运行流程指示物;
(9) 关键视角选取(如垂直升降竖井、装卸货平台、站厅分拣操作、物流出入等),进行物理渲染。

站点的建筑底端标高设计为地平线以下 27.9 m,客、货站台层高均设计为 5.2 m,站厅层高均设计为 7 m。对模型进行渲染,得到三维效果图,如图 4-14 和图 4-15 所示。

4.4 本章小结

本章从微观层面对地铁-货运系统网络站点内部物流作业机制及功能区布局进行了系统分析。

(1) 基于运输单元的形式以及一般物流枢纽或网点的作业流程,梳理了站点的物流功能特征,并根据站点的功能特性,结合"分离式"和"拖挂式"运行模式,分别设计了中转站点和普通站点的作业流程。将站点按照站厅层和站台层,划分为装卸货及临时堆垛平台、进出货调度平台、立体仓储区、分拣及托盘化作业区、进出货理货区以及自动化分拣作业区等主要功能区。功能区之间通过 AGV 通道、竖井和传输带进行货物运输。

图 4-14 换乘式地铁-货运站点建筑模型与渲染（1）

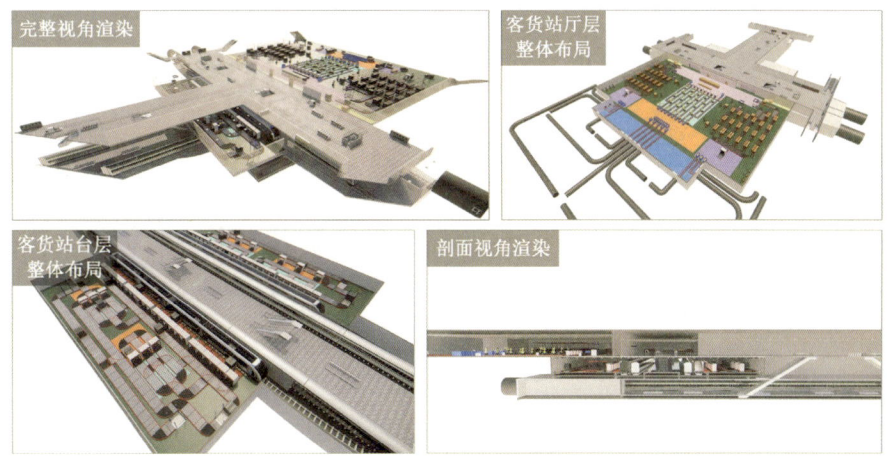

图 4-15 换乘式地铁-货运站点建筑模型与渲染（2）

(2) 在功能区划分的基础上,引入"承载力"的概念,将站点的作业能力转化为对其承载力的研究,对站点各功能区及它们之间的连接线路构建基于其面积的承载力模型。同时,基于复杂系统理论,将站点微网络化,各功能区作为真实节点,AGV 通道、竖井和传输带作为虚拟节点,节点之间通过虚拟路径连接,对站点的承载力分析转化为对站点微网络流最大化的研究。同时,通过将站点和节点近似矩形化,将站点的布局问题转化为矩形化模块的组合问题。合理的站点布局可以有效减少站点内部货物运输成本。因此,基于以上建模思路,本章构建以站点微网络流最大化和物流运输成本最小化为目标、节点承载力和有限的空间资源为约束条件的站点布局规划多目标优化模型,并设计了微进化算法用于求解此类问题。

(3) 根据布局规划模型,在"分离式"运行模式下,求解得出站点的最优布局。对结果分析可得,某地铁中转站点 1 h 内物流作业量为 1.45 万件,站点整体空间利用率为 59.4%,物流运输总成本为 0.72 万元。结果表明,通过后续提升站厅层的自动化设备利用程度,可以有效提高站厅层的物流作业能力;同时对站台层现有功能区进行相应的扩展,站点整体的作业能力可以得到极大提高。

(4) 从站点的功能布局和设计等角度进一步比较了"分离式"和"拖挂式"运行模式的优劣。综合来看,"拖挂式"地铁-货运系统运行模式的服务水平和质量将高于"分离式"。最后,根据优化结果对站点进行可视化 BIM 模型建构。

第 5 章
轴辐式地铁-货运系统多级网络规划

通过优化地铁网络中设施节点的选址和分配方式,可显著提升货运绩效。本章基于工程优化原理,为一类非严格轴辐式地铁-货运网络布局规划了一套建模方法,将实际问题抽象为数学模型,以建设运营阶段的成本为目标,优化节点-线网配置。

本章首先对网络中三类节点的功能和约束进行定位。考虑地下货运网络容量受限,提出了货流单一性、订单优先级和区域可达性三个指标,并设计 E-TOPSIS 综合评价方法对地铁-货运系统的服务范围进行划分。接下来为地铁-货运多级节点选址-分配组合优化问题开发混合整数规划模型,并设计精确式算法和启发式算法来求解模型。

5.1 最优化问题描述

基于地铁开展城市货运的规划运筹问题需充分考虑以下特征[1]:

(1) 系统服务能力受限。主要体现在各级节点的货物处理能力限制、各级节点的服务范围限制和地铁隧道的通行能力限制三个方面。

(2) 多式联运网络层次复杂。地铁-货运网络处于物流供应链的末端,但是地下网络设施本身存在分层机制,同时也有与网络有关的其他设施节点(如城市物流园区、新建地面终端、客户需求点等)。

(3) 客货混合运输组织复杂。地铁网络根据城市和区域的人流进行选址布局,客货混合运输的前提是不能影响地铁客运的功能和效率。因此,应充分注意到乘客和货物的流向性差异,对地铁-货运网络进行科学选址规划。

依据第 3 章、第 4 章中地铁-货运运行模式和站点功能设计,将地铁-货运网络规划问题抽象成一类容量受限下的多级网络设施选址-分配问题(Multi-echelon Location-Allocation Problem with Capacity Constraint,MC-LAP)。以地铁-货运系统"地下运输+地面终端配送"总网络的总运输成本和总建设成本最小为目标,对以下三类节点的选址和相互之间的归属关系进行建模优化。

(1) 地铁-货运站点:如第 2 章所述,地铁-货运站点定义为开放货物装卸功能的地铁站，它连接地铁系统与地面终端，本身可分为普通站点和带货物换乘功能的站点。地铁-货运站点的数量和分布直接影响系统服务效率和总成本，本章将采用启发式算法搜索站点选址，建立节点选址-分配优化模型。

（2）地面终端：优化对象之一，与地铁-货运站点具有归属关系。地面终端主要指代区域配送网点，也可以是大型商超、零售商等，其功能为接收从上级节点（地铁-货运站点）发来的货物并分配给邻近客户。但考虑到其货运性质和服务范围与传统路面物流差别较大，因此本章中拟规划的地面终端均为新建设施，而不考虑与现有地面终端对接。选址-分配关系由客户需求和地铁-货运站点的位置联合确定，需要对其在城市中的布局进行全盘规划。本章将地面终端选址转化为带约束的集合覆盖问题（Capacitated Set Covering Problem，C-SCP），构建地面终端选址的集合覆盖模型。

（3）客户需求点：优化对象之一，由于地铁系统的运输能力受限，难以满足物流园区的全部货运任务，因此，客货共线模式首先需要界定服务对象。本章从物流效益最大化的角度，基于已有数据对客户需求点进行评价，按最大化地下货量筛选合适的地铁-货运系统服务区域。

为了简化建模，提出如下假设：

（1）货运计划不可以改变地铁的原运行时刻表；
（2）不考虑货流在换乘地铁-货运站点处的转运时间，但是考虑了转运的成本；
（3）地铁-货运系统不考虑城市内部客户至客户（C2C）类型的物流；
（4）OD 对表示每个需求点每天与各物流园区之间流通的货量大小；
（5）不考虑城市的路网状况对最后地面配送的影响，则可将这个过程简化为点与点直连的模式，可采用 P-中位模型（P-medium Layout）求解；
（6）换乘地铁-货运站点不可以向地面终端提供配送服务；
（7）每个备选地面终端归属于唯一的地铁-货运节点，即货物的来源是唯一的；
（8）不考虑地铁-货运的建设和仓储条件。

对于本章模型中设计的符号定义参见第 2 章 2.6.1 节。

5.2 基于轴辐式布局的多级地铁-货运节点选址-分配-路径模型

5.2.1 地面终端选址的集合覆盖模型

定义 $U(j)$ 和 $V(i)$ 分别表示覆盖需求点 β_i 的地面终端构成的集合以及所有被地面终端 α_j 覆盖的需求点，设 Y_{ij} 为 α_j 对 β_i 的货量分配系数。另定义决策变量 X_j 表示 α_j 处是否设置地面终端，构建如下混合整数规划模型：

$$P(2): \quad \min \sum_{j,\ \alpha_j \in \xi_A} X_j \tag{5-1}$$

$$\sum_{j,\,\alpha_j \in V(i)} Y_{ij} = 1, \ \forall \beta_i \in \xi_A \tag{5-2}$$

$$\sum_{x=1}^{n} \sum_{i,\,\beta_i \in U(j)} Q_i^x Y_{ij} \leqslant [Q_{\max}^r] X_j, \ \forall r \in \Gamma_K \tag{5-3}$$

$$L(i,j) \leqslant R, \ \forall \beta_i \in U(j); \alpha_j \in V(i) \tag{5-4}$$

$$X_j \in \{0,1\}, \ \forall \alpha_j \in V(i) \tag{5-5}$$

目标函数式(5-1)为地面终端最小集合覆盖数;约束式(5-2)规定了由各终端节点分担的该区域需求量总和应等于式(2-13)中求出的放入地下的货运 OD 量;约束式(5-3)和式(5-4)分别表示地面终端的最大货物处理能力和最大服务半径;式(5-5)为决策变量的范围。

为统一表述,将以上模型写成矩阵的形式 $\boldsymbol{W} \cdot \boldsymbol{K} \leqslant \boldsymbol{b}$,其中 $\boldsymbol{W}$ 为矩阵,$\boldsymbol{K}$,$\boldsymbol{b}$ 为向量。

矩阵 $\boldsymbol{W}$ 为 $2n$ 行 $n(n+1)$ 列的矩阵。其中,第 $1 \sim n$ 行中:$1 \sim n$ 列均为 0;$n+1 \sim 2n$ 列的主对角线上的元素为 $D_{11}^r, D_{21}^r, \cdots, D_{n1}^r$,其余均为 0,以此类推;$\boldsymbol{W}$ 的第 $n+1 \sim 2n$ 行中:$1 \sim n$ 列主对角线上均为 $-[Q_{\max}^r]$,其余均为 0,$n+1 \sim 2n$ 列的第 $n+1$ 行元素分别为 $D_{11}^r Q_1^x, D_{21}^r Q_2^x, \cdots, D_{n1}^r Q_n^x$,其余行均为 0,以此类推。矩阵 $\boldsymbol{D}$ 定义为

$$\boldsymbol{D}_{ij} = \begin{cases} 1, & L(i,j) \leqslant R \\ 0, & L(i,j) > R \end{cases} \tag{5-6}$$

$$\boldsymbol{W} = \sum_{x \in N} \begin{bmatrix} 0 & 0 & \cdots & 0 & D_{11}^r & 0 & \cdots & 0 & D_{12}^r & 0 & \cdots & 0 & D_{1n}^r & 0 & \cdots & 0 \\ 0 & 0 & \cdots & 0 & 0 & D_{21}^r & \cdots & 0 & 0 & D_{22}^r & \cdots & 0 & 0 & D_{2n}^r & \cdots & 0 \\ \vdots & \vdots & & \vdots & \vdots & \vdots & & \vdots & \vdots & \vdots & & \vdots & \vdots & \vdots & & \vdots \\ 0 & 0 & \cdots & 0 & 0 & 0 & \cdots & D_{n1}^r & 0 & 0 & \cdots & D_{n2}^r & 0 & 0 & \cdots & D_{nn}^r \\ -[Q_{\max}^r] & 0 & \cdots & 0 & D_{11}^r Q_1^x & D_{21}^r Q_2^x & \cdots & D_{n1}^r Q_n^x & 0 & 0 & \cdots & 0 & 0 & 0 & \cdots & 0 \\ 0 & -[Q_{\max}^r] & \cdots & 0 & 0 & 0 & \cdots & 0 & D_{12}^r Q_1^x & D_{22}^r Q_2^x & \cdots & D_{n2}^r Q_n^x & 0 & 0 & \cdots & 0 \\ \vdots & \vdots & & \vdots & \vdots & \vdots & & \vdots & \vdots & \vdots & & \vdots & \vdots & \vdots & & \vdots \\ 0 & 0 & \cdots & -[Q_{\max}^r] & 0 & 0 & \cdots & 0 & 0 & 0 & \cdots & 0 & D_{1n}^r Q_1^x & D_{2n}^r Q_2^x & \cdots & D_{nn}^r Q_n^x \end{bmatrix}$$

$$\boldsymbol{K} = \{X_1, X_2, \cdots, X_n, Y_{11}, Y_{21}, \cdots, Y_{n1}, Y_{12}, Y_{22}, \cdots, Y_{n2}, \cdots, Y_{1n}, Y_{2n}, \cdots, Y_{nn}\}^T;$$

$$\boldsymbol{b} = \{-1, \cdots, -1, 0, \cdots, 0\}^T \tag{5-7}$$

向量 $\boldsymbol{K}$ 为一个 $n+n^2$ 维向量;向量 $\boldsymbol{b}$ 的前 n 行为 -1,后 n 行为 0。所有同时满足条件 $\boldsymbol{W} \cdot \boldsymbol{K} \leqslant \boldsymbol{b}$ 和 $0 \leqslant Y_{ij} \leqslant 1$,并且 $i, j \in V_R^*$ 的解 $\boldsymbol{K}$ 即构成满足最大服务能力限制和系统服务区域全覆盖条件下的地面终端选址可行解空间。定义 $i \in \Gamma_C$ 表示经筛选后确定接受地下物流服务的需求点。

5.2.2 地铁-货运节点的选址-分配模型

$$P(3): \quad \min \sum_{j \in R_D}(m_j C_j^D + v_j^x C_u^H) + \sum_{i \in \Gamma_C}\sum_{j \in R_D} c_d^{k_{ij}} m_j z_{ij}^r +$$

$$\sum_{i \in \Gamma_C}\sum_{j \in R_D}\sum_{x \in N}\left[c_u^{k_{xj}} m_j f_i^x + \delta^{k_{xj}}(1 - v_j^x)\right] \tag{5-8}$$

$$\sum_{i \in \Gamma_C} Q_i^x f_i^x + \sum_{i \in \Gamma_C}\sum_{j \in R_D} Q_i^t z_{ij}^r \sum_{u \in R_H} \vartheta_u^x \leqslant [\omega_{\max}^x], \ \forall t, x \in N, t \neq x \tag{5-9}$$

$$\sum_{i \in \Gamma_C}\sum_{x \in N} Q_i^x f_i^x z_{ij}^r m_j \leqslant [Q_{\max}^j], \ \forall j \in R_D \tag{5-10}$$

$$\sum_{i \in \Gamma_C}\sum_{j \in R_D}\sum_{x, t \in N} Q_i^t z_{ij}^r \vartheta_u^x \leqslant [T_{\max}^u], \ \forall u \in R_H, \forall t \neq x \tag{5-11}$$

$$\sum_{j \in R_D} z_{ij}^r = 1, \ \sum_{i \in \Gamma_C} z_{ij}^r \geqslant 1, \ \forall f_i^x = 1, \forall r \in \Gamma_K, \forall x \in N \tag{5-12}$$

$$z_{ij}^r \leqslant m_j, \ \forall f_i^x = 1, \forall i \in \Gamma_C, \forall j \in R_D, \forall x \in N \tag{5-13}$$

$$\sum_{j, r}\sum_{x \in N} y_{jr}^x = \sum_{j \in R_D} m_j, \ \forall j, h \in R_D \tag{5-14}$$

$$\sum_{u \in R_H} \vartheta_u^x \leqslant 2, \ \forall x \in N, \forall x, j \in K \tag{5-15}$$

$$m_j, f_i^x, z_{ij}^r, v_j^x, \vartheta_u^x, y_{jr}^x \in \{0, 1\},$$
$$\forall i \in \Gamma_C, \forall j \in R_D, \forall u \in R_H, \forall r \in \Gamma_K, \forall x \in N \tag{5-16}$$

目标函数式(5-8)为地铁-货运多式联运成本,由节点建设成本、地面运输成本、地下运输成本和转运成本组成;约束式(5-9)和式(5-10)分别为地下隧道运输能力限制和地铁-货运节点的货物处理能力限制;约束式(5-11)确保枢纽节点处的转运能力不受破坏;约束式(5-12)保证地铁-货运节点至少与一个地面终端相连,且地面终端的归属具有唯一性;约束式(5-13)保证货流仅分配给开放货运功能的地铁站;约束式(5-14)确保每个地铁-货运节点都被访问;约束式(5-15)规定任意地下 OD 对的转运次数不得超过两次;式(5-16)为决策变量的范围。

5.3 模型求解

5.3.1 模型的分解与简化

以上数学模型是一个具有复杂网络特征,融合客户层、中间层(地面终端)、地下连接层(地铁-货运节点、地铁-货运站点枢纽)、供应层(城市物流园区)为一体的 NP-Hard 模型,求解的难点在于没有任何一层节点信息可以被完整调用,非线性优化角度的选择对算法复杂度的影响巨大。而一旦供应关系和地面终端的生成策略被确定,MC-LAP 则简化为容量受限下多阶段联合运输网络设计问题。

为提升计算效率,采取如下求解策略:首先将城市物流园区的开放决策和换乘地铁-货运站点的激活决策作为控制变量以削减供应层,再根据 E-TOPSIS 法对随机生成的地面终端集合内部的需求点特性进行评价,以备选地面终端集合代替需求点从而削减客户层。接下来为现有开放策略下的地铁-货运节点种群选择一批最优附属地面终端,并为其添加基于最短路径的线路导航机制。此时,模型的解空间由五维 $X \times R_D \times R_H \times \varGamma_K \times \varGamma_C$ 降至三维 $X \times R_D \times \varGamma_K$,在低维度解空间中采用免疫克隆选择算法(Immune Clone Selection Algorithm,ICSA)搜索本阶段地铁-货运节点的优先开放位置及最优地面终端选址。最后,剔除已服务的需求点并将即时流量和分配结果反馈给上层模型进行新一轮的评价和迭代计算,直到无法生成新的地面终端或达到系统服务上限。算法流程和模型的分解如图 5-1 所示。

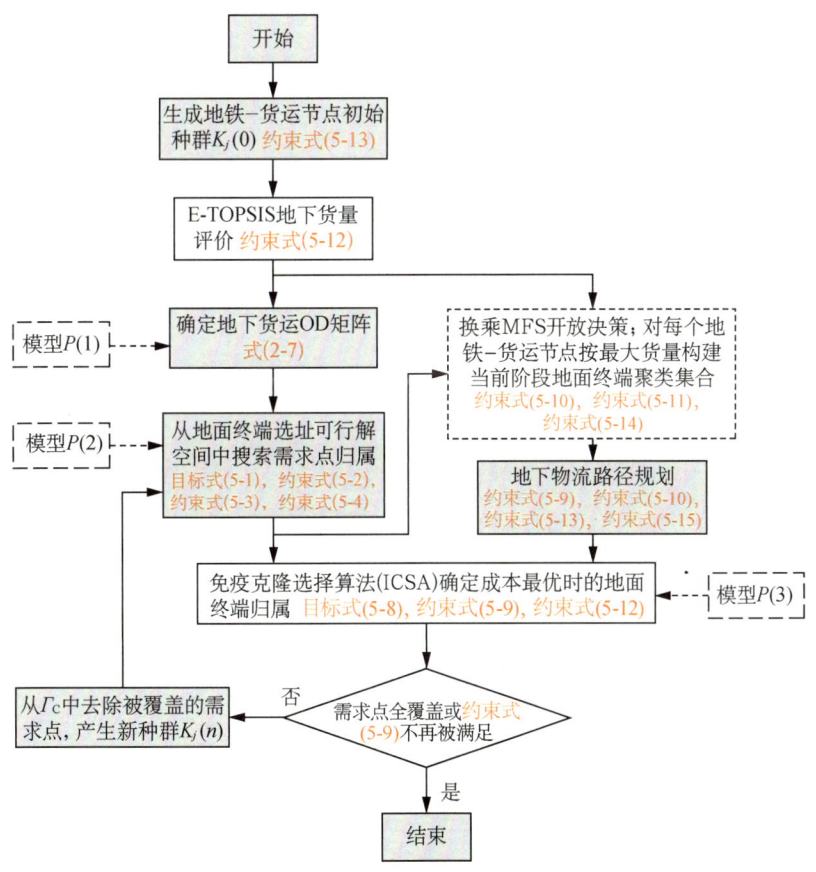

图 5-1 模型分解及算法框架

5.3.2 集合覆盖精确式算法

根据第 2 章 2.4.2 节中模型 $P(1)$[式(2-13)]的结果,地面终端选址集合覆盖模型 $P(2)$ 的精确式算法实现流程如下:

步骤 1:初始化,令所有 $X_j=0$,$Y_{ij}=0$,并清空集合 $U(j)$ 和 $V(i)$;

步骤 2:选择下一个地面终端,在 Γ_C 中选择 $X_j=0$,找出 j' 使得 $|U(j')|=\max\{|U(j)|\}$,令 $X_{j'}=1$,并在集合 Γ_C 中剔除 j';

步骤 3:确定备选地面终端 j' 的覆盖范围,将 $U(j')$ 中的元素按 $V(i)$ 的规模从小到大指派给 j',直到 j' 的容量为 $Q_{\max}^{j'}=0$ 或 $U(j')=\varnothing$。其中,对于 $i\in U(j')$ 且 $Y_{ij}\leqslant 1$,若 $\overline{Q}_i(1-Y_{ij})\leqslant Q_{\max}^{j'}$,则令 $Y_{ij'}=1-Y_{ij}$,$Q_{\max}^{j'}=Q_{\max}^{j'}-\overline{Q}_i(1-Y_{ij})$,$Y_{ij}=1$,在 $U(j')$ 和 Γ_C 中剔除需求点 i;若 $\overline{Q}_i(1-Y_{ij})>Q_{\max}^{j'}$,则令 $Y_{ij'}=Q_{\max}^{j'}/\overline{Q}_i$,$Y_{ij}=Y_{ij}+Y_{ij'}$,$Q_{\max}^{j'}=0$。

步骤 4:若 Γ_C 为空,停止;否则,更新集合 $U(j)$ 和 $V(i)$,转入步骤 2。

算法伪代码:地面终端选址的集合覆盖模型
1. Initialization $X_j=0$,$Y_{ij}=0$,Γ_C
2. clear $U(j)$,$V(i)$
3. while $X_j=0$ do
4.   for $j'\in \Gamma_C$, find $|U(j')|=\max\{|U(j)|\}$
5.   if true then
6.   let $X_{j'}=1$, remove j' from Γ_C
7.   end if
8.   end for
9.   for $j\in U(j)$ do
10.   assign to j' subsequently according to length $V(i)$
11.   untile $Q_{\max}^{j'}=0$ or $U(j')=\varnothing$ end
12.   for $i\in U(j')$ and $Y_{ij}\leqslant 1$ do
13.   if $\overline{Q}_i(1-Y_{ij})\leqslant Q_{\max}^{j'}$ then
14.   let $Y_{ij'}=1-Y_{ij}$,$Q_{\max}^{j'}=Q_{\max}^{j'}-\overline{Q}_i(1-Y_{ij})$,$Y_{ij}=1$
15.   remove i from Γ_C
16.   end if
17.   if $\overline{Q}_i(1-Y_{ij})>Q_{\max}^{j'}$ then
18.   let $Y_{ij'}=Q_{\max}^{j'}/\overline{Q}_i$,$Y_{ij}=Y_{ij}+Y_{ij'}$,$Q_{\max}^{j'}=0$
19.   end if
20.   check $\Gamma_C\neq\varnothing$
21.   if true then
22.   return to line 4
23.   end if
24. end while

5.3.3 免疫克隆选择算法

免疫克隆选择算法(ICSA)的灵感源于生物免疫系统中抗体的克隆选择原理,用来解释一种抗原刺激下自适应免疫应答的基本特征。ICSA 算法凭借强大的数据搜索能力,已在求解诸如组合优化、智能优化和生产调度等问题中得到了广泛的应用。但是 ICSA 算法的收敛速度较慢,免疫概率、克隆概率相对固定,在求解复杂问题时可变度较低。本节针对地面终端可行解多、各阶段信息反馈频繁等特点,通过引入一种基于正态分布的自适应变异操作在全局范围内均匀、动态地对每个满足变异率的抗体的 σ 临域内进行高概率变异,增强了搜索的随机性和稳定倾向性,可以有效地防止求解陷入局部最优。图 5-2 展示了 ICSA 算法的基本思路。

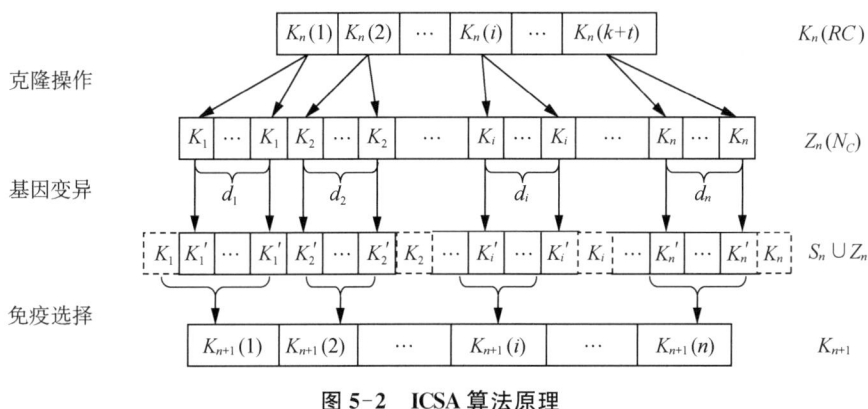

图 5-2 ICSA 算法原理

ICSA 算法求解地铁-货运节点选址-分配模型的具体步骤如下。

步骤 1:产生初始种群。初始抗体来自记忆单元群体,这些抗体群从可行解空间中随机产生。抗体的编码包含地铁-货运节点的开放方案和 E-TOPSIS 中反馈的地面终端选址信息。初始抗体群记为 $K_0(RC)$,它是由 RC 个随机产生的抗体组成的。

步骤 2:解的多样性评价。从父代种群 $K_n(RC)$ 中分别选择适应值最高的个体 $a = RC \times 20\%$ 以及亲和力最低的个体 $b = RC \times 20\%$ 组成解向量。根据勒默平均(Lehmer mean)构建亲和力表达式,表示抗体与抗原之间的匹配程度,计算得到第 u 个解向量的亲和力。

$$I_u = \frac{1}{1+Q(u,v)};\ \forall Q(u,v) = \frac{\sum_{u \neq v} \left\| F_b(u) - F_b(v) \right\|^2}{\sum_{u \neq v} \left\| F_b(u) - F_b(v) \right\|} \tag{5-17}$$

其中,I_u 为第 u 个解向量的亲和力,F_b 为目标函数式(5-8),$Q(u,v)$ 为勒默平均,该均值表示抗体 u 与其他所有抗体 $u \neq v$ 的平均欧几里得距离。

步骤 3:克隆操作。通过抗体评估计算克隆比例,克隆比例取决于抗体与抗原之间的亲和力以及抗体与其他抗体之间的相似性。复制 $a+b\pm t$ 个被选择的抗体产生克隆种群 $Z_n(N_C)$。具体的,所有被选择的抗体所产生的克隆体的总数为

$$N_{\mathrm{RC}} = \sum_{u=1}^{a+b\pm t} round[RC(1-I_u)] \qquad (5\text{-}18)$$

步骤 4：基因变异操作。从 $Z_n(N_{\mathrm{RC}})$ 中选择一批克隆体对它们进行高斯型变异，得到种群 S_n。变异率采用一种自适应的策略，并与抗体的适应值 f_k 相关联。这种变异操作可表示为 $c_j = normrnd(c_j, \sigma, 1, 1)$。其中，$c_j$ 为克隆体的第 j 个属性；$normrnd$ 为一个服从均值为 c_j，标准差为 σ 的正态分布随机数。抗体的 σ 临域跟随其适应值和亲和力自适应调整为 $\sigma = \omega I_u / f_k$。

步骤 5：免疫选择操作。从 $S_n \cup Z_n$ 中选择一批 f_k 最高的抗体组成记忆种群 Y，再从记忆种群 Y 中选择适应值最高的 $30\% k$ 个抗体来更新种群 K_n 中适应值最低的等数量抗体，产生子代种群 K_{n+1}。

步骤 6：节点搜索重置。当达到最大迭代次数 N 后，检查 $I_y^{(n+1)}(i)$，若存在 i 使得 $I_y^{(n+1)}(i) > \max\limits_{t \neq y} I_t^{(n+1)}$，则更新目标成本 $F_b(i)$，将当前未被服务的需求点信息反馈给 E-TOPSIS 评价模型进行新一轮的迭代；若不存在，算法终止。

5.4　案例研究：南京市地铁网络规划研究

以第 2 章 2.6.1 节中的南京市地铁网络案例为背景，结合南京市的基本货运情况、物流需求和地铁-货运系统的服务能力，对依托南京市地铁开展地下物流的最优节点选址和网络布局进行优化，所得出的结果将解释所提出的规划模型和算法在解决实际问题方面的有效性。

所提出的算法利用 MATLAB R2018b 软件进行编程，程序执行环境为 Windows 10，Intel Core I7-7700K 4.2 GHz 处理器，32 GB 内存。初始种群大小 $p=100$，最大迭代次数 $G_{\max}=100$。

为了比较网络化对地铁-货运选址布局的影响，本节依据换乘站点开放情况的不同，规划了带转运功能的网络情景和独立线路情景两种地铁-货运方案。

1. 带转运功能的网络情景

在该情景中，南京站（连接 1 号线和 3 号线）、鼓楼（连接 1 号线和 4 号线）、新街口（连接 1 号线和 2 号线）、南京南站（连接 1 号线和 3 号线）、鸡鸣寺（连接 3 号线和 4 号线）和大行宫（连接 2 号线和 3 号线）6 个原有的地铁换乘站点开启地下货物转运功能，货运列车根据到达目标节点的距离，在地铁隧道中选择最优路径和转运策略。来自不同物流园区的货流能够通过地铁线路之间的彼此转运，汇集到同一个地铁-货运节点，再从该节点分配至其附属的地面终端（GT）进行处理，完成"最后一公里"配送。

由于地面终端与地铁-货运节点之间来往的货物量巨大，因此规定从地铁-货运节点到下一层的货运节点之间的旅行距离尽量控制在 3 km 以内，当地面终端与地铁-货运节点之间的距离超过 3 km 时,设置一个成本惩罚系数,以降低对末端路面交通的影响。

2. 独立线路情景

(1) 所有的换乘地铁-货运节点的转运功能均不开放,每条地铁-货运线路只服务于特定的物流园区。此时,不同线路上的地铁-货运节点可以直接对需求点进行配送,但若该需求点距离某条地铁线路较远,则接收不到该条线路所对应的物流园区发来的货物。因此,对于绝大多数的客户,独立情景下不一定能接收到所有物流园区发来的货物,只能接收部分或完全不接收地下物流服务。

(2) 独立线路情景下,也应满足地铁-货运节点到需求点的 3 km 的路面配送距离约束,即通过 E-TOPSIS 法得到的剩余需求点被集中约束在地铁沿线附近,以减少"最后一公里"配送任务中的往返路程长度。

(3) 独立线路情景下,地铁-货运节点取代了地面终端功能,使得网络结构进一步简化。若在地铁-货运节点层与附近的客户层之间设立一个过渡的地面终端层则会显得多余。相反,利用节点直接供应附近的客户则将表现出更高的效率。地铁-货运节点所接收的货流方向唯一,更为其开展货物分拣、配送和调度工作提供了便捷。

但这并不意味着该模式就是最优的,独立线路情景同样也存在一些关键的规划问题,如上面提到的系统服务范围小、提供服务不完整、节点建设数量相对较多、节点未充分利用,以及网络鲁棒性较差(当该线路对应的物流园区货运量骤减,而其他物流园区货运量暴增时,该线路上的节点无法协助分担货流)等问题。为突出比较,将 5.3 节中的模型进行适当修改,也对独立线路情景下的多式联运网络布局进行了规划。

在规划过程中,根据物流园区与附近地铁站的距离远近,设定对应关系如下:

丁家庄物流园区(物流园区 1)——地铁 1 号线,对应终端节点:迈皋桥;

沧波门物流园区(物流园区 2)——地铁 2 号线,对应终端节点:马群;

永宁物流园区(物流园区 3)——地铁 3 号线,对应终端节点:林场;

王家湾物流园区(物流园区 4)——地铁 4 号线,对应终端节点:王家湾;

京东南京物流中心(物流园区 5)——地铁 3 号线,对应终端节点:东大九龙湖。

5.4.1　带转运功能的网络情景的计算结果

在第一步需求点筛选的过程中,只知道地铁线路的货量输入信息,而不知道其他线路的转运货量信息。因此,在利用 E-TOPSIS 法之前需要先设定物流园区对相应地铁线路的货物输入量的上限 $\overline{\omega}_{\max}^x$,并通过估算可能转移到该线路的最大货量,保证直接输入该线路的货量与转移到该线路的货量之和不超过线路每天的最大运输能力。

假设预留 50% 左右的线路运输能力用于分配转运货物。以单条线路货运能力 $117 \times 1.5 = 175.5$ 万件/d 为参考,则每条线路的直接输入量在 $175.5 \times 0.5 = 87.5$ 万件/d 左右。取 90 万件/d 作为共线物流园区的货量输入上限,利用 E-TOPSIS 法对适合放入地下的货运 OD 进行评价,结果如表 5-1 所示。

表 5-1　　　　　　　　地下网络情景下 E-TOPSIS 法的筛选结果

物流园区	$\overline{\lambda_j}$	$\max \lambda_j$	服务的需求点数量	货物输入总量/万件	节点覆盖率
物流园区 1	0.220 9	0.926 8	195	89.6	62.58%
物流园区 2	0.091 4	0.940 8	159	89.1	50.96%
物流园区 3	0.117 3	0.906 1	190	63.4	60.89%
物流园区 4	0.240 9	0.960 2	167	55.1	100%
物流园区 5	0.109 1	0.862 2	171	24.2	54.81%

城市所有 312 个需求点中，有 195 个能够接受来自物流园区 1 方向的地铁-货运服务，节点覆盖率为 62.58%，物流园区 1 对该线路的货物输入总量为 89.6 万件/d，达到了其所能承担的最大输入值。物流园区 2 的情况与物流园区 1 类似，但是因为单个 OD 对的货量大小差异，所以服务的需求点个数比物流园区 1 少，仅有 50% 左右的覆盖率。物流园区 3 和物流园区 5 共用一条地铁线路，这两个物流园区对 3 号线的货物输入量也达到了上限。然而，相比于物流园区 3，物流园区 5 产生的 OD 在区域可达性指标订单优先级指标方面更高，因此，每天输入 3 号线的货量有 72.4% 来自物流园区 3，而来自物流园区 5 的货量只有 24.2 万件/d，占据 27.6%。虽然单个 OD 对的货量大小有差异，但物流园区 3 和物流园区 5 所服务的需求点数量差距并不大，分别达到了 190 个和 171 个。地铁 4 号线也属于单独供应的情况，但是物流园区 4 仅与 312 个需求点中的 167 个之间产生 OD，所以该物流园区将 100% 的货物放入地下，输入量达到 55.1 万件/d。

综合 5 个物流园区的筛选结果，得到带转运功能的网络情景下整个系统服务范围，如表 5-2 所示，5 个物流园区对城市区域内 278 个需求点提供服务，每天进入地铁网络的货量达到 321.4 万件，占该地区需求总量的 55.2%（582 万件）。这 278 个需求点中的大部分能够完整地接收来自 5 个方向的货流，也有小部分需求点只能接收来自若干个方向的非完全地下物流服务，这取决于 5 个物流园区各自服务范围的重叠程度。

表 5-2　　　　　　带转运功能的网络情景下地铁-货运系统服务范围

系统服务范围	服务的需求点数量	货物供应总量/万件	货量覆盖率
数据	278	321.4	55.2%

地面终端（GT）受到服务半径和货量的双重约束。利用地面终端集合覆盖算法得到一组地面终端选址的精确解，44 个地面终端（GT）的选址和需求点的归属如图 5-3(a) 所示。在服务需求点个数方面，GT-1、GT-2、GT-9、GT-11、GT-27 这 5 个地面终端服务的需求点数量最多，共达到了 12 个；在货物处理量方面，GT-23 的货量最多，而 GT-40 的货量最少，分别为 99 702.9 万件/d 和 11 247.5 万件/d，二者相差近 8 倍；在服务半径方面，GT-9 的覆盖半径达到了最大的 1 989.84 m，而最小的覆盖半径即 GT-17 的覆盖半径仅为 257.12 m，二者覆盖面积相差近 59 倍。

第 5 章 轴辐式地铁-货运系统多级网络规划

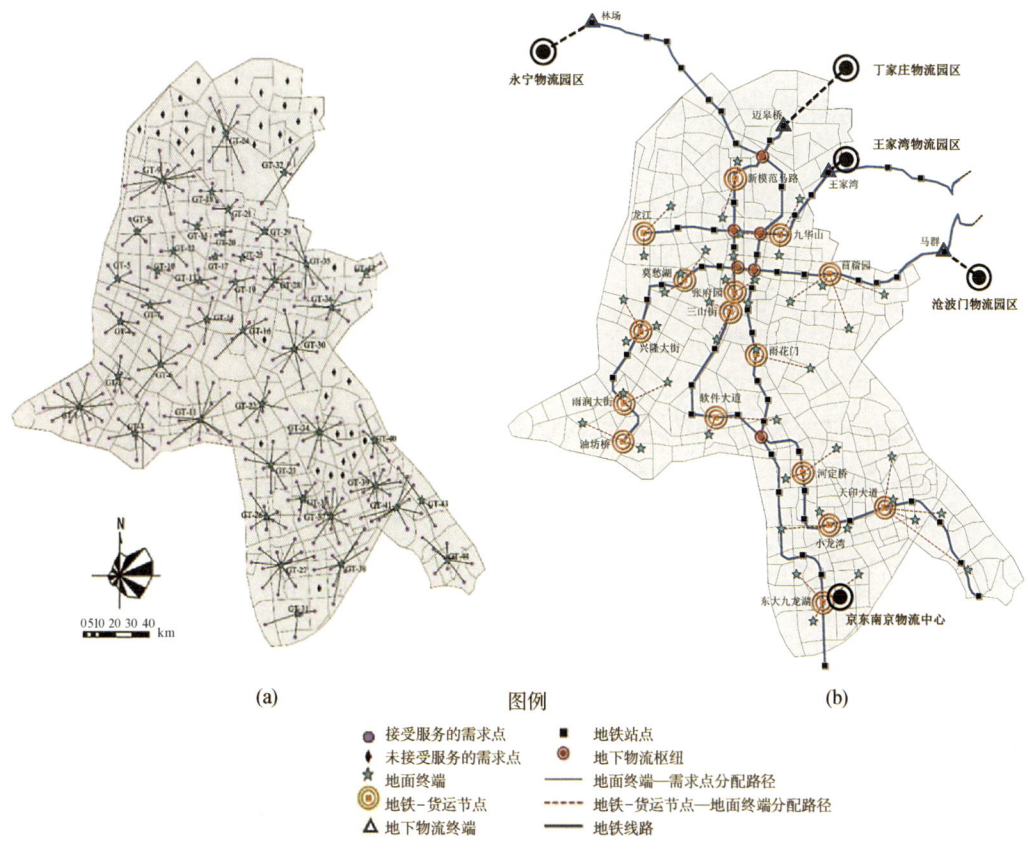

图 5-3 带转运功能的网络情景下地铁-货运网络优化结果

利用 ICSA 启发式算法从整个网络的 70 个备选地铁站点中选择若干站点作为地铁-货运节点,并确定 44 个地面终端的最优归属。程序运行结果如图 5-4 所示,可见随着迭代的不断进行,ICSA 算法在第 60 次迭代前后达到收敛,证明本书编写的优化程序是有效的。式(5-8)中的目标成本值从初始解的 215.9 万元/d 降低至最优成本的 174.3 万元/d,优化效果显著。

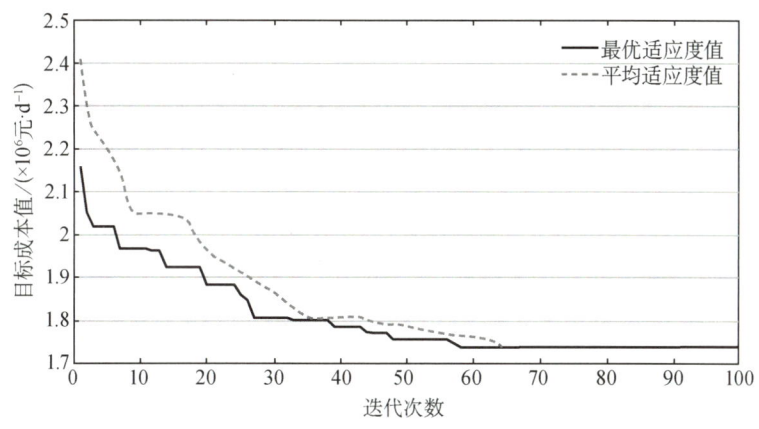

图 5-4 ICSA 算法收敛曲线

在最优选址-分配方案下,整个网络共开放 16 个地铁-货运节点,分别为:1 号线的新模范马路站、张府园站、三山街站、软件大道站、河定桥站、小龙湾站和天印大道站;2 号线的苜蓿园站、莫愁湖站、兴隆大街站、雨润大街站和油坊桥站;3 号线的雨花门站和东大九龙湖站;4 号线的九华山站和龙江站。44 个地面终端的最优归属情况如图 5-3(b)所示。两站之间的地面运输距离基本被控制在 3 km 以内,在附属地面终端数量方面,1 号线的天印大道站拥有最多,达到了 5 个,最少的则拥有 2 个。在货物处理量方面,张府园站每天的货运总量达到了 32.52 万件,处于几乎饱和的状态,最空闲的节点是同处于 1 号线的新模范马路站,日均货运量为 9.62 万件,其余各节点每天的货物处理量基本处于 15 万~25 万件之间。

图 5-5 展示了优化后的地铁-货运网络配置结果。可以看出,地铁-货运节点与不同方向物流园区之间的货流分布随着该节点距离目标物流园区的远近而变化。例如,东大九龙湖站所接收到的来自附近京东南京物流中心的货物量为 0,可以理解为由于距离接近,更适合采用传统的地面配送模式,直接对其附属的地面终端服务范围内的需求点进行供应,这部分货流不需要进入地铁-货运系统再出来。只有当涉及地下长距离运输的时候,地铁-货运系统的效益才得以进一步体现。

在地下运输里程方面,5 个物流园区至大部分地铁-货运节点的地下总里程超过了 100 km,其中包括同线路直达和不同线路转运两部分。货物到达 1 号线天印大道站所经过的地下运输总距离最长,为 167.3 km,已经远超过 4 条地铁-货运线路长度的总和(114.57 km)。因此,部分地铁路段被反复利用,说明各线路之间的货物转运量非常大且转运频繁。

各线路之间的转运情况如图 5-6 所示,16 个地铁-货运节点中,转运率最高的九华山站达到了 94.05%,这说明几乎供应给该节点的所有货物都需要通过 4 号线上的两个换乘地铁-货运站点实现转运,相反也是如此。其余各节点的转运率基本维持在 60% 以上。高频率的地下货物转运工作会导致地铁线路实际承载的货运量要比每条线路的直接输入量大很多,地铁 1 号线上每天实际承载了 143.6 万件包裹的运输量,这比物流园区 1 直接供应给 1 号线的货运总量还多出了 53.6 万件,达到了 81.8% 的线路满载率。因此,在之前的规划步骤中预留出一部分线路货运能力用于承担转运是十分有必要的。在给定的案例中,设置 60% 左右的转运预留量是一个比较合理的数值,该数值会随着城市需求分布和规划范围的不同而变化。

地铁 3 号线是所有线路中拥有最多地铁站和最长隧道的一条,但是其实际负载却是 4 条线路中最低的,只有两个开放地铁-货运节点,货运量共 32.9 万件/d,占该线路货物供应量的 37.5%。3 号线负载低的主要原因是它与 1 号线过于接近,导致其服务范围与 1 号线的重合程度较高,又由于成本原因,让算法选择将物流园区 3 和物流园区 5 的大部分货物转运到 1 号线的地铁-货运节点,而并没有选择在 3 号线上建立更多的地铁-货运节点。因此,当两条货运地铁线路距离较近或地铁线网密度较大时,实际规划得到的地下

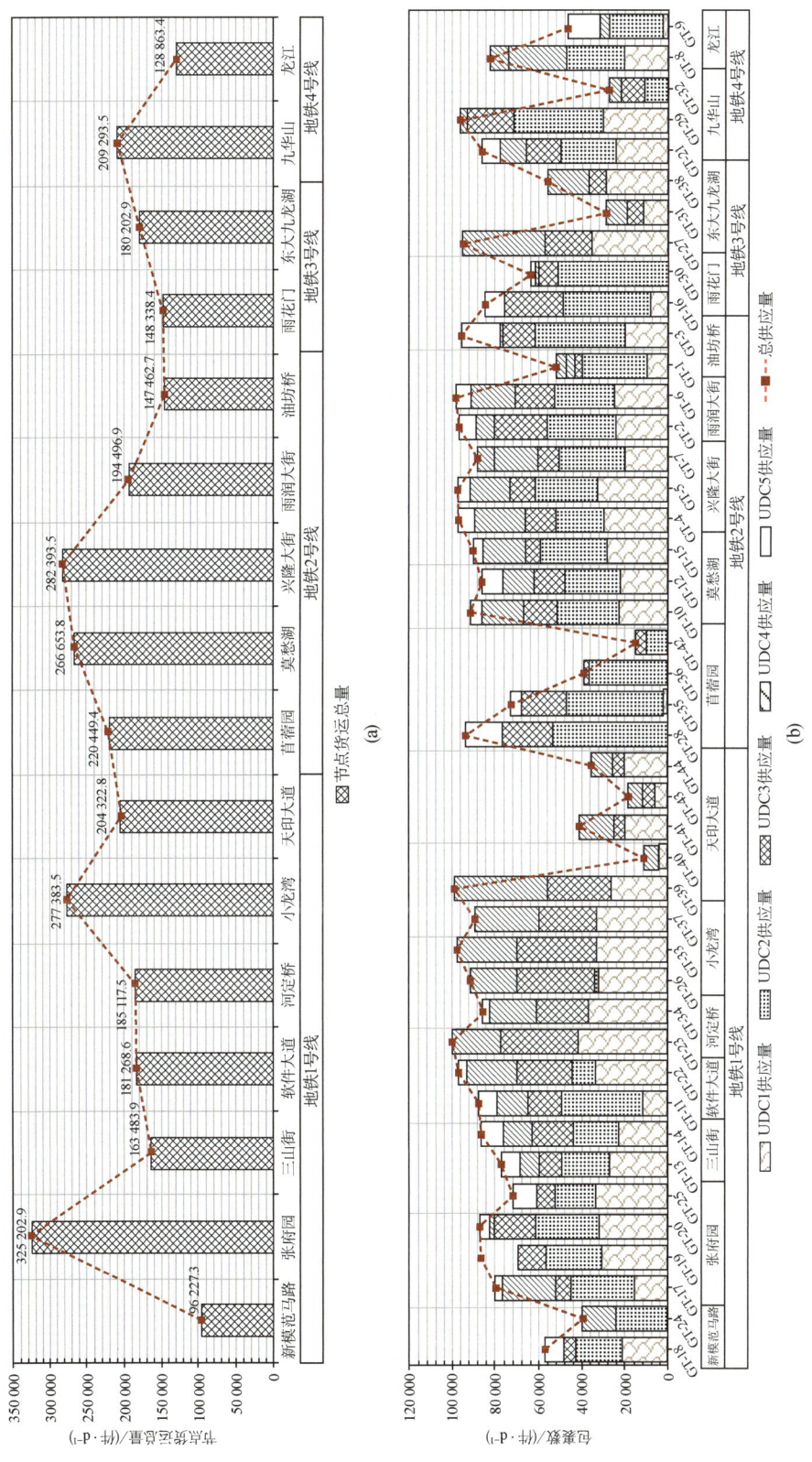

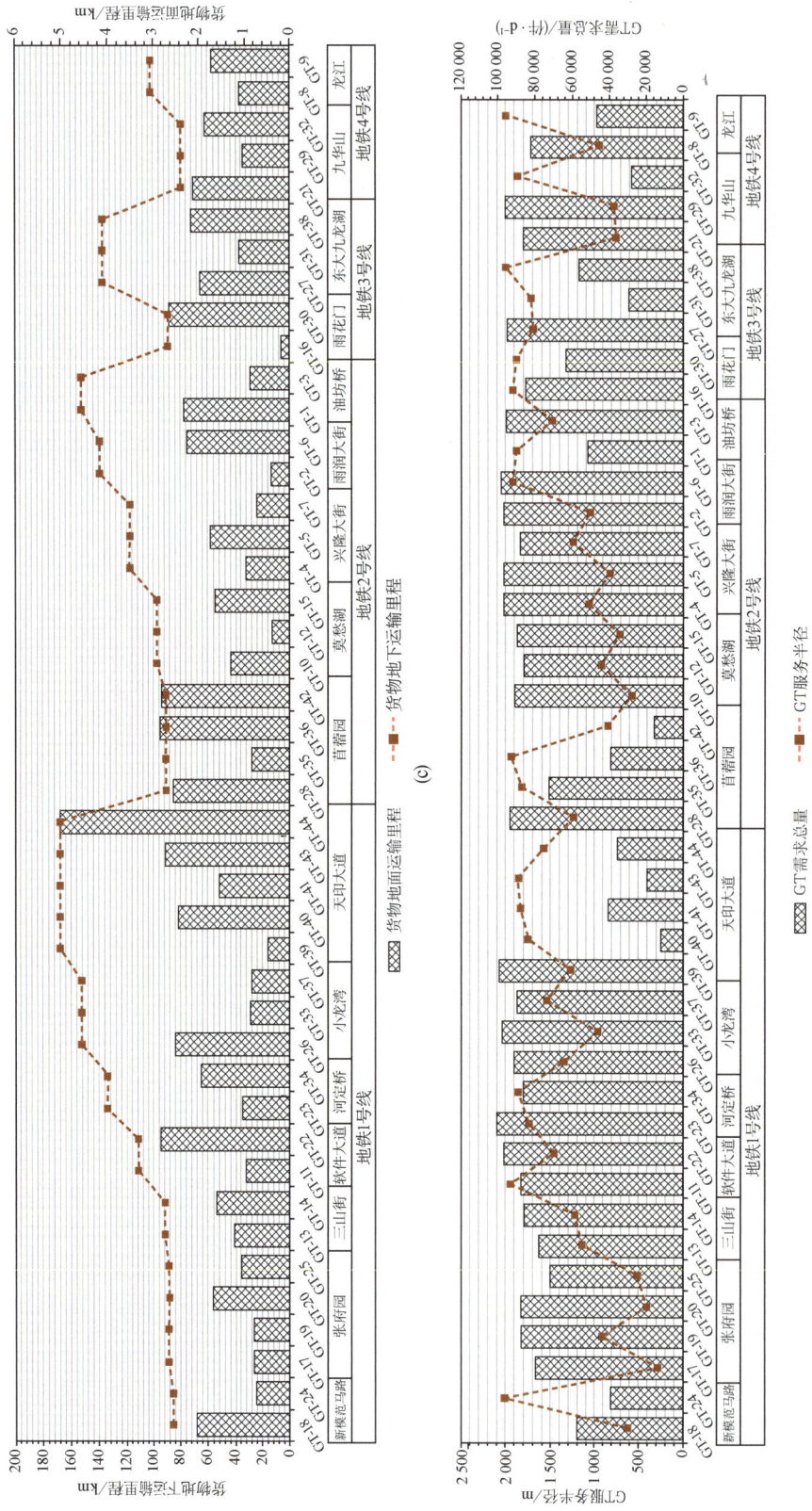

图 5-5 地下网络情景下的多级地铁-地下物流网络节点信息

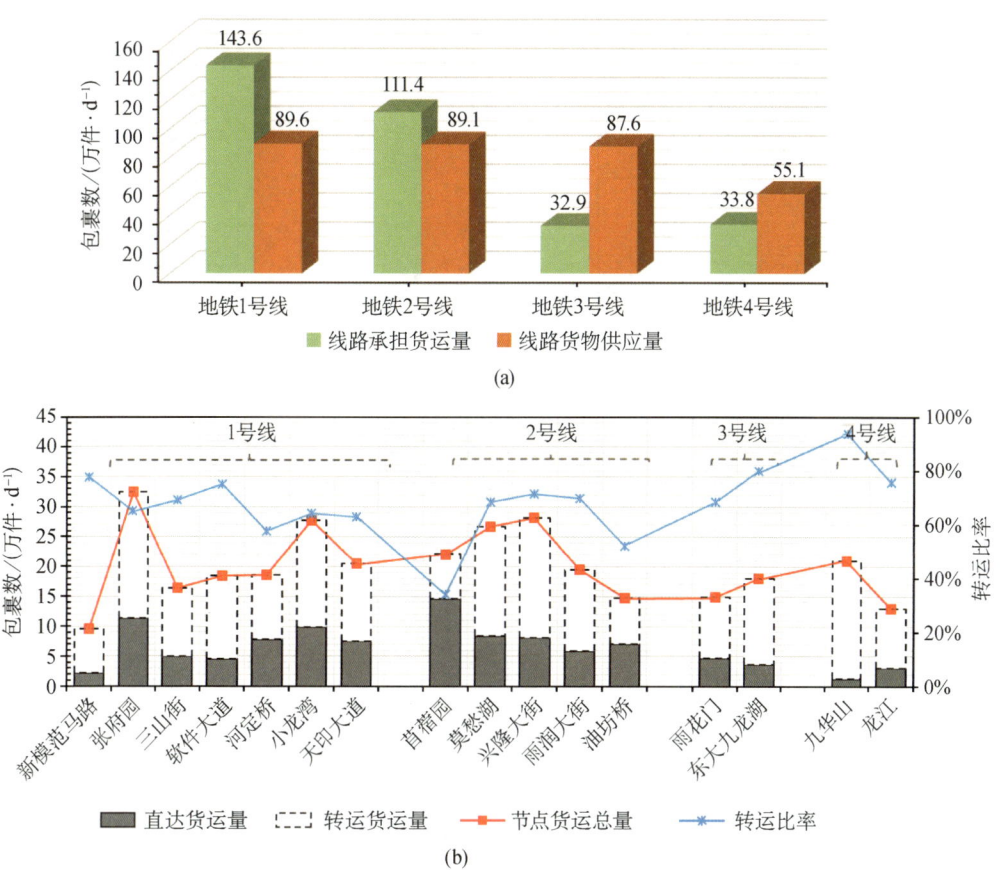

图 5-6 地铁-货运系统线路转运情况

货物流向会集中于若干线路上,从而出现其他线路上的货运节点少、负载低的情况。

图 5-7 描绘了带转运功能的网络情景下整个地铁-货运系统的交通量分布,并与传统点对点模式的地面配送模式进行了比较。表中的 GTV 和 UTV 分别定义为物流园区至地面终端的货流发生在地面和地下部分的交通运输量(单位均为万件·km),由该货流方向上的 OD 量大小乘以地面或地下部分运输距离得到。可以看出,地铁-货运系统的加入使得路面货运交通量出现大幅度削减,其中削减程度最大的路径发生在 GT-16,传统模式下各物流园区到达 GT-16 的地面交通量为 118.45 万件·km,当它接收 3 号线上雨花门站的地铁-货运服务之后,原先的 GTV 被 171.37 万件·km 的 UTV 结合 1.54 万件·km 的 GTV 这种地上地下多式联运方式所替代。地面货运交通的缓解率达到了 98.7%。而其他抵达各地面终端的地面货运交通缓解率基本都在 80% 以上,地铁-货运系统十分显著地削减了地面货运的交通量,释放了城市道路的服务能力。

当涉及地铁-货运系统本身的地下与地面部分的交通量时,我们可以看出,各路径的 UTV 与总交通量的比值基本都在 90% 以上,这意味着每次配送活动中,有 90% 左右的交通量是发生在地下的,由此可以证明,地铁-货运系统将移除相当大一部分发生在城市环

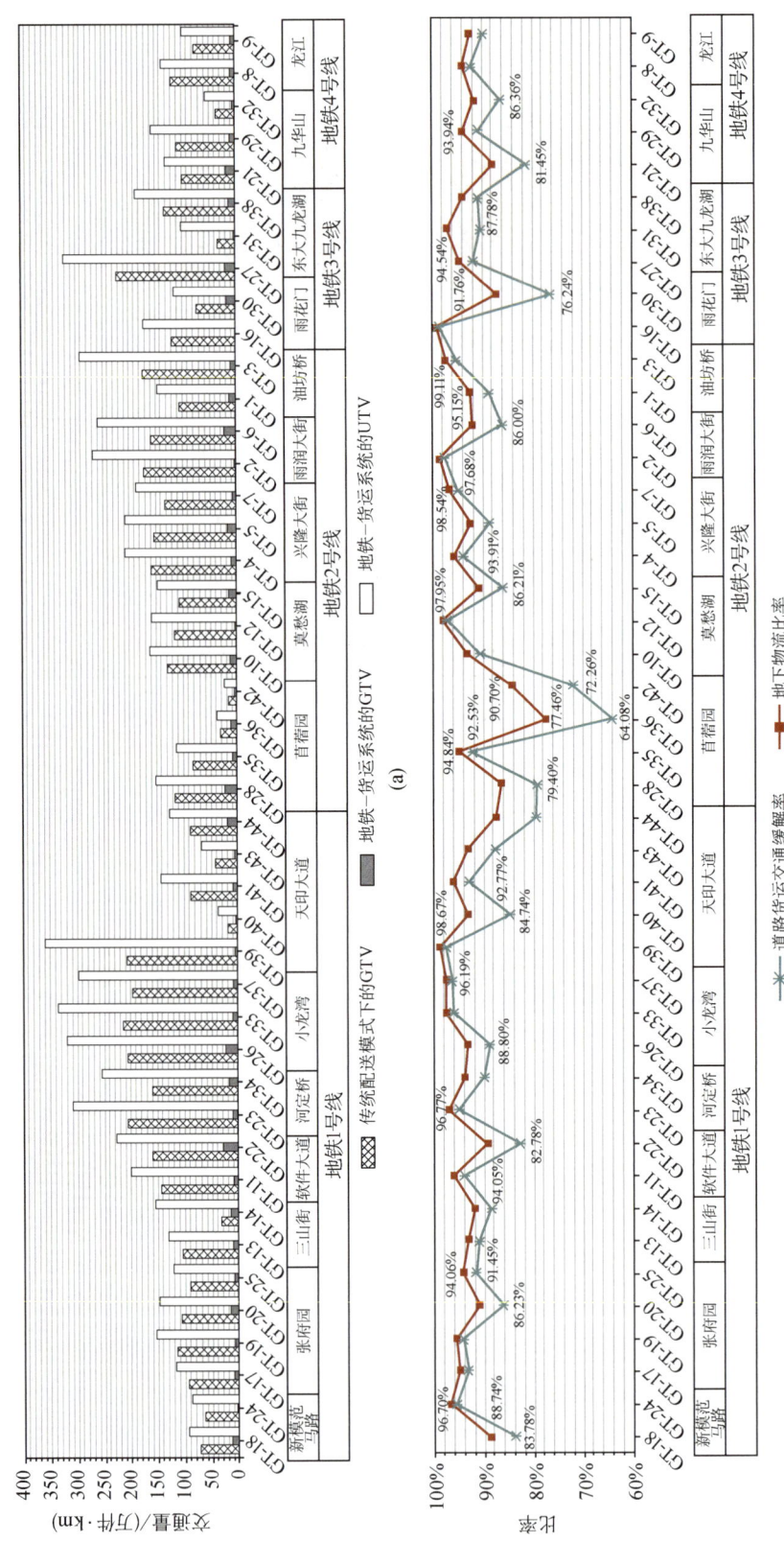

图 5-7 地下网络情景下的地铁-货运系统对城市物流交通量的分担情况

线及其他城市道路上的货物运输,地铁-货运网络能够提供几乎100%地下物流比率的货物运输服务,这将使得城市道路交通的流动性得到显著改善,部分路段的拥堵状况将得到有效缓解。

5.4.2 独立线路情景的计算结果

独立线路情景下,每条地铁-货运线路之间不可实现转运,受限于单条地铁线路的延伸性,其服务范围相比地下网络情景更小。同时,该情景下不设置地面终端,从地铁-货运节点出来的货物将直接流向客户,因此,地铁-货运节点将承担繁重的"最后一公里"配送工作,并具备了货物的末端仓储功能。这里采用地面终端10万件/d的货物处理量限制和3 km的配送半径限制来约束独立线路情景下地铁-货运节点的服务能力。同样的,首先利用E-TOPSIS法求得每条地铁-货运线路的最佳服务范围,结果见表5-3。

表 5-3　　独立线路情景下 E-TOPSIS 法的筛选结果

地铁-货运线路	$\overline{\lambda_j}$	$\max \lambda_j$	服务的需求点数量	货物输入总量/万件	节点覆盖率
1号线	0.150 7	0.553 4	153	73.45	49.04%
2号线	0.073 0	0.947 8	110	65.96	35.26%
3号线	0.082 8	0.862 4	202	76.71	64.75%
4号线	0.267 2	0.517 1	43	27.69	25.75%

由于服务半径的限制,4条线路均未达到额定的货物输入量(90万件/d)。其中物流园区3和物流园区5对地铁3号线的货物供应量达到了76.71万件/d,为日均地下货物流量最大的线路,同时,两个物流园区共64.75%的包裹配送任务可由3号线承担。4号线上流通的货物量最少,仅27.69万件/d,该线路只能为物流园区4所有需要供应的167个需求点中的43个提供地下物流服务,节点覆盖率为25.75%。

表5-4总结了独立线路情景下地铁-货运系统的总体服务范围,总需求点数量为283个,4条地铁-货运线路的供应总量为243.82万件/d,占全地区需求总量的41.89%。

表 5-4　　独立线路情景下地铁-货运系统服务范围

系统服务范围	服务的需求点数量	货物供应总量/万件	货量覆盖率
数据	283	243.82	41.89%

根据ICSA算法得到独立情景下4条地铁-货运线路的网络优化结果,如图5-8所示,在整个网络中,一共开放了33个地铁-货运节点,1号线、2号线、3号线、4号线上的地铁-货运节点分别为11个、9个、10个和3个。可以看出,优化得到的节点在各线路上的分布较为平均,每隔若干地铁站点就会存在一个地铁-货运节点,直至延伸到线路末端。图5-9展示了优化后的节点货运信息。在所有4条线的33个节点中,共有13个节点的货运总量超过了9万件/d,接近饱和,其中货运量最大的为4号线的云南路站,达到了

99 429万件/d,而货运量最小的是2号线的下马坊站,为16 657.98万件/d;服务需求点数量最多的是3号线的诚信大道站,直接对23个需求点进行供应,最少的是2号线的下马坊站和1号线的玄武门站,仅服务于4个需求点。

如图5-9所示,独立线路情景下的地铁-货运系统能够有效缓解道路货运交通压力,

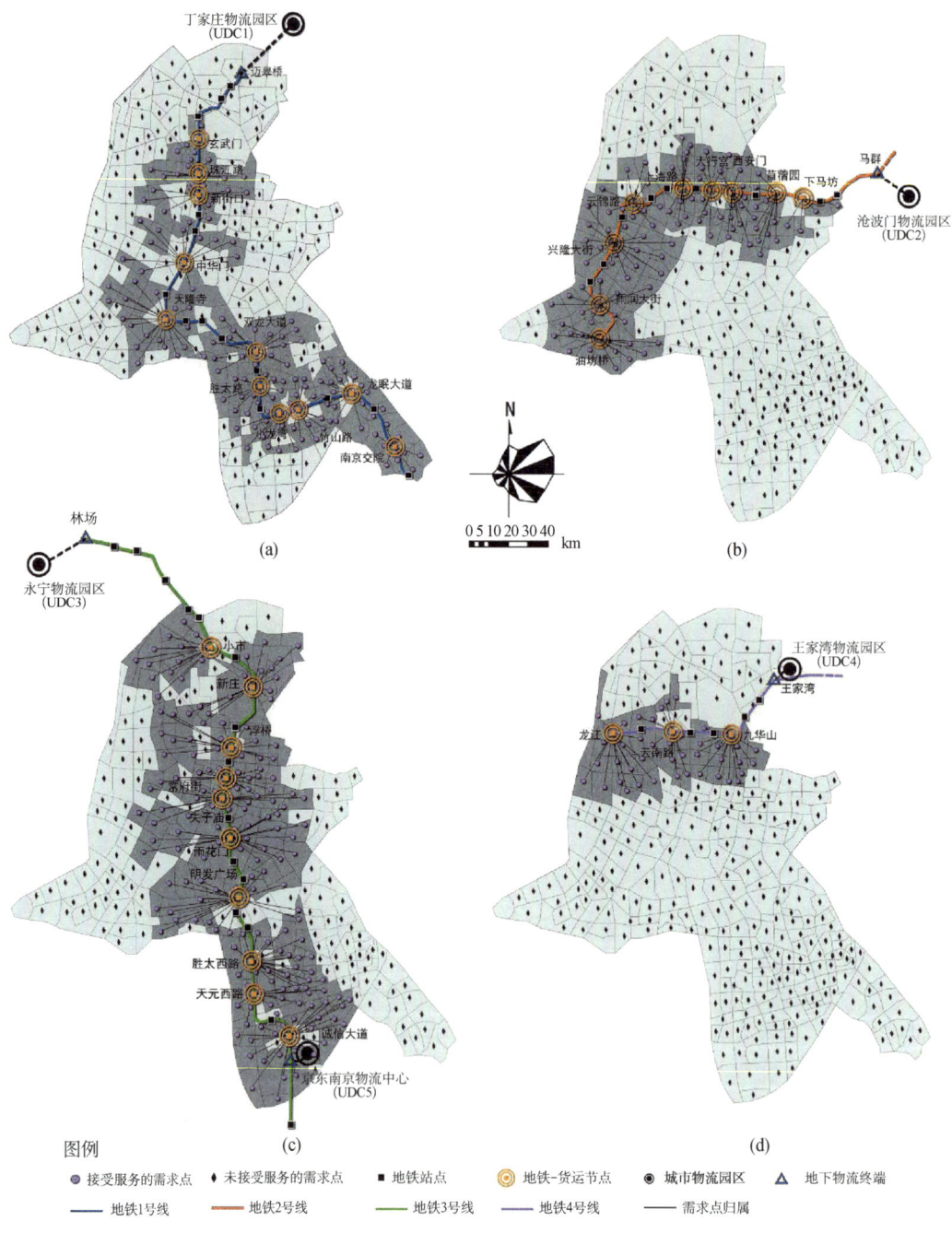

图5-8 独立线路情景下地铁-货运网络优化结果

第 5 章 轴辐式地铁-货运系统多级网络规划 | 139

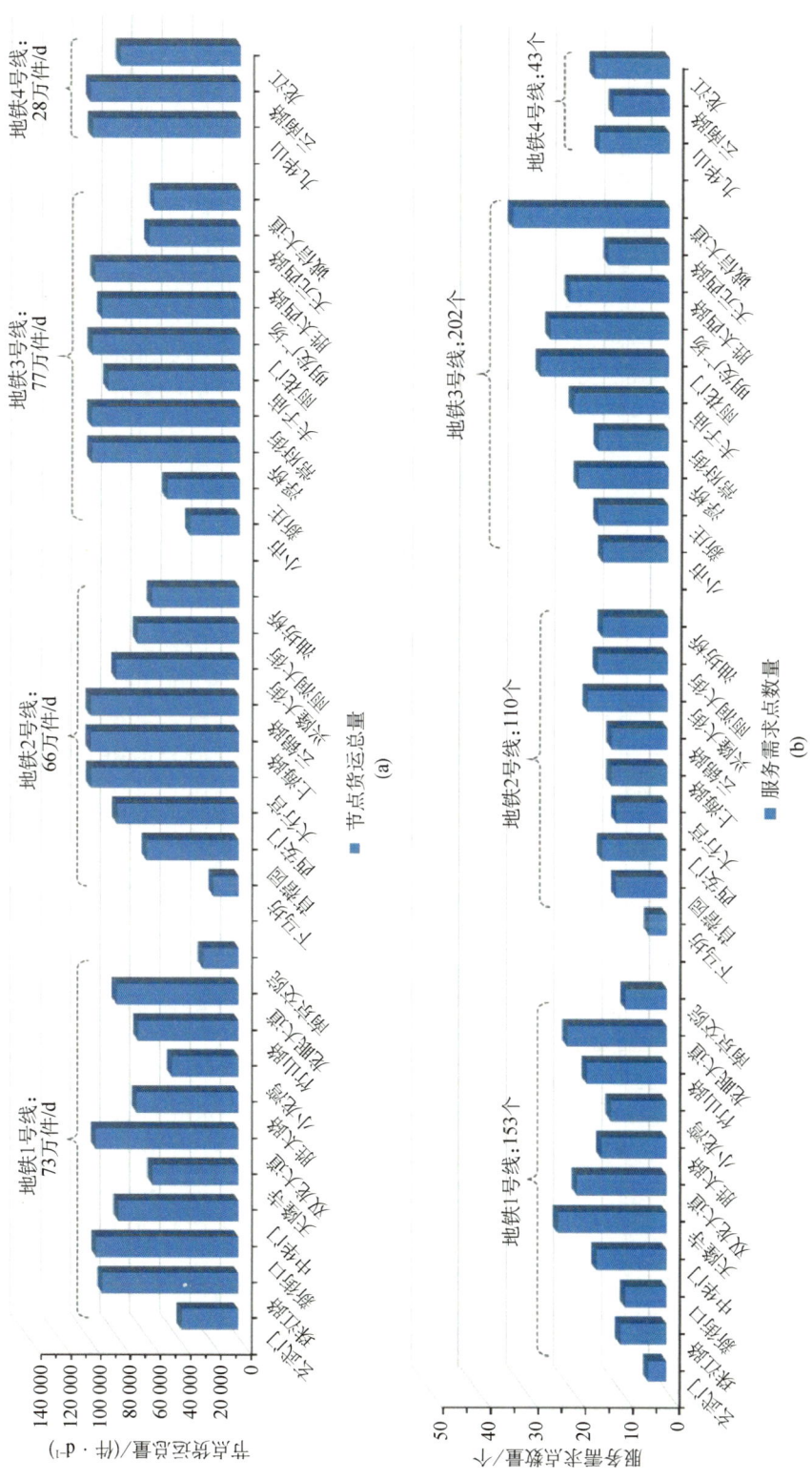

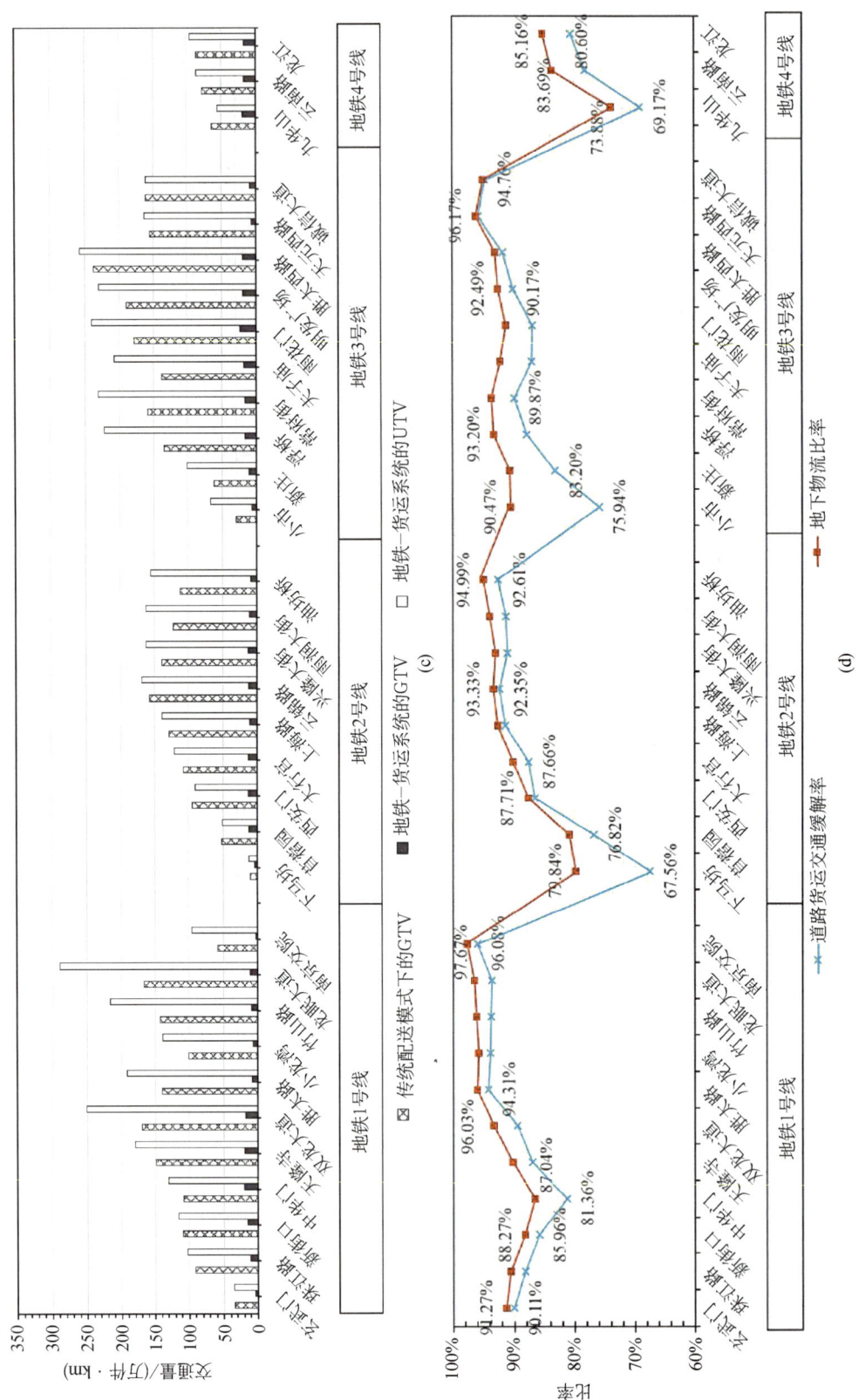

图 5-9 独立网络情景下的多级地铁-地下物流网络节点信息

并同样保持较高的地下物流比率。在所有 283×5 对货运 OD 中,1 号线上最后的地铁-货运节点,南京交院站的地下配送任务具有最高的道路货运交通缓解率。在加入地铁-货运系统后,原先到达其附属的 9 个需求点的 96.08% 的交通量被转移至地下,只剩下 2.26 万件·km 的地面交通配送任务。大部分节点在削减道路交通量方面均达到了 80% 左右的缓解率。在地下物流比率方面,同样是处于 1 号线末端的南京交院站最高,货流到达该站点的服务需求点所产生的交通量中有 97.67% 是发生在地下的。在整个网络中,货流到达其他节点所经过的地下交通量基本占据整个配送任务交通量的 90% 以上,这说明地铁-货运网络的可达性被充分发挥了。

5.4.3 两种地铁-货运网络规划方案的比较

基于南京地铁 1 至 4 号线的地铁-货运网络规划方案的比较如表 5-5 所示。

表 5-5 地下网络情景与独立线路情景下的方案比较

比较内容	方案一:地下网络情景	方案二:独立线路情景
地铁-货运线路	地铁 1 至 4 号线	地铁 1 至 4 号线
最优目标成本	1 743 157.91 元/d	1 960 351.02 元/d
系统服务范围	278 个需求点(325.72 km^2)	283 个需求点(345.94 km^2)
货运节点配置	16 个普通地铁-货运站点(地铁-货运节点)、6 个换乘地铁-货运站点、44 个地面终端	33 个普通地铁-货运站点
货物配送模式	地铁直达/转运地铁-货运节点地面终端需求点	地铁直达地铁-货运节点需求点
地下网络货运总量	321.4 万件/d	243.82 万件/d
地下网络总体转运率	67.34%	0
地铁货运 GTV 总量	412.89 万件·km	467.65 万件·km
地铁货运 UTV 总量	7 478.38 万件·km	4 914.87 万件·km
平均货运交通缓解率	89.19%	87.37%
平均地下物流比率	93.17%	90.89%
货流平均地下运输里程	23.18 km	17.29 km

在货物配送模式方面,方案一的带转运的地下网络情景采取的是地下直达或地下转运结合两层地面分配网络的组合式多级配送模式,其优势是能够通过合理调度各层网络之间的货流分布,提升系统鲁棒性和抗风险能力,当某条线路上的货物量激增时,其他节点能够快速响应并进行分担,缺点则是多式联运网络复杂,各层节点之间衔接协调难度

大。方案二的独立线路情景则采用地铁直达结合地面直接配送的模式,其优势是网络结构相对简单,且不存在地下货物转运和地面货流二次分配等规划问题,缺点是地铁-货运节点负担的工作量大,在承担配送工作的同时还要承担仓储,单线网络只能为需求点提供固定的、单一来源的物流服务,服务完整性程度低。

在货运节点配置方面,方案一的地下网络情景具有16个用于指派货流离开或进入地铁系统的地铁-货运节点、6个用于实现不同地铁线路转运的换乘地铁-货运站点和44个面向客户的地面终端,其相关的货运节点总数达到了66个。而方案二的独立线路情景仅设立了33个地铁-货运节点,不需要设置换乘地铁-货运站点和地面终端。

在目标成本方面,经过算法优化后,方案一和方案二的最优成本分别为174万元/d和196万元/d,该目标成本由节点建设成本和地下、地面货运运营成本组成。

在系统服务范围方面,方案一为325.72 km^{2}范围内的278个需求点提供服务,而方案二则为345.94 km^{2}范围内的283个需求点提供服务。

在地下货物运输方面,方案一中的联合地铁-货运网络每天共承担321.4万件包裹的运输量,其中67.34%的货物需要通过地铁线路的转运才能够到达相应的地铁-货运节点,单个货流所经过的平均地下运输里程为23.18 km。在方案二中,4条独立的地铁-货运线路所承担的货运总量为243.82万件/d,货流在单条地铁线路上平均经过17.29 km达到目的地,其间不需要转运。

在交通量分布方面,方案一的地铁-货运系统的路面交通总量为412.89万件·km,能够缓解传统路面配送模式下89.19%的路面货运交通量,所有货物运输活动在地下共产生7 478.38万件·km的交通量,占据总交通量的93.17%。方案二的地铁-货运系统每天在地面和地下运输过程中产生的交通量分别为467.65万件·km和4 914.87万件·km,平均货运交通缓解率和地下物流比率分别达到了87.37%和90.89%。

综合来看,方案一在运营成本、承担更多的货运量、分担道路货运交通压力方面具有优势,并且充分利用了地铁网络的通达性,达到更高的地下物流比率。但是相应的节点配置要求更高,地铁线路之间的货物转运频繁,货物的配送模式也更加复杂,来自不同方向物流园区的货物需要经过地面和地下的多轮转运后才能最终到达客户手中,每一次货物配送在地铁线路上所经过的距离也更长。方案一和方案二的系统服务范围以及货物从地铁-货运节点出来后最终到达客户手中的过程中所产生的地面货运交通量的差距不大,然而方案一的网络货运总量相比方案二要大很多。因此,综合来看,带转运功能的地下网络情景所能提供的地下物流服务更全面,在解决末端配送方面和系统的可扩展性方面表现更好。

5.5 案例研究:北京城市副中心地铁网络规划及仿真

考虑到地铁-货运网络布局受到主观和客观不确定因素的影响,在对以第 2 章 2.6.2 节中的北京城市副中心地铁网络案例为背景的地铁-货运网络规划及仿真中,综合考虑决策者对系统成本的主观估计和客观货运需求偏差,建立地铁-货运网络规划问题的不确定情景集,如图 5-10 所示。

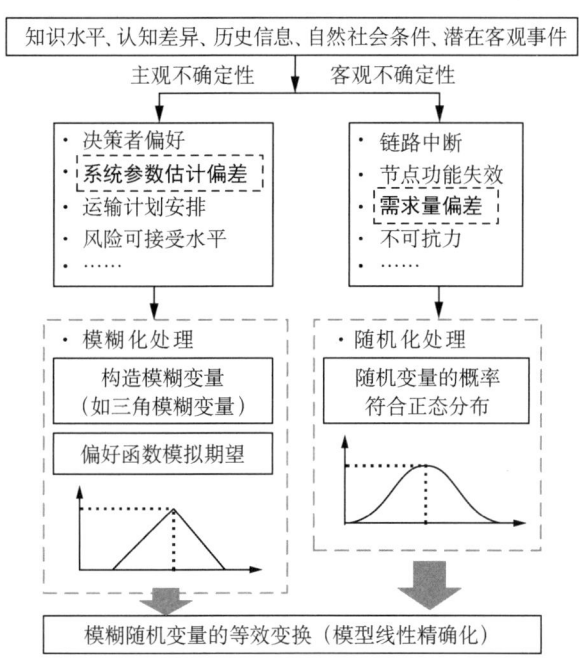

图 5-10 不确定性的模糊随机化

整个地铁-货运网络规划涵盖如下决策。

(1) 系统规模:在一定的效益期望水平下,确定地铁-货运网络中的流量 OD 配置,即确定二级节点的数量和位置。

(2) 选址:确定地铁-货运站点的数量和位置。

(3) 分配:确定地铁-货运站点与二级节点的分配关系。

(4) 路径:确定管道区间的固定布置路线,以及货物在双层网络中的运输路线。

在成本参数和需求混合不确定的条件下,考虑地下设施容量限制,以建设成本最低、运营成本最低、设施利用率最高为目标,确定地铁-货运网络的最佳布局。所述问题可归纳为一类特殊的选址-分配-路径(Location-Allocation-Routing,LAR)运筹学问题。在北京城市副中心的案例中,通过两阶段建模对四部分决策进行组合优化,图 5-11 描绘了北京城市副中心地铁-货运网络规划的总体框架。

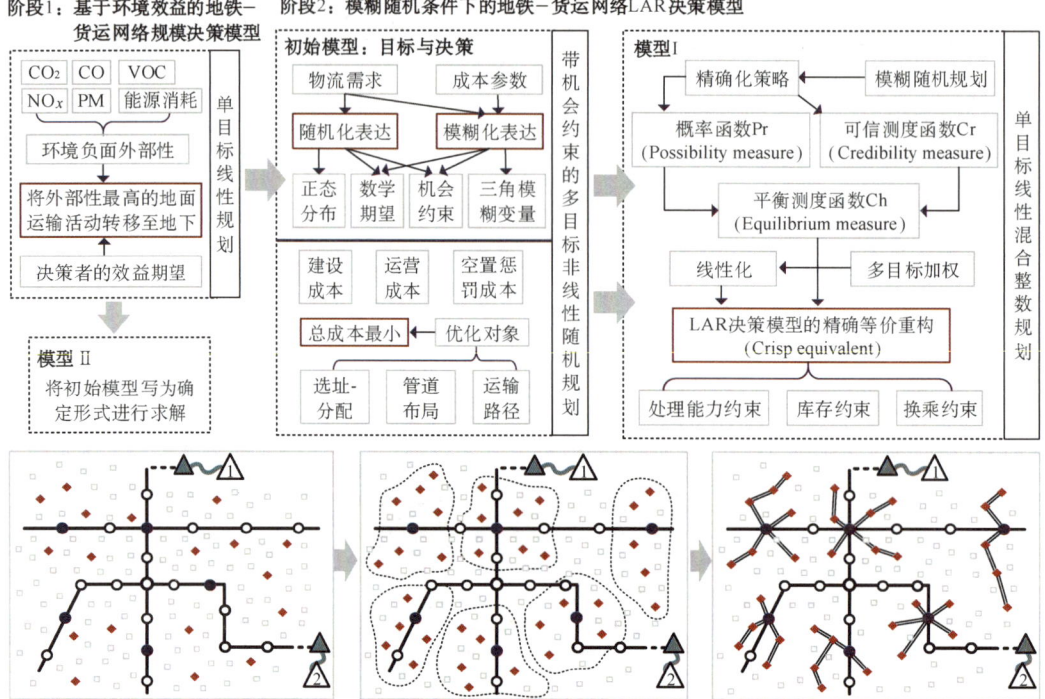

图 5-11 地铁-货运网络规划框架

5.5.1 两阶段成网建模

1. 符号与假设

定义 $k \in K$, $j \in J$, $t \in T \subseteq I$, $i \in I$ 分别为所有园区、地铁站、换乘站点和客户终端的集合,构成点集 Z。网络表征为有向图 $G = (Z, S, E)$。其中,S 包含地铁线路区间集合 $s \in S$ 与城市道路段集合 $h \in L$;E 为货流在一级地铁网络和二级管道网络中的路径集合。引入表 5-6 中的 6 条假设进一步明确模型边界。主要建模参数如表 5-7 所示。

表 5-6　模型假设

假设	描述
A_1	采用单分配树状拓扑形式布置二级管道网络
A_2	为避免管道施工障碍,规定二级管道必须沿道路布置,允许在同一路段下方平行布置多条等规格的货运管道,管道默认为单洞双向
A_3	不考虑地铁线路的通行能力限制
A_4	传统模式下,LGV 始终沿路网最短路径往返于前端配送中心与客户终端
A_5	当二级节点建立在某终端处时,与该终端相关的所有需求均通过地铁运输
A_6	换乘地铁站默认视为货流换乘站

表 5-7　建模参数与变量

	符号	定义
常量与连续变量	d_{ik}；$\hat{D}_{ik}$	园区 k 与需求点 i 之间货运量需求的预测值和模糊值
	$\dot{\sigma}_j$；$\ddot{\sigma}_j$	地铁-货运站点的货物处理能力和临时库存能力
	H_t	换乘站点的货物转运能力
	ς	二级管道的货流通行能力
	a_h；a_s；a_{ij}	道路段 h、地铁区间 s、需求点 i 至地铁站 j 的欧几里得距离
	r_j；$\hat{R}_j$	地铁-货运站点的建设成本预测值和模糊值
	e_i；$\hat{E}_i$	二级节点的建设成本预测值和模糊值
	c_h；$\hat{C}_h$	管道区间的建设成本预测值和模糊值
	θ	地下设施折旧系数
	u_j；$\hat{U}_j$	地铁-货运站点的单位货物处理成本预测值和模糊值
	v_t；$\hat{V}_t$	换乘站点的单位货物转运成本预测值和模糊值
	p_s；$\hat{P}_s$	地铁区间单位货物运输成本预测值和模糊值
	q_h；$\hat{Q}_h$	管道区间单位货物运输成本预测值和模糊值
	w_j；$\hat{W}_j$	单位货物在地铁-货运站点的库存成本预测值和模糊值
	γ；η	地铁-货运站点的空置惩罚成本和最大允许空置率
	φ	LGV 的运载能力
	ζ；$\mathcal{O}$	LGV 的各类污染物释放系数与相应的单位治理成本
	κ	LGV 的燃油消耗系数
	ε	单位不可再生能源(燃油)消耗所造成的外部损失
二元决策变量	x_i	1, 若终端 i 建设为二级节点
	y_j	1, 若站点 j 建设为地铁-货运站点
	z_{ij}	1, 若二级节点 i 归属于地铁-货运站点 j
	μ_h	1, 若货运管道建立于道路段 h 下
	υ_{ikh}	1, 若 d_{ik} 在地铁-货运系统网络中经过管道区间 h
	ω_{iks}	1, 若 d_{ik} 在地铁-货运系统网络中经过地铁区间 g
	ψ_{ikt}	1, 若 d_{ik} 在换乘站 t 处转运
	τ_{ikh}	1, 传统模式下, 若 d_{ik} 经过道路段 h

2. 基于环境效益的网络流量配置模型

构建反映网络流量配置决策的数学模型,含义如下:决策者根据环境效益期望确定地铁-货运系统网络的规模。该期望可以是一个绝对量,也可以是一个相对量,如地铁-货运系统建成后要求使得传统城市地面货运造成的污染经济损失降低至一定的比率。本案例选择相对量计算方式。

$$\min \sum_{j \in M} x_i \tag{5-19}$$

约束条件：

$$\sum_{i \in I} \sum_{k \in K} x_i \cdot B_{ik} \geqslant \frac{\delta}{\varphi} \cdot L \cdot \sum_{i \in I} \sum_{k \in K} \sum_{h \in L} d_{ik} \cdot a_h \cdot \tau_{ikh} \tag{5-20}$$

式中

$$L = \sum_g \zeta_g \cdot \mathscr{O}_g \Big|_{g=CO_2, CO, NO_x, PM, VOC} + \kappa \cdot \varepsilon$$

在模型中，首先对各 OD 货物运输所产生的污染损失进行排序，优先选择环境影响较大的终端位置建立二级节点，将与该二级节点相关的全部货运需求转入地下，直至效益达到期望水平。

其次，本案例引入假设 A_6 来计算 LGV 开展传统城市配送所引起的交通量。然而，现实中无法保证 LGV 按照最短路径抵达目的地。故由式(5-20)计算的地铁-货运系统环境效益与实际值相比要小得多。另外，由于北京城市副中心路网体系尚未建成，故无法将地铁-货运系统网络规模决策的另一项主要依据(即拥堵缓解效益)纳入上述模型。

从 5 类污染物(即 CO_2、CO、NO_x、PM、VOC)排放和汽油等不可再生能源消耗所带来的负面效应这两个方面，计算传统模式下的 LGV 在运输过程中所产生的外部经济损失。注意到式(5-20)采用了需求量预测值而非模糊值，原因是已通过模拟证明了需求不确定性对上述模型的计算结果无实质影响，故忽略。

3. 地址-分配-路径混合整数规划模型

目标函数 f_1 表示地铁-货运站点、二级节点和二级管道的总建设折旧成本最小化；目标函数 f_2 由地铁-货运站点处理成本、库存成本、换乘站点转运成本和地下运输成本组成，表示地铁-货运系统网络在单位折旧期内的总运营成本最小化；目标函数 f_3 表示地铁-货运站点在单位折旧期内因未达到额定负载量的总惩罚成本最小化。

$$\min f_1 = \frac{1}{\theta} \cdot \sum_{h \in L} \widehat{C}_h \cdot a_h \cdot \mu_h \sum_{i \in I} \sum_{k \in K} \left[\frac{\widehat{D}_{ik} \cdot \upsilon_{ikh}}{\varsigma} \right]^+ + \frac{1}{\theta} \cdot \sum_{j \in J} \widehat{R}_j \cdot y_j + \frac{1}{\theta} \cdot \sum_{i \in I} \widehat{E}_i \cdot x_i \tag{5-21}$$

式中，$[g]^+$ 为向上取整运算符(代表上式中方括号内的计算结果取整)。

$$\min f_2 = \sum_{s \in S} \sum_{i \in I} \sum_{k \in K} \widehat{D}_{ik} \cdot a_s \cdot \widehat{P}_s \cdot \omega_{iks} + \sum_{i \in I} \sum_{k \in K} \sum_{h \in L} \widehat{D}_{ik} \cdot a_h \cdot \widehat{Q}_h \cdot \upsilon_{ikh} + \\ \sum_{i \in I} \sum_{j \in J} \sum_{k \in K} \sum_{t \in T} \widehat{D}_{ik} \cdot (\widehat{U}_j \cdot z_{ij} + \widehat{V}_t \cdot \psi_{ikt}) + \\ \sum_{i \in I} \max_i \left\{ \sum_{j \in J} \sum_{k \in K} (\widehat{D}_{ik} \cdot z_{ij} - \dot{\sigma}_j) \cdot \widehat{W}_j, 0 \right\} \tag{5-22}$$

$$\min f_3 = -\sum_{i\in I}\min_i\left\{\sum_{j\in J}\sum_{k\in K}(\hat{D}_{ik}\cdot z_{ij}-\eta\cdot\ddot{\sigma}_j),0\right\}\cdot\gamma \tag{5-23}$$

构建平衡机会约束反映模糊随机量不超过平衡测度水平的综合概率和可信度。式(5-24)表示任意站点处理的货物量不超过其处理能力和库存能力之和,式(5-25)为换乘站的货物转运能力限制。

$$\mathrm{Ch}\left\{(\alpha,\beta)\in N\times Q\,\Big|\sum_{i\in I}\sum_{k\in K}\hat{D}_{ik}\cdot z_{ij}\leqslant\dot{\sigma}_j+\ddot{\sigma}_j\right\}\geqslant\xi,\ \forall j\in J \tag{5-24}$$

$$\mathrm{Ch}\left\{(\alpha,\beta)\in N\times Q\,\Big|\sum_{i\in I}\sum_{k\in K}\hat{D}_{ik}\cdot\psi_{ikt}\leqslant H_t\right\}\geqslant\xi,\ \forall t\in T \tag{5-25}$$

式(5-26)规定若地铁站 i 未建为货运站点或终端 j 未建为二级节点,则 j 的需求不可由 i 指派。

$$z_{ij}\leqslant y_j,\ z_{ij}\leqslant x_i,\ \forall i\in I,j\in J \tag{5-26}$$

式(5-27)确保任意二级节点归属的唯一性。

$$\sum_{j\in J}z_{ij}=1,\ \forall i\in I \tag{5-27}$$

式(5-28)规定若客户未被地铁-货运系统服务,则地下运输和转运过程都不会发生。式(5-29)保证任意路段未建设二级管道时不存在地下货流。

$$v_{ikh}\leqslant x_i,\ \omega_{iks}\leqslant x_i,\ \psi_{ikt}\leqslant x_i,\ \forall i\in I,j\in J,k\in K \tag{5-28}$$

$$v_{ikh}\leqslant\mu_h,\ \forall i\in I,k\in K,h\in L \tag{5-29}$$

式(5-30)规定货流在地铁网络中的转运次数不超过两次。设置该约束的目的是避免地下转运操作过于集中,导致换乘站点的工作负载不均匀。

$$\sum_{t\in T}\psi_{ikt}\leqslant 2,\ \forall i\in I,k\in K \tag{5-30}$$

式(5-31)表明任意货流在地铁网络和管道网络中分别至少经过一个区间。

$$\sum_{h\in L}v_{ikh}\geqslant 1,\ \sum_{s\in S}\omega_{iks}\geqslant 1,\ \forall i\in I,k\in K \tag{5-31}$$

基于模糊随机规划理论[3,4],首先将包括需求量预测值、货运站点建设成本预测值、管道建设成本预测值、运输成本预测值等在内的 9 项不确定参数构造为相互独立的三角模糊随机变量。以需求为例,三角模糊变量 $\hat{D}_{ik}(\alpha,\beta)$ 由中值 D_{ik}、左边界值 $D_{ik}(\alpha)-m_{ik}^1$ 和右边界值 $D_{ik}(\alpha)+n_{ik}^1$ 构成。另假设中值 D_{ik} 符合正态分布 $D_{ik}\to N(d_{ik},\rho_{ik})$,其中,$d_{ik}$ 为需求量预测值,ρ_{ik} 为方差。其次,按照附录Ⅶ所介绍的方法对模糊随机变量进行线性精确化改写和目标加权。重构后的地铁-货运系统网络在不确定条件下的规划模型如下所示(简称为"模型Ⅰ")。同时,消除初始模型中机会约束并将模糊值替换为预测值,得到确定条件下的网络规划模型(简称为"模型Ⅱ")。考虑到公式的重复性,本案例省略了

附录Ⅶ:模糊随机模型的线性精确化步骤

对模型Ⅱ的完整表达。

模型Ⅰ：

$$\min E[F(\alpha, \beta)]$$
$$= \frac{\lambda_1}{4\theta} \cdot \sum_{j \in J}(4r_j - m_j^2 + n_j^2) \cdot y_i + \frac{\lambda_1}{4\theta} \cdot \sum_{i \in I}(4e_i - m_i^3 + n_i^3) \cdot x_i +$$
$$\frac{\lambda_1}{4\theta} \cdot \sum_{h \in L}(4c_h - m_h^4 + n_h^4) \cdot a_h \cdot \mu_h \sum_{i \in I}\sum_{k \in K}\left[\frac{(4d_{ik} - m_{ik}^1 + n_{ik}^1) \cdot v_{ikh}}{4\varsigma}\right]^+ +$$
$$\frac{\lambda_2}{16} \cdot \sum_{s \in S}\sum_{i \in I}\sum_{k \in K}(4d_{ik} - m_{ik}^1 + n_{ik}^1) \cdot a_s \cdot (4p_s - m_s^7 + n_s^7) \cdot \omega_{iks} +$$
$$\frac{\lambda_2}{16} \cdot \sum_{i \in I}\sum_{k \in K}\sum_{h \in L}(4d_{ik} - m_{ik}^1 + n_{ik}^1) \cdot a_h \cdot (4q_s - m_s^8 + n_s^8) \cdot v_{ikh} +$$
$$\frac{\lambda_2}{16} \cdot \sum_{i \in I}\sum_{j \in J}\sum_{k \in K}\sum_{t \in T}(4d_{ik} - m_{ik}^1 + n_{ik}^1) \cdot [(4u_j - m_j^5 + n_j^5) \cdot z_{ij} +$$
$$(4v_t - m_t^6 + n_t^6) \cdot \psi_{ikt}] + \frac{\lambda_2}{16} \cdot \sum_{i \in I} \max_i \left\{\sum_{j \in J}\sum_{k \in K}(4d_{ik} - m_{ik}^1 +$$
$$n_{ik}^1) \cdot (4w_j - m_j^9 + n_j^9), 0\right\} - \lambda_3 \cdot$$
$$\sum_{i \in I}\min_i\left\{\sum_{j \in J}\sum_{k \in K}\left[\frac{(4d_{ik} - m_{ik}^1 + n_{ik}^1)}{4} \cdot z_{ij} - \eta \cdot \ddot{\sigma}_j\right], 0\right\} \cdot \gamma$$

(5-32)

约束条件：

$$\begin{cases}\sum_{i \in I}\sum_{k \in K}d_{ik} \cdot z_{ij} + \Omega_\xi \cdot \sum_{i \in I}\sum_{k \in K}\sqrt{\rho_{ik}} \cdot z_{ij} - (1-2\xi) \cdot \sum_{i \in I}\sum_{k \in K}m_{ik}^1 \cdot z_{ij} \leqslant \dot{\sigma}_j + \ddot{\sigma}_j, \forall j, \forall 0 < \xi \leqslant \frac{1}{2} \\ \sum_{i \in I}\sum_{k \in K}d_{ik} \cdot z_{ij} + \Omega_\xi \cdot \sum_{i \in I}\sum_{k \in K}\sqrt{\rho_{ik}} \cdot z_{ij} + (2\xi-1) \cdot \sum_{i \in I}\sum_{k \in K}n_{ik}^1 \cdot z_{ij} \leqslant \dot{\sigma}_j + \ddot{\sigma}_j, \forall j, \forall \frac{1}{2} < \xi \leqslant 1\end{cases}$$

(5-33)

$$\begin{cases}\sum_{i \in I}\sum_{k \in K}d_{ik} \cdot \psi_{ikt} + \Omega_\xi \cdot \sum_{i \in I}\sum_{k \in K}\sqrt{\rho_{ik}} \cdot \psi_{ikt} - (1-2\xi) \cdot \sum_{i \in I}\sum_{k \in K}m_{ik}^1 \cdot \psi_{ikt} \leqslant H_t, \forall t, \forall 0 < \xi \leqslant \frac{1}{2} \\ \sum_{i \in I}\sum_{k \in K}d_{ik} \cdot \psi_{ikt} + \Omega_\xi \cdot \sum_{i \in I}\sum_{k \in K}\sqrt{\rho_{ik}} \cdot \psi_{ikt} + (2\xi-1) \cdot \sum_{i \in I}\sum_{k \in K}n_{ik}^1 \cdot \psi_{ikt} \leqslant H_t, \forall t, \forall \frac{1}{2} < \xi \leqslant 1\end{cases}$$

(5-34)

模型Ⅰ其余约束与式(5-26)—式(5-31)一致。

5.5.2 求解算法设计

1. 算法框架

以上所提出的地铁-货运网络规划模型具有 NP 难的计算复杂度。已证明启发式算法能够在可接受的计算时间内获得大型选址-分配-路径问题的高质量近似最优解[5]。另外,考虑到决策的多样性,将精确式算法与启发式算法联合使用,能够充分发挥二者的优势,是解决组合优化问题的卓越途经。本案例基于对二阶段模型的分解,设计了一个混合精确-启发式算法框架,通过如下三个步骤实现,如图 5-12 所示。

步骤 1:设置决策场景,包括效益期望、客户终端以及地铁设施地理位置、容量、货流 OD 对等。采用分支-定界算法获得第一阶段流量配置模型的精确解,确定二级地下物流节点选址,并将结果输出给模型 I 和模型 II。

步骤 2:基于一种改进后的粒子群优化启发式随机生成地铁-货运站点的选址-分配方案。其中,分配决策遵守约束式(5-26)、式(5-27)和式(5-33),并在满足约束式(5-30)、式(5-31)和式(5-34)的前提下确定货流在一级网络上的最短路径。

步骤 3:利用 Kruskal 最小生成树算法和 Floyd-Warshall(FWA)算法优化二级管道路径布局。Kruskal 算法是一种基于贪心策略的图论算法,其思路是选择代价最小的边 (U, V),若边的顶点属于不同树,则选择 U 与 V 之间最短的一条边代替原有边,直到所有顶点由唯一的最小生成树相连。将 FWA 算法嵌套在 Kruskal 算法的主循环中,搜索运输成本与建设成本加权最小时的最短路径。在此过程中,贪心策略迫使最小生成树放弃冗余边,追求二级网络总流量最小化,从而减少二级网络长度和运输成本。获得当前精确解后,返回步骤 2 更新选址-分配方案,再次反馈给步骤 3 进行新一轮寻优,直至达到终止条件。

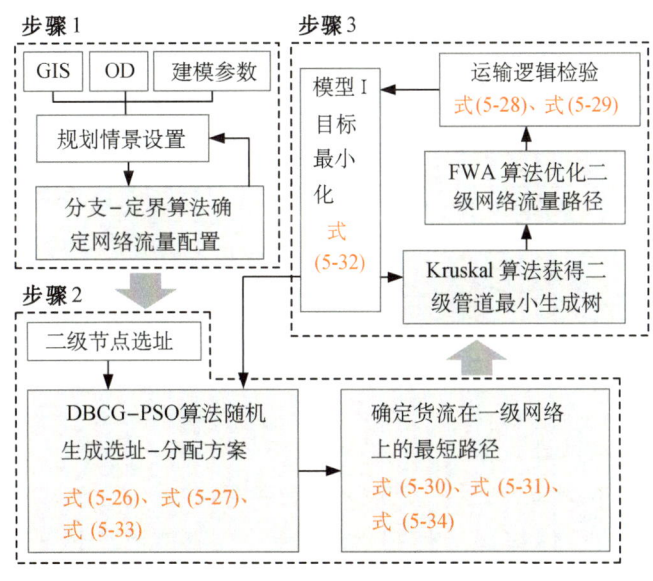

图 5-12 优化思路

2. 改进的粒子群算法

粒子群算法(Particle Swaim Optimization,PSO)是一种基于群体智能的高效启发式算法,最早由 Kennedy 和 Eberhart 在 1995 年提出。PSO 源于对鸟类种群捕食行为的仿生研究,通过将个体(即潜在解)视为没有质量或大小的粒子,利用适应度值评估粒子是否处于合适的位置。粒子速度决定了其移动的方向和距离,可根据自身及其他粒子的运动经验沿最优方向动态调整。PSO 的优点是具有记忆性、结构简单且全局搜索能力较强;不足之处在于其局部寻优能力较差,随可行解空间的增大易产生早熟现象。另外,PSO 算法将粒子初始的位置和速度更新视为连续函数,易导致其在求解复杂离散选址问题时表现不佳。

基于地铁-货运网络规划的复杂性,本案例从三个方面对 PSO 算法进行改进。首先,引入粒子的离散二进制操作处理大规模 0-1 决策变量;其次,引入遗传算法(GA)中的交叉和变异算子丰富粒子的空间搜索能力;最后,引入混沌搜索策略增强局部搜索能力。改进后的算法称为离散二进制混沌遗传-粒子群算法(Discrete Binary Chaos Genetic-Particle Swarm Optimization Algorithm,DBCG-PSO),算法流程如图 5-13 所示。

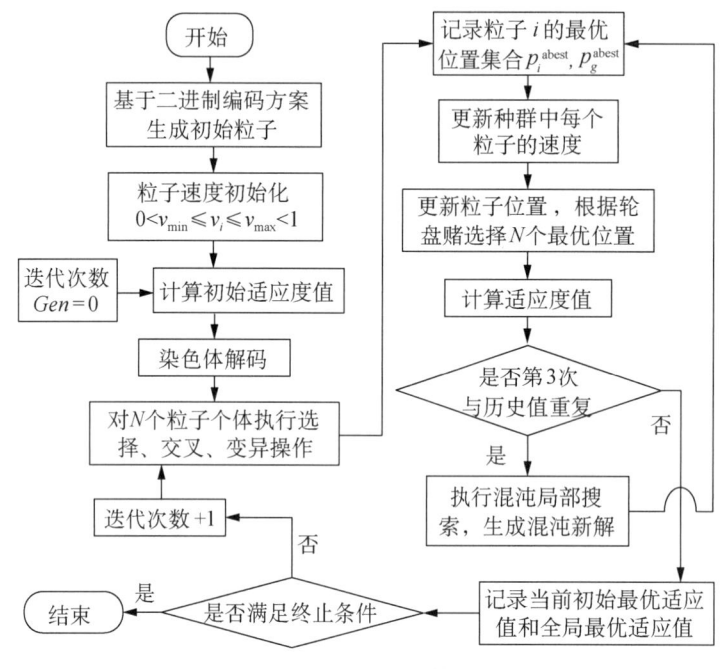

图 5-13　DBCG-PSO 算法流程

(1) 粒子群的离散二进制化。

构造 0-1 矩阵反映地铁-货运站点选址-分配决策,粒子位置表示为一系列值为 1 的染色体序号。根据染色体编码产生初代粒子群,计算得到个体 i 的初始适应度值 $Fit(i)=[E_F(i)\cdot(1+G\cdot\rho_i)]^{-1}$。其中,惩罚因子 G 用于排除违背约束的方案;$E_F(i)$ 为模型 I 的目标函数;ρ_i 为二元变量,当个体不满足模型约束时 ρ_i 取为 1。

将粒子 i 经过的最优位置记为集合 p_i^{abest},全局最优位置记为集合 p_g^{abest}。粒子位置更新的二进制操作通过在 [0,1] 区间内引入 S 型函数 $S(v_i^{a+1})=sigmoid(v_i^{a+1})=(1+e^{-v_i^{a+1}})^{-1}$ 实现。采用轮盘赌的方法选择 N 个最优粒子位置,确定节点的选址-分配关系。此后调用迭代过程更新粒子状态。粒子 i 在 $a+1$ 次迭代后的速度 v_i^{a+1} 和位置 x_i^{a+1} 按照式(5-35)进行更新。

$$v_i^{a+1} = \theta \cdot v_i^{a+1} + c_1 \cdot r_3 \cdot (p_i^{abest} - x_i^a) + c_2 \cdot r_4 \cdot (p_g^{abest} - x_i^a) x_i^{a+1}$$
$$= \begin{cases} 1, & \text{if } rand < S(v_i^{a+1}) \\ 0, & \text{otherwise} \end{cases} \quad (5\text{-}35)$$

式中，c_1，c_2 为非负学习因子；r_3，r_4 为[0，1]内的随机小数；θ 为惯性权重；$S(v_i^{a+1})$ 代表粒子轨迹为 0 的概率。粒子的离散二进制操作如图 5-14 所示。

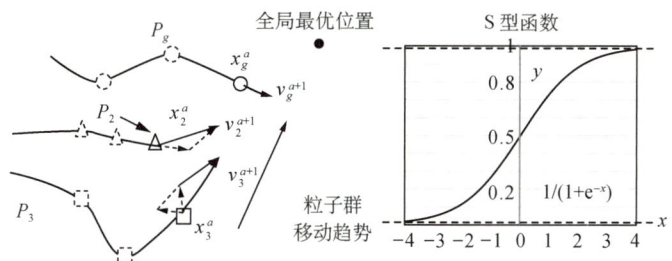

图 5-14 粒子的离散二进制示意

(2) 遗传算子。

GA 交叉算子和变异算子能够增加粒子个体跳出次优解的概率。采用基于等比策略的轮盘赌方法从上一代种群 P_s 中选择优秀的个体，繁殖为下一代种群 P_a。个体 i 的适应度越高，被选中的概率 $g_i = Fit\ P_s(i) / \left[\sum_{j=1}^{S} Fit\ P_s(j) \right]$ 则越高。

根据图 5-15 进行交叉变异操作。并行交换一级节点选址阵列和二级节点分配阵列中的两组随机长度子串，按照概率 ξ 单点交叉，并根据概率 ω 进行变异。变异染色体的极性反转并生成子代个体。

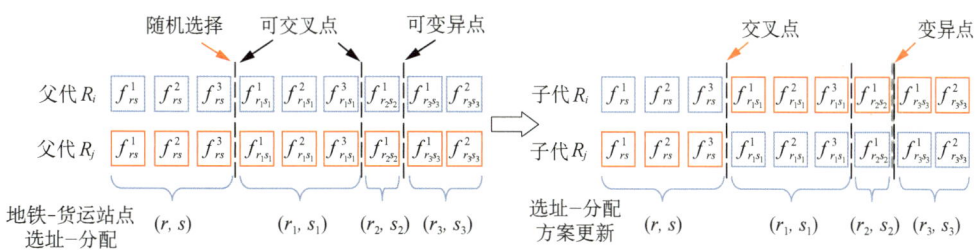

图 5-15 GA 交叉变异

(3) 单维全分量混沌局部搜索。

采用混沌搜索策略使得粒子在一定范围内不重复遍历解空间，增强 PSO 算法跳出局部极值的能力[6]。若 p_g^{abest} 中的第 g 项对应的最优适应度值已第三次与历史值重复，则对

第三次的 g 项执行单维全分量混沌局部搜索。混沌扰动量 s_n 赋予解向量 g 中的第 1 分量至第 x 分量。计算 x 个混沌解向量的适应度并逐个与 g 比较，筛选出最小值替换 g 作为本次迭代的最优解。混沌解 $g_{\text{new }n}^m$ 的表达式如下。

$$g_{\text{new }n}^m = g^m + \delta \cdot (b_{\text{up}}^m - b_{\text{low}}^m) \cdot s_n^m$$

$$s_n^m = \begin{cases} 4\sin\dfrac{2}{R_n}, & \forall\, m = n \\ 0, & \forall\, m \neq n \neq 0 \end{cases} \tag{5-36}$$

式中，g^m 为当前最优解的第 m 个分量；s_n^m 为 s_n 的第 m 个分量；$R_n \in [0, 1]$ 为随机数；δ 为控制参数；b_{up}^m，b_{low}^m 分别表示染色体序列 m 搜索范围的上界与下界。

3. 算法复杂度及有效性分析

本节所提出算法在求解北京城市副中心地区地铁-货运网络规划案例时的计算量如表 5-8 所示。算法的整体时间复杂度是关于种群大小 n、规模参数 $|I|$（即客户终端数量）和 $|\overline{J}|$（即拟建的货运站点数量）的三次多项式。取种群大小 $n = 100$，迭代次数 $GEN_{\max} = 100$，得出模型的最大计算量级为 10^8，这说明规划问题规模扩大不会造成严重的计算负担。

表 5-8　　算法各步骤的理论复杂度

算子	时间复杂度	计算量级
选择-交叉-变异	$O(n^2 + 2n)$	$\times 10^4$
混沌局部搜索	$O(3n)$	$\times 10^2$
粒子群状态更新	$O(2n)$	$\times 10^2$
选址-分配	$O(n \cdot |I|)$	$\times 10^4$
一级路径优化	$O(n \cdot |\overline{J}| \cdot |K| \cdot |S|)$	$\times 10^5$
K-MST	$O(n \cdot |I| \cdot |\overline{J}|)$	$\times 10^5$
FWA	$O(n \cdot |I| \cdot |\overline{J}| + n \cdot |\overline{J}| \cdot |L|)$	$\times 10^6$
总计		$\times 10^8$

通过一组小规模算例验证本节算法的精度和效率。小规模问题的设置与模型 I 基本一致。表 5-9 展示了本节算法和线性规划求解器 CPLEX 的优化结果差距。通过对后续北京城市副中心地区仿真数据进行调整，设置小规模算例的参数。

结果表明，DBCG-PSO 算法获得的近似最优解与精确解的平均差距为 1.12%，基本可以忽略。CPLEX 在求解极小规模问题时（即算例 A）的效率更高，但随着节点数量增加，CPU 时间呈指数级上升。DBCG-PSO 算法则没有出现这种情况。在算例 C 中，二者的效率差距达到 44 倍。这说明本节所提出的混合算法有能力求解大规模 LAR 决策问题，具有良好的优化精度和计算效率。

表 5-9　　　　　　　　　　　小规模算例优化结果

算例	规模	优化结果	管道建设成本	运输及运营成本	CPU 时间
A	园区 1 个,终端 10 个,地铁站 5 个,无换乘站,45 段道路,选择 3 个货运站点	精确解	419 万元	670 万元	0.178 s
A		DBCG-PSO 算法	419 万元	670 万元	0.932 s
A		优化差距	0%	0%	—
B	园区 2 个,终端 20 个,地铁站 8 个,换乘站 1 个,100 段道路,选择 5 个货运站点	精确解	876 万元	1 802 万元	25.36 s
B		DBCG-PSO 算法	883 万元	1 820 万元	3.841 s
B		优化差距	0.755%	0.983%	—
C	园区 2 个,终端 30 个,地铁站 12 个,换乘站 2 个,200 段道路,选择 8 个货运站点	精确解	2 057 万元	6 091 万元	239.89 s
C		DBCG-PSO 算法	2 107 万元	6 247 万元	5.273 s
C		优化差距	2.43%	2.562%	—

5.5.3　仿真实验结果分析

北京城市副中心规划人口数量为 130 万人。结合第 2 章 2.6.2 节中对城市地下物流需求的预测结果,预计到 2035 年当地的人均包裹配送需求为 1.94 件/d,地铁-货运网络的包裹总需求为 253 万件/d。根据用地性质和规划纲要将人口数量分配至图 2-12 所示的地块区域,再以客户终端为中心进行需求聚类。对于某客户终端的需求组成,假设来自主城之间的货流以及来自南北部物流园区的货流分别占其需求量的 20%～45% 和 55%～80%,不同方向货运需求的占比以随机方式确定。

模型仿真参数取值如表 5-10 所示。其中,与地铁-货运网络成本和设施容量相关的参数取自文献[1]和[2]。其余参数根据类似地下工程项目和城市物流运作数据拟定。通过改变流量配置模型参数 δ,将决策者对地铁-货运系统的环境效益期望刻画为 6 种情景,即 $\delta=[50\%,60\%,70\%,80\%,90\%,100\%]$。不确定参量模糊特征值和随机特征值的取值范围如表 5-11 所示。规定式(5-33)和式(5-34)的可信度水平 $\xi=0.87$。子目标权重系数分别取 $\lambda_1=1.2,\lambda_2=1,\lambda_3=0.8$。

表 5-10　　　　　　　　　　　模型仿真参数取值

参数	值	单位	参数	值	单位
$\dot{\sigma}_j$	11	万件/d	v_t	0.07	元/件
$\ddot{\sigma}_j$	4	万件/d	p_s	0.006	元/(件·km)
H_t	60	万件/d	q_h	0.002 4	元/(件·km)
ς	2	万件/d	w_j	0.05	元/件
r_j	3	亿元	γ	0.5	元/件
e_i	3 000	万元	η	55%	—
c_h	4 000	万元/km	φ	0.02	万件/车
θ	36 500	d	ζ_{CO_2}	0.071	万元/t
u_j	0.1	元/件	ζ_{CO}	0.359	万元/t

（续表）

参数	值	单位	参数	值	单位
ζ_{NO_x}	10.32	万元/t	$\mathcal{O}_{CO_2}$	2.8×10^{-4}	t/km
ζ_{PM}	26.34	万元/t	$\mathcal{O}_{CO}$	1.7×10^{-6}	t/km
ζ_{VOC}	0.703	万元/t	$\mathcal{O}_{NO_x}$	1.01×10^{-6}	t/km
κ	0.125	L/km	$\mathcal{O}_{PM}$	1.2×10^{-7}	t/km
ε	7.1×10^{-4}	万元/L	$\mathcal{O}_{VOC}$	3.4×10^{-7}	t/km

算法编程和仿真实验依托 MATLAB R2019b，测试环境为 Windows 10，Intel Core i7-7700 CPU 3.60 GHz 处理器，24 GB 内存。启发式算法的参数设置如下：种群大小 $n=100$，迭代次数 $GEN_{max}=200$，交叉概率为 50%，变异概率为 30%，学习因子 $c_1=c_2=1.5$，$\theta_{max}=0.9$，$\theta_{min}=0.4$，轮盘赌概率为 0.8，混沌控制参数为 0.01，惩罚因子 $G=200\%$。

表 5-11 不确定参数取值分布

变量	左边界控制量	右边界控制量	方差
$\hat{R}_j$	$U(0.126, 0.215)$	$U(0.225, 0.38)$	—
$\hat{E}_i$	$U(0.011, 0.018)$	$U(0.035, 0.059)$	—
$\hat{C}_h$	$U(0.011, 0.018)$	$U(0.013, 0.022)$	—
$\hat{U}_j$	$U(0.027, 0.047)$	$U(0.045, 0.076)$	—
$\hat{P}_s$	$U(0.001, 0.002)$	$U(0.002, 0.003)$	—
$\hat{Q}_h$	$U(0.001, 0.002)$	$U(0.001, 0.002)$	—
$\hat{V}_t$	$U(0.018, 0.031)$	$U(0.018, 0.03)$	—
$\hat{W}_j$	$U(0.011, 0.019)$	$U(0.01, 0.017)$	—
$\hat{D}_{ik\mid k=1}$	$U(0.12, 0.32) \times d_{ik\mid k=1}$	$U(0.24, 0.4) \times d_{ik\mid k=1}$	$U(37, 595)$
$\hat{D}_{ik\mid k=2}$	$U(0.15, 0.48) \times d_{ik\mid k=2}$	$U(0.2, 0.3) \times d_{ik\mid k=2}$	$U(9, 149)$
$\hat{D}_{ik\mid k=3}$	$U(0.15, 0.25) \times d_{ik\mid k=3}$	$U(0.2, 0.35) \times d_{ik\mid k=3}$	$U(15, 189)$
$\hat{D}_{ik\mid k=4}$	$U(0.2, 0.4) \times d_{ik\mid k=4}$	$U(0.18, 0.42) \times d_{ik\mid k=4}$	$U(5, 205)$

注：$U(a, b)$ 代表区间 $[a, b]$ 内的均匀分布随机数。

通过分支-定界算法求得不同环境效益期望下的流量配置。结果表明，随着 δ 从 50% 增至 100%，地铁-货运系统产生的年环境效益从 1 707 万元上升至 3 366 万元。各情景下要求建立的二级地下物流节点个数分别为 43，56，72，89，111 和 135 个。

在 $\delta=50\%$（待建立的站点固定为 10 个）和 $\delta=100\%$（待建立的站点固定为 22 个）两种场景下，利用 DBCG-PSO 算法和传统 PSO 算法对模型 I 反复优化 10 次，得到目标收敛曲线如图 5-16 所示。

当 $\delta=50\%$ 时，两种算法每次均可收敛至最小目标值 41.06 万元/d。DBCG-PSO 算法平均在 40~60 次迭代后收敛,而传统 PSO 需要 127 次迭代;当 $\delta=100\%$ 时,前者平均经过 111 次迭代可寻得最小目标函数值 93.94 万元/d,而传统 PSO 几乎无法收敛。比较 10 次运行得到的最小目标平均值,发现两种算法在 $\delta=100\%$ 情景下的优化精确度差距为 1.81%。随着网络规模增大,DBCG-PSO 算法的 CPU 时间从 54.7 s 上升至 72.3 s,而传统 PSO 算法从 60.5 s 上升至 84.4 s。以上结果表明,改进后的 PSO 算法在收敛性和计算效率方面均具有明显优势。

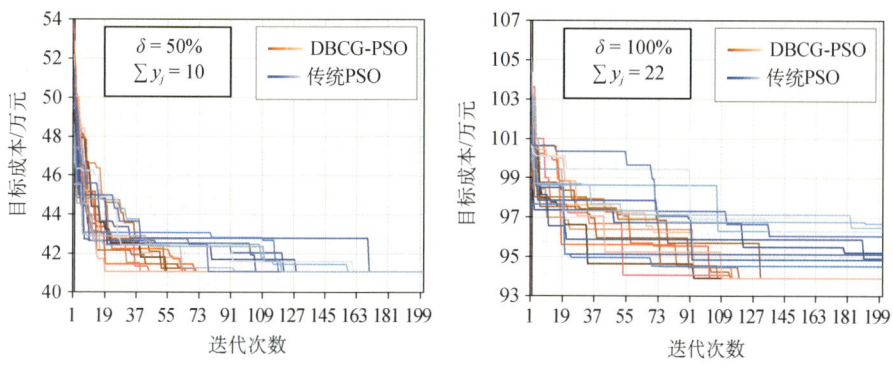

图 5-16 算法比较

图 5-17 展示了地铁-货运网络在不确定条件和确定性条件下的布局优化结果。不确定条件下的网络最优配置数据如表 5-12 所示。$\delta=50\%\sim100\%$ 情景下的模型 I 最优目标成本分别为 40.03, 49.21, 60.89, 69.55, 80.94, 93.46 万元/d,网络中的站点数量分别为 10, 11, 13, 16, 18, 22 个。

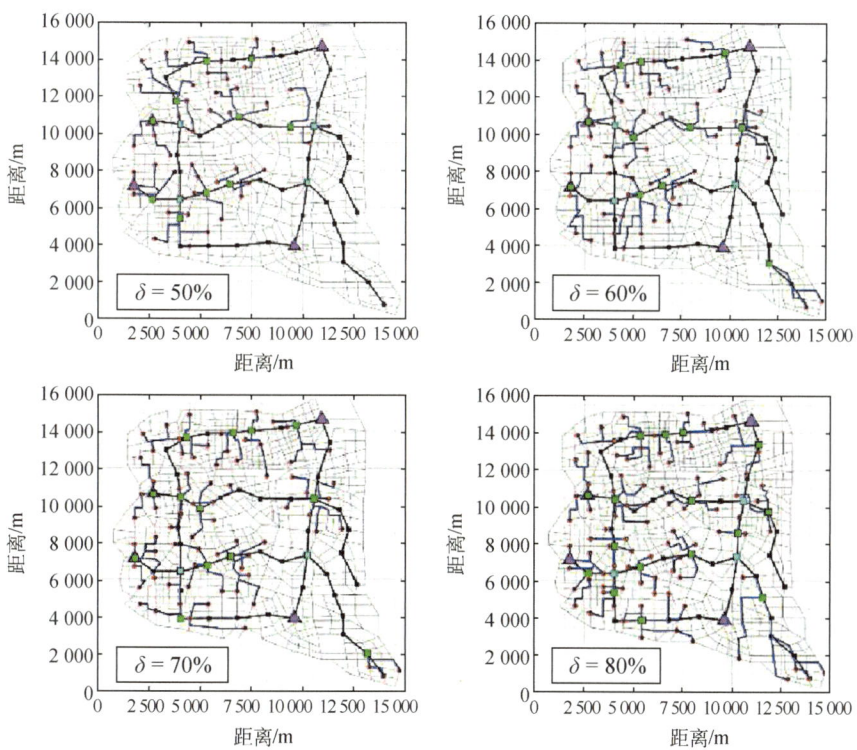

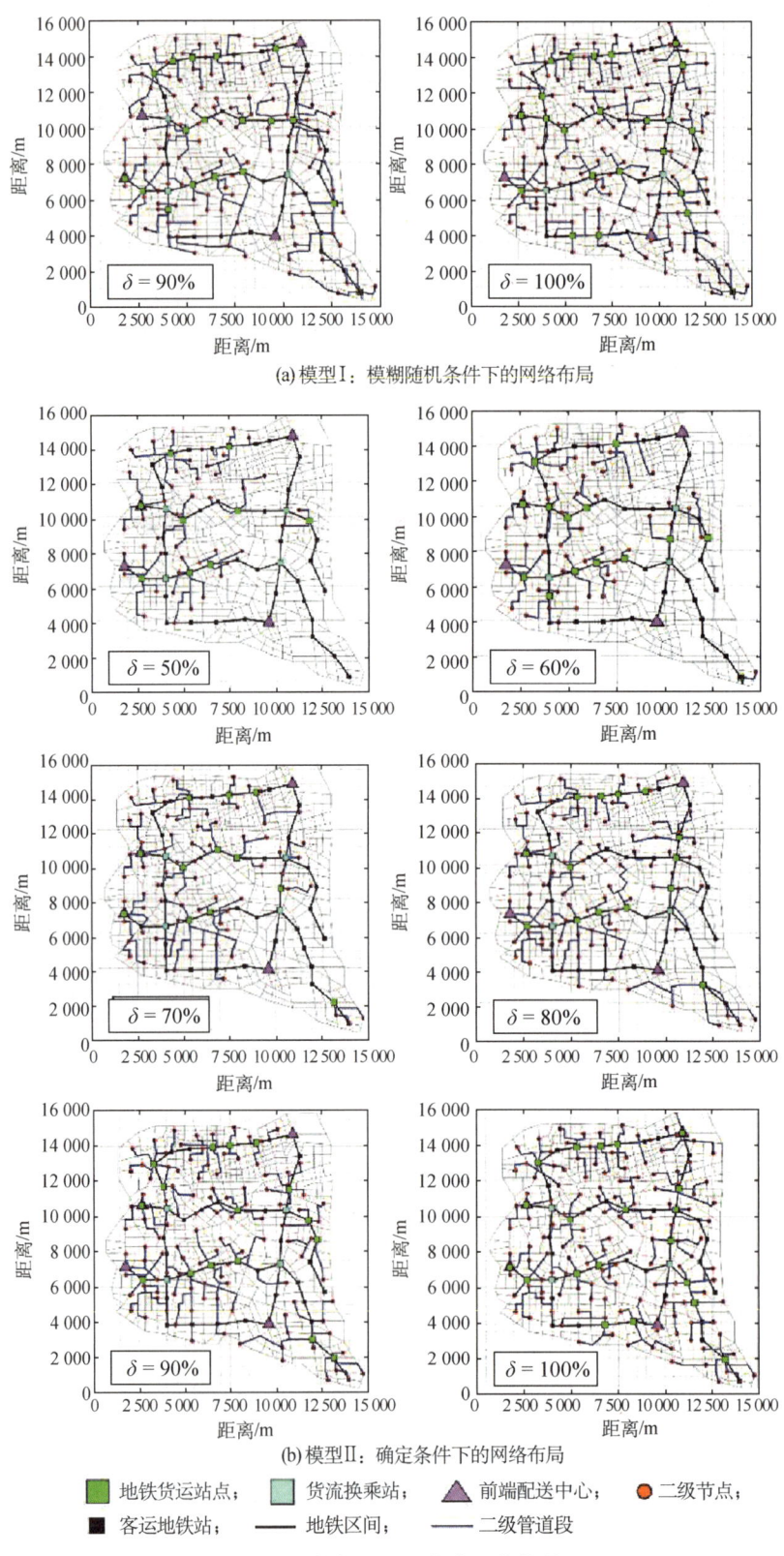

图 5-17 地铁-货运网络布局优化结果

表 5-12　　　　　　　　　不确定条件下的地铁货运网络最优配置

δ	站点数量	一级网络运输成本	二级网络运输成本	站点平均运营成本	站点平均负载率	空置惩罚成本	地下转运成本	节点建设成本	管道建设成本	管道里程	库存成本	总目标成本
50%	10	5.590	1.095	0.988	87.85%	0.140	1.863	12.715	8.567	104	1.170	40.04
60%	11	6.361	1.344	1.066	92.76%	0.083	1.920	15.091	11.775	143	1.871	49.22
70%	13	8.159	1.609	1.053	93.60%	0.259	3.015	18.672	14.504	177	2.040	60.89
80%	16	9.834	1.824	1.039	92.87%	0.015	4.015	22.370	14.727	179	2.216	69.55
90%	18	10.932	2.105	1.042	92.24%	0.778	3.874	26.653	16.193	197	2.832	80.94
100%	22	13.670	2.341	0.946	84.07%	1.083	5.930	32.877	17.081	208	2.450	93.46

注：与成本相关的单位均为万元/d；管道里程的单位为 km。

随着 δ 从 50% 上升至 100%，货物的地下运输成本分别从 5.590 万元/d（地铁运输）和 1.095 万元/d（管道运输）上升至 13.670 万元/d 和 2.341 万元/d。同时，地铁-货运站点的物流处理成本从 8.9 万元/d 增至 18.9 万元/d；换乘站点的货流转运成本从 1.863 万元/d 增至 5.930 万元/d；地铁-货运站点和二级节点的总建设成本从 12.715 万元/d 增至 32.877 万元/d；站点的平均空置惩罚成本从 0.140 万元/d 上升至 1.083 万元/d；网络中的二级管道总长度从 104 km 增至 208 km；站点的平均覆盖半径在 2.15～3.04 km 范围内变化。当网络规模达到最大时，站点的平均饱和度为 84.07%，处于所有情景中的最低值。来自园区的货物在地铁网络中的平均运距为 19.8 km，运输成本占一级网络总运输成本的比率为 63%；主城方向货流在一级网络中的平均运距和运输成本占比分别为 16.5 km 和 37%。站点饱和度在 $\delta=70\%$ 时达到最高值 93.60%。进一步计算得到不确定条件影响下的地铁-货运系统环境效益与综合成本之比最高为 1∶8.57，最低为 1∶10.13。

通过比较模型 I 和模型 II 的优化结果，发现地铁-货运系统网络布局方案在 $\delta=80\%$ 时差别最大，在 $\delta=50\%$ 时差别最小。不确定条件对布局的影响随着网络规模的扩大愈发显著。6 种情景下的总目标成本差距值分别为 0.37 万元/d（$\delta=50\%$）、2.05 万元/d（$\delta=60\%$）、0.48 万元/d（$\delta=70\%$）、2.16 万元/d（$\delta=80\%$）、2.22 万元/d（$\delta=90\%$）和 4.77 万元/d（$\delta=100\%$）。此外，模型 I 网络受不确定条件的影响倾向于配备更多的地铁-货运站点和管道段。导致这一趋势的原因可解释如下：首先，本节引入正态分布方差来表示货运需求的模糊程度，因此模型 I 网络中的总需求可能高于预测值，则要求建立更多的货运站点；其次，经过精确化处理后的机会约束式左侧与原约束式相比添加了由方差和区间两侧端点所表示的正数，这一转变相当于一定程度缩小了站点设施的容量。因此，不确定条件下的地铁-货运系统网络布局方案可视为在对模糊随机参数近似的基础上寻求最优保守解的结果。

5.6 本章小结

本章从静态层面上,对地铁-货运系统网络多级设施的选址-分配问题进行了研究。以网络的总运输成本和总建设成本最优为目标,对地铁-货运站点、地面终端和客户需求点的选址以及相互之间的归属关系进行建模优化。基于地铁-货运轴辐式网络,以地面终端集合覆盖数最小为目标,构建了地面终端选址的集合覆盖模型;并以节点建设成本、地面运输成本、地下运输成本和转运成本组成的地铁-货运多式联运成本最小为目标,构建了地铁-货运节点的选址-分配模型。

针对具有客户层、中间层(地面终端)、地下连接层(地铁-货运节点、地铁-货运站点枢纽)、供应层(城市物流园区)的网络,设计了多步算法对地铁-货运系统网络规划的 NP-Hard 模型进行简化和求解。首先,通过 E-TOPSIS 等方法逐步削减供应层(城市物流园区)、客户层,并为最优附属地面终端添加基于最短路径的线路导航机制,以降低模型解空间维度。其次,在低维度解空间中设计免疫克隆选择算法以解决货运节点的优先开放位置和最优地面终端选址问题。最后,通过多轮评价和迭代计算得到最优结果。

在多阶段数学模型的基础上,针对带有换乘节点的网络情景和独立线路情景下的地铁-货运节点最优系统配置和网络布局,进行优化计算。网络情景下的优化结果表明:①各线路之间的货物转运量非常大且转运频繁,预留出一部分线路货运能力用于承担转运是十分必要的;②如果地铁各线路之间的距离较近或网络密度较大,货物流向在不同线路中呈现较大差距,主要集中于部分线路;③地铁-货运的效益在地下长距离运输时可以得到充分体现,可以极大地减少地面货运交通量,释放城市道路服务能力,缓解城市交通拥堵。

独立线路情景下的优化结果表明:①优化得到的节点在各线路上的分布较为平均;②地铁-货运系统网络的可达性被充分发挥;③地铁-货运系统可以有效缓解道路货运交通压力。

通过对比两种情景,网络化的地铁-货运系统需要经过多轮地面和地下转运,节点配置要求高,运营调度更为复杂。但是网络化的地铁-货运系统的地面交通量同独立地铁-货运线路差距不大,在具有更大地下货运比率的情况下,可以更加高效地缓解交通拥堵。并且,网络化的地铁-货运系统具有较低的运营成本和较高的货物可达性。综合分析,网络化的地铁-货运系统在物流服务、末端配送以及系统可扩展性、外部效益等方面均具有更大的优势。

本章对地铁-货运系统多级设施选址-分配进行了建模优化,为地铁-货运系统网络规划提供了基础模型,并为第 6 章仿真模拟提供了网络相关参数。

参考文献

[1] Dong J, Hu W, Yan S, et al. Network planning method for capacitated metro-based underground logistics system[J]. Advances in Civil Engineering, 2018: 1-14.

[2] Hu W, Dong J, Hwang B G, et al. Using system dynamics to analyze the development of urban freight transportation system based on rail transit: A case study of Beijing[J]. Sustainable Cities and Society, 2020, 53: 101923.

[3] Yang K, Yang L, Gao Z. Planning and optimization of intermodal hub-and-spoke network under mixed uncertainty[J]. Transportation Research Part E: Logistics and Transportation Review, 2016, 95: 248-266.

[4] 崔利刚,任海利,邓洁,等. 基于模糊随机需求的B2C多品采配协同模型及其粒子群算法求解[J]. 管理工程学报,2020,34(6):183-190.

[5] Hu W, Dong J, Hwang B G, et al. Hybrid optimization procedures applying for two-echelon urban underground logistics network planning: A case study of Beijing[J]. Computers and Industrial Engineering, 2020, 144: 106452.

[6] 刘玉敏,高松岩. 一种改进的粒子群优化算法及其算法测试[J]. 数学的实践与认识,2019,49(9):237-247.

第6章
地铁-货运系统网络动态运行仿真

地铁-货运系统的运行面临复杂的城市环境和一系列时空规则的约束,其网络化运行绩效需要在贴近于现实的仿真实验中进行验证。本章基于前面章节中的协同运输流程、节点设计、网络优化的结果,构建一套完整的"拖挂式"地铁-货运系统网络动态运行模型,并在虚拟空间进行数字仿真模拟。本章依托南京市和北京城市副中心运营数据,考虑动态的城市物流需求情景和系统运行过程,基于 AnyLogic 软件开发集成离散事件仿真、智能体建模、GIS 可视化和多视角数据分析界面为一体的实验信息平台。所建模型充分考虑了地铁列车货运调度、多式联运时间窗、装箱规则、地铁与地面"最后一公里"路网联运等关键问题。

6.1 AnyLogic 仿真应用概述

AnyLogic 作为一款主流仿真分析软件,主要应用在物流、供应链、制造生产业、行人交通仿真、城市规划、建筑设计和港口机场等各种复杂系统领域。它能够支持地铁-货运系统网络的数字孪生模型开发。本节主要阐述了 AnyLogic 建模的相关特点,包括仿真应用、动画转换、特定行业库集成、GIS 集成和平台拓展,还介绍了本章建模所用到的功能模块及符号组成。

AnyLogic 可以帮助不同行业的工程技术人员和管理人员针对特定工程进行深入分析,通过分析虚拟工程原型环境和考虑外部因素,动态优化复杂系统网络。AnyLogic 在国际范围内拥有大量的工程应用,例如中海石油气电集团有限责任公司采用其进行原油运输网络分析,中国铁道科学研究院集团有限公司利用其进行站场多式联运分析,烟台华东电子科技有限公司利用其进行港口物流业务仿真与优化。表 6-1 总结了国内外 AnyLogic 的典型应用案例。

在地铁-货运系统的设计规划中,大量复杂抽象的问题很难通过单一的建模方法(如数学模型)进行真实有效的描述。AnyLogic 基于智能体建模技术,能克服物流过程的复杂性并描述城市内部地上地下联运网络的耦合关系。在与真实世界网络仿真相关的案例中,一般采用系统动力学和离散事件相结合的方法,将变量和流程图集成在智能体内部,从而描述智能体内部的动态特征,打破单一建模方法的局限性。

表 6-1　　　　　　　　　　　AnyLogic 典型应用案例分析

时间	国家	案例名称	目的和作用
2010 年	法国	Le Havre 港区铁路物流模拟	在简单列车驱动轨道车和自主驱动轨道车两种设备间进行决策,并动态分析工程建设的可行性
2011 年	德国	法兰克福机场旅客流模拟	为满足日益增长的客流量需求,通过仿真预测来减少客户等待时间,提高客户满意度和客运能力
2014 年	俄罗斯	Adler-Alpika-Service 车站模拟	为寻找最佳运营方案,通过仿真确定了火车间的最短间隔,提出了最佳客流承载能力方案
2014 年	美国	CSX 运输公司网络性能仿真	寻找货运需求增长和应急状态下,铁路网络中断地区区域应急方案
2017 年	中国	中国邮政集团有限公司广东省规划研究设计院	提供物流运输仿真模型,分析不同策略下的绩效指标,优化物流运输的瓶颈

AnyLogic 能够将模型的运行流程转化为 2D/3D 的交互影像,并进行可视化播放。因此,对于依托现有地铁运行的"拖挂式"货运系统,能通过可视化的功能将货物运输的流程以最直观的方式呈现出来。AnyLogic 中的模型可以便捷地调用 GIS 地图来定位城市、道路或站点等信息。以道路交通仿真建模为例,系统可以直接提取路网距离、坐标和交汇点信息,从而模型中的元素可以在虚拟现实的网络环境中移动,并实时传递信息。流程建模库、流体库、轨道库、行人库、道路交通库和物料处理库等特定行业工具库的调用,可以为地铁-货运系统仿真提供最直接的封装素材,自由模拟不同种类的工作流程和列车移动。AnyLogic 中包含的系列控件、状态和输出等功能模块如表 6-2 所示。

表 6-2　　　　　　　　　　　AnyLogic 功能模块说明

模块归属	模块符号	模块名称	模块说明
流程建模库	●	Port	端口,在消息传递机制中扮演中心角色,消息通过端口发送和接收,流程建模库中的模块通过端口实现连接
	➡	Enter	将已经存在的智能体插入过程流程图的特定位置中
	✖	Sink	从模型中彻底移除智能体,通常是过程流程图中的一个端点
	👥	Resource Pool	定义资源单元组,资源是智能体在执行某些任务时需要的对象,例如车辆和泊位等
	⛔	Hold	用于临时阻止智能体在执行过程流程图中位于 Hold 模块后的动作,其阻止条件通过编程控制

（续表）

模块归属	模块符号	模块名称	模块说明
流程建模库		Quene	以先进先出或基于优先级等准则缓冲流程图中下一个模块接受的智能体，其队列容量可以动态改变
		Service	获取给定数量的资源单元，延迟智能体并再释放获取的单元
		Move To	将智能体及其附加的资源以智能体速度移动到节点或GIS点等目的地
		Seize	从给定资源池中获取给定数量的资源发送到指定的位置
	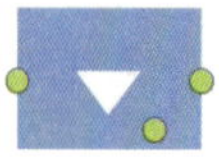	Release	释放给定数量的被提取的资源单元，并可以返回指定位置
智能体		Agent	智能体，可代表各种事物，本模型中定义为客户需求、节点和运输路径等
		Collection	集合，表示一组对象，用于定义将多个元素分组为单个单元的数据对象，用于存储、检索和操作聚合数据
		Function	函数，表示每次用户从模型中调用表达式时返回该表达式的值
		Event	事件，是在模型中安排一些动作的最简单方法，通常用于延迟和超时建模
		Variable	变量，表示模型状态，通常用于存储模型模拟的结果，或对随时间变化的一些数据单元或对象特性进行建模
		Connection	链接到智能体，定义了不可移动智能体间的联系网络
		Parameter	参数，用于表示被建模对象的一些特征，通常静态地描述对象

此外，AnyLogic基于Java环境进行模型定义与参数设置，理论上具有无限的扩展和二次开发能力。以动态环境下城市地铁-货运系统网络运行仿真为例，由于缺乏成熟的模型，需要针对模型和输入条件进行重复试验来进行验证和分析。而为了避免烦琐的模型构建，需要自定义输入数据的结构和相应算法来对模型进行拓展。

6.2 案例研究：南京市地铁-货运系统网络动态运行建模过程及结果分析

本案例选取南京市地铁系统，构建以地铁网络为主干，"最后一公里"路网为分支的"拖挂式"城市地上地下一体化货运网络。案例的研究从联合运行环境、系统网络运行建模和仿真结果讨论三个方面展开。

6.2.1 联合运行环境说明

联合运行环境主要指仿真建模的相关参数和设置规则，包含时间窗设置、需求情景设置和参数设置三个方面。

1. 地铁与地面"最后一公里"配送时间窗设置

"拖挂式"运行模式下的货运计划应严格遵守现有地铁列车通勤时间表。表6-3展示了南京地铁4条线路的列车班次安排。表中数据来自南京地铁公布的运营数据（2019年），每日的合计列车运行班次分别为237对（1号线）、233对（2号线）、231对（3号线）和233对（4号线），列车发车频率完全符合"早、晚高峰密集而平峰期疏"的特点。货运计划被安排在那些具有货运车厢拖挂功能的地铁列车上。模型规定每辆具有货运任务的列车每次出行需要不间隔地跑满一个来回，最终返回原始发站。网络运行过程中保持纯客运列车和客货协同运输列车的每日总班次不变。

表6-3　　现有地铁列车通勤时间表

运营时段	运营计划/对班次			
	1号线	2号线	3号线	4号线
5:00—6:00	2	0	1	0
6:00—7:00	12	10	12	10
7:00—8:00	20	20	20	20
8:00—9:00	15	20	15	20
9:00—10:00	12	15	15	15
10:00—11:00	12	12	12	12
11:00—12:00	12	12	12	12
12:00—13:00	12	12	12	12
13:00—14:00	12	12	12	12
14:00—15:00	12	12	12	12
15:00—16:00	15	12	12	12
16:00—17:00	20	15	15	15

(续表)

运营时段	运营计划/对班次			
	1号线	2号线	3号线	4号线
17:00—18:00	20	20	20	20
18:00—19:00	20	20	20	20
19:00—20:00	15	15	15	15
20:00—21:00	10	10	10	10
21:00—22:00	10	10	10	10
22:00—23:00	6	6	6	6
合　计	237	233	231	233

注：首班车时刻分别为1号线5:42,2号线6:00,3号线5:50,4号线6:00。末班车时刻分别为1号线23:19,2号线23:00,3号线23:00,4号线23:00。

对于"拖挂式"列车的相关设定如下：

(1) 对于每一班在始发站，即将出发的地铁列车，会按照给定的最大携带货物的能力，选择当前已进入出发准备状态(Ready For Departure, RFD)的单元装入列车，装载过程符合先进先出原则，即优先装入先进入RFD状态的单元，直至达到列车的最大携带能力。

(2) 列车随即按原定时间表从始发站出发(若装不满也出发)。列车依次到达沿途的货运站点进行卸货，若这班列车所携带的单元的目的地站点在别的线路上(如线路w)，那么列车先要在最近的换乘地铁-货运站点将该单元卸下，卸下后的单元对于线路w上的列车而言，立即变为RFD状态，当最近的一班具有货运任务的列车到达该换乘点后，若该列车有空余容量(因为考虑到前几站会卸货)，那么此时列车会按照FIFO准则，选择换乘单元，装载入货运车厢。如此执行，直至到达目的地节点。

(3) 对于返程装载任务(即将出城货物从节点运输至对应物流园区)，"拖挂式"列车以空车的形式从终点站反向出发，沿线经过货运节点，拾取在节点进入RDF状态的运载单元，将需要发往其他节点的单元，在沿途节点或换乘节点卸下，同时在换乘节点拾取其他线路转运过来的单元，汇聚起来送达货运始发站。单元最终通过自动轨道车抵达相应的物流园区。返程装载期间遵循最大装载原则，并保持列车容量不被破坏。

图6-1介绍了一班地铁列车从地铁始发站到达后续地铁站点所经过的时间，该数据由南京地铁提供(2019年)。在货运所涉及的网络路段中，列车的单程旅行时长分别为61 min(1号线)、40.5 min(2号线)、71.5 min(3号线)和19 min(4号线)。根据地铁运营数据，列车在途经的每个地铁站停靠的时长统一设置为30 s。

每天都有固定班次的电动货车(EV)梯队从每个地铁-货运节点发出，目的是把在当前时段内处理完毕(进入RFD状态)的客户包裹通过"最后一公里"路网运送至附属于该节点的各个地面终端，并同时将地面终端处生成的寄件包裹带回节点。对于EV配送规

第 6 章 地铁-货运系统网络动态运行仿真　165

图 6-1　"拖挂式"列车到达时间窗

则,本案例规定,每天安排 8 个批次 EV 梯队从地铁-货运站点出发,每一梯队的 EV 沿不同方向到达相应地面终端进行卸货,同时装入在该终端生成且需要运输至物流园区或其他地面终端的客户包裹,之后原路返回地铁-货运节点。如表 6-4 所示,所有地铁-货运站点的 EV 发车和预计返回站点的时刻均相同,在每次配送任务中,节点内所有为 RFD 状态的客户包裹都会被装载入当前 EV 梯队,即每次 EV 配送都会清空节点内部的库存。相应地,地面终端装货时,也清空在该地面终端生成的所有货物。一个梯队的 EV 对应一个附属地面终端,并根据自身容量以及"要发往地面终端的总货量"和"即将在该地面终端被装入 EV 的总货量"二者的最大值,决定当前批次派出的 EV 数量。若在当前配送时段内,需要到达某一地面终端的包裹均没有进入 RFD 状态,并且该地面终端没有生成货物,则不需要指派 EV。

表 6-4　　　　　　　　　"最后一公里"EV 配送时间窗

一个工作日内的 EV 配送	EV 离开当前地铁-货运站点时间	EV 返回当前地铁-货运站点时间
第 1 批次梯队	10:30	12:00
第 2 批次梯队	12:30	14:00
第 3 批次梯队	14:30	15:30
第 4 批次梯队	16:00	17:30
第 5 批次梯队	18:00	19:30
第 6 批次梯队	20:00	21:30
第 7 批次梯队	22:30	23:30
第 8 批次梯队	24:00	(+1)1:00

2. 城市需求情景设置

在模型中,城市物流需求作为一个智能体,需要尽可能全面地还原系统运行的环境。为此,本节针对地铁-货运系统所承担的进城和出城货运需求的生成规则作以下设定(同城配送需求由于城市地理因素不宜利用南京地铁进行组织,因此本模型暂不考虑)。

在一个标准工作日内,需要发往任意地面终端的进城货物会在 5:00—22:00 以一种随机的方式在任意物流园区 y(供应端)生成,生成的频率设定为每 15 min 一次。对于每次的进城需求生成量,情景如下:

要发往任意地面终端的货物以随时间分布的概率在任意物流园区 y 生成大小为[u_1, u_2]区间内随机值的货运量需求。表 6-5 展示了 GT-18 的进城需求在一天内的分布与生成情况。进城需求在物流园区生成之后,花费一定的时间 t_1,用于进行单元化拼装,后由自动轨道车运输至地铁-货运始发站,当该需求在始发站货运站台待命时,可认为该需求进入了 RFD 状态,即可以被列车拾取装入货运车厢进行地下运输。

出城需求以一种与进城需求类似的方式在地面终端处生成,每日生成时刻为 5:00—17:00,生成完毕的需求同样经过一定的时间 t_2 在地面终端处变为 RFD 状态,即可被下

表 6-5 地面终端 GT-18 的进城货运需求生成规则

地点/数量 生成时刻	18号地面终端(GT-18) 以 $x\%$ 的概率在 UDCx 产生 $[x_1, x_2]$ 区间内随机值的进城需求															
	UDC1			UDC2			UDC3			UDC4			UDC5		
	概率	x_1	x_2	概率	x_1	x_2	概率	x_1	x_2	概率	x_1	x_2	概率	x_1	x_2
5:00	50%	30	120	50%	0	50	50%	10	60	50%	0	50	50%	0	0
5:15	50%	30	120	50%	0	50	50%	10	60	50%	0	50	50%	0	0
5:30	50%	30	120	50%	0	50	50%	10	60	50%	0	50	50%	0	0
5:45	50%	30	120	50%	0	50	50%	10	60	50%	10	50	50%	0	50
6:00	50%	30	120	50%	10	50	50%	10	60	50%	10	50	50%	10	50
6:15	50%	30	120	50%	10	50	50%	10	60	50%	10	50	50%	10	50
6:30	50%	30	120	50%	10	50	50%	10	60	50%	30	100	50%	10	50
6:45	50%	30	120	50%	40	100	50%	60	120	50%	30	100	50%	40	90
7:00	50%	120	200	50%	40	100	50%	60	120	50%	30	100	50%	40	90
7:15	50%	120	200	50%	40	100	50%	60	120	50%	30	100	50%	40	90
7:30	50%	120	200	50%	40	100	50%	60	120	50%	30	100	50%	40	90
7:45	50%	120	200	50%	40	100	50%	60	120	50%	30	100	50%	40	90
8:00	50%	120	200	50%	40	100	50%	40	70	50%	30	100	50%	40	120
8:15	50%	120	200	50%	40	100	50%	40	70	50%	30	100	50%	40	120
8:30	50%	120	200	50%	40	100	50%	40	70	50%	30	100	50%	40	120
8:45	80%	120	200	80%	40	100	80%	40	70	80%	30	100	80%	40	120
9:00	80%	60	180	80%	40	100	80%	40	70	80%	30	100	80%	40	120
9:15	80%	60	180	80%	40	100	80%	40	70	80%	30	100	80%	40	120

(续表)

<table>
<tr><th rowspan="3">生成时刻</th><th colspan="15">以 $x\%$ 的概率在 UDCx 产生 $[x_1, x_2]$ 区间内随机值的进城需求</th></tr>
<tr><th colspan="15">18 号地面终端 (GT-18)</th></tr>
<tr><th>概率</th><th colspan="2">UDC1</th><th>概率</th><th colspan="2">UDC2</th><th>概率</th><th colspan="2">UDC3</th><th>概率</th><th colspan="2">UDC4</th><th>概率</th><th colspan="2">UDC5</th></tr>
<tr><th>地点/数量</th><th></th><th>x_1</th><th>x_2</th><th></th><th>x_1</th><th>x_2</th><th></th><th>x_1</th><th>x_2</th><th></th><th>x_1</th><th>x_2</th><th></th><th>x_1</th><th>x_2</th></tr>
<tr><td>9:30</td><td>80%</td><td>70</td><td>180</td><td>80%</td><td>40</td><td>100</td><td>80%</td><td>40</td><td>70</td><td>80%</td><td>30</td><td>100</td><td>80%</td><td>40</td><td>120</td></tr>
<tr><td>9:45</td><td>80%</td><td>70</td><td>180</td><td>80%</td><td>40</td><td>100</td><td>80%</td><td>40</td><td>70</td><td>80%</td><td>30</td><td>100</td><td>80%</td><td>40</td><td>120</td></tr>
<tr><td>10:00</td><td>80%</td><td>70</td><td>180</td><td>80%</td><td>40</td><td>100</td><td>80%</td><td>40</td><td>100</td><td>80%</td><td>30</td><td>100</td><td>80%</td><td>40</td><td>120</td></tr>
<tr><td>10:15</td><td>80%</td><td>70</td><td>180</td><td>80%</td><td>10</td><td>40</td><td>80%</td><td>10</td><td>40</td><td>80%</td><td>30</td><td>120</td><td>80%</td><td>20</td><td>80</td></tr>
<tr><td>10:30</td><td>80%</td><td>70</td><td>180</td><td>80%</td><td>10</td><td>40</td><td>80%</td><td>10</td><td>40</td><td>80%</td><td>10</td><td>40</td><td>80%</td><td>20</td><td>80</td></tr>
<tr><td>10:45</td><td>80%</td><td>70</td><td>180</td><td>80%</td><td>10</td><td>40</td><td>80%</td><td>10</td><td>40</td><td>80%</td><td>10</td><td>40</td><td>80%</td><td>20</td><td>80</td></tr>
<tr><td>11:00</td><td>80%</td><td>70</td><td>180</td><td>80%</td><td>10</td><td>40</td><td>80%</td><td>10</td><td>40</td><td>80%</td><td>10</td><td>40</td><td>80%</td><td>20</td><td>80</td></tr>
<tr><td>11:15</td><td>80%</td><td>70</td><td>180</td><td>80%</td><td>10</td><td>40</td><td>80%</td><td>10</td><td>40</td><td>80%</td><td>10</td><td>40</td><td>80%</td><td>20</td><td>80</td></tr>
<tr><td>11:30</td><td>80%</td><td>70</td><td>180</td><td>80%</td><td>10</td><td>40</td><td>80%</td><td>10</td><td>40</td><td>80%</td><td>10</td><td>40</td><td>80%</td><td>20</td><td>80</td></tr>
<tr><td>11:45</td><td>80%</td><td>70</td><td>180</td><td>80%</td><td>10</td><td>40</td><td>80%</td><td>10</td><td>40</td><td>80%</td><td>10</td><td>40</td><td>80%</td><td>20</td><td>80</td></tr>
<tr><td>12:00</td><td>80%</td><td>70</td><td>180</td><td>80%</td><td>10</td><td>40</td><td>80%</td><td>10</td><td>40</td><td>80%</td><td>10</td><td>40</td><td>80%</td><td>20</td><td>80</td></tr>
<tr><td>12:15</td><td>80%</td><td>70</td><td>180</td><td>80%</td><td>10</td><td>40</td><td>80%</td><td>10</td><td>40</td><td>80%</td><td>10</td><td>40</td><td>80%</td><td>20</td><td>80</td></tr>
<tr><td>12:30</td><td>80%</td><td>70</td><td>180</td><td>80%</td><td>10</td><td>40</td><td>80%</td><td>10</td><td>40</td><td>80%</td><td>10</td><td>40</td><td>80%</td><td>20</td><td>80</td></tr>
<tr><td>12:45</td><td>80%</td><td>70</td><td>180</td><td>80%</td><td>10</td><td>40</td><td>80%</td><td>10</td><td>40</td><td>80%</td><td>10</td><td>40</td><td>80%</td><td>20</td><td>80</td></tr>
<tr><td>13:00</td><td>80%</td><td>70</td><td>180</td><td>80%</td><td>10</td><td>40</td><td>80%</td><td>10</td><td>40</td><td>80%</td><td>10</td><td>50</td><td>80%</td><td>20</td><td>80</td></tr>
<tr><td>13:15</td><td>80%</td><td>70</td><td>180</td><td>80%</td><td>10</td><td>40</td><td>80%</td><td>10</td><td>40</td><td>80%</td><td>10</td><td>50</td><td>80%</td><td>20</td><td>80</td></tr>
<tr><td>13:30</td><td>80%</td><td>70</td><td>180</td><td>80%</td><td>10</td><td>40</td><td>80%</td><td>10</td><td>40</td><td>80%</td><td>10</td><td>50</td><td>80%</td><td>20</td><td>80</td></tr>
<tr><td>13:45</td><td>80%</td><td>70</td><td>180</td><td>80%</td><td>10</td><td>40</td><td>80%</td><td>10</td><td>40</td><td>80%</td><td>30</td><td>100</td><td>80%</td><td>20</td><td>80</td></tr>
</table>

(续表)

生成时刻	18号地面终端(GT-18) 以 $x\%$ 的概率在 UDCx 产生 $[x_1, x_2]$ 区间内随机值的进城需求													
	UDC1			UDC2			UDC3			UDC4			UDC5		
	概率	x_1	x_2	概率	x_1	x_2	概率	x_1	x_2	概率	x_1	x_2	概率	x_1	x_2
14:00	80%	70	180	80%	10	40	80%	10	40	80%	30	100	80%	20	80
14:15	80%	70	180	80%	10	40	80%	10	40	80%	30	100	80%	40	120
14:30	80%	70	180	80%	40	100	80%	10	40	80%	30	100	80%	40	120
14:45	80%	70	180	80%	40	100	80%	10	40	80%	30	100	80%	40	120
15:00	80%	30	120	80%	40	100	80%	10	40	80%	10	50	80%	40	120
15:15	80%	30	120	80%	40	100	80%	10	40	80%	10	50	80%	40	120
15:30	80%	120	200	80%	40	100	80%	10	40	80%	10	50	80%	40	120
15:45	80%	120	200	80%	40	100	80%	60	120	80%	30	100	80%	40	120
16:00	80%	120	200	80%	40	40	80%	40	70	80%	30	100	80%	40	120
16:15	80%	120	200	80%	10	40	80%	40	70	80%	30	100	80%	40	120
16:30	80%	120	200	80%	10	40	80%	40	70	80%	30	100	80%	40	120
16:45	80%	120	200	80%	10	40	80%	40	70	80%	30	40	80%	40	120
17:00	80%	120	200	80%	10	40	80%	40	70	80%	10	40	80%	40	120
17:15	80%	60	180	80%	10	40	80%	40	70	80%	10	40	80%	40	120
17:30	80%	60	180	80%	10	40	80%	40	70	80%	10	40	80%	40	120
17:45	80%	70	180	80%	10	40	80%	10	40	80%	10	40	80%	40	120
18:00	80%	70	180	80%	10	40	80%	10	40	80%	10	40	80%	40	120
18:15	80%	70	180	80%	10	40	80%	10	40	80%	10	40	80%	40	120

（续表）

生成时刻	18号地面终端(GT-18)							以 $x\%$ 的概率在 UDCx 产生 $[x_1, x_2]$ 区间内随机值的进城需求								
	UDC1			UDC2				UDC3			UDC4			UDC5		
	概率	x_1	x_2	概率	x_1	x_2		概率	x_1	x_2	概率	x_1	x_2	概率	x_1	x_2
18:30	80%	70	180	80%	10	40		80%	10	40	80%	10	40	80%	40	120
18:45	80%	70	180	80%	10	40		80%	10	40	80%	10	40	80%	40	120
19:00	80%	70	180	80%	10	40		80%	10	40	80%	10	40	80%	40	120
19:15	80%	70	180	80%	10	40		80%	10	40	80%	10	40	80%	40	120
19:30	80%	70	180	80%	10	40		80%	10	40	80%	10	40	80%	20	80
19:45	50%	70	180	50%	40	100		50%	10	40	50%	10	40	50%	20	80
20:00	50%	70	180	50%	40	100		50%	10	40	50%	10	40	50%	20	80
20:15	50%	70	180	50%	40	100		50%	10	40	50%	10	40	50%	20	80
20:30	50%	70	180	50%	40	100		50%	10	40	50%	10	40	50%	20	80
20:45	50%	70	180	50%	40	100		50%	10	40	50%	10	40	50%	20	80
21:00	50%	70	180	50%	40	100		50%	10	40	50%	10	40	50%	20	80
21:15	50%	70	180	50%	10	40		50%	10	40	50%	10	40	50%	20	80
21:30	50%	70	180	50%	10	40		50%	10	40	50%	10	40	50%	20	80
21:45	50%	70	180	50%	10	40		50%	10	40	50%	10	40	50%	20	80
22:00	80%	70	180	80%	10	40		80%	10	40	80%	10	40	80%	20	80

一批次到来的 EV 梯队装载运输至上级地铁-货运站点，后在地铁-货运站点经过时间 t_2 用于站内处理和单元化。当该需求在地铁-货运站点待命时，说明进入了 RFD 状态，可由返程的"拖挂式"地铁列车拾取装载，进行地下运输。

为统一量表，我们将同一批次生成的需求视为一个整体，不允许分批次列车运输。同时为每个地面终端对应的进、出城市货物设置总量上限，目的是把城市货运需求的生成总量控制在一个合理的水平区间内。

3. 参数设置

模型中的其他参数设置为：每班"拖挂式"列车最大装载能力 $X=400$；每个 EV 容量 $E=70$；EV 行驶速度 $V=10\,\text{km/h}$；进城货物在始发站进入 RFD 的时长 $t_1=30\,\text{min}$；出城货物在地面终端进入 RFD 的时长 $t_2=40\,\text{min}$；出城货物在地铁-货运站点（进站）进入 RFD 的时长 $t_3=20\,\text{min}$；货物在地铁-货运站点（出站）进入 RFD 的时长 $w=30\,\text{min}$。

6.2.2 地铁-货运系统网络动态运行建模过程

1. GIS 信息赋予、智能体定义及离散事件逻辑

基于南京市案例仿真规模，导入 GIS 信息开源数据包；其次根据 5.4.2 节的结果，将相关设施经纬度信息添至 GIS 地图中，包括物流园区、地铁站、地铁-货运站点、地面终端和地铁线路，并指派节点之间的归属关系以及线路到达关系，如图 6-2 所示。

图 6-2 南京市地铁-货运系统网络地理信息

接下来按照本章设定的网络运行规则，分别构建 6 组智能体，分别为"EVs""UDCs" "Demand""Locomotive""Metro station"和"Second node"。智能体由一系列的变量、调用函数、判断语句和生成的统计数据集所构成，驱使着网络要素的一切行为，如货运目的地、速度、站点到达次序、容量上限、处理时间和装卸货时刻等。其中，智能体"EVs"和"Locomotive"需要被设置额外的执行逻辑来约束其在 GIS 地图中的行进路径，以及拾取、释放包裹的过程。原地铁列车到达/出发时间窗数据、EV 发车班次、需求生成规则等数据通过外部导入的 Excel 表格进行添加。图 6-3 展示了地铁-货运系统运行仿真的主要建模内容。

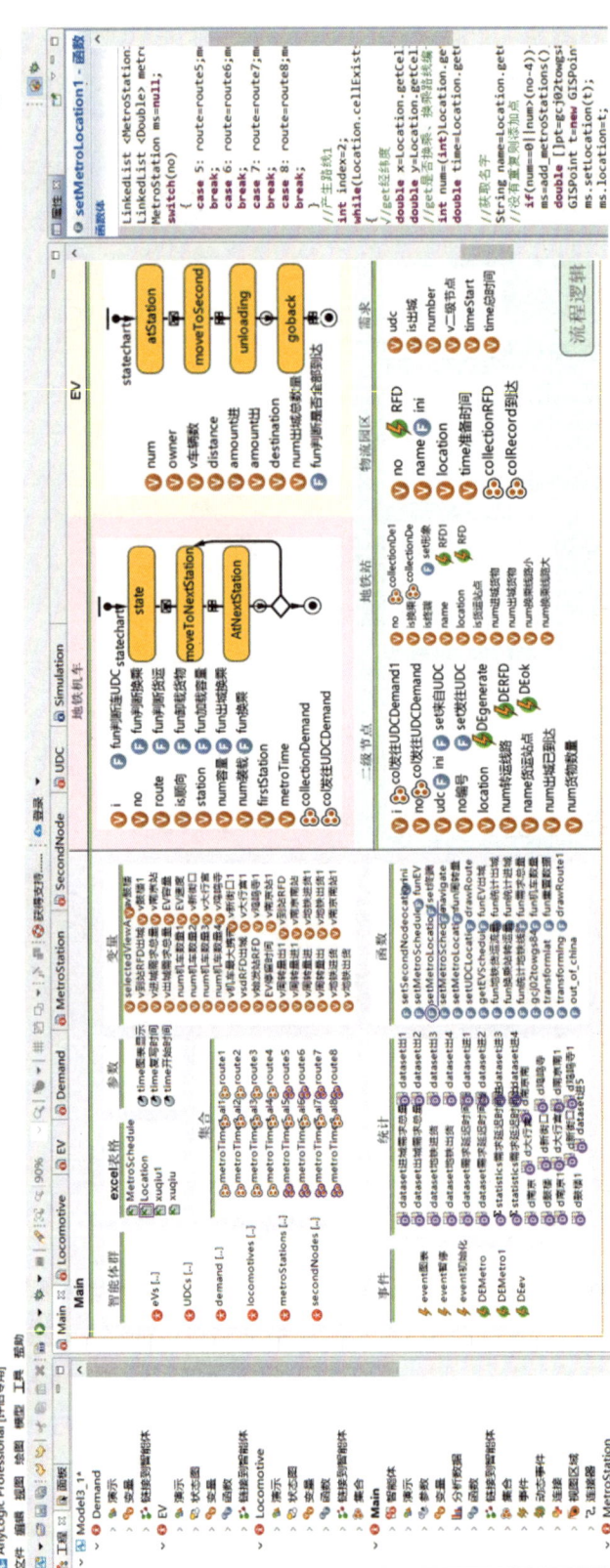

图 6-3 仿真模型集成界面

最后将离散事件流程赋予智能体，从而实现多智能体之间的交互，图 6-4 展示了列车进出节点的离散事件流程，包括到达/离开队列、列车延迟等待和装卸货操作等。

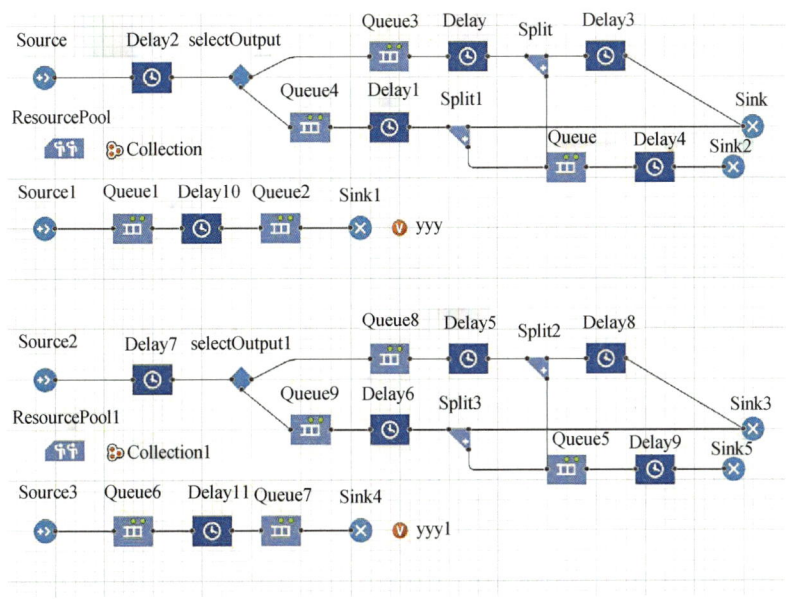

图 6-4　进出节点离散事件流程

2. 仿真输出界面开发

构建运行界面，对上述所构建的地铁-货运系统模型进行可视化展示和数据输出。每日仿真时段设为 0:00—24:00，其中 0:00—5:00 为完全停运时段，5:00—24:00 为货运需求生成时段和地铁运营时段。图 6-5 为仿真程序封面，用于环境初始化并介绍模型机制和背景知识。

图 6-5　仿真初始页面与模型介绍

图 6-6 为地铁-货运网络仿真模拟的动画展示模块（图中显示时刻为 20:10），所有列车严格按照到达客运时间表，以规定的时间在地铁网络中双向运行。模型中的纯客运列车用青色条状物表示，同时以额外附加的黄色车节代表承担进城货物运输的地铁列车，额外的红色车节代表承担出城运输的列车。其他网络标识对应关系如下：5 个城市物流园区——红色仓库；16 个地铁-货运节点——绿色仓库；48 个客运地铁站——蓝色仓库；6 个换乘地铁-货运站点——黄色仓库；45 个地面终端——紫色三角标识；EV——白色车辆，EV 上的数字则表示该梯队方向上派出的 EV 数量。

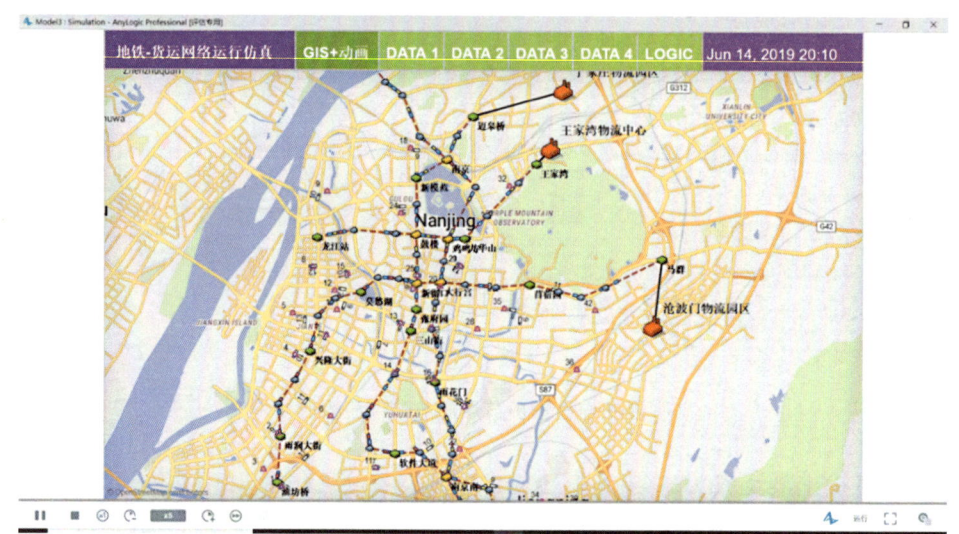

图 6-6　网络运行的动态可视化仿真界面

除了 GIS 与动画展示，程序同时记录了当前时刻产生的运行数据，并以即刻变化的形式在 DATA 标签页中进行可视化呈现。考虑到需求生成的频率，本节设置图中所有的数据均每 15 min 更新一次，从左向右滚动播报，直至一个标准工作日的结束。

6.2.3　网络运行仿真结果分析与讨论

根据输出数据，对如下 5 个部分的仿真结果进行分析：分时段地铁-货运节点输入/输出量及处理负荷量，分时段网络货运流通总量及线路转运情况，分时段"拖挂式"列车班次安排情况，分时段进/出城货物在联运网络中的延迟时间，分时段进/出城货物地下运输效率。

1. 地铁-货运节点到达量及处理负载分析

首先对每小时内进城需求到达各个节点的总货量以及出城需求离开各个节点（装入地铁-货运列车）的总货量进行统计。图 6-7 汇总了每条线路上的各节点到达/离开的总货量。

可以发现，1 号线上各节点的流入/流出总量最大，且分布更平均，进城货流基本呈现

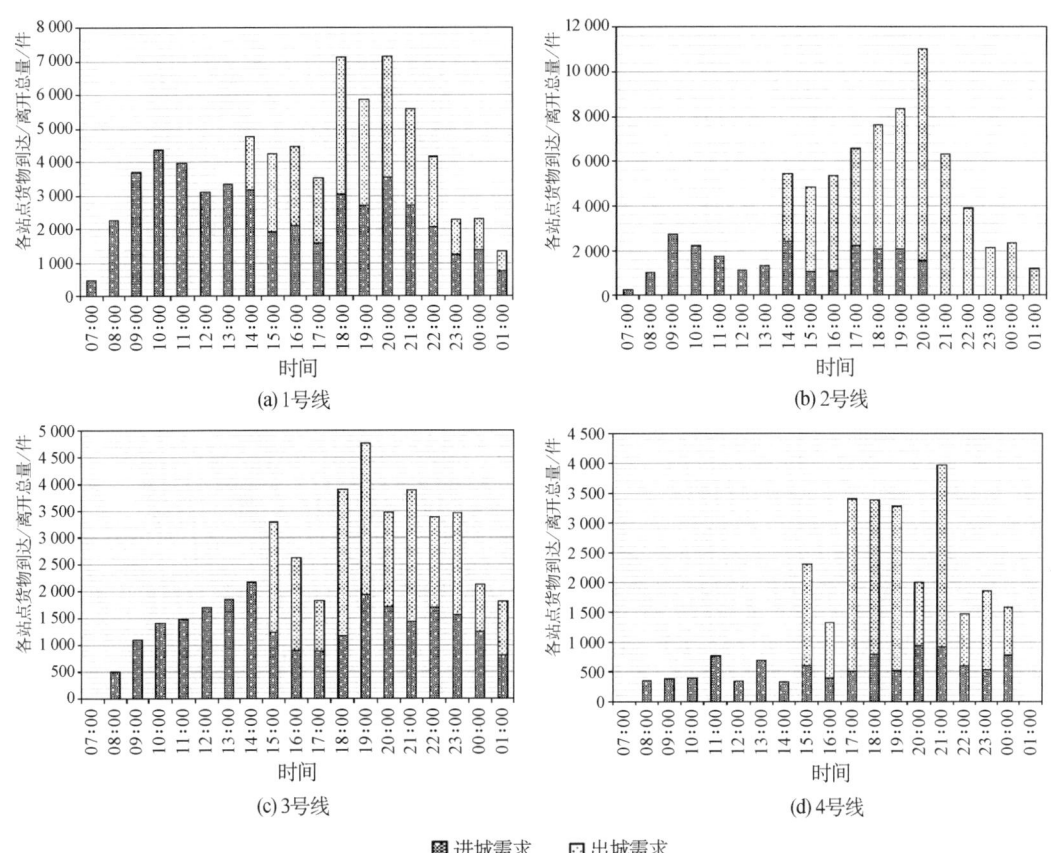

图 6-7 分时段地铁-货运节点进/出城需求到达/离开总量

早间和傍晚到达量较大的趋势，这与需求生成规则是相符的；其次为 2 号线；3 号线和 4 号线上的总量不及 1 号线的一半。4 条地铁线路的进/出城货物到达/离开总峰值分别出现在 18:00(1 号线)、20:00(2 号线)、19:00(3 号线)、21:00(4 号线)。可见下午至晚间的时间段内，列车与节点衔接的装卸工作是最繁忙的。

接下来对每小时各线路上所有节点处的进/出城需求处理负载进行汇总，如图 6-8 所示。以进城需求为例，这里的处理负载是指该需求已到达节点，但尚未达到"最后一公里"配送的 RFD 状态，正处于站内处理阶段。可以发现趋势基本与图 5-7 相同，1，2，3，4 号线的处理负载最高峰分别出现在 14:00、16:00、17:00 及 15:00，可见节点在下午负载较高。

2. 网络货运流量及转运情况分析

图 6-9 展示了每小时各地铁线路上所流通的进/出城货物总量。总体来看，1 号线与 3 号线流通量最大，峰值出现在 18:00—20:00。图 6-10 展示了各个换乘地铁-货运站点(MFS)在每小时内所处理的转运量(包含转进与转出，同时包含进城与出城需求)。可以发现，南京南站、大行宫和新街口的换乘任务较重，峰值出现在 18:00—23:00。

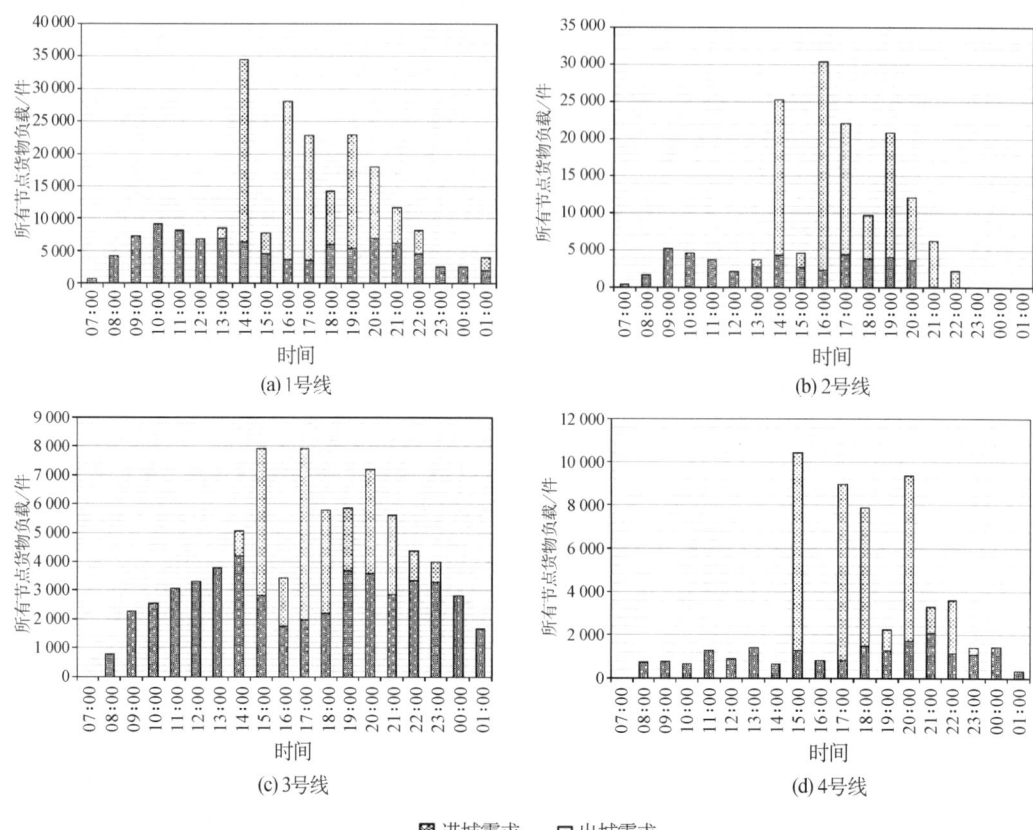

图 6-8 分时段地铁-货运节点进/出城需求处理负载

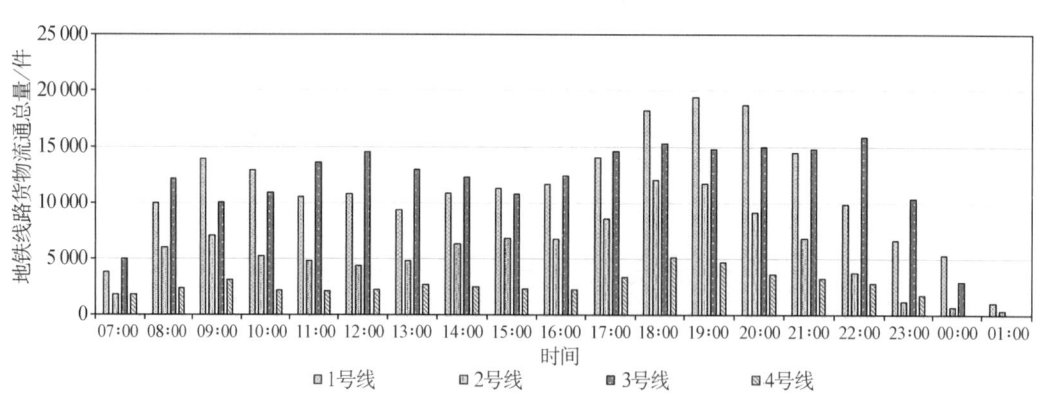

图 6-9 分时段各条地铁-货运线路总流量分布

3. "拖挂式"地铁-货运列车班次安排分析

以每小时为时间切片,观察当前时刻"拖挂式"列车(意为具备货运功能的车辆)在各条地铁线路上的数量分布,如图 6-11 所示,其中每小时内列车在 1 号线上运行的数量最多,最高点出现在 09:00,这 1 小时内共计通过 33 辆货运班次列车(双向),从横向看,列车数量分布基本与需求生成规则相符。

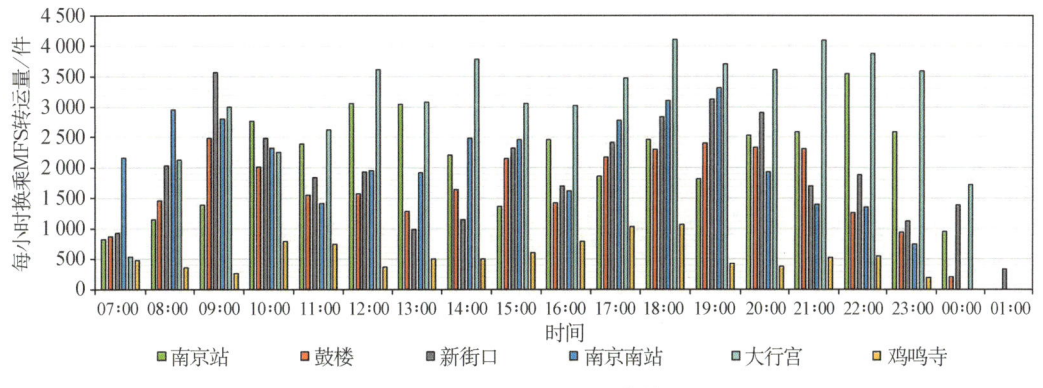

图 6-10 分时段换乘 MFS 站点转运总量

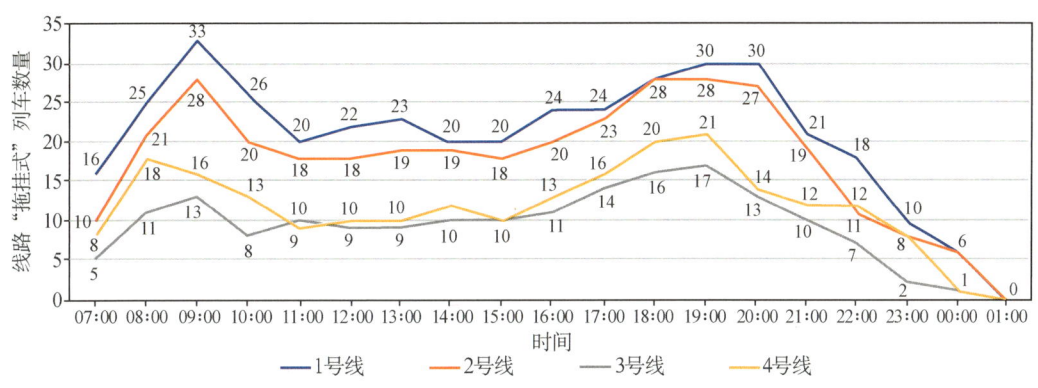

图 6-11 运行中的"拖挂式"列车在地铁线路上的数量分布

4. 地铁-货运系统里程碑节点需求延迟等待时间分析

图 6-12 对每小时内的进城需求在相应物流园区（UDC）的延迟等待时间进行汇总，这里的延迟等待时间指代货物达到 RFD 状态的时刻与装入列车时刻的时间差，将每小时

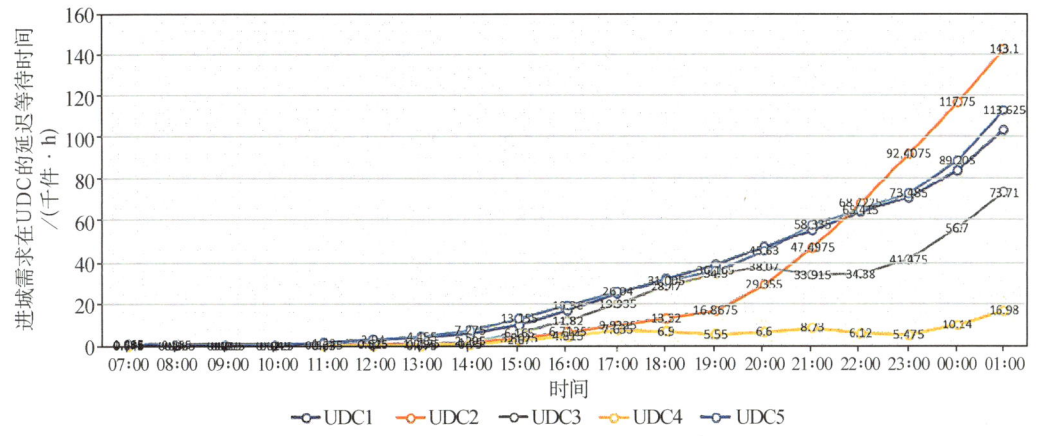

图 6-12 分时段进城需求在 UDC 的延迟等待时间

装入列车的总货量乘以每单位货量经过的时间差，得到物流园区的总延迟等待时间。由图可以发现延迟时间基本呈现单调增长的趋势，UDC2 延迟时间的增速和峰值远远高于其他 4 个物流园区。

图 6-13 和图 6-14 对每小时内的进城与出城需求在相应线路上的地铁-货运站点的延迟等待时间进行汇总，以进城需求为例，这里的延迟等待时间指代需求在节点达到 RFD 状态的时刻与装入 EV 进行"最后一公里"配送时刻的时间差。出城需求的延迟等待时间则指代需求在节点达到 RFD 状态的时刻与装入地铁列车进行地下运输时刻的时间差。由图可以发现节点处的延迟时间基本呈现单调增长的趋势，其中 1 号线节点的进城货物和 2 号线节点的出城货物的延迟时间的增长速度为最快。

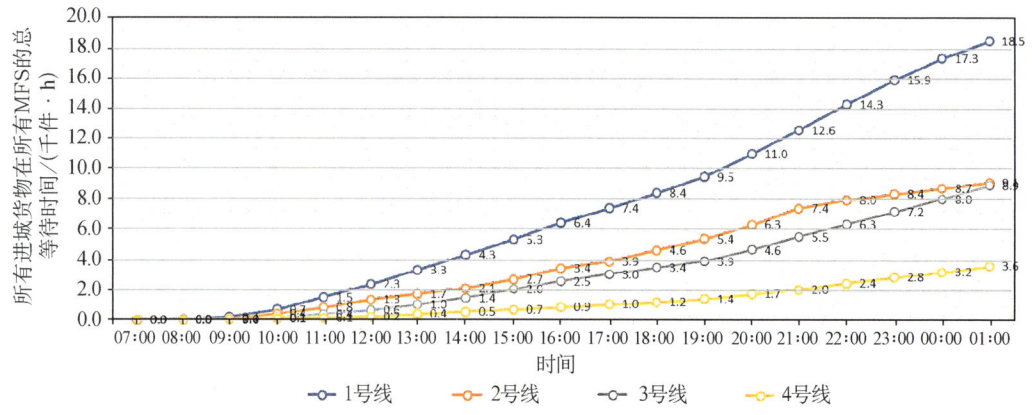

图 6-13　分时段进城需求在 MFS 的延迟等待时间

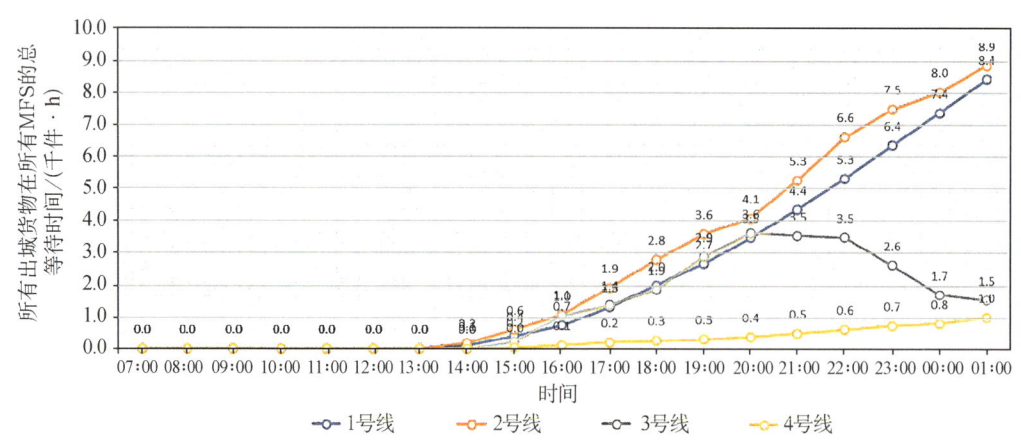

图 6-14　分时段出城需求在 MFS 的延迟等待时间

图 6-15 展示了所有进城需求所经过的地下旅行时间，以每小时内到达相应节点的总货量乘以每单位货量在地铁网络中经过的旅行时间为考量标准。由此发现，货物到达 1 号线上各节点所经过的地下旅行时间最长，其次为 2 号线。

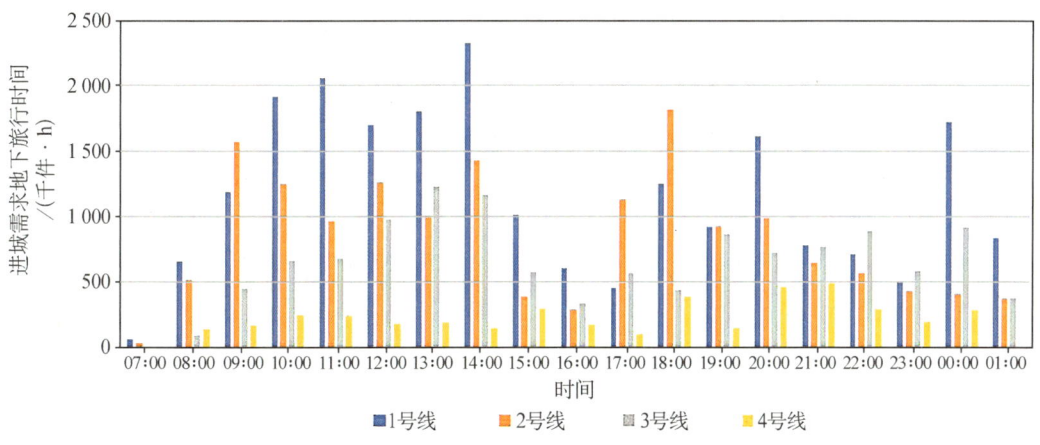

图 6-15 分时段进城需求的地下旅行时间

6.3 案例研究：北京地铁-货运系统网络动态运行建模过程及结果分析

6.3.1 联合运行环境说明

地铁-货运系统动态运行建模要求确定网络中的设施和流向发生情景，以及各模型中各个实物/虚拟主体决策的评判依据和规则。本节从如下 4 个方面对仿真情景进行限定，如图 6-16 所示。

1. 网络设施与流向配置

（1）构建一个假想的地铁-货运系统网络布局作为运行仿真的物理载体（图 6-17）。仅选择第 1 类 OD 和第 3 类 OD 需求纳入网络运输，各需求点相对于各 DC 关于这两类 OD 在一天内的物流需求量大小按照附录Ⅲ取值。第 2 类和第 4 类 OD 运输不纳入地下网络。

（2）图 6-17 中的假想网络共包含 14 个非换乘式地铁-货运站点（以 n-TMF-1 至 n-TMF-14 为编号）、29 个纯客运站点、1 个换乘式地铁-货运站点 TMF（用于实现 M102 线路与 M6 线路之间的转运）和 1 个货运换乘站点 TR（用于实现 M102 线路与 M101 线路之间的转运），另外两个客运换乘站点 SS-12 和 n-TMF-8 不支持地下货物转运。规定在 DC-3 和 DC-4 生成的货物按照图 6-16 中描绘的转运-到达关系确定旅行路径，DC-3 送往 M101 线路站点的货物及 DC-4 送往 M6 线路站点的货物需经过 2 次地下换乘。另外，模型规定待发车的货运列车只有在 DC 装载了需要发往 TMF 或其他线路 n-TMF 的运载单元后，才会停靠于 TMF 或 TR。

（3）DC 装箱-发车规则。

以 DC-1 的第 1 类 OD 需求配送过程为例，在 DC-1 处每 30 min 生成一批要发给所

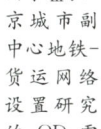

附录Ⅲ：北京城市副中心地铁-货运网络设置研究的 OD 需求基础数据

180 城市地铁-货运系统规划与运行模式设计

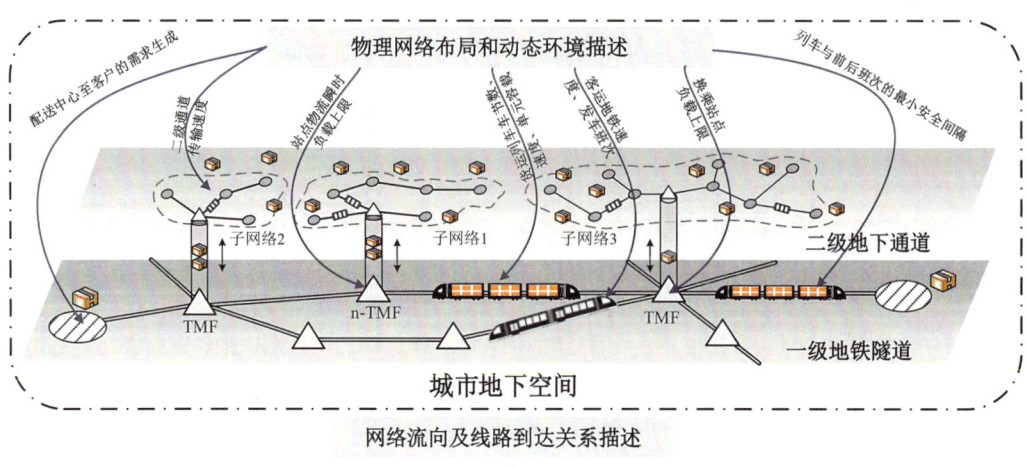

图 6-16 地铁-货运系统站点-列车联合调度运行机制

有客户的包裹,假设某包裹生成的时间为 t_1,该包裹经过 x min 在 DC-1 转变为出发准备状态(简写为 RFD_{dc}),记录 RFD_{dc} 的时刻为 t_2。以 30 min 为步长,观测 DC-1 处所有达到 RFD_{dc} 状态的客户包裹,将包裹按照包裹的目的地站点进行分配和单元化组装,即得到观测时刻下所有达到 RFD_{dc} 状态的单元,进而确定每个单元达到 RFD_{dc} 状态的时刻为其内部承载所有包裹的 t_2 时刻平均值。RFD_{dc} 单元被装入货运列车从 DC 出发需要满足如下三个条件。

① 列车装箱-发车条件:设每辆货运列车配有 n 个车节,每个车节能够装载 m 个单

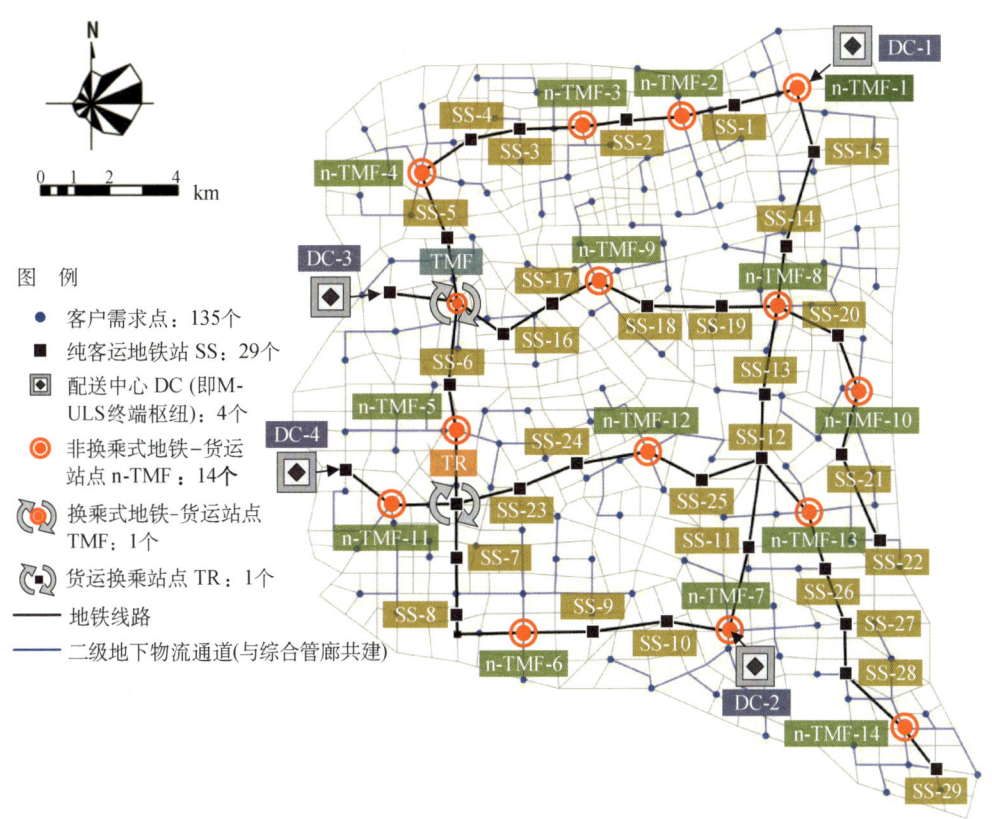

图 6-17　用于地铁-货运系统运行仿真的假想网络布局及设施配置

元,并规定每个车节只能承载发往同一个目的地站点的单元。若在观测时刻存在足够的 RFD_{dc} 单元使得列车的 n 个车节全部"填满",则认为列车满足发车条件。当满足发车条件后,按子规则 A 和子规则 B 挑选单元装入相应车节。需要注意的是,车节既不支持混装也不装入未达到 m 个 RFD_{dc} 单元的站点货物。

子规则 A:"量大优先原则"。若超过 n 个站点的单元配送满足发车条件,分别统计要发往每个站点的 RFD_{dc} 单元数量,优先装入单元数量多的站点货物。

子规则 B:"先到先得原则"。若发往某站点的全部 RFD_{dc} 单元数量超过 m,分别统计这些单元达到 RFD_{dc} 状态的时刻,挑选时刻靠前的 m 个单元装入车节。

② 列车装箱-发车条件:当相邻两班货运列车的目的地站点到达列表中出现了一个或多个相同的地铁-货运站点,且相同站点在后一班次列车到达列表中的对应排序为 k_1,在前一班次列车到达列表中的对应排序为 k_2,则后一班次列车需要等待前一班次列车发车 $G_{1,2}$ min 之后才允许安排离开 DC(还需满足条件③),如式(6-1)所示。条件保证了具有相同目的地站点的不同班次货运列车在可预期的不同时刻到达目的地站点时,相应货运站台的列车泊位均处于空置状态。

$$G_{1,2} = \begin{cases} \max\{(k_1 - k_2 + 1) \times \alpha\}, & \forall k_1 - k_2 \geqslant 0 \\ 0, & 否则 \end{cases} \quad (6\text{-}1)$$

③ 列车装箱-发车条件：观察当前地铁客运时间表，货运列车发车时刻需保证至少与最近一班客运列车经过 DC-1 的时刻相距大于 p，且与最近一班即将经过 DC-1 的客运列车的预期到站时刻相距大于 q。另外，规定相邻两班货运列车的发车间隔不得小于 r。（p，q，r 的单位为 s。）

当以上三个条件全部满足后，允许安排满载的货运列车驶离 DC-1，记录当前班次的发车时刻为 t_3。

（4）列车进站-装卸-离站规则。

承接上述案例，设满载的列车在 t_4 时刻抵达第一个目的地 n-TMF，对应车节的单元被卸下，在站台层经过 u min 的装卸和搬运后，被提升至站厅层进行"相应的出货操作"。根据如下两则"处理条件"判断该批卸载单元是否立即被加入站点的出货操作进程中。

处理条件 A：以 5 min 为步长，观测当前时间切片下的站点内部正在处理的包裹总量。若该值超过"站点进出货最大瞬时处理负载 cap_{mf}"，则将该批次的卸载单元暂时放置于站厅层的堆存区，而不进行任何操作。直至站点负载出现富余，再调用该批单元加入出货操作进程。

处理条件 B：优先调用达到 RFD_{dc} 状态平均时刻靠前的单元加入站点出货操作进程。

单元中的包裹自进入站点"进出货"操作进程时刻起，统一经过 y min 达到"二级地下配送准备就绪状态"（简写为 RFD_{mf}），记该时刻为 t_5。此后，独立包裹以一定传输速度 w 在二级地下管道中流通，直至在 t_6 时刻到达客户对应的二级地下物流节点，完成整个地铁-货运系统动态配送过程。由 $T = t_6 - t_2$ 即得到客户需求在网络中的配送时长，用以反映地铁-货运系统的运作效率。

视角回溯至 $t_4 + u$ 时刻，此时货运列车在站点处完成了装卸任务，需要调用上述"列车装箱-发车条件"来判断其是否可以离开站点。若满足，则即刻并入地铁隧道，继续前往下一个站点；若不满足，则需在站台泊位等待直至时间窗可行。

（5）转运规则。

根据假想网络，来自 M102 线路的列车在 TMF 停靠，同样经过 u min 完成对转运单元的卸载。被卸载的单元位于换乘站内，经过 z min 转为"转运就绪状态"（简写为 RFD_{tr}），表示该批单元允许被装入 M6 线路上的列车。除了卸载操作，M102 线路列车还应在 u min 内完成对"M6 线路列车卸载于此，且需要被运输至 M102 线路站点的转运单元"的装载操作。此装载过程满足如下条件：规定优先装入平均达到 RFD_{tr} 状态时间靠前的单元，直至列车全部车节满载。对转运单元的装卸操作完成后，调用"列车装箱-发车条件"来判断是否可以离站。

对来自各线路方向始发、入站和离站的所有班次货运列车均赋予上述 5 个方面的设定，即可描绘出地铁-货运系统网络运作的精确情景。

2. 动态需求生成情景设置

按照如下步骤模拟城市物流需求在一天内的动态生成情景，作为地铁-货运系统网络运行的初始环境。

将城市客户每天的包裹需求总量（见附录Ⅲ中的 OD 值）按照一定的分布函数在 06:00—20:00 的时域内以每 30 min 一次的频率进行分配，分配值表示客户在当前 30 min 内的需求量生成量。表 6-6 展示了需求点 CP-1 相对于 DC-1 的 OD 分配过程。该 OD 在附录Ⅲ中的对应值为 5 913，将该值分解为 28 个随机数的和，再将这些随机数填充在 06:00—20:00 的"半小时"区间内。对所有第 1 类 OD 需求和第 3 类 OD 需求的生成规则都采取相同的分配方法，即可将城市物流的动态需求情景刻画为一个 4×135×28 的三维数值矩阵。

附录Ⅲ：北京城市副中心地铁-货运网络设置研究的 OD 需求基础数据

表 6-6 动态需求情景示意

时间	6:00	6:30	7:00	7:30	8:00	8:30	9:00	9:30	10:00	10:30	11:00
需求	47	9	177	140	202	220	8	4	215	183	398
时间	11:30	12:00	12:30	13:00	13:30	14:00	14:30	15:00	15:30	16:00	16:30
需求	323	135	274	132	320	155	145	171	102	185	568
时间	17:00	17:30	18:00	18:30	19:00	19:30	20:00				
需求	234	203	253	484	250	278	98				

3. 客、货动态时间窗与排班系统

货运列车在"共线-分离"模式下的运行班次应严格遵守现有地铁列车通勤时间表。表 6-7 以北京城市副中心主城区轨道交通运行数据为参考，对北京城市副中心 3 条地铁线路的乘客运营计划进行假设。M102、M6 和 M101 线路每个运营日内的发车班次分别为 237 对、233 对和 231 对。发车频率符合"早、晚高峰密集而平峰期疏"的规律。图 6-18 进一步介绍了各线路上的客、货列车从始发站到达后续站点依次经过的时间。其中 M102 线路客运列车全程共经过 26 个站点（包含 SS、n-TMF、TMF 和 TR），仅旅行部分耗时为 60 min（不算站点停靠时间），M6 线路列车和 M101 线路列车只计入在新城区旅行的部分，分别经过 12 个站点（仅旅行耗时为 26 min）和 14 个站点（仅旅行耗时为 33 min）。各线路的列车驶向、始发站和终点站已在图 6-18(a)中描述。在客运服务结束之后，若 DC 处仍有需求没有送完，则继续执行货运计划，货运列车在 DC 处的发车条件及在站点处的离站条件无需考虑客运时间窗，也无需在沿途的每个纯客运站点依次停靠。当各线路末班货运及客运列车均结束旅程后，整个网络进入维护停运阶段。另外，规定 M6 线路货运列车到达终点站后不再折返回 DC-3，M101 线路列车到达终点站后须判断当前时刻以 n-TMF-11 为目的地站点的 RFD_{tr} 状态单元在 TR 的数量，若超过 n 个，则该班次列车立即折返回 TR 拾取这些单元送往 n-TMF-11，最终返回 DC-4；否则，M101 线路列车到达终点站后不再折返。所有客运列车在途径的每个地铁站停靠的时长统一为

30 s。货运列车停靠在任何纯客运站点及任何非目的地货运站点的时长统一为 30 s。货运列车的启动、制动和行驶速度与客运列车保持一致。

表 6-7　　　　　　　　　　客运地铁线路通勤时间表

运营时段	运营计划/对班次		
	M102 线	M6 线	M101 线
5:00—6:00	2	0	1
6:00—7:00	12	10	12
7:00—8:00	20	20	20
8:00—9:00	15	20	15
9:00—15:00	72	72	72
15:00—16:00	15	12	12
16:00—17:00	20	15	15
17:00—19:00	40	40	40
19:00—20:00	15	15	15
20:00—22:00	20	20	20
22:00—23:00	6	6	6
合　计	237	233	231

注：首班车时刻分别为 M102 线 5:42，M6 线 6:00，M101 线 5:50。末班车时刻分别为 M102 线 23:19，M6 线 23:00，M101 线 23:00。

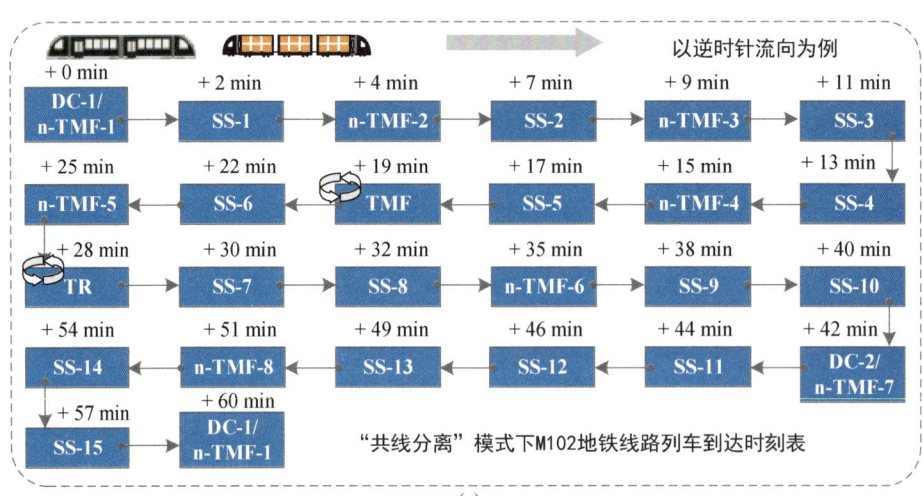

(a)

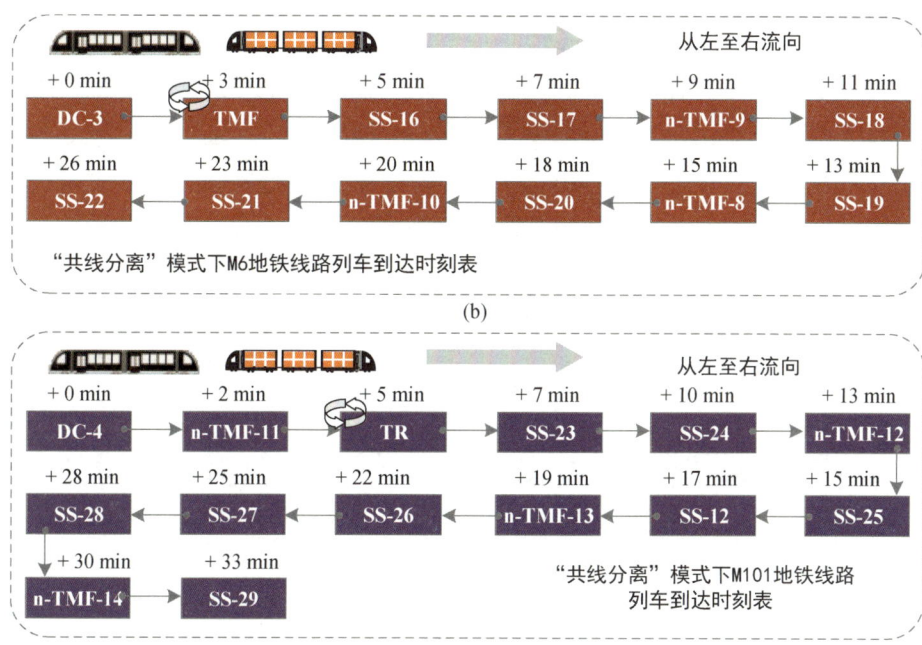

图 6-18 列车沿地铁线路依次到达站点的时间窗

4. 其他模型参数

地铁-货运系统网络运行仿真建模参数赋值见表 6-8。

表 6-8 　　　　　地铁-货运系统网络运行仿真建模参数

符号	参数定义	取值
w	二级地下通道的传输速度	2 m/s
m	每个车节容载的单元数量	10 个
s	每个运载单元容载的包裹数	200 件
n	每辆地铁-货运列车拥有的车节数	5 个
cap_{mf}	地铁-货运站点的进/出货任务的瞬时处理负载上限	600～1 200 件
x	第 1，3 类 OD 需求自 DC 生成时刻起直至转变为"RFD_{dc} 状态"的累计时间	60 min
y	第 1，3 类 OD 需求自在目的地站点得到处理时刻起直至转变为"RFD_{mf} 状态"的累计时间	60 min
z	转运单元自卸载于 TMF 或 TR 时刻起直到转变为"RFD_{tr} 状态"的累计时间	15 min
u	货运列车在站点停靠时的装卸时间	10 min
cap_{tr}	换乘站点对于转运任务的瞬时负载处理上限	不限
p,q	地铁-货运列车与前、后班次的最小安全间隔	75 s

（续表）

符号	参数定义	取值
r	相邻两班货运列车在 DC 的最小发车间隔	300 s
α	相邻两班货运列车的发车延迟调控时间	10 min

6.3.2 基于 GIS 的地铁-货运系统运行仿真模型构建

根据城市地铁-货运系统站点-列车联合运行机制和网络环境设定，依托 AnyLogic 平台构建完整的仿真模型，如图 6-19 所示。

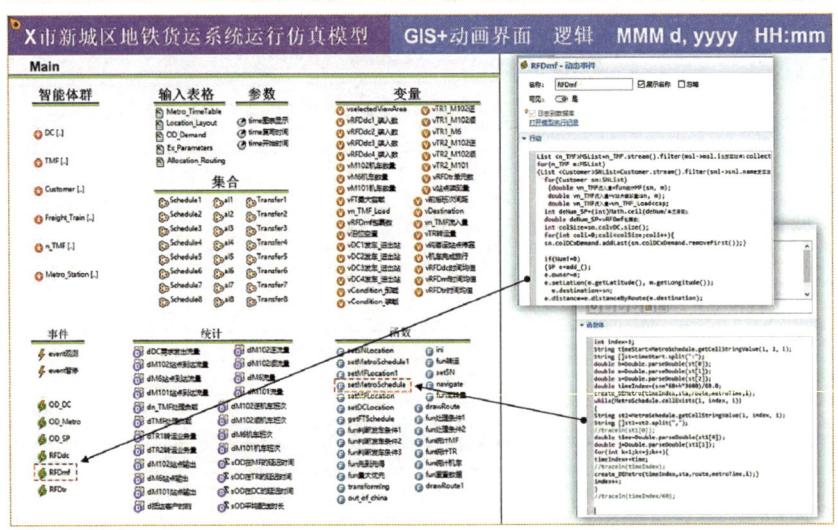

图 6-19　地铁-货运系统运行 AnyLogic 仿真模型

（注：出于地域保密协议，图中所有与地域相关的信息如国道、区域名称均以模糊化的方式隐去。）

首先,将地铁客运到达/出发时间窗数据、外部参数值和动态需求生成规则等数据通过 Excel 表格从外部导入,与 GIS 数据相融合。其次,分别构造 6 组智能体,分别为"DC""TMF""Customer""Freight_Train""n_TMF"和"Metro_Station"。智能体包含一系列的变量、调用函数、判断语句、生成的统计数据集和离散事件流程,驱使着网络要素的一切行为,如货运目的地、速度、站点到达次序、容量上限、处理时间和装卸货时刻等。通过函数实现智能体与智能体之间的交互(如"Freight_Train"和"TMF")以形成智能体群。其中,智能体"Freight_Train"和"Customer"需要被设置额外的执行逻辑来约束其在 GIS 地图中的行进路径、装卸单元和传输包裹的过程。最后,输出站点、包裹和列车不同时刻在各级线路上的货运状态。

图 6-20 以"Freight_Train""TMF"和"n_TMF"组成的智能体群为例,展示了地铁-货运列车进出一系列站点的离散事件流程,包括到达/离开队列、列车延迟等待和装卸货操作等,智能体内部的离散事件流程主要由 Quene、Service 和 Move To 等模块构成。

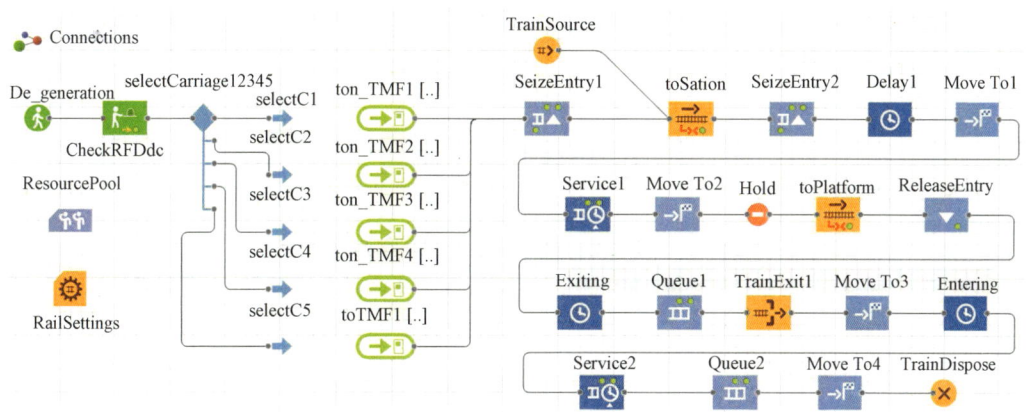

图 6-20　地铁-货运列车智能体中的离散事件逻辑

仿真运行基本参数设置如表 6-9 所示。考虑每次仿真的时长和输出数据规模,按照 100 倍速对 1∶1 还原现实世界时间和地理位置的模型进行模拟,运行时长为 10 d。每天生成的需求量随时间分布均不相同,但总量保持不变,将网络每项评价指标在 10 d 内的平均值作为结果输出至 Excel 进行后续分析。

表 6-9　AnyLogic 仿真运行参数

预言	程序运行时间	时间步距	播放倍速	最大内存	模型-现实比例
JAVA	10×24 h	1 min	×100	4 048 MB	1∶1

通过空间标记将所构建的各类函数、变量、智能体和离散事件逻辑与某市新城区地理信息数据链接,导入 GIS 地图包,赋予网络实体可视化元素并按照前述的最优布局在 GIS 中定位,对应关系如下:4 个配送中心——红色仓库标记物;29 个纯客运地铁站——绿色

仓库;14 个 n-TMF——蓝色仓库;1 个 TMF 和 1 个 TR——黄色仓库;135 个客户需求点/二级地下物流节点——紫色圆圈标识;3 条地铁线路——深红虚线;二级地下通道——灰色实线;客运地铁列车——青色条状标识;货运列车——黄色条状标识。图 6-21 展示了地铁-货运系统网络化运行过程中的动画界面(截图时刻为 20:10)。

图 6-21　嵌入 GIS 的地铁运系统网络运行界面

(注:出于地域保密协议,图中所有与地域相关的信息如国道、区域名称均以模糊化的方式隐去。)

6.3.3　地铁-货运系统运行绩效仿真结果讨论

1. 配送中心和地铁-货运站点的负载及调配情况分析

图 6-22 集中展示了 4 个配送中心(即地铁-货运终端枢纽)对于客户需求的装箱及调配情况。统计的仿真数据包括两类:第一类为每个时段内在各 DC 处转变为 RFD_{dc} 状态的包裹/单元数,如图 6-22(a)、(c)、(e)、(g)所示,用于表明城市物流需求的动态生成趋势及每个地铁-货运站点的需求分布。结果表明,DC-1、DC-2、DC-3 和 DC-4 在一天内(6:00—20:00)分别产生 75.25 万、60.55 万、26.08 万和 22.21 万件包裹,地铁-货运系统网络的日需求总计为 184 万件包裹,占最大预测总量的 73%。其中,4 个配送中心处达到 RFD_{dc} 状态单元数量最多的时段分别为 19:30—20:00(4.37 万件)、19:00—19:30(4.19 万件)、11:30—12:00(1.79 万件)和 12:00—12:30(1.41 万件);4 个配送中心在一天内所产生的包裹需求最大的地铁-货运站点编号分别为 n-TMF-5(8.20 万件)、n-TMF-5(6.30 万件)、TMF-1(2.72 万件)和 TMF-1(2.40 万件)。可见,各 DC 处生成需求随站点和时间的差异性均较大,能够较好反映城市物流的随机特征。

第二类统计数据为配送中心当前时刻已达到 RFD_{dc} 状态,但尚未随列车发出的累计包裹/单元数,用于反映地铁-货运列车的装箱-发车情况,进一步反映地下货运计划对于配送中心积压货物的疏导水平。从图6-22(b),(d),(f),(h)中可以看出,各DC处累计未发出的包裹总量分别在18:00(10.22万件)、20:00(34.25万件)、17:00(5.65万件)和14:00(2.56万件)时刻达到峰值;4个配送中心在一天内的累计积压包裹量最大的地铁-货运站点编号分别为n-TMF-5(10.91万件)、n-TMF-10(8.49万件)、n-TMF-12(5.47万件)和TMF-1(4.89万件)。地铁-货运系统的实际规划中需要考虑对这些累计积压包裹数量多的站点配送优先级进行适当调高。图中三维堆叠曲线的上升段表示地铁-货运系统对当前DC的运输供应能力小于需求生成量,造成了货物积压;平峰及下降段则表示地铁-货运系统在相应时段内能够及时发挥疏导作用,使得RFD_{dc}需求在DC处的积压水平下降。另外,由于需求生成的时间间隔较大且列车发车过程是离散的,曲线普遍出现"多峰多谷"的现象,但各个时刻的平均最大货物积压量总体控制在一个相对稳定的水平(普遍在4 000~5 000件包裹)。该类统计数据表明,基于平均化思路的地铁-货运系统"装箱-发车"策略能够很好地控制配送中心发往各个站点的货物积压水平,实现合理的派发调配。

将图6-22(a),(c),(e),(g)与图6-22(b),(d),(f),(h)中的数据两两做差即可得到各DC每半小时内通过货运列车所派发出去的包裹需求。

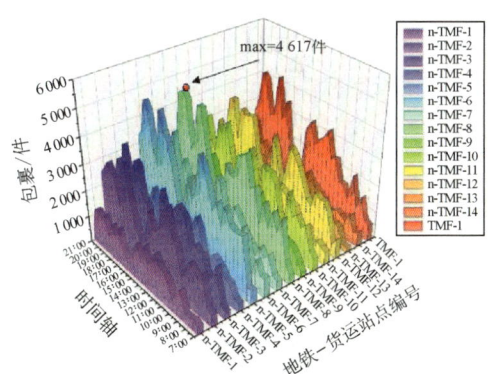

(a) DC-1在各时段转变为RFD_{dc}状态的包裹数

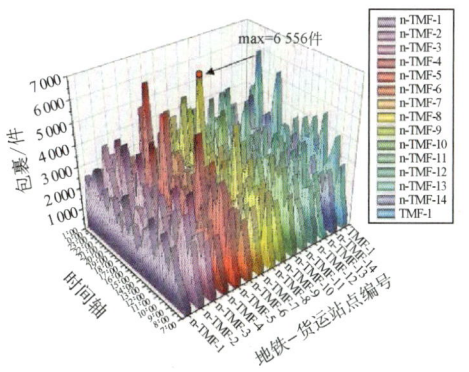

(b) DC-1当前时刻尚未发出的累计RFD_{dc}包裹数

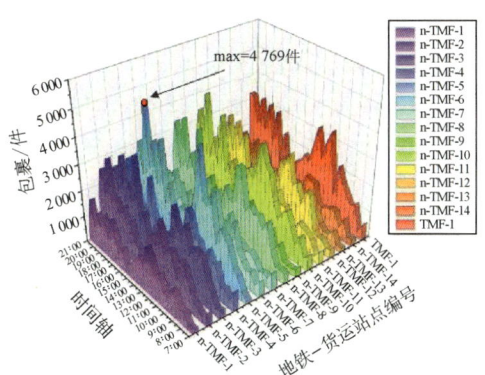

(c) DC-2在各时段转变为RFD_{dc}状态的包裹数

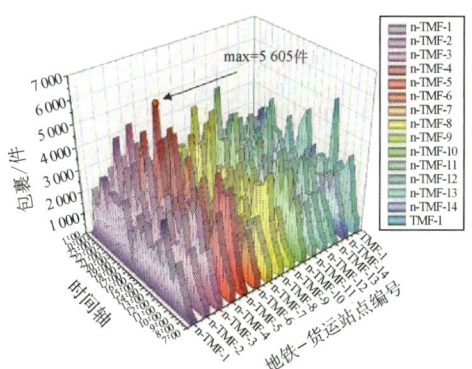

(d) DC-2当前时刻尚未发出的累计RFD_{dc}包裹数

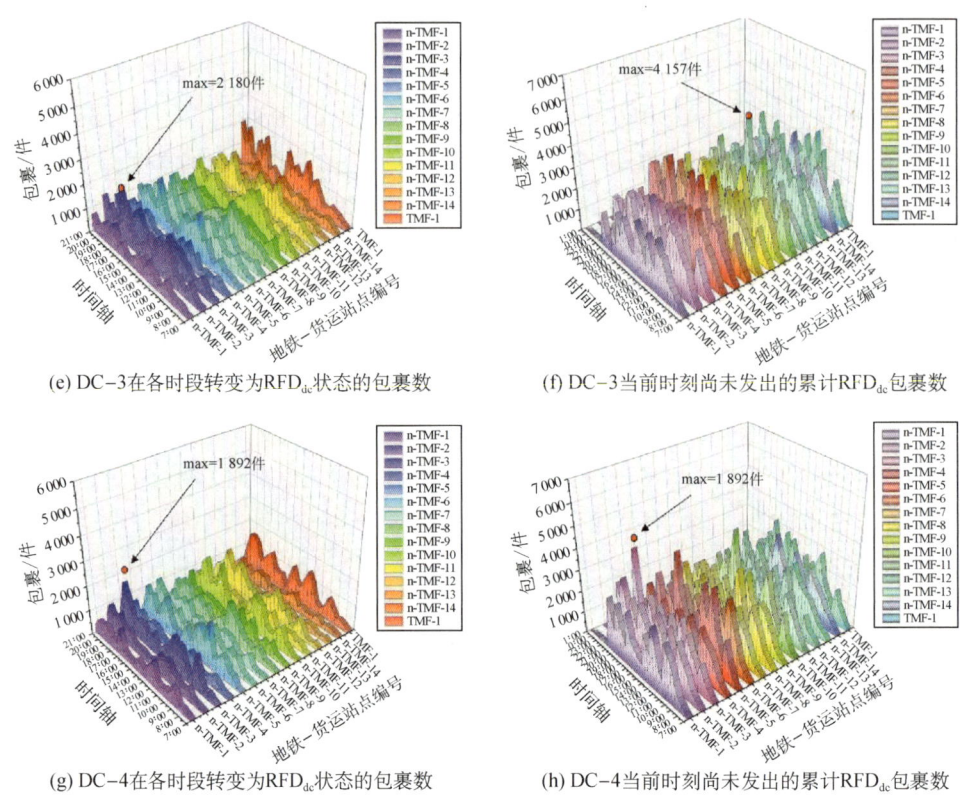

(e) DC-3在各时段转变为RFD$_{dc}$状态的包裹数　　(f) DC-3当前时刻尚未发出的累计RFD$_{dc}$包裹数

(g) DC-4在各时段转变为RFD$_{dc}$状态的包裹数　　(h) DC-4当前时刻尚未发出的累计RFD$_{dc}$包裹数

图 6-22　配送中心货流处理及调配情况汇总

图 6-23 集中反映了 15 个地铁-货运站点的进站/离站流量及负载情况,完整地展示了所有单元在一天内随列车入站的时间点、在站内的停留时间(用于排队和站内处理)以及离站时刻(进入二级地下通道)等信息。图中灰色长条两端分别表示该单元被列车卸载的时刻和达到 RFD$_{mf}$ 的时刻。注意到站点货流总量的差异性,仿真时根据试运行结果对不同站点设计了不同的瞬时处理容量,对于进站货物总量较大的站点(如 n-TMF-8)赋予较大的容量上限,不至于出现大量货物积压,使得站点运行时间域的跨度控制在 20 h 之内。

综合来看,大部分站点的进站流量大小在一天内随时间的分布较为均匀,少部分站点出现进站货流聚集现象(如 n-TMF-12 和 TMF-1)。相比而言,来自 DC-3 和 DC-4 的进站货流量平均随时间分布较为离散,DC-1 和 DC-2 则更平均。各地铁-货运站点相对于 DC-1 的平均进站流量高峰时段普遍出现在 17:00—23:00(总计 1 470 个单元,平均每站到达单元数 16 个/h);相对于 DC-2 的高峰时段为 19:00—01:00(总计 1 290 个单元,平均每站到达单元数 14 个/h);相对于 DC-3 的高峰时段为 12:00—15:00(总计 370 个单元);相对于 DC-4 的高峰时段为 20:00—23:00(总计 390 个单元)。所有站点中,单小时最大进站流量峰值出现在 M102 线路上的 n-TMF-6 站点,13:00—14:00 在该站点卸载的单元数量达到 50 个。在单日运行总量方面,n-TMF-5 接受的进站货流量最多,达到 20.2 万件包裹/d。站点 n-TMF-2 的单日运行时间最长,在 8 000 件包裹的瞬时容载水

第 6 章 地铁-货运系统网络动态运行仿真

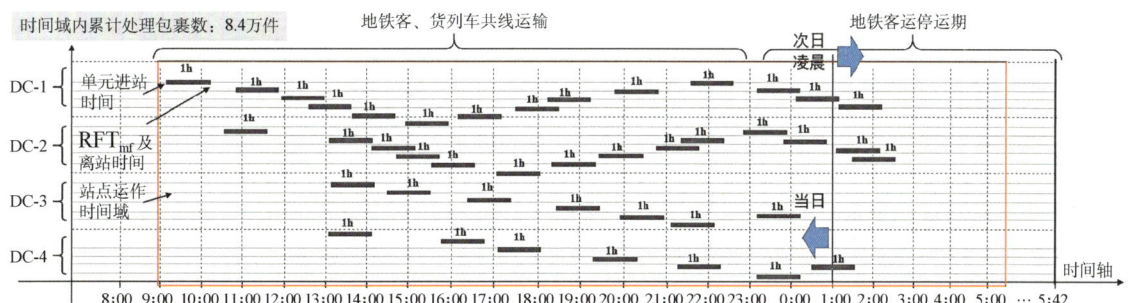

(a) n-TMF-1 站点进出货时间窗

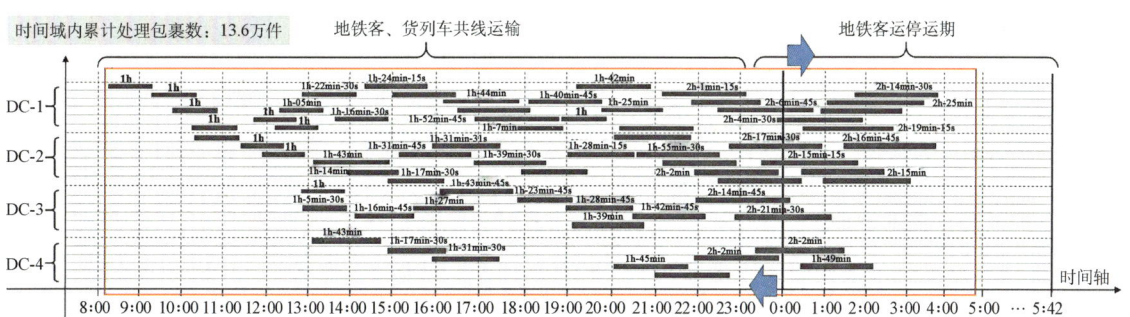

(b) n-TMF-2 站点进出货时间窗

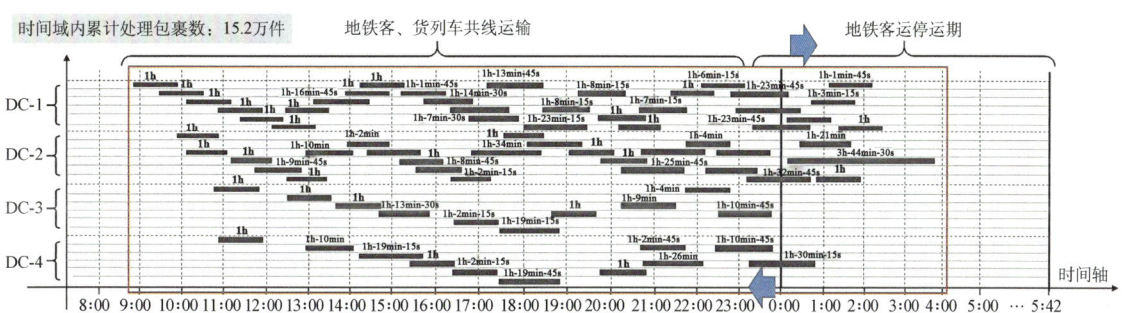

(c) n-TMF-3 站点进出货时间窗

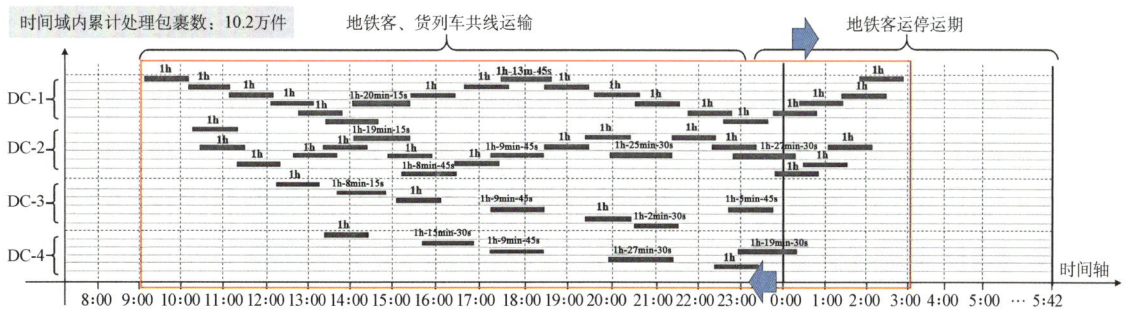

(d) n-TMF-4 站点进出货时间窗

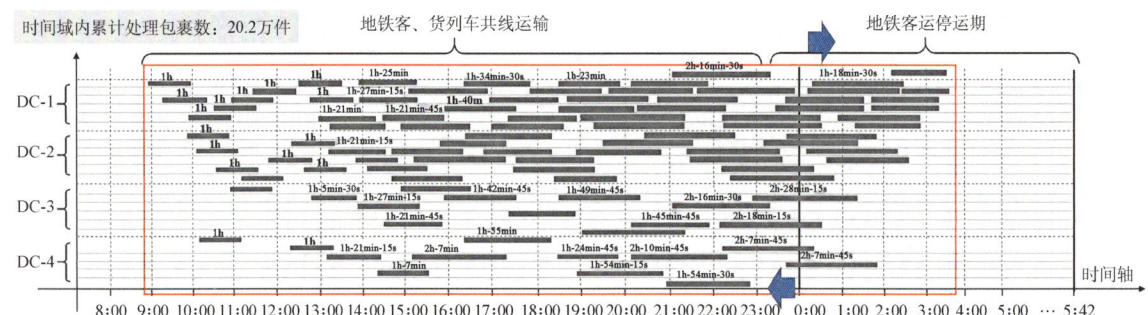

(e) n-TMF-5 站点进出货时间窗

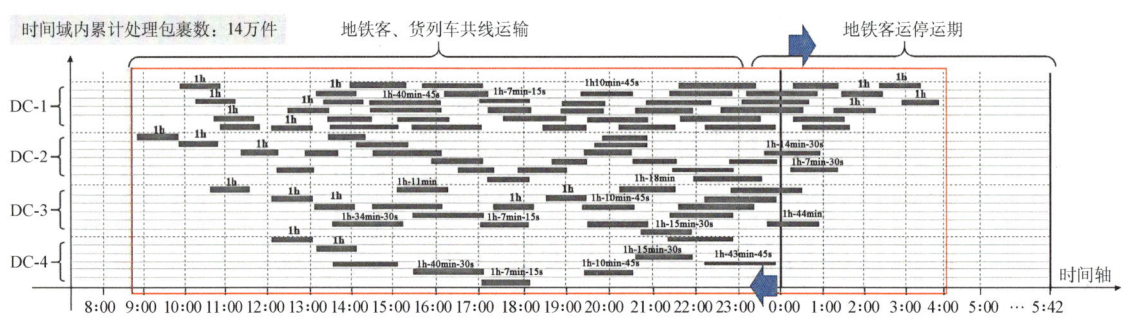

(f) n-TMF-6 站点进出货时间窗

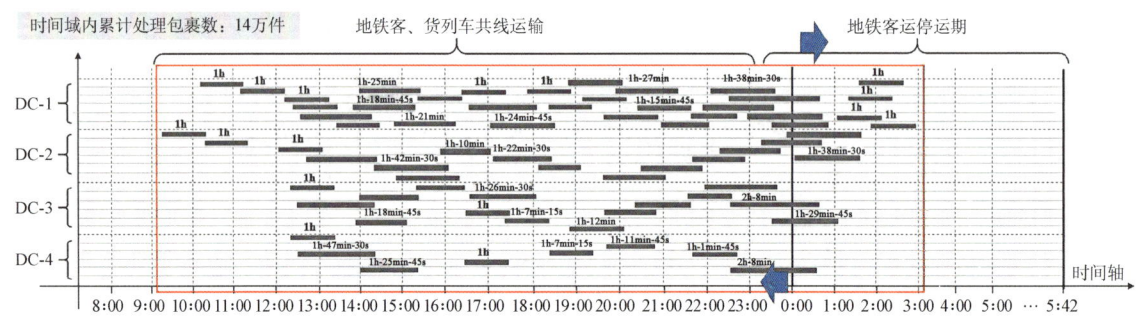

(g) n-TMF-7 站点进出货时间窗

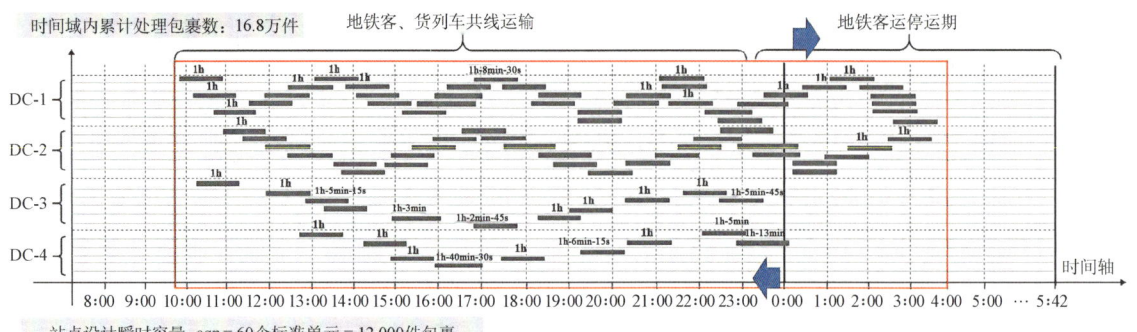

(h) n-TMF-8 站点进出货时间窗

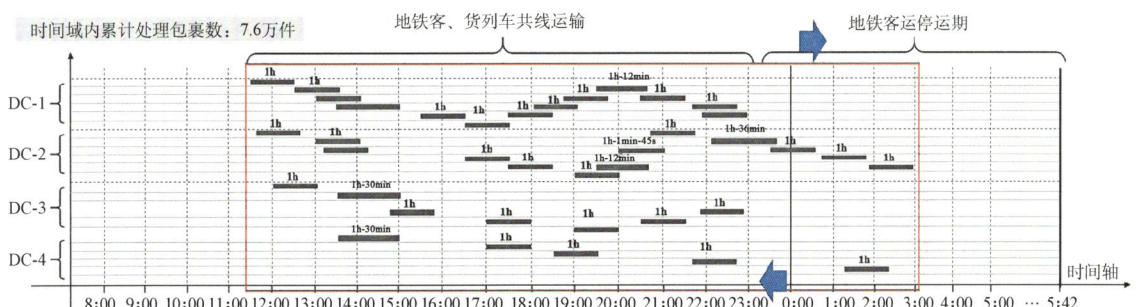

(i) n-TMF-9 站点进出货时间窗

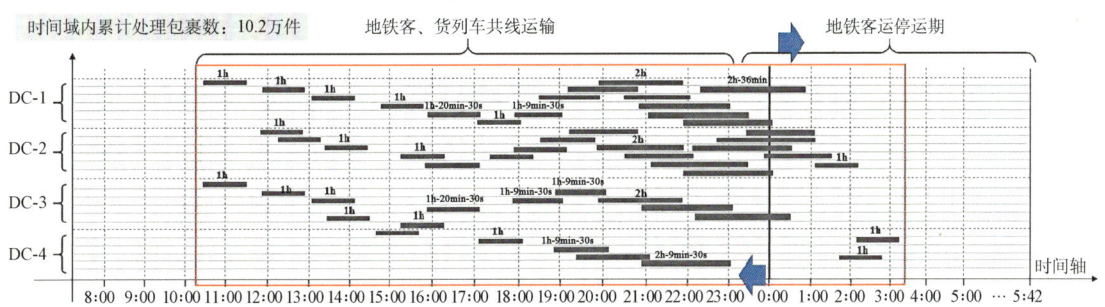

(j) n-TMF-10 站点进出货时间窗

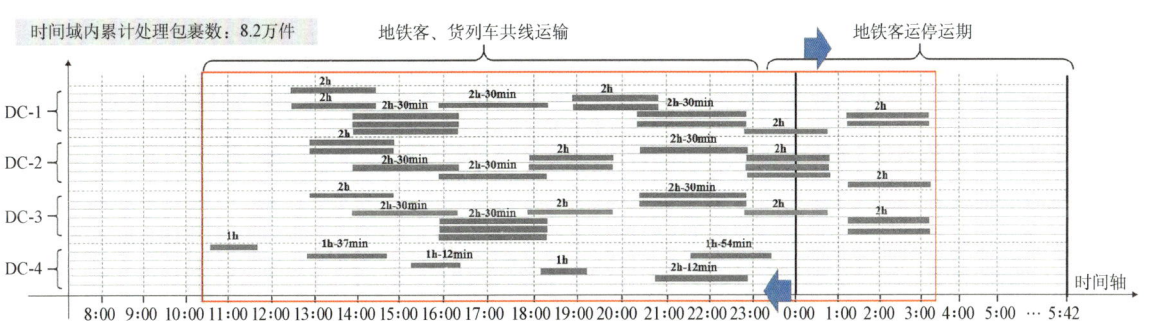

(k) n-TMF-11 站点进出货时间窗

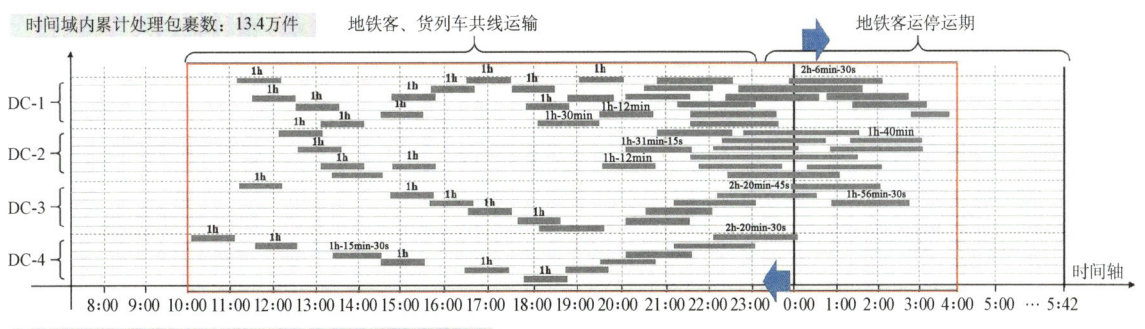

(l) n-TMF-12 站点进出货时间窗

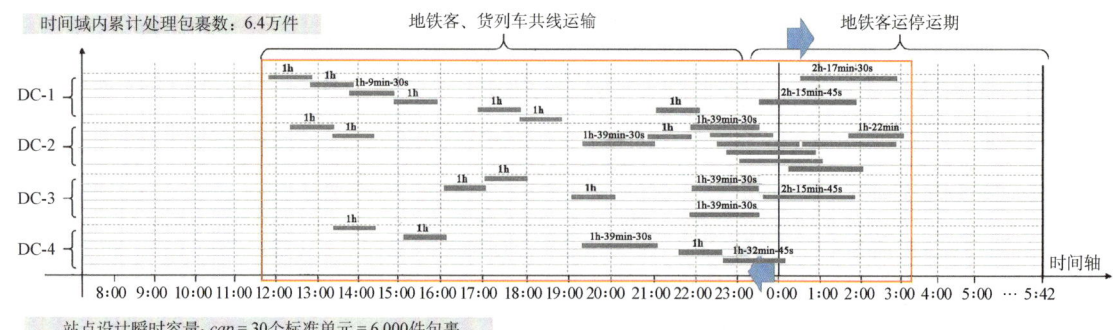

(m) n-TMF-13 站点进出货时间窗

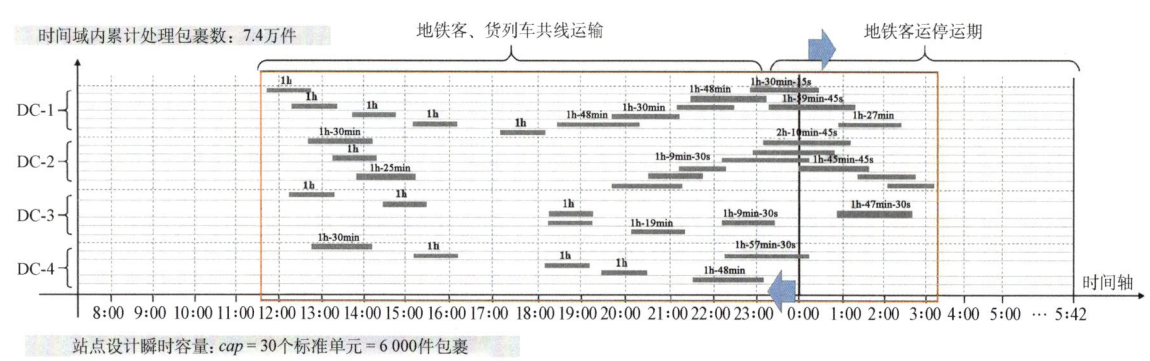

(n) n-TMF-14 站点进出货时间窗

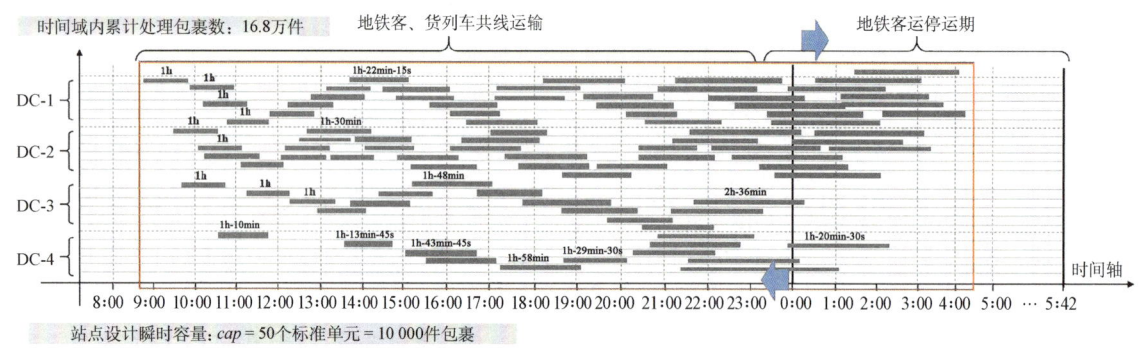

(o) TMF-1 站点进出货时间窗

图 6-23 地铁-货运站点的平均进出货处理负载情况汇总

平下,从第一个单元到达站点至最后一件包裹离开站点的时间域跨度达到 19 h 42 min。网络中所有站点的平均运行时长为 17 h 29 min。上述提到的这些站点都是整个地铁-货运网络中较繁忙的站点,在实际规划过程中应考虑对这些负载较高的站点配备更多的物流设备,加大其设计容量,提高其运作效率。

所有站点中,货物在 n-TMF-1 站内的平均停留时间最短,平均每件包裹停留 60 min;在 TMF-1 站内的平均停留时间最长,平均每件包裹停留 102 min。站点 TMF-1 完成当日进出货处理任务的时间为次日凌晨 04:10,是所有站点中最晚的。

通过图 6-23 可以得到所有地铁-货运站点在一天各个时段的运行负载情况，某一时刻的站点运行负载率指代当前时间切片下正在站内进行处理的进货包裹数与站点进出货最大容量的比值。仿真结果表明，大部分站点在一天内的运行负载率均处于较高水平，其中 TMF-1 满负载运作的时间最长，达到 16.5 h，到站单元在站内排队等候处理的总时间累计达到 64.9 h；而 n-TMF-1 最为空闲，一天之内无满负载情况。系统中的站点处理延迟高峰期普遍出现在 21:00—24:00，除了少部分站点未达到饱和之外（即 n-TMF-1、n-TMF-4 和 n-TMF-8），其余所有站点均处于满载状态，这段时间到达站点的单元平均需要等待 1 h 17 min 才能得到处理。

图 6-24(a)和(b)分别展示了各方向转运货流在不同时段抵达换乘站点 TMF 和 TR 的数量。图 6-24(c)和(d)分别展示了各时段内各方向转运货流在换乘站点 TMF 和 TR

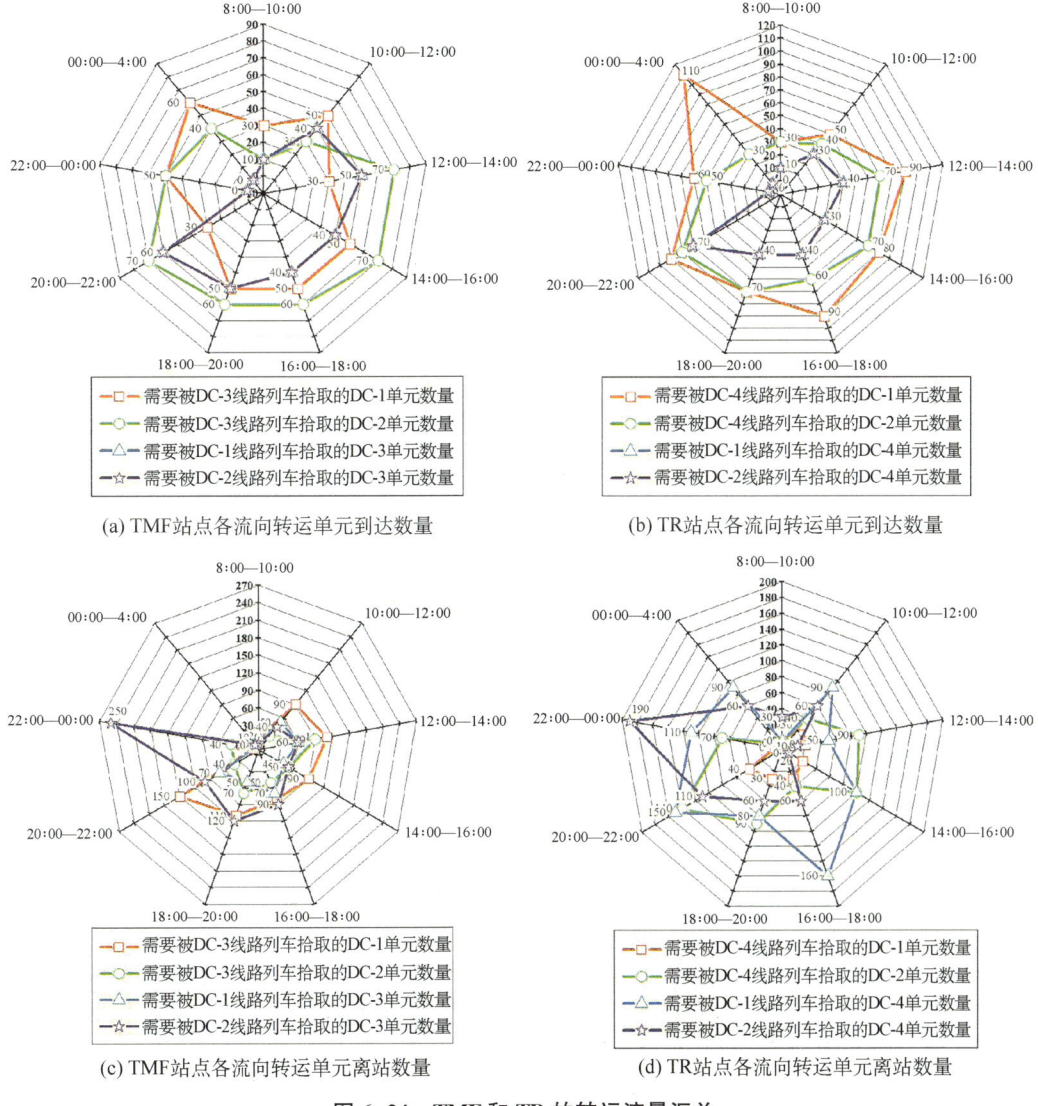

图 6-24　TMF 和 TR 的转运流量汇总

装入列车离站(完成转运)的数量。每日在 TMF 和 TR 实现换乘的转运单元总数(进＋出)分别为 3 500 个和 3 840 个。TMF 的进站转运量峰值和离站转运量峰值分别出现在 20:00—22:00(4 个方向总计 220 个单元)和 18:00—20:00(4 个方向总计 350 个单元);TMF 的进站转运量和离站转运量高峰期均为 20:00—22:00(进站总计 310 个单元,离站总计 440 个单元),表明 18:00—22:00 为换乘站点的高负载时段。另外,相比于 TMF 站点,TR 站点各方向的转运货流随时间分布更加平均。

2. 地铁线路流量强度与货运列车排班时间窗分析

本书附录Ⅳ中的表Ⅳ-A 至表Ⅳ-D 对各条线路上发出-返回的每个班次列车的旅行时间窗,及其在地下网络中所产生的流量强度进行了汇总。表中 $FT_{dcx}\text{-}y$ 表示从 DC-x 出发的第 y 个班次的货运列车,列车流量强度定义为列车内的所有货物在地铁网络中经过的总里程,单位为 km·单元数。

附录Ⅳ:北京城市副中心地铁-货运网络列车排班时间窗及流量强度仿真结果

仿真数据表明,每天从 DC-1、DC-2、DC-3 和 DC-4 发出的货运列车总班次分别为 77 班(平均 13.6 min/班)、64 班(平均 14.6 min/班)、34 班(平均 28 min/班)和 35 班(平均 28.7 min/班)。由此可得,M102、M6 和 M101 线路上的列车发车总量分别为 141 辆/d、34 辆/d 和 35 辆/d。对于发车量最大的 M102 线路,共线运行期间(05:42—23:19)的客、货列车发车总班次包括 237 辆客车、65 辆从 DC-1 发出的货车和 59 辆从 DC-2 发出的货车,共计 361 辆,略小于地铁线路最大发车极限(约 400 辆,该数据通过调研获得),说明排班结果是合理可行的。

各 DC 发出的列车在地铁线路上的平均旅行时长(M6 和 M101 线路列车不计入终点折返的旅行时间)分别为:1 h 58 min 19 s、2 h 0 min 20 s、59 min 07 s、1 h 27 min 30 s。首班货运列车从各 DC 发出的时刻分别为 08:01:15(DC-1)、08:32:15(DC-2)、09:30:00(DC-3)和 09:30:00(DC-4);末班货运列车返回各 DC 的时刻分别为次日凌晨 03:29:15(DC-1)、01:59:45(DC-2)、02:21:15(DC-3)和 03:32:15(DC-4)。由此可得,货运列车在地铁隧道中的旅行时段为当日早上 08:00 至次日凌晨 03:30,在地铁隧道停止运输的 2 h 12 min 后,新一天的客运服务将启动。特别注意到,DC-3 和 DC-4 在完成自身运输业务之后,还需要分别安排额外的 5 个班次($FT_{dc3}\text{-}30$ 至 $FT_{dc3}\text{-}34$)和 9 个班次($FT_{dc4}\text{-}27$ 至 $FT_{dc4}\text{-}35$)前往 TMF 和 TR,负责将换乘站内的转运单元送往 M6 和 M101 线路上的各个站点。M101 线路共有 7 班列车在抵达终点站后需要折返回 TR,并将单元送往 n-TMF-11,附录Ⅱ中表Ⅱ-4 中的绿色底纹标出了它们最终折返回 DC-4 的时刻。

附录Ⅱ:南京市地铁-货运系统承担货量 OD 矩阵(地下网络情景)

M102、M6 和 M101 线路上具有最长旅行时间的货运列车班次编号分别为 $FT_{dc2}\text{-}24$(151 min)、$FT_{dc3}\text{-}6$(69 min)和 $FT_{dc4}\text{-}31$(139 min)。另外,DC-1、DC-2、DC-3 和 DC-4 的高峰发车时段分别为 19:00—24:00(22 辆,占比为 29%)、10:00—16:00(28 辆,占比为 44%)、12:00—18:00(16 辆,占比为 47%)和 20:00—24:00(13 辆,占比为 37%)。各列车班次在 3 条地铁线路上产生的平均流量强度分别为 746 km(M102)、778 km(M6)和 410 km(M101)。以包裹数为计量依据的线路流量总强度最大为 M102(2 073 万

件·km),其次为 M6(529 万件·km)和 M101(287 万件·km)。由各 DC 发出,且单趟产生最大流量强度的列车所对应的班次编号分别为 FT_{dc1}-55(28.59 万件·km)、FT_{dc2}-10(21.18 万件·km)、FT_{dc3}-25(20.5 万件·km)和 FT_{dc4}-13(12.17 万件·km)。

3. 地铁-货运网络运作效率分析

通过获取 135 个客户的配送包裹自在配送中心达到 RFD_{dc},经由装箱发车、一级地铁运输、转运、目的地站点卸载、站内处理和二级地下通道配送,直至抵达最终客户所在地的整段过程的时间消耗,来反映地铁-货运系统网络的整体运作效率。考虑到同一批次生成的需求可能装入不同班次的列车,从而导致到达最终客户的时刻不同,因此取客户当前时刻生成的所有包裹需求的平均地下配送时长来表示地铁-货运系统对于该客户的服务水平。AnyLogic 仿真结果表明(由于数据量庞大,无法通过图表的形式展示全部客户的仿真结果),地铁-货运网络中包裹由不同起始地至相应客户所在地的平均配送时长分别为 172 min(来自 DC-1 的包裹)、190 min(来自 DC-2 的包裹)、211 min(来自 DC-3 的包裹)和 230 min(来自 DC-4 的包裹)。总体来看,超过 65% 的客户在一天内各时刻对于各 DC 生成的包裹需求,均能够在 3 h 之内送达至最终客户手中。这表明地铁-货运网络相比于传统基于路网的城市物流配送系统能够带来显著的运输效率提升,在解决"入城难"的同时,大幅缩短了从城外物流园区/配送中心至"最后一公里"客户的配送时间。

6.4 案例研究:基于系统动力学的南京市地铁-货运系统效益分析

地铁-货运系统作为一种新型的交通基础设施,与城市发展有着密切的互动关系。然而,尽管直观上已能理解地铁-货运系统能够产生巨大的经济效益和社会效益,但由于其社会认知度仍然较低,且未得到广泛的应用,当前还无法进行准确的绩效度量。以往的研究主要集中在 ULS 列车技术开发和概念设计方面[1,2],也有大量的研究分析了地铁-货运系统实施的可行性[3]。然而,系统、定量地分析地铁-货运系统对城市可持续发展的综合效益及如何影响城市可持续发展的研究较少。另外,与地铁系统相似,地铁-货运系统只有在网络形成后才能达到最终的效益。因此,地铁-货运系统的影响应该随着时间的推移进行评估。不可否认,ULS 的发展需要大量的投资和持续的政策支持。

一方面,网络规模和密度决定了地铁-货运系统的运输能力,从而影响其社会经济效益[4]。高运力的地铁-货运系统的实施可以明显提高城市物流的效率。地铁-货运系统的运输能力与地面运输车辆数量成反比,直接影响交通拥堵和交通污染。另一方面,地铁-货运系统的网络密度将取决于政策支持和投资策略,地方政府往往扮演双重角色[5]。他们的决策基于地铁-货运系统的成本效益评估。因此,为了进一步阐述和证明实施地铁-货运系统的必要性以及本书研究内容的价值,本节基于系统动力学(System dynamics,SD)理论与建模方法,针对地铁-货运系统自身服务能力与城市外部环境之间的互动影响机理进行量化研究。通过模拟项目生命期内地铁-货运系统网络的不同建设规模,分析嵌入地铁-货运系统后,城市综合物流交通外部性(如交通拥堵、排放污染等)及系统自身服务能力的变化情况。依据系统仿真结果分析地铁-货运系统发展方向与潜在实施路径。

系统动力学(SD)的优点是将定性和定量分析相结合,以了解系统的内部机制。同时,SD可以通过改变决策的相关变量来考察系统的长期变化趋势。SD特别适合为具有交互因素、不确定性和与时间相关的变量的复杂系统提供系统思维。因此:

(1) 地铁-货运系统开发决策具有复杂动态性特征,包含大量非线性时间变量,如区域GDP、城市地下空间开发率、物流供需情况和网络建设时序等,地铁-货运系统的组织结构、功能及项目行为特征适合于SD建模。

(2) 与地铁-货运系统有关的外部变量之间存在复杂的因果关系,进一步可划分为多个子系统,形成多条反馈回路,例如城市交通拥堵与地铁-货运系统供给能力之间的复杂因果关系。因此,地铁-货运系统具有高阶、多维度、非线性的特点,需要利用SD理清脉络。

(3) 由于地铁-货运系统不存在实际项目,暂无关于地铁-货运系统的真实运营数据,SD建模可以通过基本假设、参数调整和拟合等手段对类似工程项目进行类比,获取运行参数,具有"以小见大"的特征。

SD建模的步骤,如图6-25所示。

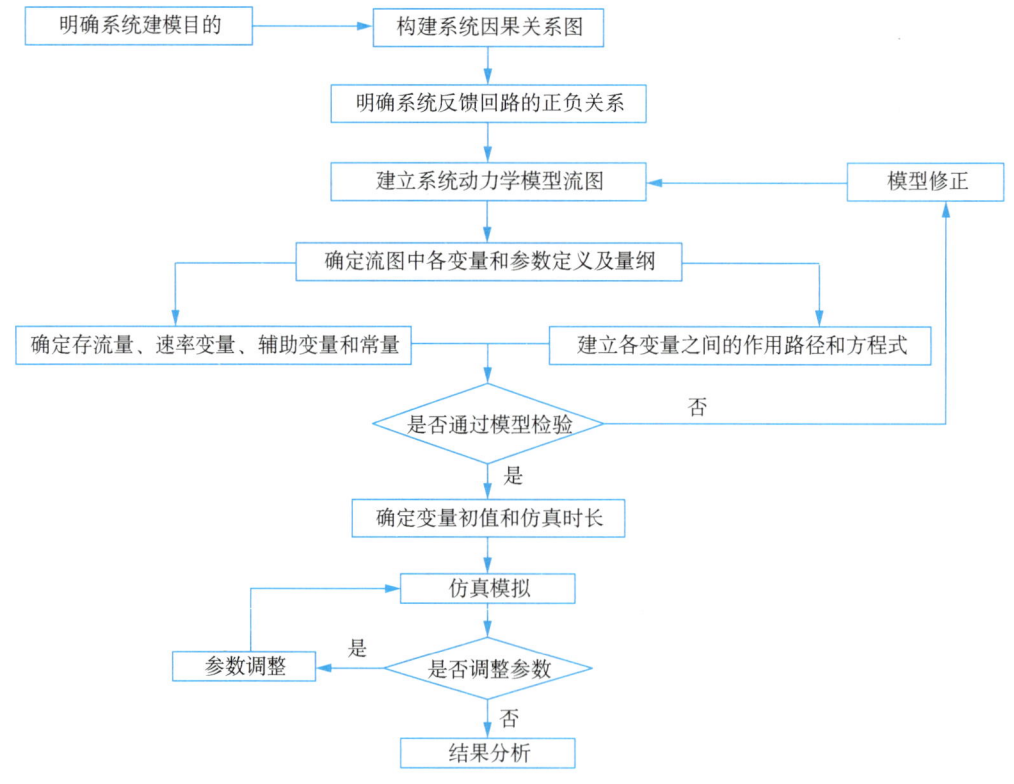

图6-25 SD建模仿真流程

6.4.1 因果关系与反馈路径

1. 系统边界与模型假设

构建模型之前要明确系统的研究范围,根据建模目的,将以下因素纳入系统边界。

(1) 经济因素:城市区域经济发展水平。

(2) 社会因素:城市人口、交通物流业基础设施投资额。

(3) 政策因素:地铁货运项目建设投资、城市地下物流分担比率。

(4) 交通因素:城市交通出行量、交通拥堵损失。

(5) 环境因素:车辆 NO_2 释放量。

(6) 物流供需因素:城市物流需求、城市物流供应能力、物流短缺损失。

(7) 项目运营因素:系统服务能力、项目运营收益、地下物流网络建设。

对地铁-货运系统的 SD 建模的基本假设如下:

(1) 以城市交通物流业 GDP 反映地区经济发展水平,其值由城市总体 GDP 乘以社会物流总费用大致占比获得,并且由 GDP 增长率和交通物流经济损失带来的滞后效应决定。

(2) 城市总体 GDP 和城市人均 GDP 直接影响物流业务开展和市民交通出行的需求量,且与私家车的数量和货车数量增长正相关。

(3) 影响城市物流供需关系的因素很多。本节假设城市物流供应能力只与传统交通物流业投资和地铁货运项目建设投资有关,城市物流需求只与城市 GDP 有关。

(4) 模型中以 NO_2 释放量作为衡量环境污染损害的指标。

(5) 道路交通由私家车、出租车(包括第三方打车平台)、公交车和货车组成,不考虑非机动车和其他功能型车辆。

(6) 网络和节点的建设直接导致系统服务能力增加。

2. 因果关系与反馈路径分析

根据地铁-货运系统与城市经济、社会、环境和综合交通物流之间的互动关系,综合考虑各子系统内部要素之间的相互影响,构建各变量之间的因果关系,如图 6-26 所示。

所构建的因果关系主要包含了 10 个反馈回路,分别是交通物流经济与拥堵损失反馈环、交通物流经济与环境污染反馈环、交通物流经济与物流供应反馈环、交通物流经济与系统服务能力反馈环以及地铁-货运系统运营收益与生命期成本反馈环。

环 1/环 2:城市交通物流经济与拥堵损失反馈环。

以交通物流经济损失反映城市地区交通物流 GDP 的发展阻碍,而交通物流经济损失最大的导致因素之一即道路交通拥堵带来的损失。当 GDP 增长带来物流需求和人均汽车持有量增加时,城市总体交通,尤其是高峰期交通流动性将会降低,经济活动也会因交通拥堵而受到损害,对 GDP 产生负反馈,如图 6-27 所示。

环 3/环 4:城市交通物流经济与环境污染反馈环。

能源污染损失也是交通物流经济损失之一,每年因为汽车尾气,特别是重型货车尾气

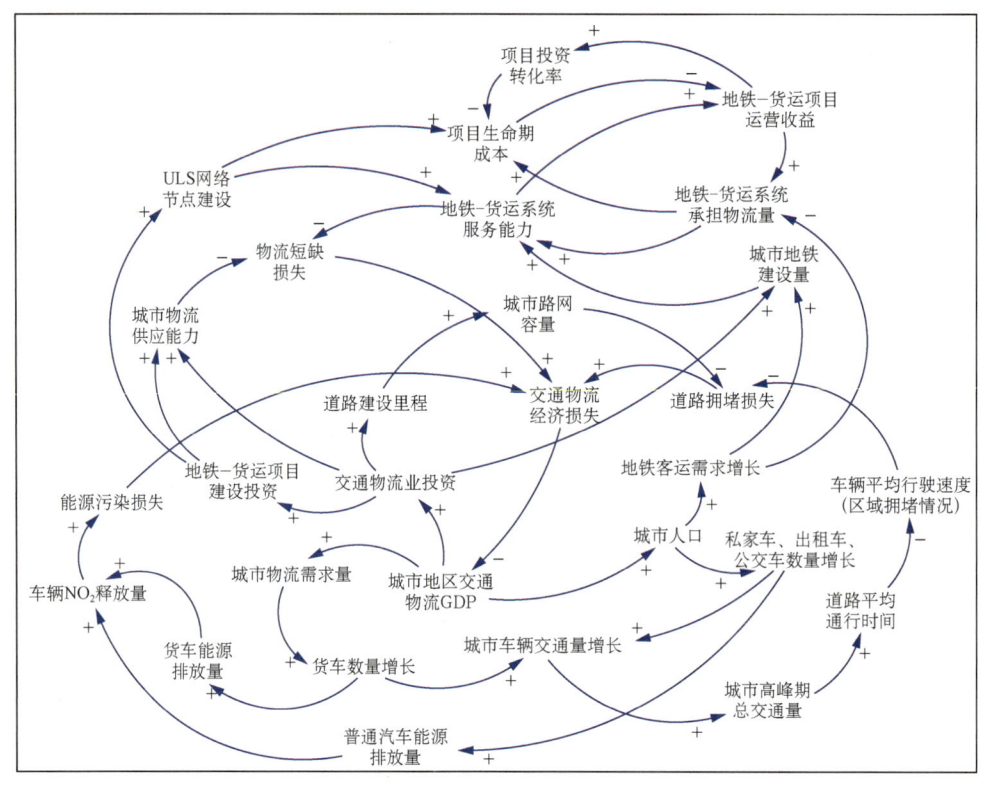

图 6-26 地铁-货运系统与城市外部环境之间互动影响的因果关系

造成的空气污染损失严重,与前两个反馈路径类似,在城市 GDP 增长的刺激下,货车数量和私家车数量都得到增长,由此导致 NO_2 释放量增多,进而造成能源污染损失,对 GDP 产生负反馈,如图 6-28 所示。

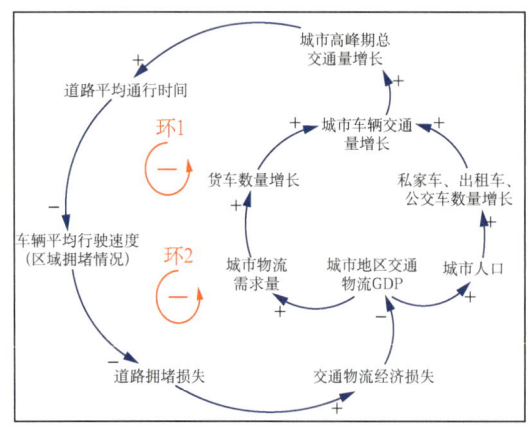

图 6-27 城市交通物流经济与拥堵损失反馈环

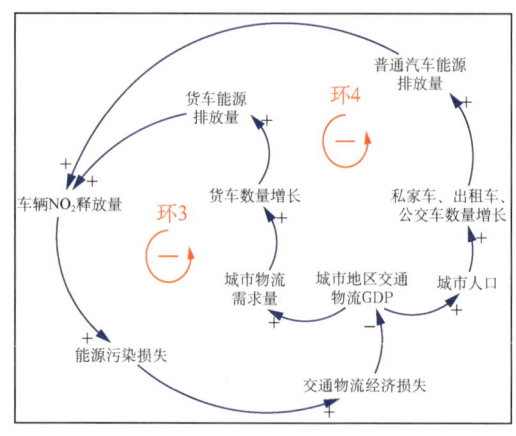

图 6-28 城市交通物流经济与环境污染反馈环

环 5/环 6:城市交通物流经济与物流供应反馈环。

一方面,城市经济活动发展带动交通物流业投资比重进一步加大,为此需要建立能够承担更多业务量的基础设施,城市物流供给能力得到提升,由于物流短缺而造成的交通物流经济损失进一步缩小,对 GDP 产生正反馈;另一方面,注入建设资金后,城市路网容量得到扩充,由于道路拥堵而造成的交通物流经济损失也进一步缩小,对 GDP 产生正反馈,如图 6-29 所示。

环 7/环 8:城市交通物流经济发展与系统服务能力反馈环。

当嵌入地铁-货运系统后,城市交通物流业每年的投资额需要抽出一部分用于建设新节点以及地铁-货运网络的运营维护。随着地铁-货运系统服务能力的不断扩大,城市综合物流供应能力进一步得到提升,对 GDP 产生正反馈。同时,随着城市人口的增长,地铁的客运需求变大,为了保持客运服务的质量,货运部分需要让出一部分运行空间,整个系统承担的地下货运量将随着客运需求的增长而减少,对 GDP 产生负反馈,如图 6-30 所示。

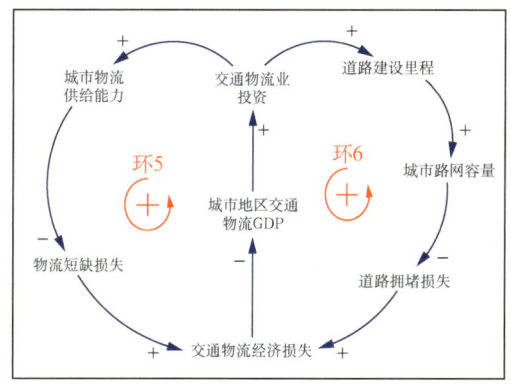

图 6-29　城市交通物流经济与物流供应反馈环

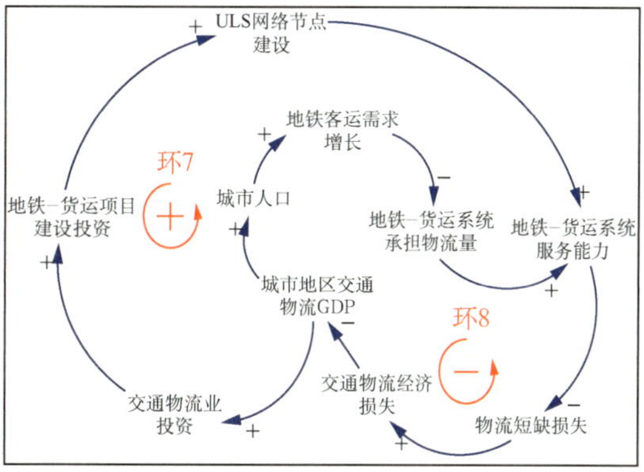

图 6-30　城市交通物流经济与系统服务能力反馈环

环 9/环 10:地铁-货运项目运营收益与生命期成本反馈环。

随着地铁-货运系统项目开发,项目运营收益将提高投资转化率,并使得地铁-货运系统项目的生命期成本缩减,对项目效益产生正反馈。另外,项目收益将吸引更多地下物流业务的开展,地铁-货运系统负载增加,使得运营收益降低,产生负反馈,如图 6-31 所示。

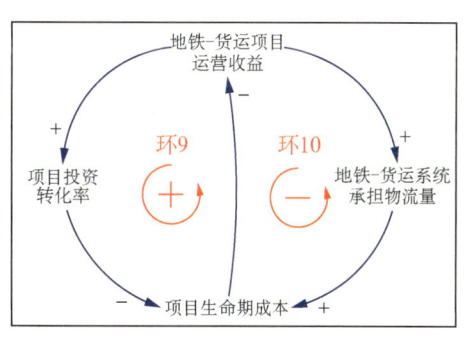

图 6-31　地铁-货运项目运营收益与生命期成本反馈环

6.4.2　模型构建

1. 系统流图

因果关系图描绘了地铁-货运系统各要素之间的关系。为了使模型更具有现实意义,就要对系统进行量化,区分变量的性质,确定存量、速率变量、辅助变量及常量,并建立状态变量方程、速率变量方程、辅助变量方程及表函数等。根据因果关系图绘制的系统存量-流量图,如图 6-32 所示。

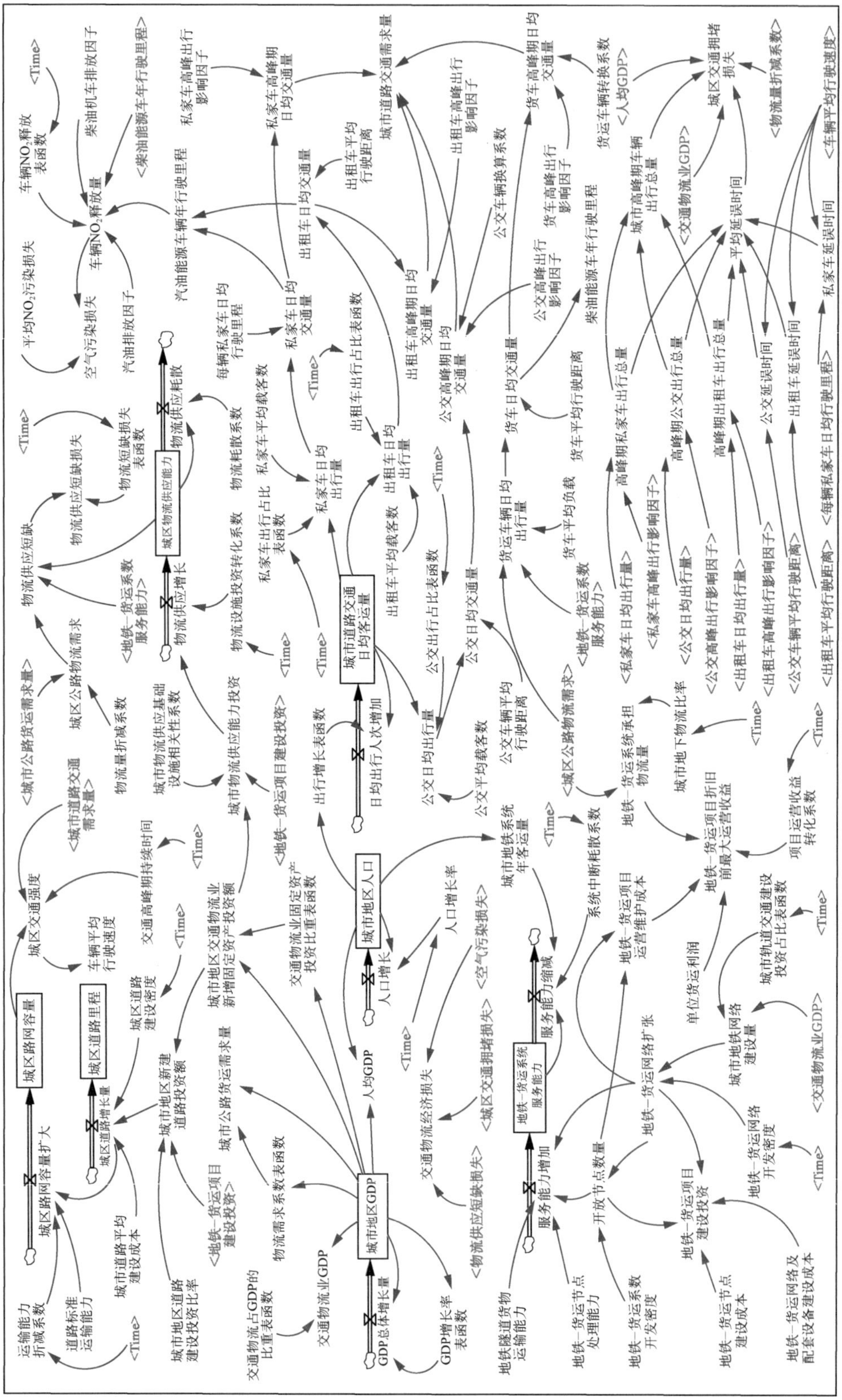

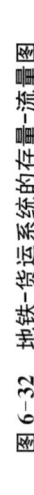

图 6-32 地铁-货运系统的存量-流量图

根据城市综合交通物流体系各要素之间的互动关系,将以上 SD 模型分为城市社会经济、城市综合交通、道路拥堵损失、环境、物流供需和地铁-货运项目建设运营 6 个子系统。

2. 城市社会经济子系统

城市社会经济子系统反映城市物流经济随 GDP 的一般演变规律,处于最高层级(图 6-33),将城市地区 GDP、交通物流经济损失和城市人口作为三个存量,其中 GDP 和城市人口分别由该年的实际增长率获得。本节在子系统中规定,该年的交通物流经济损失(ELTL)由物流供应短缺损失(LSL)、城区交通拥堵损失(RCL)和空气污染损失(APL)三方面组成,这三者的具体值将在其他模块中计算获得。

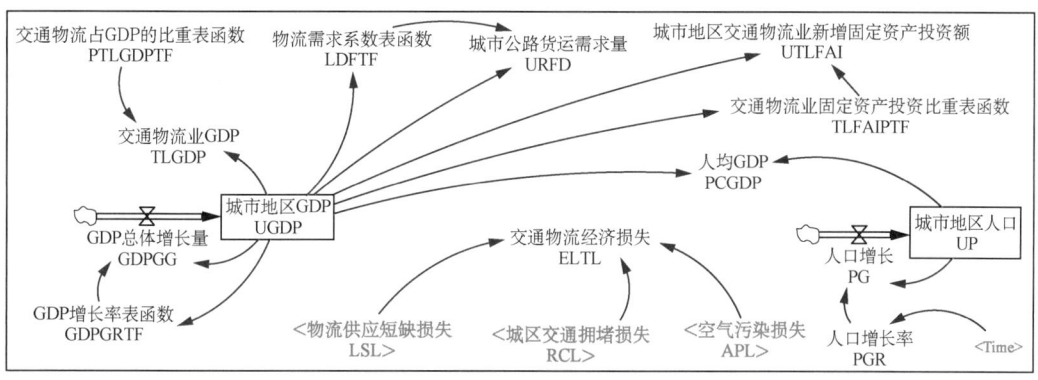

图 6-33 城市社会经济子系统流图

每年的城市公路货运量需求(URFD)和城市地区交通物流业新增固定资产投资额(UTLFAI)与城市的 GDP 直接相关,具体数据可以在各年份的《南京市统计年鉴》中得到。各子系统变量的计算方程式统一见附录Ⅴ。城市社会经济子系统为整个系统流图提供了最初的输入变量(城市 GDP 和人口),并且能够输出最终的系统运行绩效结果(交通物流经济损失)。

附录Ⅴ:基于系统动力学的南京市地铁-地下物流系统变量描述

3. 城市综合交通子系统

城市综合交通子系统(图 6-34)反映在私家车、出租车、公交车、普通货车及地铁-货运系统在内的多种运输方式的作用下,城市路网供给能力与交通需求量之间的关系,得出车辆平均行驶速度(ATSC)指标值。在城市道路运输能力方面,以城区道路里程(URM)和城区路网容量(UPRC)作为存量,而后者与该年可用的城市地区新建道路投资额(URPI)(即从新增固定资产中扣除投资给地铁-货运项目建设部分后所剩余的资金)成正比。在城市交通量方面,分为客运部分(私家车、出租车和公交车)与货运部分(普通货车、地铁-货运系统),各类运输制式对城市路面交通的贡献主要通过出行量乘以平均出行里程数得到,地铁-货运部分则反映为对原有货运车辆使用频率的削减。在这一部分,将城市道路交通日均客运量(URDPC)作为存量,并最终得到城市道路交通需求量(URTD)。各运输制式的日均出行量统计数据均来自《南京市统计年鉴》,同时为了反映早晚高峰对交通的影响,本节主要以日均高峰期交通量作为计算的依据。

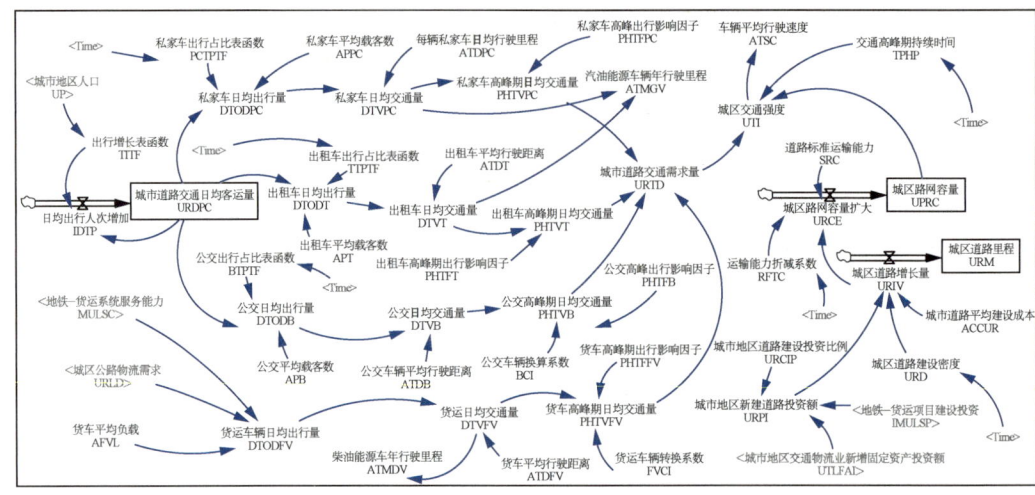

图 6-34 城市综合交通子系统流图

4. 道路拥堵损失子系统

如图 6-35 所示,城市道路交通拥堵损失根据城市高峰车辆出行总量(UPHTV)、平均延误时间(ADT)、物流量折减系数(LRF)、人均 GDP 和交通物流业 GDP 这 5 个变量决定。平均延误时间是根据各类运输制式的出行总量与平均出行延误时间加权得到的。将城区交通拥堵的损失定义为人因城区道路交通拥堵而使得原本应当获得的潜在业务收益消失的过程。从个人角度来看,其主要表现在人均 GDP 随平均延误时间增长而减小的过程;从物流业角度来看,则表现在整个交通物流业 GDP 因高峰期车辆限行和交通延误而

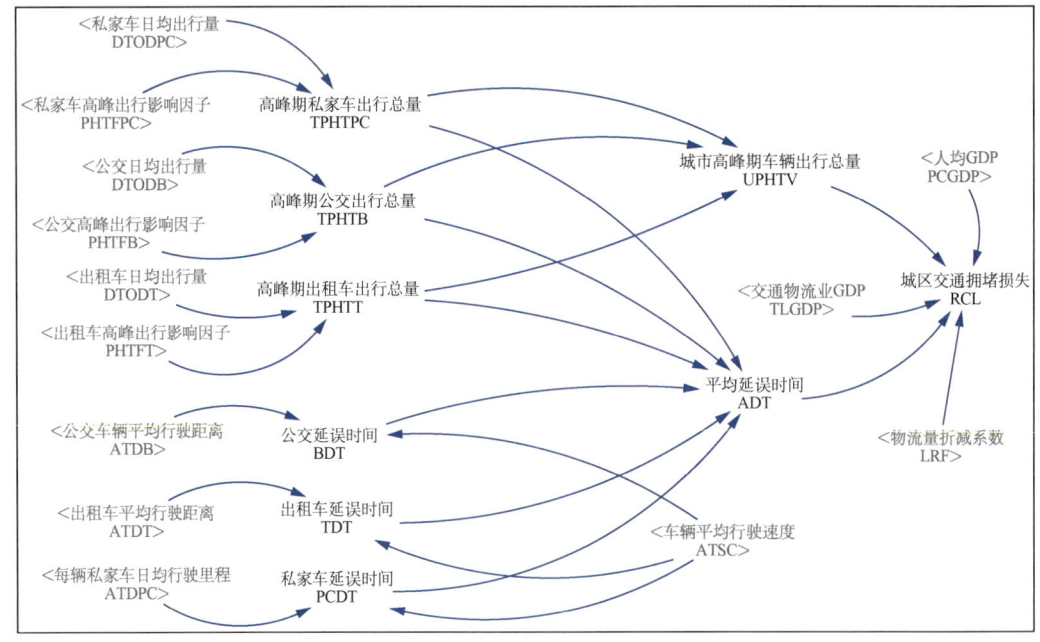

图 6-35 道路拥堵损失子系统流图

蒙受的期望亏损的过程。新加入的地铁-货运系统对城区交通拥堵损失的缓解一方面体现在减少货运车辆的出行次数,从而提升交通流动性(车辆平均行驶速度),降低平均延误时间;另一方面体现在释放道路空间,产生更多的隐性收益。

5. 环境子系统

根据城市综合交通子系统中输出的 ATMGV 和 ATMDV 两个变量(图 6-36),计算城市车辆 NO_2 释放量,进一步得到空气污染损失 APL。其中:

$$NO_2EV_t = (DEF \cdot ATMDV_t + GEF \cdot ATMGV_t) \cdot NO_2EVTF/10\,000$$

$$APL_t = NO_2EV_t \cdot ALNO_2$$

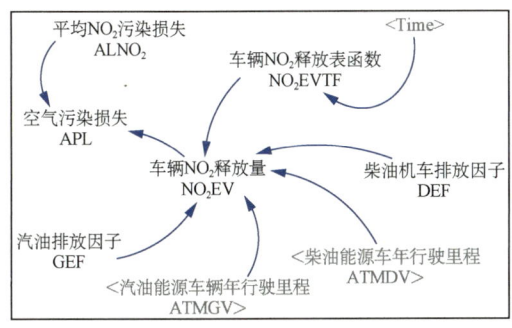

图 6-36 环境子系统流图

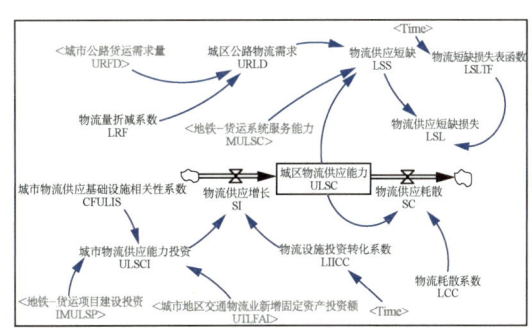

图 6-37 物流供需子系统流图

6. 物流供需子系统

地铁-货运系统的加入占用了一部分原先用于城区内部物流供应基础设施建设的投资,因此传统城市道路物流的供应增长将随着地铁-货运系统建设投资的增加而缩减(图 6-37)。当城区物流供应能力与系统服务能力之和小于城区道路货运量需求时,将发生物流短缺损失。而物流需求的快速增加和货物放入地下的比率等政策层面因素也将直接影响地铁-货运系统实际承担的物流量大小。

7. 地铁-货运项目建设运营子系统

如图 6-38 所示,地铁-货运系统建设运营子系统中的存量设置为地铁-货运系统的服务能力(MULSC),但是由于政策因素的影响,例如地铁-货运系统网络的开发建设密度或者货物放入地下的比率规定,实际运行过程中很难达到最大负载。由该子系统输出的另外两个重要变量是地铁-货运系统的建设投资(IMULSP)和地铁-货运系统折旧前的最大运营收益(OPMULSP),前者包括网络建设成本和节点建设成本两部分,后者主要根据系统实际承担物流量、地下物流利润以及项目运维成本计算得出。根据工程经济学,将项目建设投资折旧分摊给各年份的运营收益,即可得到项目的大致静态回收期和收益率。

由于各种复杂因素相互作用,地铁-货运系统的服务能力将面临增加和缩减的情况。在建设阶段,随着地铁-货运系统投资的扩大,当开放的节点和网络数量增加时,系统服务能力得到提升,但同时又受制于货运节点的处理能力及现有城市地铁建设量下的地铁隧

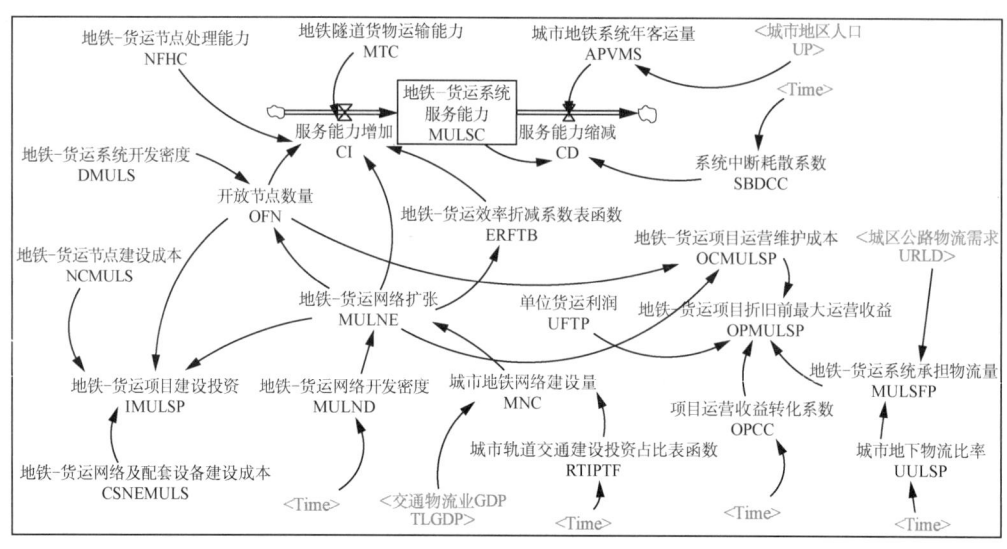

图 6-38　地铁-货运项目建设运营子系统

道运输能力。另外,随着城市人口增长,地铁客运需求的扩大也会挤压一部分的货运空间,导致地铁-货运系统服务能力缩减。

6.4.3　仿真结果分析

1. 数据及参数获取

将南京市 2007—2016 年实际交通物流方面的数据作为 SD 建模的基础进行仿真测试,同时选择南京市的真实 GDP 和人口等数据作为模型的初始输入参数,具体见附录Ⅵ。

附录Ⅵ:基于系统动力学的南京市地铁-地下物流系统 SD 建模参考数据

SD 仿真模型中的真实数据来自 2008—2017 年发布的《南京市统计年鉴》(光盘版)、南京市交通发展年报和各类政府公开信息网站;对地铁-货运系统自身的技术参数主要依靠数据收集、文献研究并利用 SPSS 软件对数据进行拟合和回归分析,并通过不断调试参数,让取值越来越接近真实。

除了以上初始参考数据,为了将真实城市的情况赋予模型中的相关变量,需要向系统不断地输入一些常量参数,从而保证整个系统在运行过程中不会因输入参数不足而终止,这些常量往往是一个定值,并与辅助变量或速率变量相互作用,构成整个系统的边界。在本研究中,常量的取值主要根据以往参考文献中的已有数据以及部分经验估计获得,如表 6-10 所示。

表 6-10　南京地铁-货运系统的 SD 模型常量取值对照

类型	缩写	定义	取值
常量	APPC	私家车平均载客数量	2 人/次
	ATDPC	平均每天私家车的行驶里程	15 km/(次·d^{-1})

(续表)

类型	缩写	定义	取值
常量	APT	出租车平均载客数量	3.5 人/次
	ATDT	出租车完成每次订单的平均行驶里程	12 km/次
	APB	公交车平均载客数量	50 人/次
	ATDB	公交车线路平均长度	30 km
	BCI	公交车与轿车之间的换算系数	1∶3
	ATDFV	货运汽车平均行驶里程	35 km/次
	FVCI	货运汽车与轿车之间的换算系数	1∶5
	SRC	每小时允许通过每千米城市道路的最大车辆数	1 200 辆/(km·h^{-1})
	ACCUR	各级城市道路每千米平均建设成本	1 500 万元/km
	URCIP	城市地区平均每年投给道路建设的费用占交通物流业固定资产的比值	25%
	LRF	平均每年流入城区的物流量占整个城市地区总物流量的比值	21.1%
	CFULIS	城市地区平均每年投给物流供应设施的建设费用占交通物流业固定资产的比值	25%
	LCC	每年城市物流供应能力的自然消散率	3%
	ALNO$_2$	每万吨 NO$_2$ 所消耗的环境治理成本	5.826 亿元/万吨
	NFHC	每个地铁-货运节点的最大年货物处理量	32.85 万吨/个
	MTC	每年平均每千米的地铁-货运隧道所能运输的最大货物量	6.132 万吨/km
	NCMULS	每个地铁-货运节点的建设成本	3.5 亿元/个
	CSNEMULS	平均每千米地铁-货运隧道的改造成本和设备配置成本	1 亿元/km
	UFTP	每万吨货物的地铁-货运系统运输利润	56.6 万元/万吨

2. 模型有效性检验

南京地铁-货运 SD 模型的参数取值需要反复修正和调整,通过运用 Vensim 软件验证模型对估算中的不精确情况进行改进,并进行 SD 模型的有效性检验。

(1) 运行检验。

地铁-货运系统作为城市综合物流体系的一部分应具有很好的稳定性,在运行系统之前需要进行模型的稳定性检验。本研究分别取 1 年、0.25 年和 0.125 年的仿真时间间隔来判断模型运行是否稳定,并通过 Vensim 软件得到不同的南京市 GDP 模拟值。从图 6-39 中可以看出,南京市 GDP 随仿真时间间隔变化较小,且随着年份的推移,GDP 的增长呈现放缓的趋势。结果说明模型的仿真结果合理,具有很好的稳定性。

(2) 历史检验。

SD 的历史检验是将仿真结果与真实历史数据进行比较,若误差在可接受范围之内,

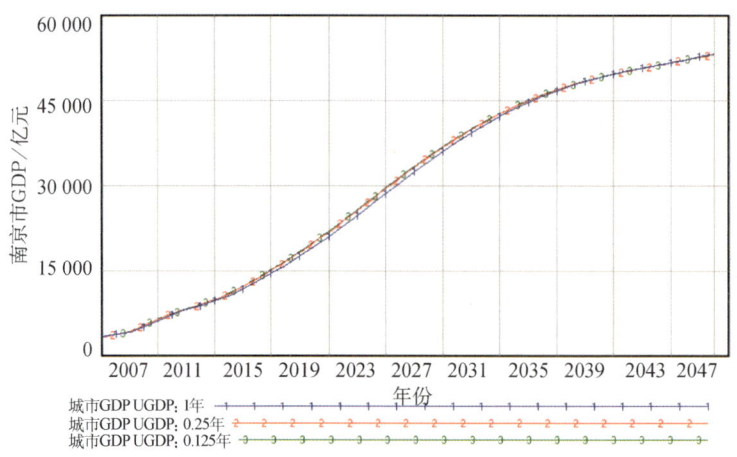

图 6-39 不同仿真时间间隔下的南京市 GDP

则模型具有较高的数据解释力,是有效的。介于本研究中主观设定的常量和表函数较多,进行历史检验从而不断修改参数是十分有必要的。由于缺乏 2017 年和 2018 年的最新数据,模型的历史检验期设置为 2007—2016 年,将未加入地铁-货运系统时的城市交通物流真实演变情况与模拟值进行比较,具体的比较变量包括车辆平均行驶速度(ATSC)、车辆 NO_2 释放量(NO_2EV)和城区公路物流需求(URLD)。从图 6-40 可以看出,各年份的模拟值和历史数据的误差最大值为 8.69%,低于允许的 10% 误差。因此,所构建的地铁-货运系统的 SD 模型能够有效地反映城市真实交通物流行为。

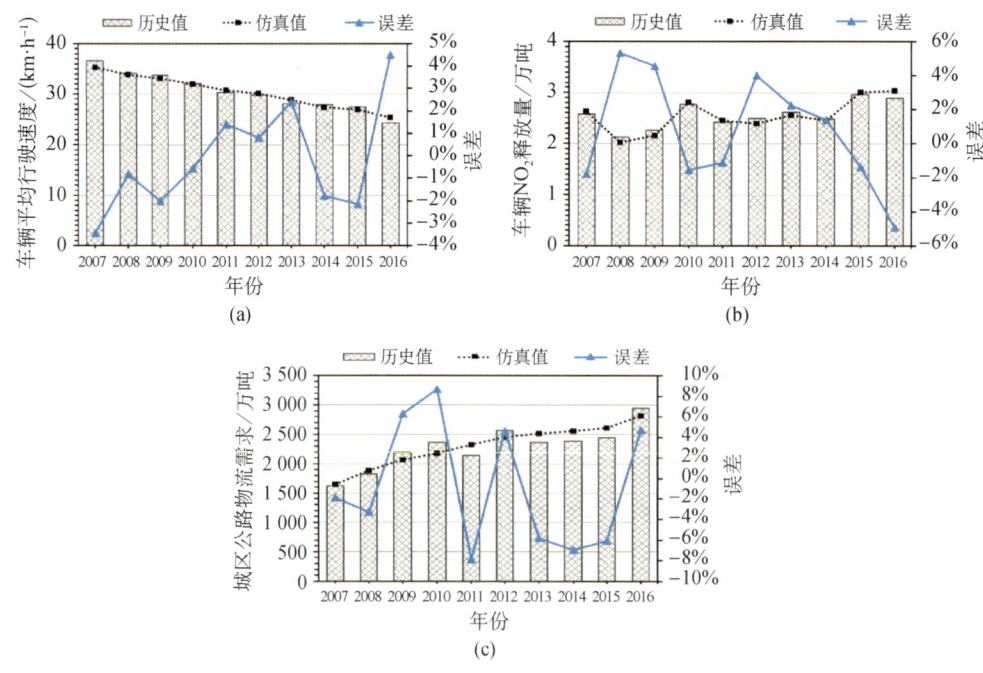

图 6-40 模型仿真结果与历史数据的比较

3. 基于项目生命周期的地铁-货运系统开发情景设置

地铁-货运系统的开发具有一般工程项目生命周期的特征,将 SD 建模时段按项目阶段进行划分,有助于分析地铁-货运系统在从规划到建设再到运营的整个发展过程中,其对城市交通物流的不同影响及其自身的演变趋势。此外,南京市地铁的建设正处于快速发展时期,在不久的将来,新建设的地铁系统有很大的可能会具备货运功能,这种新客货共线项目在开发阶段与已有客运地铁网络建设时序之间如何衔接,也是建模过程中需要关注的问题之一。据此,以 2018 年为项目规划的起点,2018—2022 年为项目的规划和前期准备阶段,2023—2031 年为地铁-货运项目的建设阶段,同时规定,项目在建设过程中伴随着项目的试运营,当新规划的地铁-货运线路建设完成之后即可立即投产使用,其生产能力逐年提升。根据南京市地铁规划,2030 年南京市城郊地铁建设基本完成,地铁-货运系统的建设也随之结束,项目从 2031 年开始进入正式运营阶段,并达到标准生产能力。接下来我们取 2050 年为南京市地铁-货运系统运营阶段的观测年限,研究系统正式运行 20 年内所产生的项目自身经济效益和社会效益演化趋势,项目阶段如表 6-11 所示。

表 6-11　　南京市地铁-货运项目阶段

阶段	以往年份	项目规划期	项目建设期(试运营)	项目正式运营期
持续时间	2007—2017 年	2018—2022 年	2023—2030 年	2031—2050 年

截至 2022 年 12 月,南京市在运营地铁线路 10 条,近 5 年内规划新建 7 条地铁线路,到 2030 年底,完成全部 25 条线路的建设。新建地铁一部分将采用客货共线模式,另一部分仍采用纯客运模式。地铁-货运项目开发密度和规模的不同决定了 25 条地铁线路中采用客货共线模式的数量、地铁-货运网络的长度以及网络上的货运节点个数。因此,本节设计了低、中、高三种不同开发密度下的南京市地铁-货运系统项目建设情景,基于所构建的 SD 模型及仿真结果,既纵向分析了地铁-货运系统项目生命期的社会经济效益发展趋势,又通过模拟实际建设环境,横向比较了三种开发方案的差异。

三种开发方案的参数设定如表 6-12 所示。方案一拟规划 11 条地铁-货运线路,总长度达到 380 km,主要包括现在运营的地铁线路的改建以及少部分新建客货共线,地铁网络中的货运节点平均间距约为 5 km;方案二拟规划 15 条地铁-货运线路,总长度为 544 km,包含一半的改建线路和一半的新建线路,节点间距约为 3 km;方案三拟规划总长度为 795 km 的货运网络,涉及线路 20 条,平均每 2 km 配有一个货运节点。其余各参数值根据方案的特性确定。

表 6-12　　低、中、高开发密度下的南京市地铁-货运项目方案参数

参　数	方案一 低开发密度	方案二 中开发密度	方案三 高开发密度
城市物流基础设施相关性系数	0.25	0.28	0.3

(续表)

参　数	方案一 低开发密度	方案二 中开发密度	方案三 高开发密度
地铁-货运节点建设密度	0.2 个节点/千米网络	0.35 个节点/千米网络	0.52 个节点/千米网络
地铁-货运网络建设密度	11 条线路/380 km	15 条线路/544 km	20 条线路/795 km
地铁-货运效率折减系数	(0.82，0.98)	(0.72，0.96)	(0.64，0.94)
服务能力缩减	1%	2%	4.5%
地下物流比率	15%	25%	35%

4. 城市交通拥堵、环境、物流供需模块仿真结果分析

对三种不同开发方案下，地铁-货运系统在提升城市物流供应能力、减少城市交通拥堵和环境污染三个方面进行效益仿真。

城市物流供应方面，以未能及时提供货运服务而造成的物流短缺损失为衡量指标，反映南京市逐年增长的货运需求在传统道路物流和地下物流共同供应模式下的满足程度。如图 6-41 所示，南京市一直处于货物需求大于实际供应的状态。随着 2023 年地铁-货运系统的加入，城市物流短缺损失的总体增长率呈现放缓的趋势，拐点大致出现在 2031 年，即项目运营期的开端。到 2050 年，高、中、低三种地铁-货运开发方案下的物流供应短缺损失分别为 263.6 亿元、301.96 亿元和 342.2 亿元。从图 6-41 中还可以发现，在地铁-货运系统项目建设阶段，三种开发方案下的损失值差距并不大，随着项目步入运营，高开发密度方案凭借其更高的货物分担率逐渐显示出优势，使得城市每年的物流供应损失值以较缓的速度增长，并逐渐收敛。

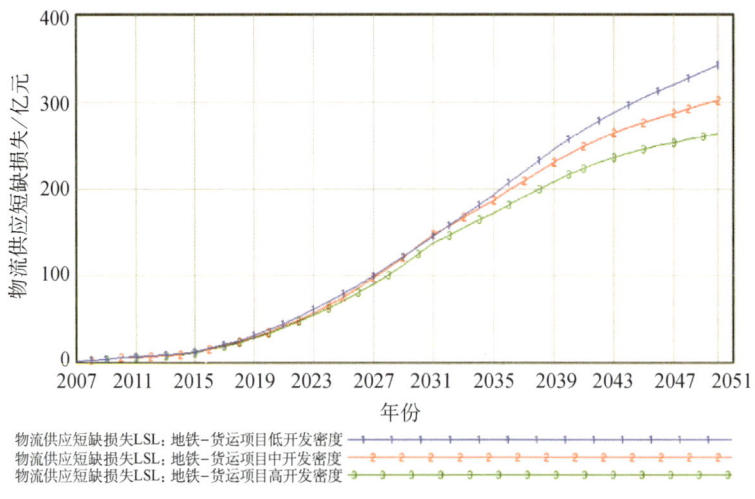

图 6-41　物流供应短缺损失走势（2007—2050 年）

交通拥堵方面，衡量三种不同开发方案下的城市平均车速、交通延误时间和拥堵损失变化情况。如图 6-42 所示,由于城市交通量不断增加,低、中、高开发密度方案下的南京市路网平均车速从 2007 年的 35.37 km/h 分别降低至 2050 年的 16.71 km/h、16.57 km/h 和 16.74 km/h,整体差距很小。在项目的建设阶段,只有高开发密度使得车辆平均行驶速度短暂提升,这是由于项目建设期内,城市新增加的货运需求绝大部分被放入地下,致使城市内部货车的数量骤减,路网平均速度提高。

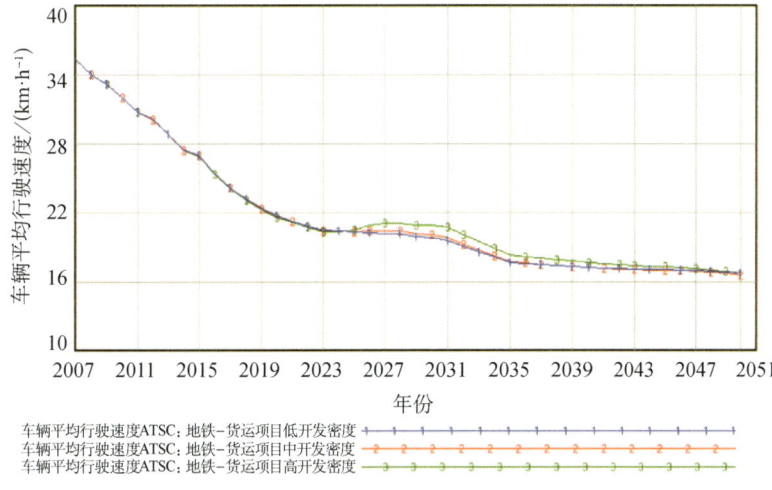

图 6-42　车辆平均行驶速度走势(2007—2050 年)

如图 6-43 所示,交通平均延误时间的走势情况与车辆平均行驶速度大致成正比。城市内部车辆的日均拥堵时间从 2007 年的 0.17 h 上升至 2050 年的 0.65 h。得益于地铁-货运带来的地面交通流动性改善,南京市交通路网平均延误时间的增长率逐年降低,并且从项目运营阶段的第 5 年开始往后趋于稳定。

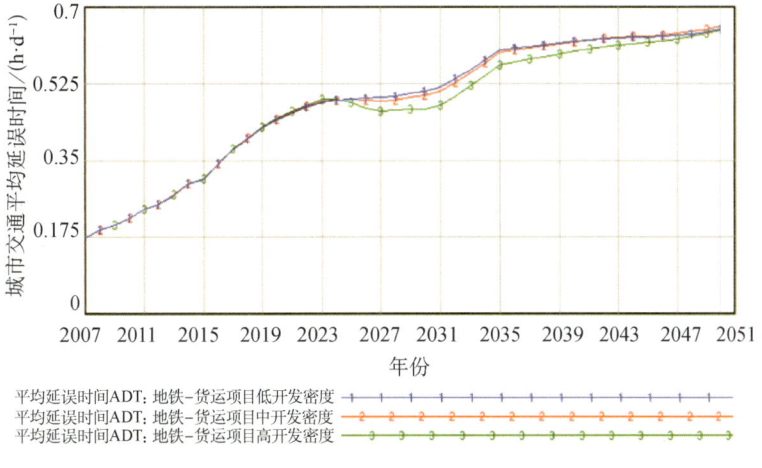

图 6-43　路网交通平均延误时间走势(2007—2050 年)

城区交通拥堵损失方面，每年的损失增长率呈现先增后降的趋势。如图 6-44 所示，拥堵损失增长的拐点同样出现在项目运营阶段的第 5 年。到 2050 年，三种开发方案下的损失值均达到每年 540 亿元左右，彼此之间相差不大，这说明到 2050 年，低开发密度下的地铁-货运系统对城市货运交通的缓解程度已经达到饱和，进一步提升地铁-货运系统项目开发规模对交通拥堵的改善作用不大。

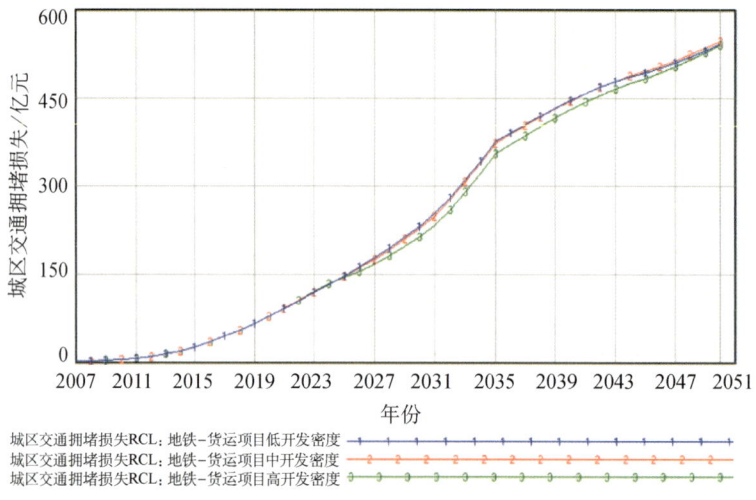

图 6-44　城区交通拥堵损失走势（2007—2050 年）

图 6-45 展示了 2007—2050 年南京市因货运交通造成的空气污染损失趋势，可以看出，随着地铁-货运系统减少了地面货车的数量，因货运交通造成的空气污染损失值在 2039 年即项目运营阶段的第 9 年达到峰值，约为 34 亿元，随后开始呈现逐年递减的趋势，到 2050 年，南京市货运交通的空气污染损失约为 30 亿元。三种开发方案从建设的第

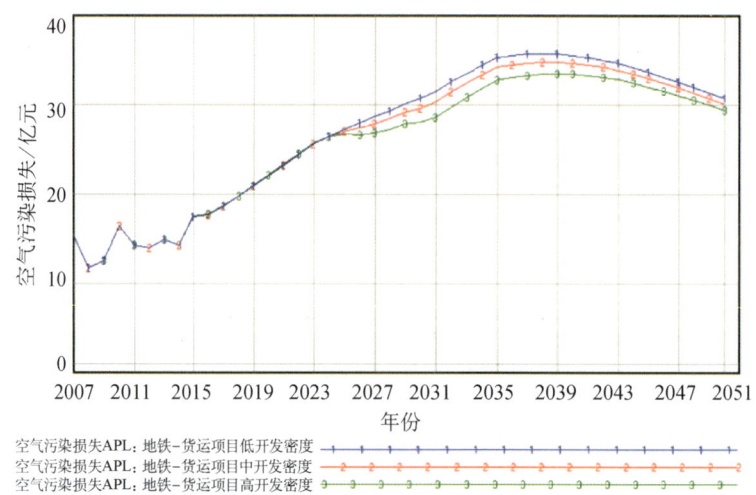

图 6-45　交通空气污染损失走势（2007—2050 年）

2 年开始,损失成本差距逐年增大。在 2030 年项目建设期末,高、低密度两种开发方案的损失成本最高相差达到 2.7 亿元。然而随着系统的不断运营,项目开发规模对空气污染损失的影响作用将越来越小。

对以上物流供应短缺、交通拥堵和货运交通空气污染三个方面的损失进行汇总,得到了地铁-货运系统项目三种开发方案下,南京市每年交通物流业的主要经济损失演变趋势。如图 6-46 所示,南京市将长期处于交通物流需求持续增长的状态,在此背景下,无论地铁-货运系统项目采用哪种开发规模,都不能扭转因城市快速发展造成的交通物流经济损失境况。因此,从图中无法看到地铁-货运系统能够使得城市交通物流经济损失减少,甚至使得其增长率出现减少的情况。这一现象是由城市发展的宏观背景造成的,当城市经济增长和交通物流发展进入稳定期后,地铁-货运系统的运营效益才能更好地得以体现。然而,对地铁-货运系统项目开发规模的探讨仍应作为评价每年交通物流经济损失值得关注的方面。从图 6-46 中可以看出,在整个项目生命期内,高开发密度下的地铁-货运系统所带来的效益对城市交通物流在供需、拥堵和污染方面产生了最大的经济补偿机制。到 2050 年,低、中、高开发密度下交通物流业每年的经济损失分别为 914 亿元、875 亿元和 838 亿元。虽然对于经济总量来说并不大,但是由地铁-货运所抵消这一部分损失成本对促进整个城市运输及供应链系统可持续发展来说是至关重要的。这部分经济效益和社会效益将始终伴随着地铁-货运系统项目甚至未来城市地下物流系统的运营过程,并随着城市交通物流发展的不断完善,产生更高的效益。

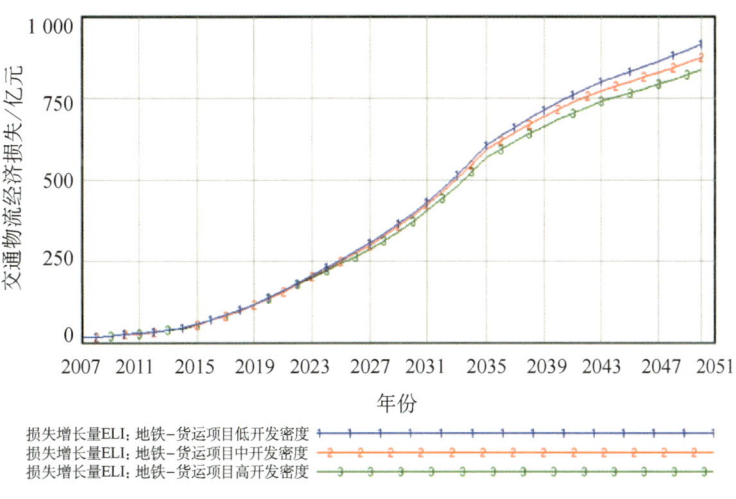

图 6-46 交通物流经济损失走势(2007—2050 年)

5. 地铁-货运项目建设运营仿真结果分析

本节主要讨论不同开发方案下,地铁-货运系统所能达到的服务能力以及地铁-货运项目建设运营阶段的成本与收益,对工程项目经济情况作初步评价。

地铁-货运系统的服务能力与货运节点的布局与网络的建设密度直接相关。如

图 6-47 所示,项目建设阶段的地铁-货运系统每年能够承担的货运量基本与建设年份成正比。到 2031 年,随着南京市规划地铁线路建设完成,完整的地铁-货运系统网络也相应成型。低、中、高开发方案下,运营期第一年的地铁-货运系统网络最大服务能力将分别达到 1 949.8 万吨、2 543.2 万吨和 3 434.7 万吨,最大相差 1.76 倍,2030 年南京市城区的物流量仿真值为 10 528.6 万吨,在高开发密度下,地铁-货运系统能够分担全市 33% 的货物运输任务。随着项目开始步入运营阶段,城市地铁客运需求增长,地铁-货运系统服务能力的峰值也将逐年缩减,近似呈线性趋势。三种方案下,高开发密度下的缩减趋势最明显,另外两种方案的缩减程度较缓。到 2050 年末,系统服务能力将分别下降至 1 819.4 万吨、2 255.4 万吨和 2 864.2 万吨,最大相差 1.57 倍。该年南京市城区的公路物流需求量为 17 830 万吨。故在系统建设完成的 20 年后,即便是高开发密度下的地铁-货运系统也只能分担 16% 左右的城区货运需求。而城市物流发展呈增长的态势,因此,仅仅依托地铁客货协同模式支撑往后几十年的地下货运任务是十分困难且不合理的。未来,地铁-货运系统网络需要向容量更大,更快速的城市专用地下物流网络发展,克服自身客运服务的限制,提供更加多元化的多式联运服务。

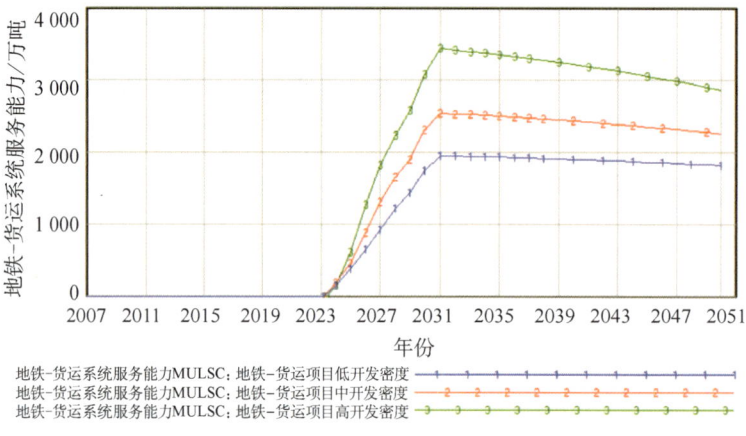

图 6-47 南京市地铁-货运系统服务能力走势(2007—2050 年)

三种不同开发密度下的地铁-货运系统项目的建设期投资和运营收益情况如图 6-48 和图 6-49 所示。三种方案的总建设费用分别为 589 亿元、987 亿元和 1 387 亿元。建设初期,项目的投资转化率普遍不高,因此 2023—2031 年的地铁-货运系统项目的运营维护成本要远远高于项目的实际运营收益。随着地铁-货运系统步入正常运营阶段,低开发密度方案下的项目运营收益将于 2032 年首次出现正值,中、高开发密度方案下则将分别于 2035 年和 2036 年出现正值,并保持逐年增加的趋势。在增长率方面,高开发密度方案保持最高 10% 的年增长率,到 2050 年为止,低、中、高三种地铁-货运系统开发密度方案下的累计折旧前运营收益值分别为 37.84 亿元、31.06 亿元和 48.98 亿元。

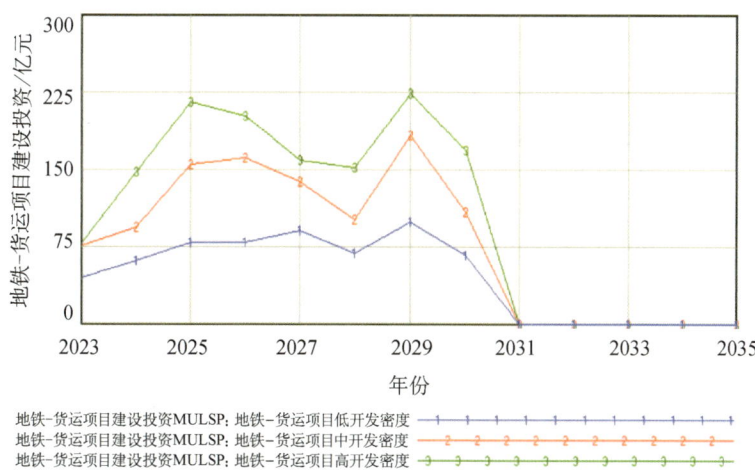

图 6-48　地铁-货运系统项目建设期投资走势（2023—2035 年）

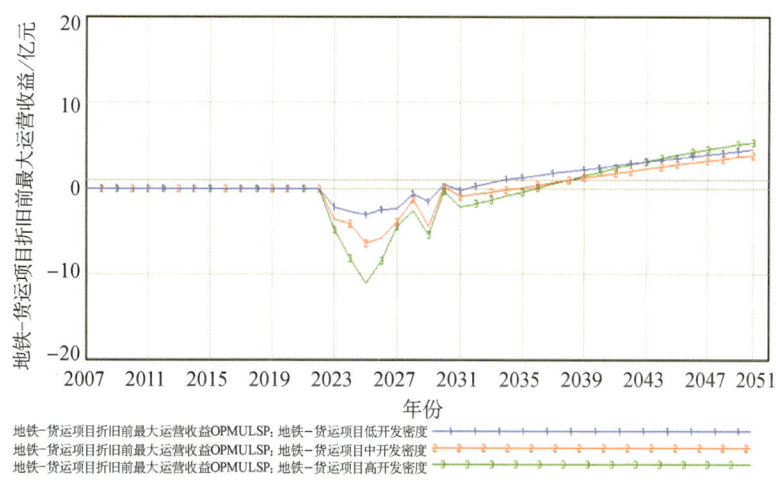

图 6-49　地铁-货运系统项目折旧前最大运营收益走势（2007—2050 年）

为了进一步比较项目投资回收期和投资回报率，将地铁-货运系统建设期投资按 120 年设计年限折旧至每年的最大运营收益中，计算得到三种开发方案下的南京市地铁-货运系统项目净现值、投资回收期和内部收益率。如表 6-13 所示，考虑建设期实际产生的投入，以 2023 年建设期开端为项目起始年，2050 年为观测年限，收益率为 8%，三种方案下地铁-货运项目的净现值分别为 −416 亿元、−712 亿元和 −1 003 亿元。在平均 10% 的地下物流利润率条件下，三种方案的静态投资回收期分别为 44 年、51 年和 53 年。当不考虑地铁-货运建设成本之后，以 2070 年为观测年限，三种方案下的折旧前内部收益率分别达到 10.9%、6.8% 和 6.2%。

综合来看，低开发密度方案下的地铁-货运系统项目自身经济效益表现更好，拥有更短的投资回收期和更高的投资内部收益率。中、高开发密度两种方案下项目经济效益差距不大。然而值得注意的是，地铁-货运系统项目是一类典型的公共项目，因此在评价方案时，不能只看项目自身经济效益的好坏，应当更多地关注项目的社会价值。在之前的比较中，已经证明了高开发密度方案能够产生更高的社会效益，因此，若算上降低交通物流经济损失所带来的这部分增值收益，高开发密度方案将具有最优的经济可行性。

表 6-13　南京市地铁-货运系统项目建设运营阶段成本-收益

项目阶段	建设期成本（2023—2030年）	年运维成本（2031—2050年）	运营期总收入	2050年净现值（$i=8\%$）	平均利润率	静态投资回收期	折旧前内部收益率（2070年）
低开发密度方案	589 亿元	3.11 亿元	37.84 亿元	−416 亿元	10%	44 年	10.9%
中开发密度方案	987 亿元	5.08 亿元	31.06 亿元	−712 亿元	10%	51 年	6.8%
高开发密度方案	1 387 亿元	9.79 亿元	48.98 亿元	−1 003 亿元	10%	53 年	6.2%

6.5　本章小结

本章基于 AnyLogic 软件对地铁-货运系统网络进行了仿真模拟并构建可视化平台，分别以南京市和北京城市副中心为案例进行研究分析。

在南京市地铁-货运系统案例中：首先，对地铁与地面"最后一公里"配送时间窗进行了设置，基于地铁列车通勤时间表，对货运列车的装载方式、出发时间和返程装载任务等进行了参数配置，并且对地铁-货运系统承担的进城和出城货运需求的生成规则做了进一步设定。其次，对地铁-货运系统网络构建动态运行模型。基于南京市的 GIS 数据，导入物流园区、地铁站、地铁-货运站点、地面终端和地铁线路，指派节点之间的归属关系以及线路到达关系，构建包括"EVs""UDCs""Demand""Locomotive""Metro station"和"Second node"在内的 6 种智能体，对其货运目的地、速度、站点到达次序、容量上限、处理时间和装卸货时刻等进行设定。进一步，将离散事件流程赋予智能体，设计列车进出节点的离散事件流程，包括到达/离开队列、列车延迟等待和装卸货操作等，实现多智能体之间的交互。在此基础上，构建运行界面，进行地铁-货运系统模型的可视化展示和数据输出。最后，对地铁-货运系统进行动态仿真模拟，基于模拟数据，从节点输入/输出量及处理负载量、分时段地铁网络货运流通总量及线路转运情况、分时段"拖挂式"列车班次安排情况、分时段进/出城货物在联运网络中的延迟时间等方面对地铁-货运系统进行分析评价。结果表明，针对节点到达量及处理负载量，节点装卸工作在下午至晚间时段处于高峰阶段，节点在下午的负载量较高；地铁-货运系统货运流量和转运货量的高峰值都出现在晚间；列车的班次高峰期出现在早上，从横向看，列车数量分布基本与需求生成规则相符；延迟时间基本呈现单调增长的趋势，个别线路延迟时间的增速和峰值较高。

在北京城市副中心地铁-货运系统案例中：从地铁线路时间窗调度、动态需求情景、可视化地理信息数据等方面构建了地铁-货运系统站点-列车联合调度机制和系统动态运行仿真模型，对地铁-货运网络在复杂作业情景下的各项运作绩效（实时节点负载、流量强度、发车班次和运输效率等）进行了仿真分析。

参考文献

[1] Rezaeifar F，Najafi M，Ardekani S A，et al. Optimized terminal design for UFT systems in integrated subterranean pipeline infrastructure[C]//Proceedings of the Sessions of the Pipelines Conference，Phoenix，AZ，USA，2017.

[2] O'Connell R M，Liu H，Lenau C W. Performance of pneumatic capsule pipeline freight transport system driven by linear motor[J]. Transport Engineering，2008，134(1)：50-58.

[3] Qian Q. Present state，problems and development trends of urban underground space in China[J]. Tunnelling and Underground Space Technology，2018，55(5)：280-289.

[4] Dong J，Hu W，Yan S，et al. Network planning method for capacitated metro-based underground logistics system[J]. Advances in Civil Engineering，2018，2018：6958086.1-6958086.14.

[5] Egbunike O N，Potter A T. Are freight pipelines a pipe dream? A critical review of the UK and European perspective[J]. Journal of Transport Geography，2011，19(4)：499-508.

第7章
地下物流服务供应链模式

本章将对地下物流服务供应链模式进行介绍,模拟地下物流入市,将地铁-货运系统作为一个能够提供完整的地下物流服务的整体进行考虑,将嵌入该系统的供应链称为地下物流服务供应链(Underground Logistics Service Supply Chain,ULSSC)。本书在第2章和第3章中已经对地铁-货运系统的网络设置及运行模式进行了详细的阐述,它们是地下物流服务供应链网络(Underground Logistics Service Supply Chain Net,ULSSCN)运行的基础和支撑。

城市地铁以及高铁系统的运作及组织形式对地铁-货运系统提供的地下物流运营服务,比如企业组织管理架构、列车的运营调度以及网络规划等,具有借鉴意义。但是,地下物流的入市是一个与其他城市物流行为主体互动合作的过程,需要从供应链系统的角度考虑问题。具体而言,地下物流的入市是地下物流运营商对整条供应链的运营管理,即其面临的对象是地下物流服务供应链而非地下物流系统本身。基于这种基本认识,结合供应链的两个流——运作流和管理流,构建合理的城市地下物流服务供应链流程,是地下物流运营和组织管理的基础及框架。

7.1 地下物流服务供应链运作机理

7.1.1 服务替代下新供应链的必然变化

目前,城市物流服务供应链运作模式很难跳出货物分散运输以及城市道路资源不足导致的分发效率面临瓶颈和物流成本居高不下的困境,地铁-货运系统通过地铁和地下隧道(含管道)等封闭空间,自动化集成运输城市货物的物流服务供应方式的出现为脱困提供了新思路。城市物流服务供应链的转变如图7-1所示。

1. 地下物流运营商入市

入市情景:通过市场手段而非行政手段,以地下物流运营商为市场主体,使其在城市物流行业从事经营活动,将地下物流运营融入城市物流市场的大环境,从而将地下物流纳

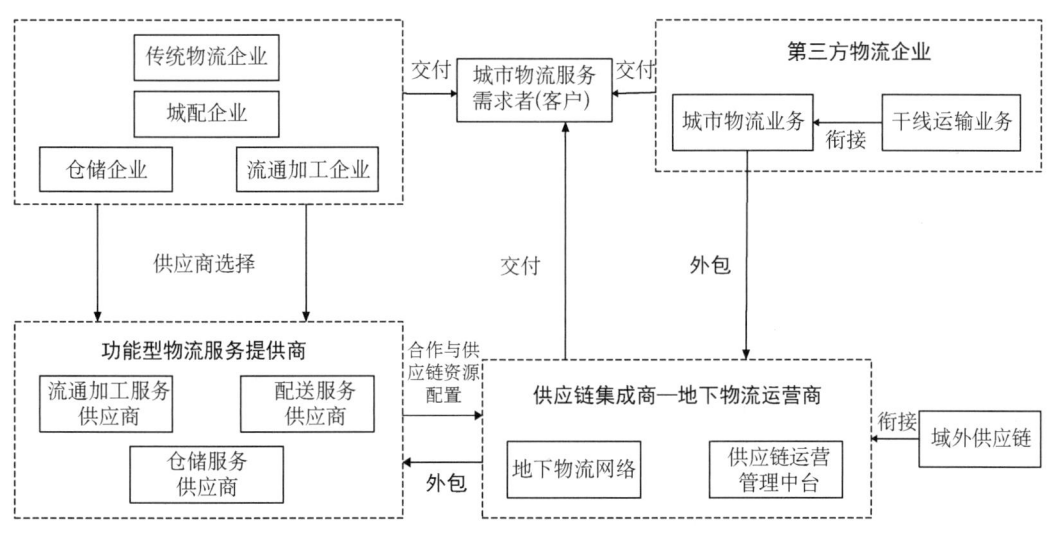

图 7-1 城市物流服务供应链的转变

入城市物流体系,既符合经济发展原则,又体现了对市场的充分尊重,有利于城市物流新体系的持续健康发展。

地下物流运营商的功能实现:提供城市货物集运服务以及城市物流业务的承接和交付功能。前者依靠地下物流自身网络进行运作,相关的运营调度、与其他城市物流参与者的合作以及与域外供应链的衔接等功能则通过供应链运营管理中台去实现。其中,域外供应链是指全流程物流供应链中除去城市物流交付的环节,从货物运输方面可以认为是干线运输环节。

具体来说,供应链运营管理中台完成订单任务与各类服务供应商的供应能力对接:

(1) 域外供应链的接入,即运营管理中台进行任务分解、重组、标准化等操作。

(2) 服务供应端的接入,即运营管理中台与各服务供应商的资源管理系统对接,实现合作状态评估。

(3) 运营管理中台根据相关信息进行外包服务策略制订,并传回各资源管理系统以协调各供应商实际运作。

2. 城市物流外包业务

服务外包的产生和增长,为城市地下物流服务供应链的形成与发展奠定了坚实的基础。与之相对应,两次外包行为构成了地下物流运营商的商业模式。由于地下物流具有服务及时性、准时性以及大规模集运的优势,符合当前物流企业亟须在城市配送环节降本增效的现实需求,故地下物流运营商进入市场后将通过承接第三方物流企业等物流服务外包从事业务活动。

尽管地下物流凭借其独特的运输方式具备传统城市物流服务提供商难以企及的服务能力,但无论是从事物发展过程的角度还是从市场资源配置的角度来看,地下物流作为城市交通方式的补充方案仍需要与原城市物流供应参与者进行互动合作,即末端配送、靠近消费市场的销地流通加工业务和仓储业务仍需要由地下物流运营商外包给专业的功能型物流服务提供商。

3. 传统城市物流服务供应链的革新

随着地下物流承担越来越多的城市物流服务外包业务，地下物流运营商在城市物流市场中将扮演越来越重要的角色。另外，由于地下物流建设及运营主体资金雄厚的优势以及其在货运流程中不可替代的地位，城市货运服务网络的参与者、资金流、服务流、信息流将会发生重大改变，即传统的城市物流服务供应链会被打破，新的物流服务供应链将会形成。

由于新的物流服务供应链的业务活动大都在地下物流运营主体的主导下进行，而且相较于传统物流服务供应链，其运营方式存在独特性，所以将此种新供应链称为地下物流服务供应链。

7.1.2 供应链转变中参与者的变化

随着地下物流进入城市物流服务市场，相关参与者的角色将被重新定义。首先地下物流运营商作为一种新的城市物流服务供应者，不仅为原有的城市物流需求者提供了一种新的选择，并且催生了新的角色转变，即原有的物流服务供应者将逐渐向需求者转变。地下物流服务供应链中各参与者演变如图 7-2 所示。

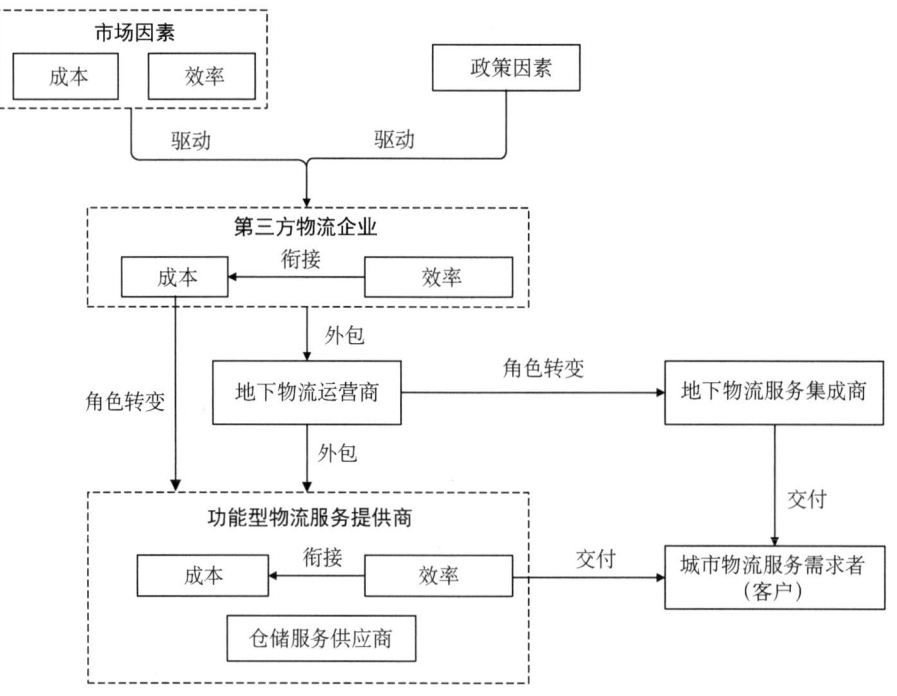

图 7-2　地下物流服务供应链中各参与者演变

1. 外包情景

(1) 市场因素。在市场化环境下，经济效益是组织在市场化环境中运营的基础之一。在成本和运输效率方面，目前为了解决交通拥堵问题，"分时间段""分路段"限行的粗放、简单化的城市货运管理方案成为各大城市采用的主要手段，由此带来的物流效率降低、成本上升等成为物流企业不得不面对的难题。城市物流环节已成为其成本控制的重要瓶颈。传统的物流企业基于"降本增效"以及提高服务水平的考虑逐步将其物流服务业务外包给地下物流运营商。

(2) 政策因素。在环境效益方面，节能减排仍是当今社会应对可持续发展问题的重要举措。企业运营必须考虑其与环境可持续之间的关系，应当满足人们对"绿水青山"的需求。以碳排放为例，地下物流的运营相较于地面物流活动更具优势，比如在上海外高桥至嘉定线的研究中显示，地下物流碳排放量比公路运输网络减少 32.4%。

(3) 社会效益。城市可持续发展问题是当今世界各地政府面临的重大问题，而交通拥堵问题又是重中之重。因此，旨在解决交通拥堵、缓解用地紧张以及提高人们生活质量的地下物流成为政府改善城市发展状况的必要选择，而地下物流在相关政策的支持下其竞争力将不断提升，传统城市物流提供商的外包积极性将会不断提升。

2. 产生新的城市物流服务集成商

(1) 地下物流服务集成商的特征。服务集成商在服务供应链中扮演着核心角色，其需要具有稀缺、有价值、不可替代的资源，应当具备良好的服务管理能力以满足供应链管理和客户关系管理的需求。另外，向客户提供集成式的订购服务、承担部分重要的专业服务也是其重要特征。

(2) 地下物流运营商的演进。地下物流具有集成、高效和自动化地下运输等独特的物流服务供应能力，在供应链管理方面，可以通过建立地下物流运营中心等信息平台实现服务集成以及供应链管理功能。集成后的地下物流运营中心作为信息流、资金流、服务流的管理控制中心，可实现对供应链的高效运作和管理效能的提升。

3. 新型城市物流服务供应商

现实中，任何一个服务集成商都不可能拥有服务所需的全部人力、物力和财力等资源，而是需要将一部分服务进行外包，并通过供应链模式为需求者提供优良的服务。对于城市地下物流服务供应链而言，链上其他参与者将通过市场竞争产生出具备相关专业能力的功能型物流服务供应商，经过地下物流运营商整合城市物流市场资源，在其进入市场初期，鉴于传统第三方城市物流企业长期积累的影响力，供应商往往由传统第三方物流企业等转变而来。但是，随着新的城市物流市场的成熟，一些小而精的物流服务企业作为一类新的参与者也可能被催生出来，其专业化程度将随着市场竞争的加剧而不断提升。

7.1.3 新城市物流服务供应链价值和优化思路

1. 打破货运垄断壁垒

地下物流服务供应链的价值实现如图 7-3 所示。城市地下物流服务供应链不仅革新了传统城市物流服务体系，而且激发了新的供应链价值。地下物流运营商是具有国有性质的城市物流服务集成商，是从整个城市物流发展而非某个公司或某个行业的角度出发去追求自身利益的最大化。它需要承担政府对社会、环境、城市物流整体经济效益的部分责任，实现城市级别的物流供应网络的效益最大化。凭借与其责任对等的权力，通过政策支持，能够消除在全流程物流服务供应链上存在的货源控制垄断壁垒，即在城市范围内打破传统城市物流环节"谁的货由谁来运"的垄断壁垒。相应地，地下物流具备城市规模的物流集疏运服务能力，能够提供超越任何现存物流企业服务规模的高质量到门物流服务，从而促进城市内部原有的众多供应链间的整合，即实现城市整体物流成本和效率的整体优化。

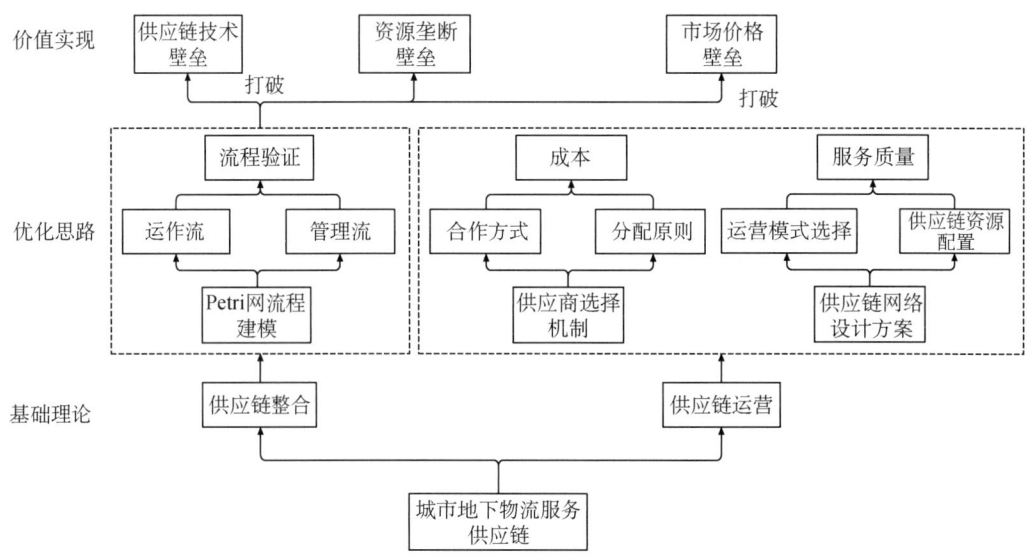

图 7-3 地下物流服务供应链的价值实现

2. 打破供应链技术壁垒

基于强大的城市集疏运能力，地下物流运营商可以通过兼容性、高效率的供应链中台系统设计，满足其他各类物流服务商的接入需求以及高效的供应链管理需求，打破传统城市物流供应链间交易的技术壁垒。

3. 打破价格壁垒

城市地下物流服务供应链区别于其他传统城市物流服务供应链，其能够提供具有自动化、准时性、及时性的高效率集疏运服务，所以能够在保证服务质量的同时，利用集中运输带来的成本优势打破价格壁垒，即成本、效率和质量是该供应链可持续发展的关键因素。

7.2 城市地下物流服务供应链的运作流程分析

城市物流服务供应链的一般结构是以物流服务集成商为核心，依靠信息管理平台整合功能型物流企业和其他相关服务供应商，对所有的物流资源进行合理整合，对服务能力、业绩效率以及服务价值进行整体集成后所建立的由单一的物流企业到客户的具有功能性的网链结构。供应链参与者间的契约是对服务供应链上的服务流、资金流和信息流进行控制的有效手段。物流服务集成商根据综合信息管理平台接受和发布的物流需求，协调各功能物流服务商的运作。

当前以改善城市物流消极面为导向的城市物流服务供应链发展成效甚微。许多创新举措，如多式联运、绿色供应链和绿色技术投资，虽然在减少货运对环境的影响方面发挥了重要作用，但在缓解交通拥堵和减少土地使用方面几乎没有成效。近年来，开始提倡使用电动汽车实现配送，但并没有大幅缓解拥堵，反而需要建立许多配套的充电设施，增加了物流用地。其他被广泛讨论的智能配送手段，如无人机投递和无人驾驶车辆投递，并不适用于城市级别的大规模使用。

地下物流在重塑城市交通运输体系的同时，打破了传统城市物流服务供应链的组织结构，分层的地下物流物理网络及其与地面交通系统共同构成的多式联运的配送网络是地下物流服务供应链的物理载体，如图 7-4 所示，其结构、特性决定了供应链的结构和运行机制。

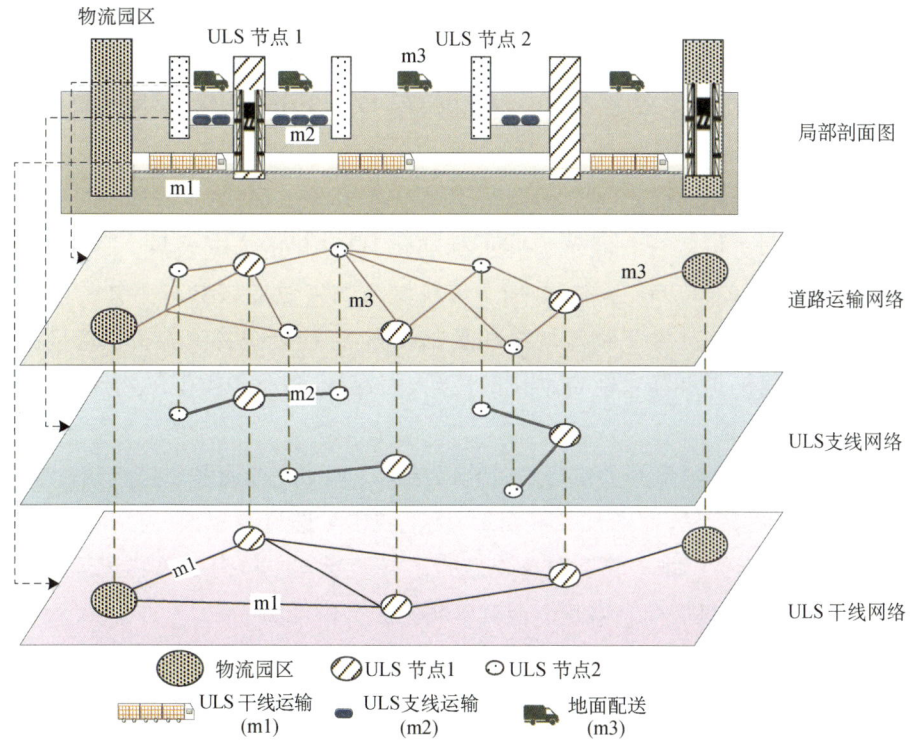

图 7-4 地下物流服务供应链配送网络

城市地下物流服务供应链整体服务运作过程包含了在地下物流网络中的运输过程以及地面终端运输过程两部分。其中，地下运输过程即地下物流自身网络的运作机制，涵盖了货物从物流园区到地下物流系统最后一个节点的运输过程。货物将根据流向分配到分支网络（m1到m2）或通过垂直运输（m1到m3）运送到地面。货物出城和同城业务运输通过结合反向流程，在每个节点添加收货环节，即可实现。

末端运输是指最后一个节点与客户之间的运输过程。由物理系统建造并结合供应链设计可形成多种终端运输方式：①建造小型传送带或使用无人机将货物运送到智能包裹储物柜；②人工递送；③设计基于共享系统的包裹收取和交付服务模式。

地下物流作为一个新的供应链主体，结合终端运输形式的多样性体现了其嵌入城市物流服务供应链的复杂性。新供应链在运作过程中，以地下物流为主体形成了新的参与方之间的互动关系，并且除了采用物理方式实现最终配送外，也可能形成多类配送服务模式。

7.2.1 城市地下物流服务供应链参与主体及其互动方式

仅仅依托地面运输的智能化物流，始终未能实现城市物流全局目标优化。限制性政策加剧了城市道路资源有限与物流需求增长之间的矛盾，使城市物流服务供应链难以进行有效优化。在以道路运输为基础的市场主导的城市物流体系中，物流服务供应链主体无法从城市物流整体上进行技术创新。这就要求地方政府创新城市规划理念，升级物流基础设施，以应对城市物流转型的需要。城市物流系统充斥着大量同质化企业，导致物流服务供应链缺乏合作和资源共享。城市物流业形成分散布局的多个物流中心而难以进行统一管理。这种只满足单一类型需求的服务供应链更关注成本的降低，而不是智能化、低碳以及整体效率的提升。

地下物流系统替代地面卡车承担城市大部分的货物运输，在一定程度上创新性地推动了城市物流服务供应链向低碳、高效、标准化、自动化的方向发展。以集成平台运作为基础，产生了新的供应链主体，重构了传统城市物流供应链参与主体的组织关系，所产生的新型供应链依托地下物流网络和基础设施，连接传统物流服务供应链的上、下游。随着物理网络的扩展和智能自动化的应用，大容量、多业务类型的物流服务将逐步形成。

图7-5描述了地下物流服务供应链的网络结构。地下物流服务供应链通过整合地面交通、地下物流网络、仓储、流通加工等资源，优化城市配送资源配置，为不同需求的客户提供个性化的物流服务。地下物流服务供应链的核心参与主体有地下物流运营商、第三方物流企业（物流服务供应商）、客户以及其他相关服务供应商。

1. 地下物流运营商

地下物流运营主体依据运营控制平台可分为综合信息管理平台和基础设施运作平台。综合信息管理平台主要进行功能型物流资源整合和订单管理，负责协调地下物流服

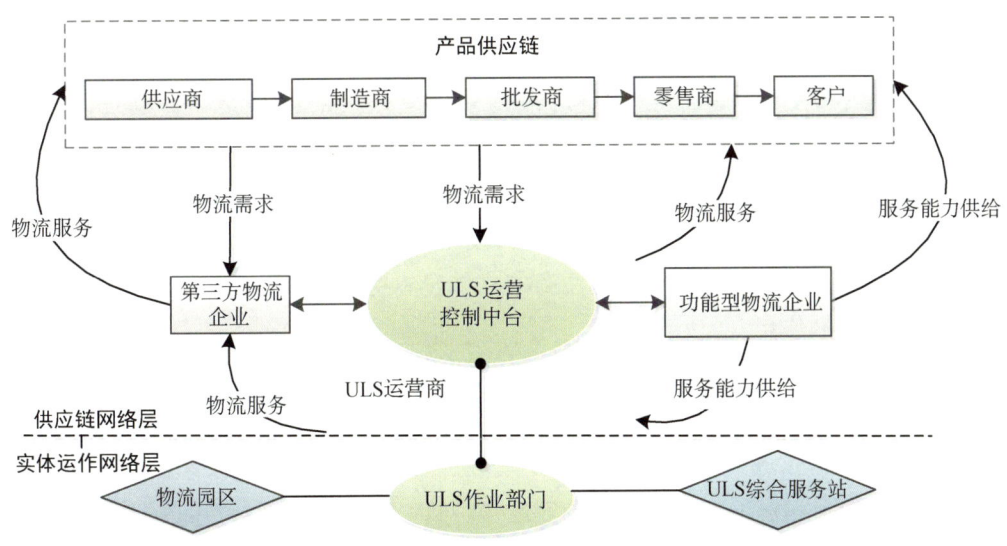

图 7-5 地下物流服务供应链的网络结构

务供应链多类型供应主体之间的关系,实现地下物流与城市其他物流供应链资源的合理配置,确定最优的系统运作方案,并将系统运行需求指令传递给基础设施运作平台。基础设施运作平台进行物理系统的调度,直接控制地下物流货车运行、货物装卸、站点运作组织等,实现面向客户的物流服务。此外,综合信息管理平台协调供应链相关的其他补充服务的供应,如物流金融、咨询与规划、商务和税务等。

2. 第三方物流企业

第三方物流企业(3PLs)是目前城市物流服务的主要供给者,在传统物流服务供应链中直接提供物流相关服务(运输、仓储、流通加工等)。其在地下物流服务供应链中仍然可以根据供应链需求向客户提供相应的服务,但同时也可以将部分业务(如同城配送、临时仓储管理等)外包给地下物流。也就是说,在新型物流服务供应链下,3PLs 和地下物流之间的关系较为复杂,3PLs 既可以与地下物流存在竞争关系,也可以是地下物流的客户。进一步讲,在形成以地下物流为核心的城市物流供应集成网络后,3PLs 将作为城市物流服务资源统一参与地下物流服务供应链的集成管理与调配。

3. 客户

理论上客户包括城市内所有需要物流服务的用户,能够满足传统产品供应链中所涉及的产品相关供应商、制造商、批发商、零售商及客户所提出的各种物流服务需求。服务类型涵盖了大宗货物、批发和零售等所有城市物流供应链类型。值得一提的是,当地下物流服务供应链集成管理平台搭建完成后,城市其他各类型的物流企业也可购买地下物流的部分或全部服务。

4. 其他相关服务供应商

地下物流服务供应链的运作离不开一系列针对地下物流和客户的补充服务,包括与物流服务相关的金融、咨询、工商管理、税务等服务供应商,是用以保障地下物流服务供应链多主体协同及物流服务正常运作不可忽视的部分。

值得注意的是,作为基础设施的地下物流系统有一个独立的运营商来管理这两个平台系统。从企业管理的角度来看,运营商也可能将其中的部分业务外包出去。由于地下物流系统是在政府监督管控下基于城市现有地下空间进行开发或利用的,其运营商具有一定的特殊性,地下物流运营商的具体资本构成,在整个城市物流服务供应链中也发挥着关键作用。本节并未讨论地下物流运营商的具体资本构成,但它在整个城市物流服务供应链中发挥着核心作用。

7.2.2 城市地下物流服务供应链服务模式设计

地下物流服务供应链可以承接几乎所有类型的城市货运,为不同需求的订单提供个性化服务。考虑到资源的充分利用和灵活运作,对地下物流运行过程中的一些环节进行服务外包,可以形成多种服务模式。本节根据现有的城市物流服务需求将地下物流服务供应链服务模式设计为两种:自营服务模式和外包服务模式。

1. 自营服务模式

自营服务模式是指地下物流运营商可根据主要的货运需求类型所提供的运输服务模式,充分考虑需求,确定网络发展路径。自营服务模式包括点对点模式和分级配送方式。

(1) 点对点模式:点对点服务模式主要针对大宗货物供应等需求量大且流量稳定的货运需求。与一般供应链类似,此类商品可以形成长期稳定的订单形式。此外,这类货物通常从物流园区或交通枢纽发往具有仓储功能的城内设施(如大型商超),因此可充分利用地下物流网络,实现便利快捷的货运组织,尤其在货流路径与地下物流网络布局完美契合,或是设置专线运输网络的条件下。

(2) 分级配送方式:数量大且目的地分散的快件配送是城市物流发展最快、最受欢迎的模式,但也引发了大量的社会问题。据国家邮政局统计数据,2010—2020 年,快递业务量、快递业务收入分别增长了 36.3 倍和 15.3 倍;2021 年 1—11 月全国快递服务企业业务量累计完成 980.5 亿件,同比增长 32.3%。快递包裹配送通常与人们的生活息息相关,因此对其时效性要求较高。当前,研究较多的地下物流网络形式也是基于快递配送的背景提出的。随着多级地下物流网络的发展,地下物流可高效地实现此类货物在系统内运输、转运、暂存等方面的复杂调度,分级配送将成为地下物流服务供应链最主要的一类货运服务模式。

2. 外包服务模式

外包服务模式是地下物流将已有的基础设施外包给其他运营商,用以满足局部区域或特殊运输需求的运输服务模式,如图 7-6 所示。地下物流服务供应链系统中可以独立运行的运输线路、节点、仓库等环节可以将运营权外包给 3PLs。外包的优势在于这些参与合作运营的物流服务供应商能够快速响应特殊需求的订单,并能够利用系统资源进行灵活定价和设施运营。值得注意的是,供应链的整体运作仍然由地下物流服务供应链集成信息管理平台统一控制,包括订单的信息处理、网络调度、应急响应等作业流以及外包模式中与其他物流服务供应商协作的管理流。

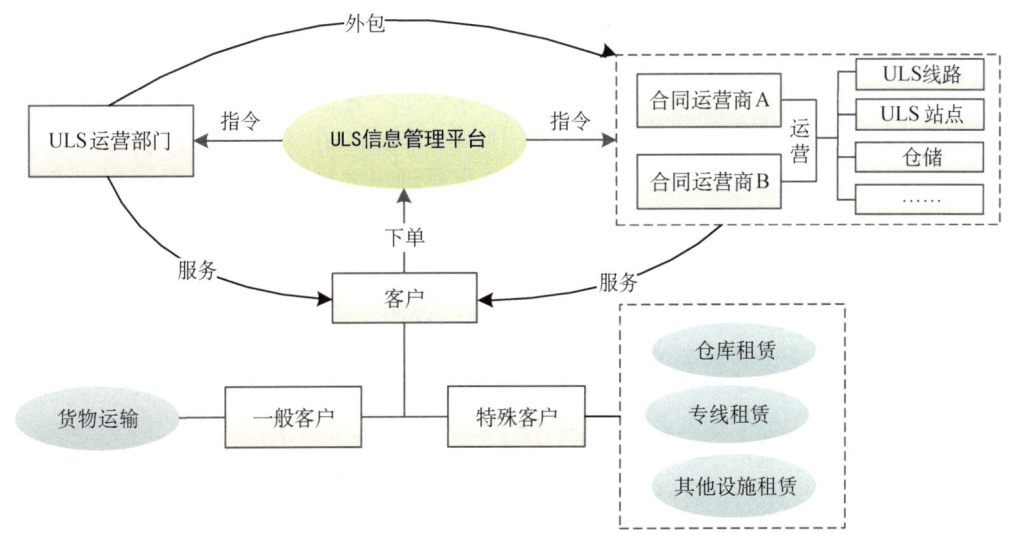

图 7-6　地下物流服务供应链外包服务模式

此外,购买地下物流服务供应链服务的成本显然是一个重要的问题,特别是此类服务中的地面地下多式联运的服务模式可能会导致成本增加。总体而言,地下物流的出现,整合并优化了货流和供应链资源,能够降低运输成本。城市物流中不同的货物组织方式需要单独讨论。一类是原来存在多次转运的货物,比如快件,新的服务模式势必会提高成本效益;另一类如跨区域直达运输服务,可能因此增加成本,但新模式产生的良好的社会效益和环境效益远远大于成本增加的影响,直接影响地下物流服务供应链的运作流程设计。

7.2.3　基于主体互动过程分析的供应链服务运作流程

地下物流服务和传统的物流服务并不完全相互排斥,也不是简单的对立或合作关系。就货物而言,其运输方式的选择只能有一种,从城市物流的视角来看,地下物流服务与传统物流服务在运输过程中是共同协作的,因而会产生资源和信息的交互,不可避免地存在复杂的竞合关系。

地下物流服务供应链的运作是由于地下物流服务替代了传统城市干线货运服务,货运订单可以由客户直接发送至地下物流信息管理平台,或由 3PLs 接单后外包给地下物流并发送至地下物流信息平台,如图 7-7 所示。地下物流信息管理平台连接并调度城市物流运输的物理系统(包括地下物流服务供应链集成的地下物流基础设施及其他功能型物流资源)和供应链系统(从订单视角所涉及的相关主体之间的协同管理)。平台在完成订单录入和预处理后,向基础设施运作平台下达运输指令,依据订单需求统筹调度地下物流服务供应链所集成的各类物流资源,同时协调3PLs与客户共同完成取货、末端配送等交接流程,最终完成订单。

在货运订单产生时,地下物流和3PLs之间的竞争就发生了,而货运订单在城市内部的多阶段运输又决定了二者之间合作的可能。随着地下物流服务供应链的发展,地下物流和3PLs将经历共同演化的过程,二者之间的竞合关系是供应链发展的核心。图7-8说明了随着地下物流网络密度的增加,地下物流服务供应链的市场份额将逐渐增加,它将承担更多的城市干线货运任务。在末端配送方面也呈现出同样的趋势,但由于末端配送必须由地面地下协同实现,这使得地下物流在此阶段的替代性相对较低。虽然地下物流市场份额的扩大最初可能是由政府主导或驱动的,但网络密度的增加使地下物流逐渐趋于主导地位,从而能够主动吸引客户。在此次过程中,3PLs在供应链中的角色逐渐由运输服务的供应商转变为运输服务的购买者。

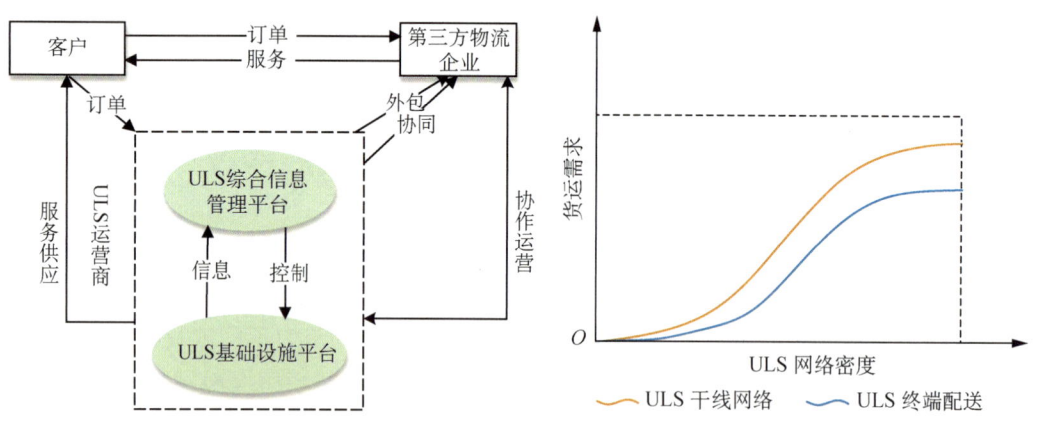

图 7-7　地下物流服务供应链主体互动关系　　图 7-8　地下物流网络密度与货运需求关系

如 7.2.2 节所述,末端配送可以通过多种方式实现,但是几乎所有的方式都需要地面与地下的配合,特别是在地下物流网络发展的早期阶段,末端配送仍然依赖于地面运输的方式,而地面配送可以由 3PLs 提供。随着地下物流网络密度的发展,3PLs 服务重点将逐渐向补充地下物流运力方向转移。因此,为了有效整合各参与方的物流、信息流和资金流,需要在地下物流综合信息管理平台中增加联合配送功能,如图 7-9 所示。

地下物流终端取代了分散的物流配送点,集中进行订单的配送和收集。此外,无论最终交付是由地下物流供应商还是其他配送供应商完成,都可以有效地响应需要直接面对客户的物流公司的品牌推广需求。例如,京东物流企业希望客户感受到京东物流的服务,由其派送的包裹会印有"JDL"标志,以强化其品牌形象。

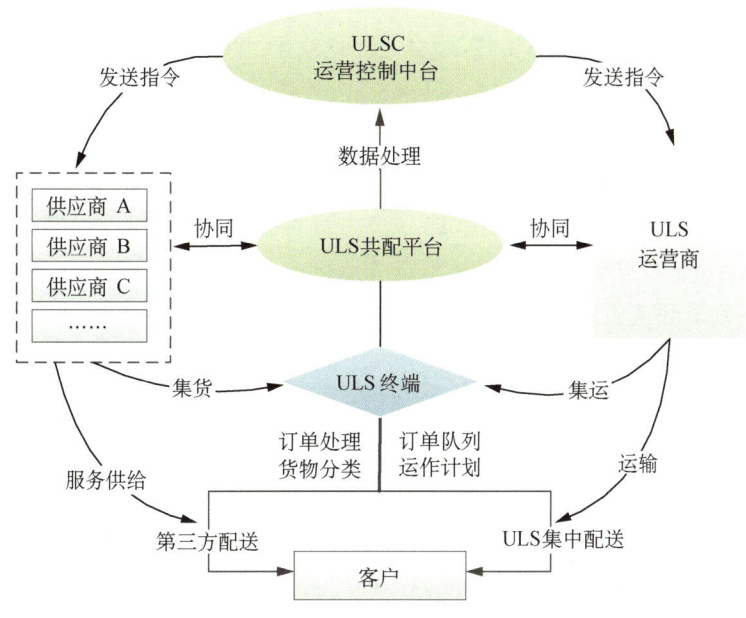

图 7-9　地下物流服务供应链末端配送模式

7.3　基于着色 Petri 网的模型构建及适用性分析

城市物流系统是个复杂的综合系统，城市物流系统建模的方法主要有 GRAI、IDEF、Petri 网、GIM 等，这些模型用来描述物流流程和业务内容。其中，Petri 网[1]是从过程的角度，以网图的形式简洁直接地对复杂系统进行描述与分析，并通过强大的分布描述能力和数学分析能力，研究系统的静态和动态特性，在描述并发、同步、冲突等行为现象上具有优势。

根据 Petri 网的理论[1]，Petri 网系统层次可分为基本网系统、条件/事件系统、库所变迁系统，它是一个异步并发系统。一个典型的 Petri 网图形可以用 $N=(P, T, F, M)$ 表示，具体描述包括：①库所 Place(P)，可以表示系统的状态、资源，通常用椭圆形表示。P 的元素就是库所。②变迁 Transition(T)，描述事件变迁，可以是业务、事件，也可以是一个子网，通常用正方形表示。T 的元素就是变迁。③有向弧是库所和变迁的中间连接，通常用箭头表示，箭头指向代表输出和输入。④F 是网 N 的流关系，是连接弧集合。⑤托肯或令牌(Token)，是描述状态的标识符号，通常在库所内用黑点来表示，可以有或无。⑥对 Petri 网结构的线性描述可用关联矩阵 A 表示。$A=(P, T, F)$，其中 P 集合可表示为 $P=\{p_1, p_2, p_3, \cdots, p_m\}$，$T$ 集合可表示为 $T=\{t_1, t_2, t_3, \cdots, t_n\}$，$A$ 的结构可以用 n 行 m 列矩阵表示：

$$A = [a_{ij}]_{n \times m} \tag{7-1}$$

其中，$a_{ij} = a_{ij}^+ - a_{ij}^-$，前者是输出矩阵，后者是输入矩阵。$A$ 是 N 的关联矩阵。

着色 Petri 网（Colored Petri Net，CPN）是由传统 Petri 网发展而来的，可以通过着色的方式定义库所以及托肯，通过设置弧和变迁的属性对事件的发生进行控制。其优点是提高了对复杂网络系统的建模能力，符合构建地下物流服务供应链模型的需求。鉴于对供应链效率研究的考虑，在颜色集的基础上增加时间戳（Time），赋时着色 Petri 网（Time Colored Petri Net，TCPN）以详细描述系统的运行。

给出地下物流服务供应链顶层模型，利用替代变迁逐步细化和分解模型，并在此基础上进行总结，得出相关结论。地下物流服务供应链的流程设计步骤为：①地下物流服务供应链的功能分析；②基于功能分解的子系统设计；③基于 TCPN 的地下物流服务供应链的业务流程设计。

7.3.1 地下物流服务供应链功能系统分析

地下物流服务供应链的正常运作依赖于参与主体的协同以及链上资源的有效集成调配，这使得地下物流运营商必须同时承担这两个层面的实际运作控制，地下物流架构的合理性是实现地下物流服务供应链的关键。因此，根据地下物流服务供应链的结构和特点，本节提出了包括业务、环境、控制和运营 4 个层次的供应链功能结构，用于供应链流程设计，如图 7-10 所示。

1. 业务层

业务层的主要任务是管理供应链参与者的业务关系，包括订单处理（地下物流运营商与客户）、供应链协同（地下物流运营商与其他合作伙伴或供应商）、财务管理（地下物流运营商与银行和行政部门）。

（1）订单处理：业务层接收到货运订单后对订单进行一系列预处理，汇总订单基本信息（货物类型、货物数量、时效性、目的地、服务需求等），筛选和分类订单。

（2）供应链协同：主要负责与供应链上各类参与主体之间的业务对接，依据各供应商的服务资源，就合作模式、服务范围、利益分配等进行合同管理。

（3）财务管理：主要负责依据地下物流服务供应链的运营状况制定定价规则、财务结算、成本控制及各参与方之间的收益分配，同时根据经营状况进行系统风险评估并提供地下物流服务供应链发展策略的依据。

2. 环境层

环境层的主要任务是对地下物流服务供应链进行全方位信息收集，各子系统皆需将实时运作数据，如订单需求、资源数量、网络状态等传递至环境层，在环境层内部进行巨量数据的分类处理，并将这些信息传递给控制层，服务于地下物流服务供应链的智能信息管理平台，是地下物流服务供应链核心系统控制决策的依据。

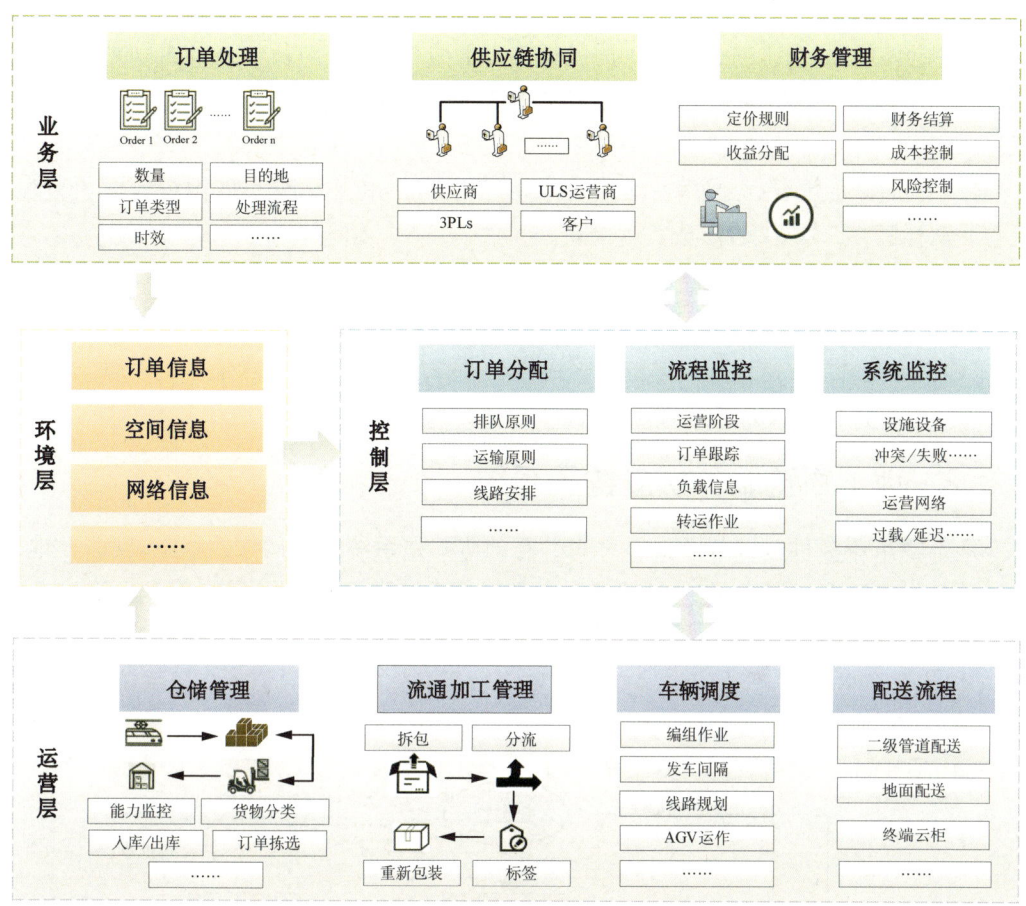

图 7-10 地下物流服务供应链功能结构

3. 控制层

控制层负责实时监控系统进程和系统状态,分析来自环境层的数据,并向其他子系统下达指令,保证系统正常运行。

(1) 订单分配:依据订单的预处理结果,对订单进行重要度和处理顺序的排序,确定订单的运输规则,就多个订单需求统一进行线路安排。

(2) 流程监控:对系统运营的各个操作阶段(订单处理、临时仓储、打包拆包、装载运输等)进行监控,根据运作流程实时状态,分析流程操作可靠性,灵活发布操作指令。

(3) 系统监控:对系统基础设施设备状态和运营网络状态进行监控。一旦发现设施设备状态异常,便基于系统诊断结果确定维护方案并向系统运营层发出指令。针对运营网络中发生的线路运力过载或由于货量激增造成的线路运行挤兑等情况,重新规划运输方案,及时进行系统运作校正。

4. 运营层

运营层负责接收指令,完成系统运作的具体操作,包括仓储管理、流通加工管理、车辆调度和配送流程。

（1）仓储管理：系统的仓库可以提供货物临时仓储功能，对货物进行类别划分后，在仓库内部合理安排货物堆放，实时监控货物状态及仓库容量，根据运输指令拣选货物，检查后出库。

（2）流通加工管理：对出库待运输的货物进行拆包，依据运送目的地进行订单分流，检验后贴标签并二次包装，形成货运单元。

（3）车辆调度：对系统线路和列车进行编组作业，规划运行线路，确定发车班次和列车调度。

（4）配送流程：配送流程具体的线路运行包括在地下物流多级隧道中的运输、末端配送以及终端站点的云柜派送等具体运作。

7.3.2 地下物流服务供应链子系统

地下物流服务供应链各子系统之间的互动协同是系统正常运作的基础，反馈至地下物流服务供应链功能结构，需求管理和财务管理子系统属于业务层，信息管理子系统包含环境层及控制层的功能，取货、仓储、流通加工、运输和末端配送子系统属于运营层。图7-11描述了货物从下订单到终端交货的整个过程，该流程显示了8个子系统之间的物流、信息流和资金流关系。每个子系统描述如下。

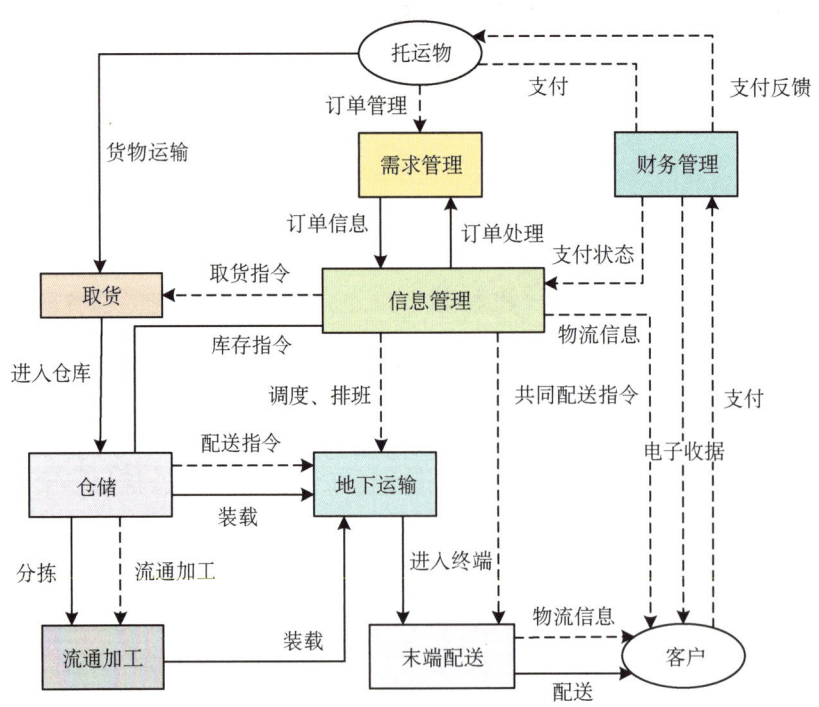

图7-11　地下物流服务供应链子系统关系

(1) 需求管理子系统：从客户（消费者或第三方物流企业）收到货运订单后，该子系统按货运数量、目的地、类型或时效，确认订单需求并进行分类，生成订单指令。

(2) 财务管理子系统：对应于地下物流服务供应链功能结构业务层的财务管理功能，从货运订单视角，用于处理订单的预付款、确认货运需求下单成功，以及收货方完成订单后的审计。付款手段包括现金支付和电汇支付。

(3) 信息管理子系统：对应于地下物流服务供应链功能结构中的控制层，在对系统收集的数据（订单处理、AGV 装载、设备状态等信息）进行处理后，形成面向其他子系统的操作指令。

(4) 取货子系统：在接到订单取货指令后，该系统将安排车辆前往地下物流服务供应链上游，对接发货方，完成取货并进行货物检查。

(5) 仓储子系统：地下物流网络节点为待处理或转运的货物提供临时仓储和实时监控功能，待处理货物将被打包为存储单元，依序运入仓库，并在收到运输指令、经检查无误后出库。

(6) 流通加工子系统：货物可以在地下物流网络节点内的流通加工工作区域进行拆包、分拣及重新包装等。

(7) 地下运输子系统：该子系统根据信息管理系统发布的指令，调度车辆，确定运输路线，在货物装载完成后，按运输方案进行货物运输、转运或转存操作，最终进入末端配送阶段。

(8) 末端配送子系统：货物运至目的终端节点后，根据订单要求，与其他参与方协同实现多类型的末端配送并交付给客户，最终反馈给财务管理子系统，以确认订单的完成。

7.3.3 基于着色 Petri 网的建模与分析

利用 CPN Tools 4.0.1 设计地下物流服务供应链的 TCPN 顶层模型（图 7-12）。将

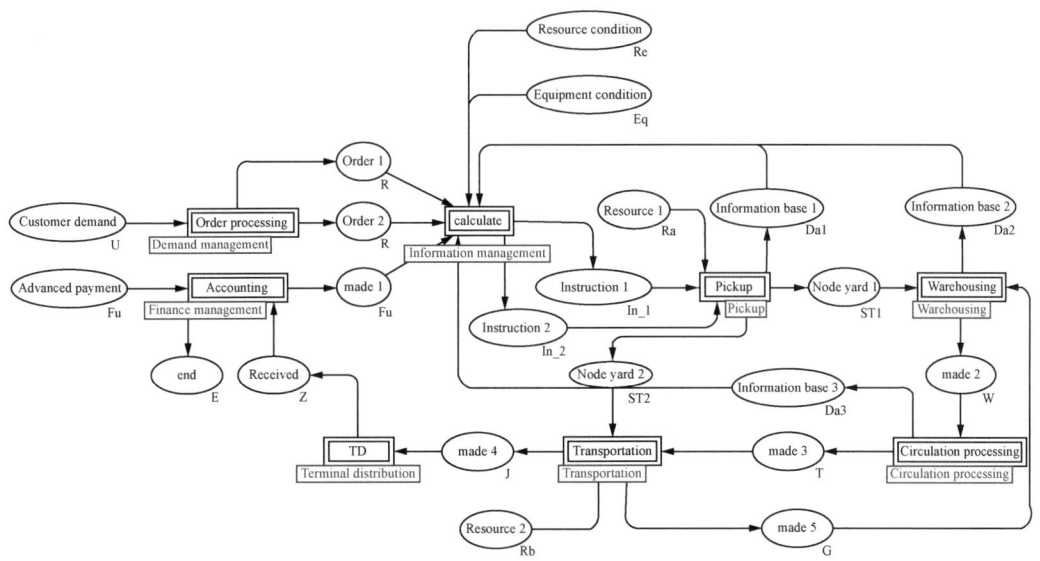

图 7-12 TCPN 顶层模型

地下物流服务供应链中的 8 个子系统定义为 TCPN 模型中的子网。为了便于识别独立订单处理过程中各子系统的状态和各子系统之间的逻辑关系，以及进行不同订单类型下系统运行效率的比较，将模型设置为非循环结构。

将 TCPN 定义为一个多元组：

$$TCPN = (S, SN, SA, PN, PT, PA, FS, FT, PP) \quad (7\text{-}2)$$

（1）S 是一组有限的子系统页，每一个子页面 $s \in S$ 是非分层的 CPN：

$$CPN = \left(\sum s, P_s, T_s, N_s, A_s, C_s, G_s, E_s, I_s\right) \quad (7\text{-}3)$$

$$\forall s_1, s_2 \in S : s_1 \neq s_2 \Rightarrow (P_{s_1} \cup T_{s_1}) \cup A_{s_1} \cap ((P_{s_2} \cup T_{s_2}) \cup A_{s_2}) = \varnothing \quad (7\text{-}4)$$

（2）SN 是 TCPN 模型的替换节点集合。

（3）SA 是将节点替换到页面 S 的函数集合。

（4）PN 是端口节点集合。

（5）PT 是 PN 的函数类型集合。

（6）PA 是端口分配函数。

（7）FS 是一个有限的融合集，服从：

$$\forall f_s \in FS, \forall s_1, s_2 \in f_s : \{\{C(s_1) = C(s_2)\} \cup \{I(s_1) = I(s_2)\}\} \quad (7\text{-}5)$$

（8）FT 是融合型函数。

（9）PP 是顶层系统页。

地下物流服务供应链顶层逻辑为：首先，当客户提交货运需求时，需求管理部门接收订单信息，并将处理后的标准化订单数据发布到信息管理中心。同时，财务管理部门将客户预付款数据发送至信息管理中心。其次，信息管理中心根据地下物流服务供应链资源和设备状态向配送服务供应商或地下物流作业部门发出订单处理指令。配送服务供应商收到指令后，安排车辆在地下物流节点内取货并移至堆场。然后依次进行入库、流通加工和运输作业。在运输过程中，货物到达任何一个节点都要进行识别和操作，以便装卸、转运或储存。最后，考虑到三种末端配送方式的及时性，通过末端配送子系统完成配送并反馈给财务管理确认订单完成。顶层模型的库所和变迁解释见表 7-1。

表 7-1　　地下物流服务供应链顶层模型库所和变迁的描述

库所	描述	变迁	描述
Customer demand	客户货运需求	Order processing	需求管理
Order 1, 2	订单类型	Calculate	信息管理
Made 1, 2, 3, 4, 5	信息输出	Pickup	取货过程
Instruction 1, 2	控制中心发布的指令	Warehousing	仓储流程

（续表）

库所	描述	变迁	描述
Information base 1，2，3	信息收集	Circulation processing	流通加工
ULS node	ULS 站点	Transportation	ULS 运输流程
Received	收货人完成收货	Terminal distribution	末端配送
End	订单完成	Accounting	财务管理
Resource 1，2	系统存储库		
Resource condition	子系统资源利用率		
Equipment condition	系统设备状态		

TCPN 顶层模型中对应替代变迁的子系统模型如图 7-13—图 7-20 所示，子系统详细描述了托肯（系统资源）从进入子系统到离开子系统的整个流程的运作情况。

如图 7-13 所示，客户向地下物流系统下单后，订单需求经需求管理子系统根据是否需要流通加工划分为类型 1 和类型 2，并生成两类订单进入下一子系统。客户的预付款通过电子支付或现金方式支付给财务管理子系统（图 7-14），经确认后进行记账操作，并

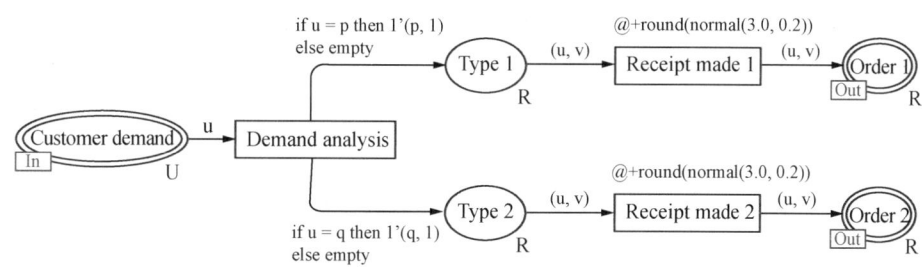

图 7-13　需求管理子系统模型

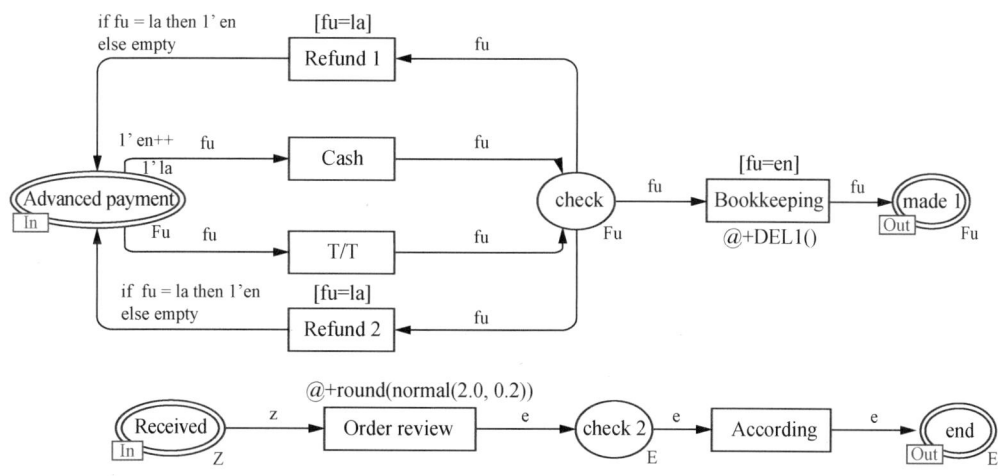

图 7-14　财务管理子系统模型

生成进入下一子系统的指令(托肯进入下一子系统)。另外,待客户收货后,托肯再次转移至财务管理子系统并进行订单反馈,最终完成订单。

如图 7-15 所示,信息管理子系统获取来自系统状态监控(设备状况、资源状况)及运作流程监控(取货、仓储和流通加工)两方面的数据,进行集中数据分析后,完成两类订单的操作方案,并在收到来自需求管理子系统和财务管理子系统的托肯后向取货子系统发布指令。值得注意的是,当环境层的信息传递、需求管理的订单处理及财务管理的预付款处理同时无误时,才能触发信息管理子系统向下一个子系统转移托肯的命令。

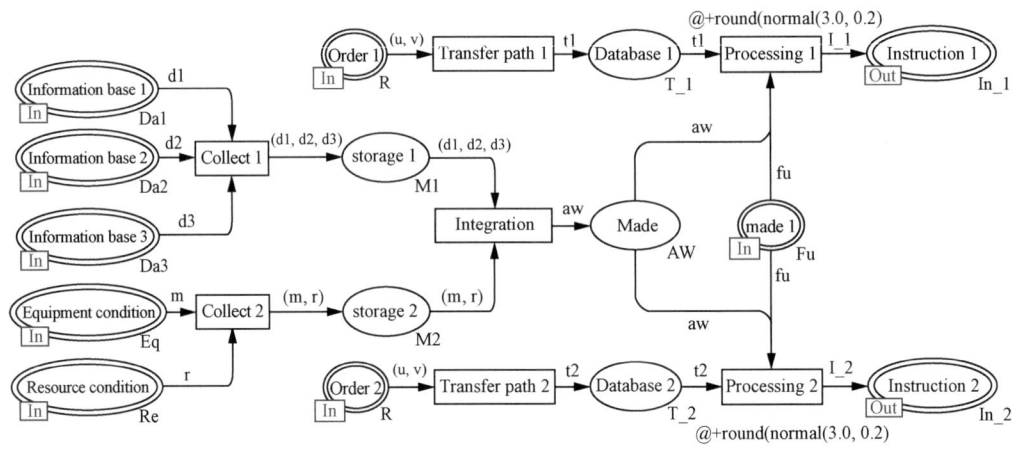

图 7-15　信息管理子系统模型

取货子系统模型如图 7-16 所示,托肯(取货指令)从信息管理子系统转移出来后,确认系统资源能够实现取货操作,派出车辆取货并送往地下物流站点堆场,根据订单的不同类型,托肯选择进入仓储子系统或直接进入运输子系统。

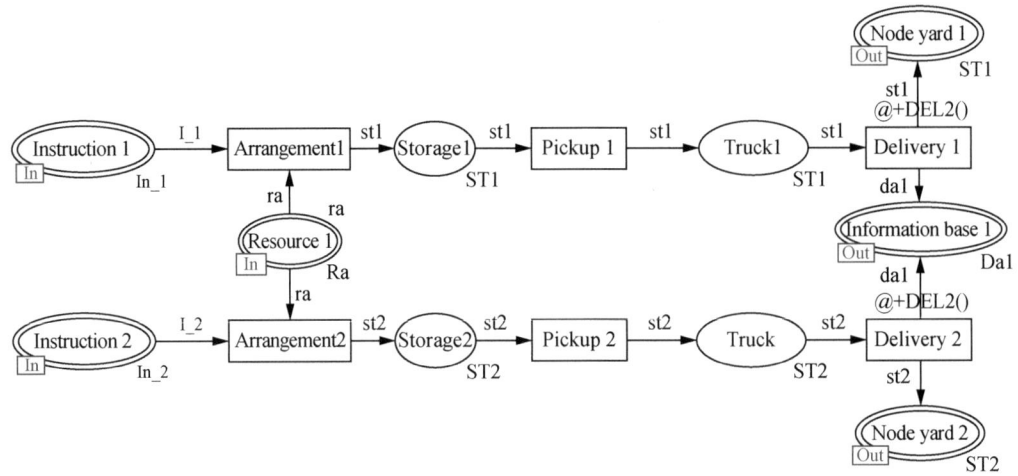

图 7-16　取货子系统模型

类型 1 的订单(需要流通加工)进入仓储环节,经过检查、入库、实时监控等仓储操作后,安排出库进入流通加工操作,如图 7-17 所示。

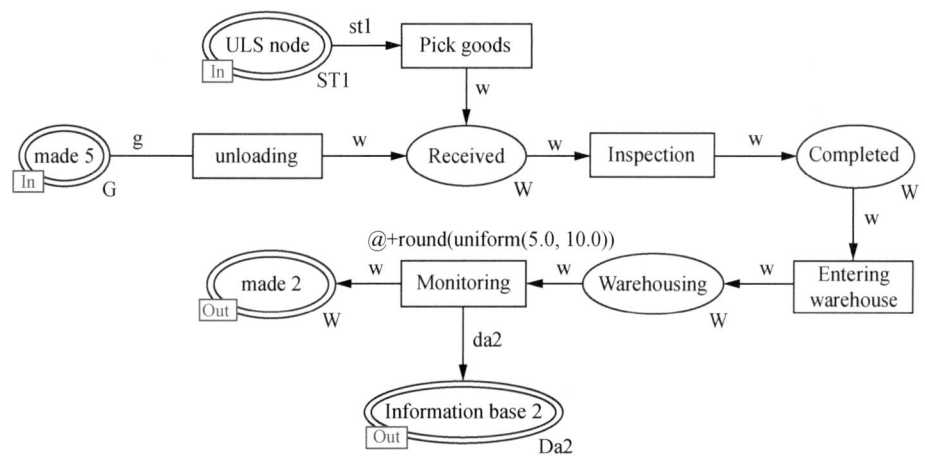

图 7-17　仓储子系统模型

在图 7-18 流通加工子系统中,按序在堆场进行拆包、检查、二次打包、贴标签等操作后,托肯转移至运输子系统。在取货、仓储和流通加工的具体操作完成后,数据传输至信息数据库(托肯转移),反馈至信息管理系统进行下一轮数据分析。

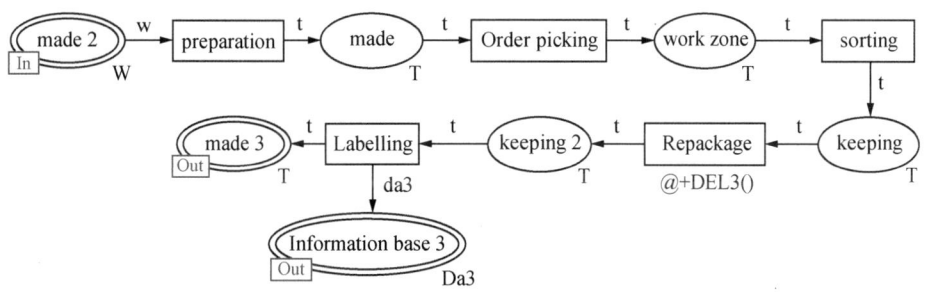

图 7-18　流通加工子系统模型

如图 7-19 所示的运输子系统是地下物流服务供应链模型中最重要的运作系统。类型 1(需要流通加工)的订单在经过仓储和流通加工操作后,托肯转移至运输子系统,经过运送车辆的排班,货物在站台被装载至列车车厢后再被运输至下一站点,在到达下一站点时判断是否到达目的地站点,如果没有则进入站点堆场判断是否需要仓储服务,若需要则托肯再次进入仓储子系统,若不需要则继续运往下一站点。类型 2(不需要流通加工)的订单直接被送往运输子系统。在运到某一站点时,若判断并非目的地站点则直接运往下一站点;若到达目的地站点,则托肯转移至图 7-20 所示的末端配送子系统。货物转移至末端临时仓储,根据订单要求,确定选择配送方式并等待安排配送,在收货方收到货物后,托肯转移至财务管理系统,进行最后的订单确认,最终完成订单在地下物流服务供应链的单次流程。

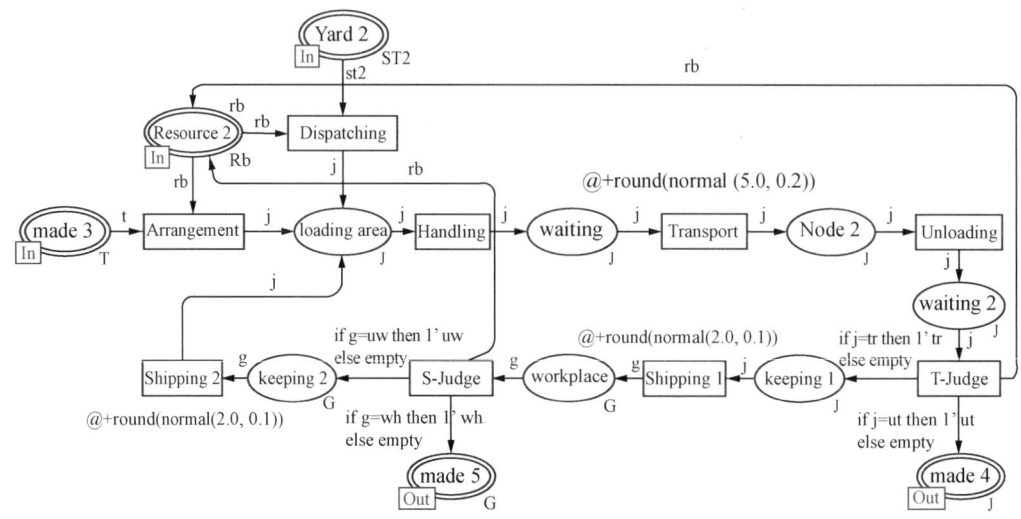

图 7-19 运输子系统模型

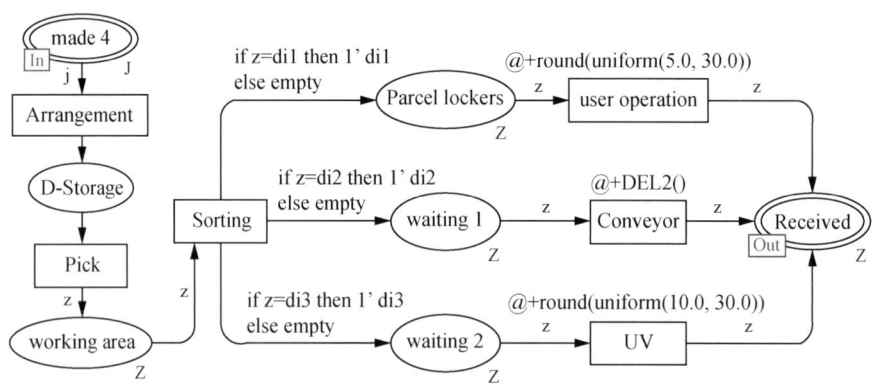

图 7-20 末端配送子系统模型

上述对城市地下物流服务供应链的运作流程 Petri 网模型进行的验证和分析，较为清晰地展示了整个服务供应链系统的功能及其运营方式和流程，也就是确立了系统中各参与主体之间以及主体内部各种资源的逻辑关系。其性能仿真能够体现可供选择的多种运营模式及各运作流程的时间性能，用于发现城市地下物流服务供应链运作流程存在的效率问题。

地下物流服务供应链模型的设置条件是考虑两类城市主要的货运类型，理论上地下物流可以承担城市所有类型的货运需求，根据形态、数量、输运频率、运输条件等可进行多维度划分。但当落实到地下物流服务供应链的具体操作时，不同货物将选择经历不同的供应链流程。针对所有的货运需求，根据是否在城市内部经过转存，可以分为两种类型的订单需求，即 P 型订单和 Q 型订单。在 TCPN 模型中，根据是否需要流转处理设计了两种类型的订单。P 型订单需要流通加工处理，则在站点将先经过仓储和流通加工操作再进入运输阶段;Q 型订单不需要流通加工处理,直接进入运输子系统。例如,在图 7-19 所示的运输子系统模型中,P 型命令需要在每个节点处附加存储判断(S-Judge),而 Q 型命令仅对其是否已到达目的地作出判断(T-Judge)。因此,Q 型订单对时间的敏感度更高。

通过订单审核(Order review)的结果数为 1 000 次,与输入的订单数相同,这证明本次设置的 TCPN 模型是有效的。为了观察系统运行状况,在关键变迁节点设置了监视器,以获取实时系统运行数据,具体的仿真参数如表 7-2 所示。表 7-3 和表 7-4 统计了两种订单类型在 1 000 次仿真运行下的模型性能结果。结果显示,P 型订单和 Q 型订单的平均总运行时间分别为 77.50 min 和 61.55 min。而一些监控器记录的运行次数多于或少于 1 000 次,这是因为一个订单可能会多次经过中转、仓储等,或者可能会避开某个特定流程。

表 7-2 仿真参数

流程名称	操作时间/min	流程名称	操作时间/min
需求管理	1~5	ULS 节点转运	1~4
财务处理	1~5	无人车配送	10~30
信息处理	1~5	站内自动入库	10~30
取货	10~30	3PLs 配送	5~30
仓储	5~10	订单审核	1~4
ULS 运输	3~7	流通加工	5~10

表 7-3 P 型订单运行结果

订单类型	监视器		路径次数	平均时延	时延占比
	子系统	名称			
P	需求管理	Receipt made 1	1 000	3.00	3.57%
	财务管理	Bookkeeping	1 000	3.01	3.58%
		Order review	1 000	1.98	2.36%
	信息管理	Processing 1	1 000	3.01	3.58%
	取货	Delivery	1 000	20.05	23.86%
	流通加工	Repackage	1 475	11.14	13.26%
	仓储	Monitoring	1 475	10.99	13.08%
	运输	Transport	1 945	9.74	11.59%
		Shipping 1	945	0.98	1.17%
		Shipping 2	470	0.66	0.79%
	末端配送	3PLs delivery	328	5.90	7.02%
		Conveyor	347	7.04	8.38%
		UV	325	6.52	7.76%

表 7-4　　　　　　　　　　　　Q 型订单运行结果

订单类型	监视器		路径次数	平均时延	时延占比
	子系统	名称			
Q	需求管理	Receipt made 2	1 000	2.98	4.84%
	财务管理	Bookkeeping	1 000	2.95	4.79%
		Order review	1 000	2.01	3.27%
	信息管理	Processing 2	1 000	3.01	4.89%
	取 货	Delivery	1 000	19.99	32.48%
	运 输	Transport	1 953	9.75	15.84%
		Shipping 1	953	0.93	1.51%
		Shipping 2	953	0.94	1.53%
	末端配送	3PLs delivery	334	5.70	9.26%
		Conveyor	347	9.26	11.31%
		UV	319	6.33	10.28%

TCPN 模型的有效性同样表明了所设置的地下物流集成信息管理平台在流程配置和功能设计方面具有合理性和可行性。地下物流服务供应链的平台构建以及发展可以促进参与主体的合作共赢、价值共创，进一步优化供应链参与主体之间的竞合关系。因此，考虑到地下物流作为城市物流基础设施的半公共产品属性，基于平台运营的供应链价值需要从城市物流系统的有效性、主体之间的利益分配和地下物流外部效益等方面进行综合衡量。

基于地下物流网络形成的信息平台围绕实现供应链价值的阶段性发展，也伴随着参与者角色的变化和新的合作机制的出现。在地下物流运行初期，平台主导的供应链主要服务于简单的订单模式，如点对点模式。平台的发展需要关注供应链系统的开放性和社会参与度的增加。随着网络的发展，订单数量和种类的增加促使更多的合作伙伴加入供应链运营，开发多种服务模式。现阶段平台发展需要不断优化服务模式和供应链资源，特别是减少供应链环节的流动延迟以提高效率，从而吸引更多的参与者，直至形成稳定的、多服务模式协同的地下物流服务供应链。

相较于传统城市物流供应链，地下物流服务供应链的优势除了其可带来外部效益，供应链效率的提升也是新型供应链技术创新的重要指标，而地下物流服务供应链各类供应商之间的协同合作是其正常运作及发挥优势的基石，地下物流运营商和其他物流服务供应商之间的协作必定是以双赢、多赢为目标的多阶段的动态演化过程，需建立在长效激励机制之上。在明确地下物流服务供应链的服务模式后，地下物流运营商和供应商将基于地下物流服务供应链集成信息管理平台构建有效的合作机制，确认供应商提供服务的适用范围，划分服务外包的运作阶段及运营商之间的利益分配。

地下物流服务供应链模型的模拟结果表明了城市物流效率提升的关键因素。在整个供应链流程中，P型订单需要经流通加工处理再进入运输，其中流通加工过程的时延占比分布为：取货 23.86%、流通加工 13.26%、仓储 13.08%，其之后的末端配送过程也消耗了一定的时延占比。Q型订单无需流通加工便可直接进入运输系统，其中取货时延占比 32.48%。另外，运输环节的平均延误与行驶距离有关，两种类型的延误率大致相同，P型订单为 13.55%，Q型订单为 18.88%。通过上文可以看出，P型订单较长的平均时延主要来自系统内转运和临时仓储产生的耗时。因此，从技术上来看，可以通过提高系统设备的智能化水平来提高流通加工和仓储效率。此外，若进一步构建封闭模型，将能够反映供应链中资源的流动情况，从而对运营过程的效率进行系统优化。

从供应链协同的角度来看，数据结果显示，取货时间与末端配送时间之和非常高，在P型和Q型订单下分别约为 47.02% 和 63.33%。除了取货环节存在不可避免的等待时间外，巨大的时间消耗一是因为模型中没有考虑订单的联合发货，即货物在端站被设置为没有等待时间，二是因为在一次运行下，每个进程只有一个对象。但随着网络规模和供应链合作规模的扩大，多类型的合作模式成为可能。在前端，它会丰富订单获取渠道，提升取货速度；在末端，基于资源整合的联合配送也会减少单件商品的平均配送时间。而且，地下物流基础设施网络末端的智能部署可以进一步提高取货和配送效率。此外，合作可以降低平均物流成本，分担运营风险，提高整体供应链效率和弹性。

7.4 地下物流供应商合作机制

地下物流运营商与供应商之间的竞争和合作关系是供应链发展的核心。城市地下物流供应商的选择，应以地下物流运营商与现有物流服务供应商合作为背景，考虑数量折扣、供应链中断风险以及供应商数量优化等策略，对地下物流供应商进行选择和方案设计。地下物流供应商选择机制和边界框架如图 7-21 所示。

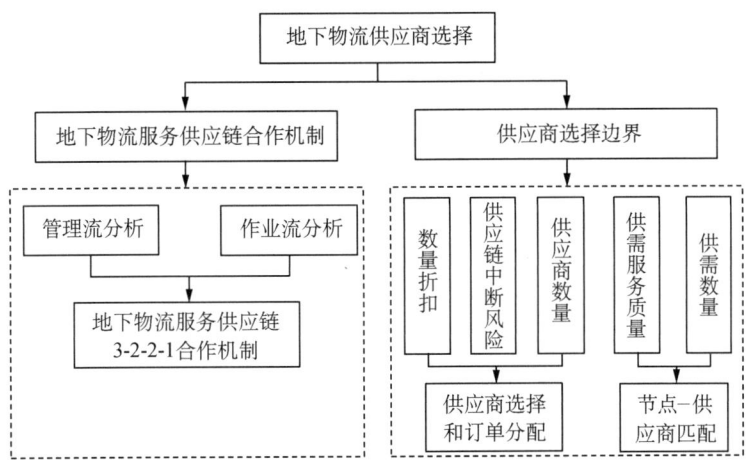

图 7-21 地下物流供应商选择机制和边界框架

以供应链的角度解析地下物流运营商与供应商的合作机制,主要涉及组织协作方式(管理流)和业务处理模式(作业流)两个方面,如图 7-22 所示。该合作机制主要包括 3 个主体、2 次外包、2 种货运形式和 1 个平台,这里简称"3-2-2-1 合作机制"。

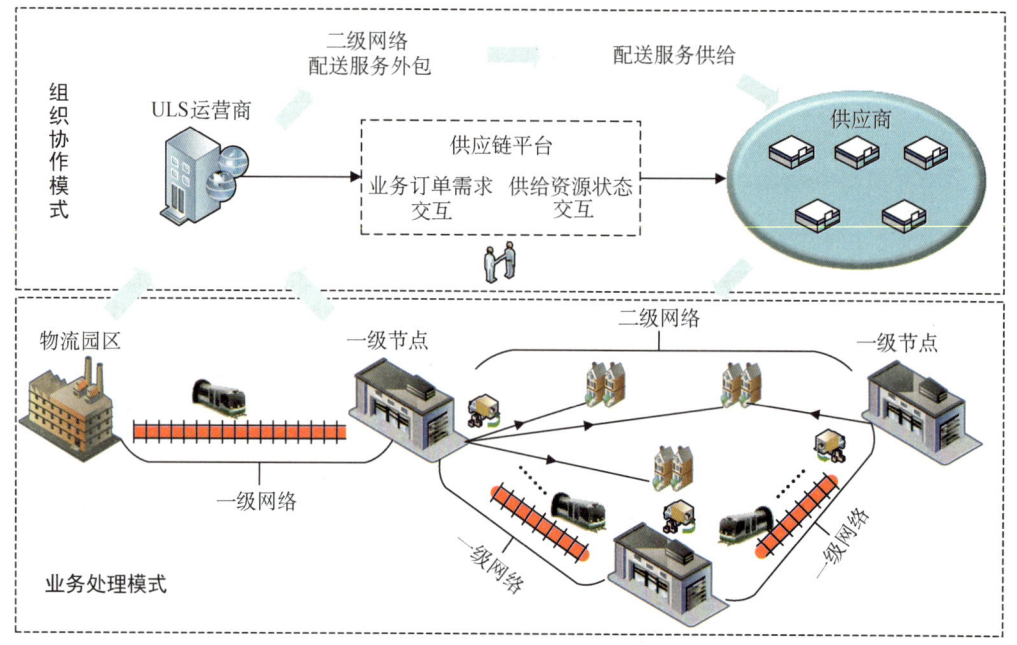

图 7-22　3-2-2-1 合作机制

(1) 3 个主体。包括:①地下物流运营商,不仅要负责地下物流运输作业的控制,还应具备供应链管理的职能,即对供应商的服务能力、资源状况进行统一分配和调度;②供应商,负责各地下物流一级节点的末端配送服务(二级网络的运营),并接受地下物流运营商的订单分配和管理;③客户,在本研究中抽象为需求点的各类需求。

(2) 2 次外包。是指地下物流运营商进入市场后将通过承接 3PLs 等企业的物流服务外包从事业务活动。地下物流赋予的服务及时性、准时性以及大规模集运的优势,符合当前物流企业亟须在城市配送环节降本增效的现实需求。虽然地下物流凭借其独特的运输方式具备传统物流服务提供商难以企及的服务能力,但无论是从其发展还是从市场资源配置的角度来看,要使其作为城市交通方式的补充,仍需要与原物流服务供应商互动合作,融合到城市物流大系统中。即鉴于地下物流网络形成过程的阶段性特征,地下物流运营商须将各节点的配送业务外包给配送服务供应商。

(3) 2 种货运形式。是指地下物流运营商将货物从园区(图中物流园区为外包实施的起点)通过地下货运列车运往分布于城内的地下物流节点之后,承包各节点的供应商再通过地面配送的形式将货物配送至周边的需求点。

(4) 1 个平台。即供应链平台,承担地下物流运营商与供应商以及域外供应链外包在协作过程中的信息交互任务,是地下物流运营商进行供应链管理活动的主要载体。

地下物流运营商进入市场后如何选择合适的供应商合作是其面临的重要问题之一。根据图 7-21 中确定的边界条件，本研究充分考虑了市场中的风险和经济规律等因素，将数量折扣、中断风险和供应商数量作为地下物流供应商选择的主要策略。其中，数量折扣和供应商数量主要用于体现市场交易中规模经济和营销手段的重要性，中断风险则是出于满足供应链弹性的需要。具体来说，本研究考虑了一个风险中性及具备多种服务能力的供应商，该供应商面对确定性的需求将经过两个阶段的考虑，最终确定供应商选择方案。第一阶段，地下物流运营商必须在周期内决定供应商的选择和订单分配方案；第二阶段，根据第一阶段得出的选择方案，每个供应商匹配一个或一组合适的地下物流一级节点，实现供应链的终端交付。

供应商之间以各自期望收益最大化来进行的最优策略选择，一般通过供应链契约来实现，比如收益共享契约、数量柔性契约、数量折扣契约等，达到供应链上的帕累托改进。数量折扣，简单地讲就是根据订购量的大小给予不同的价格折扣，订购量和价格成反比。提供数量折扣以鼓励买家分配更多的订单是供应商最常用的策略之一。提供数量折扣是将更大的订单分配给数量折扣更大的供应商。因此，买方如何利用供应商提供的数量折扣确定最优的分配方案，以提高全系统的利润或成本效益，是许多企业在选择供应商时考虑的关键问题。

刚进入市场的地下物流运营商宜将更大的订单分配给数量折扣更大的供应商，即每个供应商在提供一定数量各类服务的同时会根据分配的订单数量附赠对应的折扣。对于供应商而言，为了响应这种激励政策，会采用灵活的定价手段。单个供应商接受的订单数量越多，折后报价越低；订单数量越少，折后报价越高。供应商提供的数量折扣有不同的水平，如图 7-23 所示只有分配的订单数量突破一定的阶梯值时，对应的折扣水平才能够被触发。

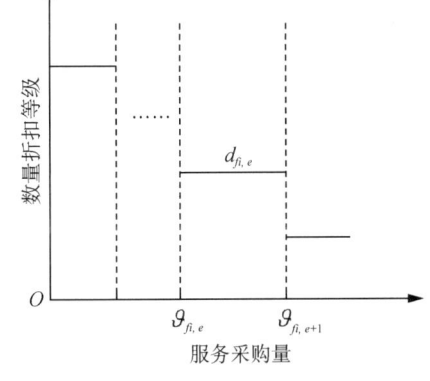

图 7-23 数量折扣等级与服务采购量关系

对于供应商的数量，一方面，地下物流运营商将业务外包给少量的甚至是单一的供应商，更容易与供应商建立较为稳定的合作关系，并且有助于降低整体的供应商的管理总成本。因为供应商一旦被选择，则会产生与该供应商服务供给数量无关的管理成本。另一方面，虽然供应商数量的减少会带来相关成本的降低，但同时会增加供应链网络的易脆性，导致地下物流运营商面临很大的供应链中断风险。再者，对较多的供应商进行服务外包，地下物流运营商能够享受的数量折扣较低，每件商品的成本可能会增加，因为对于在每个供应商处订购的每一种服务，必须保证分配一定的最低份额。因此，供应商的数量是在对供应商进行选择时必须要考虑的因素之一。

7.5 本章小结

基于地下物流服务入市对传统城市物流服务供应链的革新作用，本章重新定义了城市物流服务供应链参与者的角色，提出了"地下物流运营商"的概念，并构建了一种基于地下物流的城市物流服务供应链，从两个方面确定了地下物流服务供应链运作和管理流程范式，并为供应链优化提供模式选择边界。

一方面，分析了以物流服务供应链参与者角色转变为特征的市场演化过程，构建了包括物理网络、结构、交互及服务模式 4 个方面的地下物流服务供应链框架；另一方面，通过对地下物流服务供应链功能和子系统之间运行关系的分析，采用 CPN Tools 构建了一个能够有效表达地下物流服务供应链层次组织结构和运行流程的 TCPN 模型，设计了一个包含两种订单类型的例子来验证模型，其中订单根据是否需要流通加工分为 P 型订单和 Q 型订单。研究结果表明，基于地下物流系统的综合信息管理平台能够有效整合地下物流服务供应链资源，高时延中间环节可以通过系统优化进行升级，初始取货环节和末端配送环节可以通过外包和供应链协同来改善。最后，从供应链管理流和作业流两个方面形成了包括 3 个主体、2 次外包、2 种货运形式、1 个平台的 3-2-2-1 合作机制。

参考文献

Viswanadham N, Srinivasa Raghavan N R. Performance analysis and design of supply chains: A Petri net approach[J]. Journal of the Operational Research Society, 2000, 51(10): 1158-1169.

第8章
城市地下物流系统研究展望

8.1 地铁-货运系统研究展望

面对我国大城市日益增长的货物流通需求带来的交通困境及其与可持续发展之间的矛盾,利用城市轨道交通基础设施开发合适的地铁-货运系统是应对城市交通拥堵、环境污染和土地资源紧缺等"大城市病"的卓越途径,具有重要的理论和应用价值。目前,关于城市轨道交通的基础设施创新及其货运前景的研究正在积极地开展并取得了丰硕的研究成果。然而,由于城市物流交通需求的随机性、地铁客货协同调度的复杂性以及系统运行影响因素的多样性,以网络化运营为特征的地铁-货运系统的研究才刚刚兴起,并未形成完备的指导实践的理论与方法体系。

作为"城市地下空间出版工程·城市地下物流系统研究前沿"丛书的分册之一,本书基于"城市规模"的客货协同视角,对基于既有地铁网络开展的多层级地铁-货运网络的规划和运营进行了初探,重点介绍了地铁-货运系统在规划和运营过程中的关键问题;构建了包含"多级分层网络规划、客货协同的运行模式、地铁-货运节点内的作业流程"的地铁-货运系统运行机制;提出了站点的功能布局规划方法和站点承载力模型,并设计了"拖挂式"和"分离式"的多功能站台;建立了一套完整的地铁-货运网络动态运行仿真模型等。研究方法涵盖了数据挖掘、数学建模、启发式算法、BIM-GIS、智能体建模、离散事件仿真及系统动力学仿真等,具有一定的技术先进性和理论创新性。

地铁-货运系统的研究是一个循序渐进的过程。为了形成完备的知识体系,并能够最终服务于面向实际的工程决策,未来对地铁-货运系统的研究可以从如下几个方面加以扩展和完善。

(1) 网络的建设时序与网络扩展问题:本书中的地铁-货运网络的最优节点布局是一次规划成型的,但是考虑到大型复杂地下工程的建造时间长,规划、设计、建造、运营分阶段展开,因此地铁-货运系统的网络成型过程也应考虑时序性。城市需求和区域开发战略的不断变化将导致地铁-货运系统的建设顺序发生改变,而动态情景下的节点选址又受到多方面因素的影响,如受需求分布变化、技术进步和市政规划等的影响。

此外,未来研究可以基于现有地铁-货运网络的布局结果,通过增设二级地下物流节点和管道的方式,对地下货运网络进行扩充。以提升网络连通度、可达性、服务能力以及减缓"最后一公里"交付压力等为目标,进行多级地铁-货运网络的最优布局,对比不同功能要求下的设施扩展方案所带来的物流绩效提升(如效率更高、服务范围更广)和对瓶颈的缓解程度,分析进一步扩充地下货运网络的可行性。

(2) 城市地面物流系统与地铁-货运系统一体化运行仿真:地铁-货运系统作为传统城市物流的重要补充,其动态运行过程将不可避免地受到路面物流活动的影响。在未来的研究中,可以考虑将沿城市路网分布的地面物流过程整合进地铁-货运系统的仿真空间中,对城市地上地下一体化货运网络的运作效率、鲁棒性和资源配置等,进行联合建模与仿真分析,以更真实的情景反映在嵌入地铁-货运系统前后城市货运效率和服务水平的演化规律,为地铁-货运系统提供更完善的仿真平台。

(3) 加入时间维度和造价维度的 5D 地铁-货运关键设施 BIM 模型细化:未来研究可以围绕地铁-货运节点的建筑构造,整合地下空间使用情况,进一步细化功能区设计,同时可以将工程造价和建设成本信息与 BIM 模型结合,通过对节点施工条件进行分析,构建加入时间维度和造价维度的 5D 地铁-货运节点建筑信息模型,为系统的建造与设施管理提供成熟的载体。

(4) 多利益相关者动态发展视角下的地铁-货运系统运营收益与综合效益分析:未来研究可以对地铁-货运系统在发展过程中的内部运营收益和外部成本-效益进行综合分析。充分考虑地铁-货运系统的主要利益相关者(如政府、地铁运营商、第三方物流企业、市场、客户和传统地面物流承运商等)特征,以及包括社会、环境外部性指标、运营定价、投资模式和补贴标准等在内的多种激励因素。该部分研究将通过仿真的手段,分析不同情景组合下(如资助政策、网络规模和市场竞争力)系统的运营绩效和外部性表现,构建地铁-货运系统投资、建设和产出之间的宏观量化关系,为项目的开发提供决策支持。

8.2 基于地铁的城市地下物流系统研究展望

本书中介绍的地铁-货运系统作为未来基于地铁开展的城市地下物流系统的最初也是最基础的形式,其运作模式、网络形式、选址规划等都将对后续网络的发展和扩容起到决定性的影响,但如果仅局限于依托既有地铁线网构建的单线或多线客货联运网络,有限的货运能力和覆盖范围无法充分体现地下货物运输的全局性优势。因此,必须在地铁-货运系统的基础上进行拓展和网络再优化,进而发展成基于地铁的城市地下物流运输系统。

作为地铁-货运系统未来发展的最终形式和目标,基于地铁的城市地下物流系统,潜力和价值并存,应前瞻性地开展研究。一方面,关于这方面的研究暂无完备的知识体系,研究开展势必面临很大的挑战和困难;另一方面,正是由于研究的空白,也存在着无限的潜力和空间,我们只有提前思索,展开破题性的研究,探索形成更多适应城市可持续发展的研究成果,才能为工程决策提供参考,为推动工程面向实施贡献力量。这里,笔者主要聚焦网络扩展的方案设计、网络运行鲁棒性、网络运输效能三个方向,总结未来研究的几个方向。

(1) 网络扩展的驱动因素及其网络化运作流程:网络能有效改善城市物流体系的效能,本书所描绘的地铁-货运网络具备一定的覆盖范围和货运能力,但随着城市、社会、经济的动态发展,维持现状网络注定会达到饱和,最终致使系统的不可持续发展。未来的研究可以在地下基础设施和城市物流基础设施双重视角下,分析基于地铁的城市地下物流系统的功能定位;从网络结构、系统运行组织和运行绩效等方面分析地铁-货运系统的运输瓶颈;结合城市规模级别地下物流网络的运作过程,分析网络扩展下的物流运作全流程。

(2) 扩展网络整体的鲁棒性综合评估及方法:货流激增或关键节点部分物流作业功能损失的情况时有发生,这样势必会导致其他线路的超负荷运转。未来的研究可以从界定扩展网络的鲁棒性内涵出发,从网络布局和系统运行层面分析影响网络鲁棒性的主要因素;明晰整体网络节点失效的定义,从货物运作流程的视角出发,设计失效节点的末端负载和转运负载重分配机制,探讨基于地铁的城市地下物流系统网络级联失效机理;在网络结构和系统运行双重视角下,设计包含级联失效规模、运输效率相对大小和运输成本相对大小等因素在内的鲁棒性评估指标体系。

(3) 扩展网络的运输效能评估方法:基于现有地铁线网展开的地铁-货运系统作为未来基于地铁的城市地下物流系统的初期形式,地铁沿线客户必将先期受益。但若是不扩容,从长远来看,一是无法实现社会物流资源的公平分配,二是对于较远需求点的货物运输,其转运成本会大幅提升,三是"最先/最后一公里"的传统物流作业环节会对成本与效率造成影响。未来的研究可以针对"最先/最后一公里"、线路绕行、网络覆盖度低等一系列货运瓶颈,围绕前端网络、货运干线和末端配送网络,提出增设接驳隧道、线路间连通隧道和末端管网的多层级网络扩展方案;在物流基础设施布局层面,可以根据不同网络扩展形式,分析新增线路与既有地铁网络的衔接方式以及对应的货运组织流程;基于扩展后的网络,考虑混合编组协同运行,分析列车发车间隔、停站方式、发车频率、车头间距等运行调度关键参数和因素同网络运输效能的影响关系;构建虚拟的扩展网络,并从网络负载、运输时间、运输成本等方面,分析网络扩展方案的可行性。

(4) 多层级网络扩展的优化方法:从基于既有地铁线网的地铁-货运系统到基于地铁的城市地下物流运输系统,建设工程量大,建设周期长,诸如新扩建的地下货运通道的方案设计、如何分时段建设等问题值得深思。未来的研究可以基于网络扩展方案,分析网络扩展优化建模时的决策边界,识别网络容量、地下空间、建设投资等约束条件,构建基于物流效益、环境效益和交通效益的外部效益优化目标体系;分析扩展网络的形成路径,对扩展网络的分时段布局配置进行优化,验证网络扩展的有效性。

（5）扩展网络动态运行过程及仿真模型：面对高度复杂的城市货运情景，扩展的网络化运行绩效需要在更为贴近真实物流需求的场景下进行模拟仿真，网络扩展后的布局形态和运行调度规则也需要一种实际和虚拟系统相融合的验证方法。未来，可以开发扩展网络动态运行仿真模型，从货运供需平衡关系的视角，分析影响扩展网络转运效率、运输时间、站点负载的物流资源配置和货运需求因素；也可以结合城市具体的道路资源情况以及实际的交通数据，模拟基于扩展网络的地上地下协同运输场景，更好地分析在动态环境下的基于地铁的地下物流运输系统的真实绩效。